D0943039

Historia de
Estados Unidos

Historia de
Estados Unidos

Carmen de la Guardia

Primera edición, 2009

Segunda edición, aumentada y corregida, 2010

Tercera edición, revisada y corregida, 2012

Colección: Serie Historia

Editor: Ramiro Domínguez Hernanz

© Carmen de la Guardia, 2012

© De la fotografía de cubierta: Jerry Cooke/Getty Images
© Del diseño de la cubierta: Ramiro Domínguez Hernanz, 2012

©Sílex® ediciones S.L., 2012
c/ Alcalá, n.º 202. 28028 Madrid
www.silexediciones.com
silex@silexediciones.com

ISBN: 978-84-7737-734-4
Depósito Legal: M-15704-2012
Dirección editorial: Cristina Pineda Torra
Coordinación editorial: Ángela Gutiérrez y Ángela Piedras Yegros
Fotomecánica: Preyfot S.L.
Impreso en España por: ELECE, Industria Gráfica.
(Printed in Spain)

Contenido

A Alberto de la Guardia y Oya

Escribir un libro, enseñar un curso, o reflexionar sobre una historia nacional es siempre una empresa enriquecedora. Si bien en casi todas las historias nacionales se habla de excepcionalismo, en los trabajos históricos sobre Estados Unidos la insistencia sobre la singularidad de su desarrollo histórico es todavía mayor. Desde la fundación de las primeras colonias inglesas en América del Norte, el deseo de alejamiento y de realización de un mundo verdaderamente nuevo, más equilibrado y justo que el de la vieja Europa, estuvo presente. Esa idea de separación, de ruptura, de diferencia ha sido un hilo conductor, según muchas obras históricas, del desarrollo histórico de la nación americana. Historiadores puritanos, patricios, nacionalistas, progresistas, historiadores del consenso han coincidido, aunque argumentando diferentes razones, en resaltar el excepcionalismo de Estados Unidos.

Una de las primeras conclusiones de este breve recorrido por la Historia de Estados Unidos es que las corrientes culturales, los ritmos económicos, los movimientos y los conflictos sociales son similares a los del resto de América y Europa. Es verdad que la Historia de Estados Unidos tiene matices que la separan de otras historias nacionales, pero están más relacionados con el ritmo y las características de su propio crecimiento que con razones de excepcionalidad política o cultural.

Efectivamente, si algo llama la atención de la Historia de Estados Unidos es su extraordinario crecimiento. Crecimiento territorial, demográfico, económico, político y de prestigio cultural. Pero este crecimiento también hay que matizarlo. No es un hecho aislado y excepcional sino

11

que está profundamente interrelacionado. Los Estados Unidos de los siglos XX y XXI tienen poco que ver con los de la época fundacional. De trece pequeñas colonias en la costa atlántica, pasaron a ocupar, compartiéndola con el Canadá, toda la parte Norte del Continente americano, desde el Pacífico hasta el Atlántico pero, además, los Estados Unidos incluyeron bajo su bandera archipiélagos del Pacífico como el de Hawai. También está alejado del territorio continental el Estado Libre Asociado de Puerto Rico. Este crecimiento territorial fue acompañado de un crecimiento demográfico sin precedentes. Estados Unidos pasó de tener cerca de cuatro millones de habitantes, en el primer censo de su historia realizado en 1791, a contabilizar 281 millones en el del año 2001. Estaba claro que Estados Unidos se había transformado en uno de los polos de atracción de inmigrantes más importantes de la Historia. De la misma forma, esta llegada masiva de trabajadores facilitó la conversión de Estados Unidos en una gran potencia económica y también política. Además su imagen se trasformó. De ser una nación representada, en toda la cultura occidental, como sencilla, campesina, y poco cosmopolita emergió como el mayor foco de producción cultural y artística de la modernidad. Ciudades como Nueva York, San Francisco, Boston, y Chicago atraían a los artistas e intelectuales de todo el mundo. Sus universidades destacaban y eran las elegidas por los mejores investigadores, profesores, y estudiantes. Este crecimiento asombroso de Estados Unidos no se produjo sin fractураras. Conflictos territoriales, étnicos, sociales, crisis económicas, grandes enfrentamientos bélicos y también increíbles "guerras culturales" han llenado libros, debates, y reflexiones.

La historia de Estados Unidos es una historia rica y con muchos más matices que la que, en muchas ocasiones, sus historiadores nos han dejado ver. Esta Historia de Estados Unidos pretende acompañar al lector a través de un recorrido por el tiempo y el espacio estadounidense. Siguiendo muy de cerca las características del crecimiento de la nación americana y atendiendo también a sus conflictos y contradicciones. Es un trabajo de síntesis muy relacionado con la docencia y la investigación que, durante años, he realizado en la Universidad Autónoma de Madrid como profesora de Historia de Estados Unidos. No tiene por lo tanto citas académicas ni grandes referencias pero creo que no por ello deja de tener rigor. Su objetivo es el de resaltar, en pocas páginas, las grandes líneas y también las quiebras del desarrollo histórico de Estados Unidos. Y esto enlaza con mis agradecimientos. En primer lugar quería agradecer los comentarios, las sugerencias y las ricas aportaciones que sobre la Historia de Estados Unidos han realizado mis estudiantes tanto de Licenciatura como de Posgrado de la Universidad Autónoma de Madrid y de la Escuela Española de Middlebury College, en Vermont. Durante años he aprendido y reflexionado con ellos y para ellos. También quería expresar mi deuda con la Fundación Caja Madrid, con la Comisión Fulbright, con el Instituto Internacional, y con el Gilder Lehrman Institute of American History que, a través de la concesión de diferentes becas y ayudas, me han posibilitado realizar estancias investigadoras y docentes en Universidades, Archivos, y Bibliotecas estadounidenses y españoles. Estoy muy agradecida a un pequeño grupo de historiadores y amigos unidos, entre otras muchas cosas, por nuestro interés por los Estados Unidos. Aurora Bosch, Carmen González, Sylvia L. Hilton, Ascensión Martínez Riaza y Alejandro Pizarroso han sido una ayuda constante en este caminar. Y, sobre todo, quiero reconocer la labor de Ramiro Domínguez, Cristina Pineda Torra y de todo el equipo de Sílex ediciones. El proyecto de escribir una síntesis de la historia de Estados Unidos fue suyo y, a pesar de que por el camino nuevas responsabilidades académicas frenaron su avance, siempre han tenido la delicadeza de impulsar su realización. Su paciencia y su buen hacer han posibilitado que esta *Historia de Estados Unidos* viera la luz.

Hacia un mundo atlántico

Desde que en 1512 Ponce de León arribara a la península que él denominó de la Florida, la presencia española en América del Norte fue constante. Exploradores, comerciantes y conquistadores recorrieron las costas, exploraron el continente y fundaron asentamientos estables en el territorio de los actuales Estados Unidos. Durante casi un siglo, España fue la única potencia presente en América del Norte. Pero desde finales del siglo XVI la Monarquía Católica sufrió una crisis profunda y fue incapaz de defender los límites de su imperio. Comerciantes y puritanos ingleses fundaron Virginia y Nueva Inglaterra; los holandeses, Nueva Holanda; los franceses, Nueva Francia; y también la Suecia de la reina Cristina, Nueva Suecia. Estas "plantaciones" tenían características e intereses muy distintos a los de los virreinatos españoles en América. Los enfrentamientos entre estos mundos coloniales fueron continuos a lo largo de los siglos XVII y XVIII y los límites imperiales se alteraron sin cesar.

España en América del Norte

En 1492 la reina Isabel I de Castilla (1479-1504), concluida la conquista de Granada, autorizó a Cristóbal Colón a zarpar, bajo pabellón castellano, a las Indias. Desde entonces la actividad castellana fue imparable en América. Buscando, todavía con los valores culturales de la Castilla del siglo XV, riqueza y honor, los exploradores y conquistadores, al servicio primero de los Reyes Católicos y después de los Austrias mayores, recorrieron casi todos los rincones del continente americano. Y por supuesto también el territorio que hoy ocupa Estados Unidos. Los españoles exploraron y fundaron asentamientos, más o menos estables, en casi la mitad del actual territorio estadounidense.

Fue en 1512, como ya hemos señalado, cuando Ponce de León vislumbró la Florida. A partir de ese momento muchas fueron las expediciones españolas a la costa atlántica de Estados Unidos y muchos también los fracasos. En 1524, navegando bajo pabellón español, el portugués Estebán Gomez divisó la península del Labrador, las costas de Maine, y también el cabo Cod, en la actual Rhode Island. En 1526, Lucas Vázquez de Ayllón fundó el primer asentamiento en San Miguel de Gualdape, llamado así por los indios Guale que habitaban ese territorio del actual estado de Georgia, pero pronto, debido a los continuos ataques indígenas, se despobló. Pánfilo de Narváez, con una expedición de más de seiscientos hombres desembarcó en Tampa, en 1526, desde allí exploró el interior de la Florida, navegó por la costa de Texas y murió, como la mayoría de sus hombres, tras un naufragio. Los supervivientes, dirigidos por Álvar Nuñez Cabeza de Vaca, continuaron por el Oeste llegando hasta Nueva España. Conocemos bien los entresijos de la expedición por los *Naufragios y relación de la Jornada que hizo a la Florida con el adelantado Pánfilo de Narváez*, de Álvar Nuñez Cabeza de Vaca. También durante la primera mitad del siglo XVI se organizó otra expedición de mucha más envergadura. En 1539, Hernando de Soto junto a 570 hombres y mujeres desembarcaban en las proximidades de Tampa. Recorrieron los actuales estados de Florida, Georgia, las Carolinas, Tennessee, Misisipi, Alabama y Arkansas. En mayo de 1541, De Soto bautizó al río Misisipi como el río Grande. Exploraron, a su vez, parte de Luisiana y de Texas. Muchos de los colonos sufrieron infecciones para las que sus organismos no tenían defensas. Más de la mitad de la expedición falleció y también lo hizo Hernando de Soto. El resto, para evitar una muerte segura, regresó.

Ninguna de las expediciones, de la primera mitad del siglo XVI, dejó asentamientos estables en la costa atlántica de Estados Unidos. "Por toda ella (Florida) hay muchas lagunas grandes, y pequeñas, algunas muy trabajosas de pasar, en parte por mucha hondura, en parte por tantos árboles que están caídos… y luego otro día los indios volvieron de la guerra y con tanto denuedo y destreza nos acometieron que llegaron a poner fuego a las casas en las que estábamos…", escribía Cabeza de Vaca sobre las tierras y las gentes floridanas en sus *Naufragios*. Esta percepción de las tierras de Florida como arduas, y de los indígenas como belicosos fue la razón de que España tardase tanto en fundar asentamientos en la península floridana a pesar de estar tan próxima a Cuba que había sido colonizada desde los primeros viajes colombinos.

Sólo cuando el rey Felipe II (1556-1598) decidió que Florida ocupaba un lugar estratégico para España al pasar la flota de Indias con el oro y la plata por el canal de Bahamas, Florida fue colonizada. Fue Pedro Menéndez de Avilés el encargado no sólo de fundar un asentamiento estable en Florida sino también de expulsar a hugonotes franceses que según los informes del rey Felipe II, habían fundado un fuerte en la costa de Georgia.

Menéndez de Avilés zarpó de Sanlúcar de Barrameda en 1565. Tras tomar posesión de la Florida en nombre del rey de España y fundar el fuerte de San Agustín, cerca del cabo Cañaveral, utilizando tácticas militares de gran dureza, terminó con la presencia francesa en Florida. "Salvé la vida a dos mozos caballeros, de hasta diez y ocho años, y a otros tres que eran pífano, tambor y trompeta, y a Juan Ribao, con todos los demás hice pasar a cuchillo, entendiendo que así convenía al servicio de Dios Nuestro Señor, y de V.M.", escribía Menéndez de Avilés a Felipe II, desde San Agustín, narrando el duro enfrentamiento entre hugonotes franceses y católicos españoles, en octubre de 1565.

Una vez aniquilados los "extranjeros", Menéndez de Avilés exploró el territorio. Al norte de San Agustín, en una zona fértil y rica, fundó la ciudad de Santa Elena. Terminada la exploración de las costas y de sus gentes, el adelantado intentó realizar los objetivos enumerados en el asiento, firmado con Felipe II. Soñaba con promover la agricultura, la pesca y la explotación forestal con la finalidad de crear astilleros. Sin embargo las tierras floridanas seguían siendo difíciles y los indios que las habitaban hostiles a la presencia española. Sus empresas no prosperaron y pronto Florida sólo mantuvo su interés defensivo y de barrera frente a posibles colonizadores extranjeros. Y como zona difícil y fronteriza fue un lugar atractivo para las órdenes religiosas misioneras que pronto fundaron misiones en distintas partes del territorio floridano.

Además de la costa atlántica, los españoles exploraron el sur y el oeste de los actuales Estados Unidos. Las razones para fundar asentamientos en estos territorios fueron, primero, al igual que había ocurrido con la

Florida, la búsqueda de riqueza y, después, a partir de la presencia de otras potencias coloniales en América del Norte, proteger zonas estratégicas y defender el corazón del Imperio español. También, a lo largo de los siglos, la actuación misionera fue una constante en esta frontera septentrional del imperio.

La búsqueda de riqueza por el Norte de Nueva España fue alentada por mitos y leyendas que los propios exploradores y conquistadores provocaron. Los relatos de Alvar Nuñez Cabeza de Vaca y sus compañeros al llegar desde Florida hasta Nueva España, incitaron la organización de nuevas expediciones. Así, tanto el virrey Antonio de Mendoza como el conquistador de México Hernán Cortés mostraron un enorme interés por esas tierras del Norte. Fue Mendoza el que organizó una primera expedición, en 1538-1539, dirigida a las tierras de los Zuñí, al oeste del actual Nuevo México. El capellán de la expedición fue fray Marcos de Niza. A su regreso sus comentarios y escritos contribuyeron a crear leyendas y mitos sobre las riquezas de las tierras del Norte. Todos los habitantes de Nueva España creyeron en la existencia de siete ciudades de gran tamaño y, sobre todo, de enorme riqueza situadas al norte de México llamadas Tzíbola o Cíbola. La búsqueda de las míticas ciudades movilizó muchas expediciones que se agotaron rastreándolas en lo que hoy es el estado de Kansas. Sólo cuando en 1542, Francisco Vázquez de Coronado regresó de su expedición por las tierras de las actuales Arizona, Nuevo México, Texas, Oklahoma y Kansas, y describió de forma mucho más prosaica la realidad de las construcciones y de la forma de vida indígenas terminaron los míticos rumores.

En estos territorios del norte de Nueva España se hallaban riquezas, que para el español de los siglos XVI, XVII y XVIII, equivalían a metales preciosos, pero no en cantidades legendarias. En las regiones del norte del Virreinato de Nueva España se alzaron poblaciones junto a las minas de plata.

Desde estas tierras también se prepararon nuevas expediciones a Nuevo México buscando metales preciosos pero sin ningún éxito. Se pensó en abandonar el territorio norteño por su inutilidad económica. Pero las presiones de los misioneros franciscanos, que habían comenzado ya su acción evangelizadora, llevaron al Consejo de Indias en Madrid y a la Junta convocada en México por el virrey Velasco en 1602, a decidir que, en conciencia, no se podía abandonar a los indios ya bautizados porque volverían a la "barbarie". La Corona envió entonces a soldados y misioneros. El conquistador Juan de Oñate impulsó nuevas fundaciones. Estableció los pueblos de Santo Domingo, cerca de la actual Albuquerque, de San Juan de los Caballeros, y de San Gabriel, todos en Nuevo México.

Texas tuvo un origen muy distinto al de la mayoría de las regiones del norte de México. Su origen fue más tardío pero parecido al de Florida. Fue también el temor a la presencia de otras potencias coloniales lo que causó el inicio de la ocupación del territorio tejano. La noticia de que el caballero de La Salle, en 1682, en nombre del rey de Francia, había descendido por el río Misisipi y explorado la parte oriental de su ribera preocupó a las autoridades españolas. Pero la información de una segunda expedición de La Salle, fundando un establecimiento, San Luis, en algún lugar próximo a la desembocadura del río Colorado y, sobre todo, de la reivindicación que para Francia hacia del territorio que él había bautizado como la Luisiana en honor de Luis XIV, hizo que los españoles reaccionaran con rapidez. En 1689, Alonso de León al servicio del rey de España llegaba al fuerte de San Luis, en la bahía del Espíritu Santo. Desde entonces, mineros, ganaderos, misioneros y soldados españoles trataron de estar presentes en este nuevo límite.

Efectivamente, además de la riqueza material y de las necesidades políticas y estratégicas de la Corona existieron, en muchos casos, otros motivos para la colonización. Así en Nuevo México, en la parte occidental de Sierra Madre y en las Californias, los misioneros estuvieron presentes antes de la llegada de los colonos españoles. Fueron los franciscanos y los jesuitas las órdenes religiosas que se aventuraron a fundar misiones en estos territorios difíciles del norte de México. Los franciscanos evangelizaron Nuevo México y Texas y los jesuitas la Baja California. Tras la expulsión de los jesuitas de los territorios de la Monarquía Hispana, en 1767, los dominicos se encargaron de las antiguas misiones de la Baja California y los franciscanos se ocuparon de evangelizar un nuevo territorio: la Alta California. Las misiones fueron sobre todo empresas evangélicas pero también lograron avances en los conocimientos geográficos y científicos del momento. También sirvieron como avance y barrera de contención de otros imperios coloniales.

Las misiones fundadas a finales del siglo xvii y principios del siglo xviii, en la Baja California, por los jesuitas Eusebio Francisco Kino, Fernando Costag, Francisco María Picolo, Juan María de Salvatierra, Juan de Ugarte y otros, contribuyeron al descubrimiento de la peninsularidad de California y a la búsqueda de una mejor conexión entre la Pimería Alta (Sonora y Arizona) y la Baja California. También las exploraciones del río Colorado tuvieron mucho que ver con los jesuitas que crearon las primeras misiones en la Baja California.

Las misiones fundadas a lo largo del siglo xviii en la Alta California además de cumplir con objetivos evangélicos tenían, como había ocurrido con la Florida y con Texas, el objetivo de contener la presencia de otras potencias coloniales cerca de Nueva España. Desde la expedición, organizada en tiempos del zar Pedro el Grande (1672-1725) y, ejecutada, durante el reinado de Catalina I, en 1728, por Vitus Bering, (danés alistado en la Armada de Rusia), los rusos sabían que un estrecho, bautizado posteriormente con el nombre del explorador ruso, separaba las costas de Siberia de las de América del Norte. Así organizaron expediciones que efectivamente llegaron a Alaska. En 1741, Alexei Chirikov en el *San Pablo* y Vitus Bering en el *San Pedro* alcanzaron tierras americanas. Desde entonces se inició un lucrativo comercio de pieles con los indígenas norteamericanos. También los imparables marinos y colonos ingleses podrían acercarse al Pacífico desde sus cada vez más abundantes posesiones americanas.

Todos estos territorios del norte del Virreinato de Nueva España fueron muy inestables y difíciles. Su lejanía de los grandes núcleos urbanos del virreinato y su situación de frontera entre los territorios hispanos y las zonas nunca colonizadas por europeos, les ocasionó continuos enfrentamientos con grupos indígenas y más tarde con los otros imperios coloniales.

Al principio, conforme los españoles avanzaban hacia el norte de México y se alejaban del Imperio azteca, se enfrentaron con grupos de indígenas nómadas que denominaron genéricamente chichimecas. Durante más de treinta años, los chichimecas frenaron el avance español.

Pero mucho más temidos y, sobre todo, durante más tiempo que los chichimecas fueron los apaches. Presionados desde las planicies por los comanches y los wichita, a los que los españoles denominaban las Naciones del Norte, los apaches inundaron los territorios del norte de México durante todo el siglo XVIII. En Nuevo México, los indios pueblo demostraron que tampoco estaban asimilados en la revuelta que protagonizaron en 1680, logrando que la Monarquía Hispánica perdiera el control temporalmente de la provincia. Más allá de la frontera y atosigando el territorio mexicano estaban los seri y los yuma, los navajos y los ute. Los más "fieros" de todos, si hacemos caso a los testimonios de españoles que recorrieron el territorio, fueron los comanches. "Todos los años, por cierto tiempo, se introducen en aquella provincia, una nación de indios tan bárbaros como belicosos" —nos recuerda el visitador español Pedro de Rivera en el primer tercio del siglo XVIII— "su nombre Comanches: nunca baja de 1.500 su número, y su origen se ignora porque siempre andan peregrinando, y en forma de batalla, por tener guerra con todas las naciones, y así se acampan en cualquier paraje, armando sus tiendas de campaña, que son de pieles de cíbolas y las cargan unos perros grandes que crían para ello...", escribió el visitador Pedro de Rivera en su informe en 1729.

La abundancia y la combatividad de las poblaciones indígenas así como la presencia cada vez más próxima de otros imperios coloniales hicieron que se multiplicaran las misiones y también que aparecieran los presidios.

Las misiones católicas españolas tenían un claro papel "civilizador". Las pretensiones de los misioneros de cristianizar al indio eran evidentes. Pero para ellos y para la mayoría de los súbditos de su majestad católica evangelizar era lo mismo que civilizar. Así, los indios de las misiones debían vivir de forma cristiana y "civilizada". Debían asemejarse a los campesinos europeos de los siglos XVII y XVIII. A los indios de las misiones se les enseñó a utilizar animales existentes en Europa. Se les obligó a cultivar también productos europeos como trigo, almendros, naranjos, limoneros y vides que empezaron a crecer en suelo norteamericano. Pero, además, era preciso que vivieran "racionalmente, reducidos a la obediencia de su majestad, y en modo cristiano y político que es lo que se pretende por ahora", escribía Antonio Ladrón de Guevara en el siglo XVIII.

21

Está identificación de lo cristiano, con "lo civilizado", y "lo político" es lo que hizo que las misiones españolas, desde siempre, estuvieran vinculadas con la conquista y posterior explotación de las tierras y gentes americanas y que recibieran el apoyo militar y material de la Corona.

Además de las misiones, la otra institución propia de la frontera española fue el presidio. Desde el inicio de la colonización de la Nueva España, en las zonas de amplia presencia indígena, los españoles levantaron fortalezas para albergar a las guarniciones militares y a sus familias. Los presidiales estaban mal pagados y mal abastecidos. Debían proteger los caminos y también las villas, las misiones y los ranchos de amenazas indígenas y extranjeras. Pero muchas veces eran los soldados de los presidios los que hacían "pesquerías" sobre todo en los poblados indígenas, según ellos, para lograr sobrevivir. La corrupción entre los oficiales fue habitual y la Corona lo sabía. Por ello las visitas de oficiales reales se sucedieron y se promulgaron multitud de mejoras, pero los presidios siempre fueron más un problema que una solución en esta lejana frontera del Imperio español que hoy día forma parte de Estados Unidos.

Estos límites septentrionales de la Monarquía Hispánica no fueron nunca territorios eficaces. Controlados por la Corona que apoyaba la actuación de militares y misioneros y que intentaba "civilizar" al indio, fue una frontera con escasos recursos. La Monarquía Hispánica durante los siglos XVII y XVIII tuvo problemas económicos. Las inversiones fueron insuficientes y la mayoría de los indios acabaron siendo hostiles. Fue un ámbito difícil para los colonos particulares que sentían que sus intereses siempre estaban subordinados a los de las misiones y presidios, instituciones, por otro lado incapaces en el siglo XVIII de lograr sus objetivos de contención. Por ello quizás los colonos de origen europeo fueron escasos en estos territorios.

Presencia inglesa, francesa, holandesa y sueca

Muy poco después de que Colón regresase de su primer viaje a las Indias, otros reinos europeos financiaron viajes en busca del deseado camino hacia Asia. En muchos de ellos también fueron marinos italianos los que elaboraron los proyectos y se los ofrecieron a los diferentes monarcas.

Giovanni Caboto y sus hijos viajaron bajo pabellón inglés a finales del siglo xv. Firmaron un contrato con Enrique VII, en 1496, en donde el monarca les concedió la autorización para navegar "a todas partes, tierras y mares del Este, del Oeste y del Norte (...) bajo sus propios gastos y cargas". Tenían que "averiguar, descubrir y encontrar cualesquiera islas, tierras, regiones o provincias de los paganos infieles (...) desconocidas para todo cristiano", izar "las banderas y enseñas" inglesas. Zarparon del puerto de Brístol en mayo de 1497 y el día de San Juan arribaron a algún lugar de la costa norteamericana. Probablemente a la costa de la actual Canadá cerca de la desembocadura del San Lorenzo. Al igual que Colón, consideraron que habían alcanzado la costa asiática. Encontraron riqueza pesquera y aparejos indígenas. Los llevaron a Inglaterra a su regreso en agosto de 1497. Giovanni Caboto preparó una segunda expedición, en 1498, divisando la costa oriental de Terranova. Pero un motín de su tripulación le impidió continuar hacia los fríos mares del Norte y le obligó a virar hacia el Sur recorriendo las costas de los actuales Estados Unidos.

También la Francia de Francisco I se comprometió con la empresa atlántica. Todavía el mayor interés radicaba en buscar un paso hacia Asia por el Oeste. Los viajes de Giovanni Verrazano (1524) y de Jacques Cartier (1534) demostraron, tras recorrer la costa entre Terranova y las actuales Carolinas, que el paso no era factible.

Los viajes ingleses y los franceses no dieron fruto de forma inmediata. Pero sirvieron para que los reyes de Francia y de Gran Bretaña reclamasen sus derechos, cien años después, sobre América del Norte. Fue durante el siglo xvii cuando las naciones atlánticas no ibéricas fueron capaces de violentar el monopolio español y portugués en América.

Desde la segunda mitad del siglo xvii, la Monarquía Católica mostró signos de debilidad. La derrota de la Armada Invencible, en 1588, no sólo fue una humillación para el rey Felipe II sino que destruyó gran parte de los efectivos de la Marina española. Las costas de América no podrían ser defendidas como hasta entonces. Además, nuevas naciones se alzaban con fuerza en el contexto europeo enarbolando, a través de la escisión protestante, una fuerte independencia frente a la universalidad católica representada, en el mundo de la política, por la Monarquía Hispánica. Desde comienzos del siglo xvii las plantaciones de otras naciones inundaron los territorios más lejanos y peor protegidos del Imperio español: los actuales Estados Unidos.

Si bien los viajes holandeses por América del Norte fueron más tardíos que los realizados bajo pabellón inglés o francés, la creación de Nueva Holanda fue inmediata. Se fundó cuando las dos potencias protestantes, Inglaterra y Holanda, mantenían una estrecha alianza contra la católica España. La costa, de lo que luego fue Nueva Holanda, fue explorada por el inglés Henry Hudson, contratado por la Compañía Holandesa de las Indias Orientales en 1609, para encontrar el ansiado paso hacia Asia. Poco después, en 1614, los holandeses establecieron en ese territorio factorías iniciando un comercio de pieles con los iroqueses. En 1626, el gobernador de la colonia, Peter Minuit, compraba la isla de Manhattan a los indígenas. El nuevo territorio fue bautizado por los holandeses como Nueva Ámsterdam y fue la capital de Nueva Holanda. Gobernada rígidamente por la Compañía, defendida por una pequeña guarnición, y colonizada, sobre todo, por grandes propietarios de tierras que imponían duras condiciones de trabajo a los campesinos, la colonia durante el periodo holandés nunca atrajo a muchos emigrantes.

La presencia del Reino de Suecia en los actuales Estados Unidos fue efímera pero importante. Las primeras exploraciones del actual estado de Delaware fueron tempranas. Marinos españoles y franceses habían navegado por estas costas. También lo hicieron bajo pabellón holandés Henry Hudson en 1609, Cornelius May, en 1613, y Cornelius Hendricksen, que recorrió la bahía del Delaware y también navegó por el río hasta la actual Filadelfia, en 1614. Además levantó un mapa detallado de toda la región. El marino inglés Samuel Argall divisó estas costas en 1610 y las bautizó en honor del gobernador de la recién fundada Virginia, lord de la Warr, como Delaware. El primer establecimiento fue una pequeña factoría comercial holandesa: Zwaanendael destruida e incendiada por los indígenas en 1632. Poco después, en 1638, Suecia creó una colonia en ese territorio. Dos embarcaciones: la *Kalmar Nyckel* y la *Vogel Grip* llevaron a emigrantes suecos que fundaron en las riberas del río Cristina el fuerte Cristina, todo ello en honor de su joven reina: Cristina de Suecia (1632-1654). La colonia de Nueva Suecia sobrevivió con dificultades por los continuos ataques de sus poderosos vecinos y fue conquistada por Nueva Holanda en 1655. Sin embargo los pobladores suecos de Delaware conservaron su lengua y costumbres durante generaciones.

Durante el siglo XVII, Francia también contribuyó a la ruptura del monopolio español en América del Norte. Recordando los viajes de Verrazano y de Cartier, la Francia de Luis XIV reclamó su derecho a fundar colonias en América. Los primeros asentamientos franceses en América se fundaron en el Noreste, en Port Royal, en 1605, situado en la península que los franceses denominaron Acadia y los ingleses Nueva Escocia. Un poco después, en 1608, Samuel de Champlain fundó Quebec –palabra algonquina que significa 'estrechamiento del río'– comenzando la colonización de Nueva Francia. La exploración y la posterior formación del Imperio francés en América del Norte se realizó en tres fases. De 1603 a 1654 se exploró y se fundaron asentamientos en el valle del río San Lorenzo y sus afluentes. De 1654 a 1673 colonos franceses ocuparon la zona de los Grandes Lagos, en la última etapa, de 1673 a 1684, exploraron y fundaron poblaciones en los márgenes del Misisipi. Así paulatinamente exploradores, misioneros, tratantes de pieles y colonos fueron creando asentamientos. Alrededor de 1720 ya había una línea de fuertes, misiones, pueblos y plantaciones que iba desde Louisbourg, en la isla del cabo Bretón, hasta Nueva Orleáns.

LAS TRECE COLONIAS INGLESAS

De la misma forma que Francia, también la Inglaterra de Isabel I (1558-1603) hizo valer sus derechos sobre el suelo norteamericano recordando los viajes que Giovanni Caboto había realizado bajo pabellón inglés.

Durante gran parte del siglo XVI, Inglaterra se encontraba muy debilitada y dividida por profundos problemas religiosos como para disputar a España su presencia en América. Pero en la década de 1580 la dinastía Tudor había reforzado su poder. Y además la Monarquía Católica, por primera vez, como ya hemos señalado, mostraba signos de debilidad y las costas americanas no podrían ser defendidas con eficacia.

Inglaterra tenía muchas razones para crear "plantaciones" en América. La mayoría de los geógrafos e historiadores del siglo XVII invitaban a la fundación de asentamientos ingleses en América del Norte. Richard Hakluyt el Joven publicó un auténtico panegírico sobre la colonización. En *A Particular Discourse Concerning Western Discoveries* (1584) defendía que las presumibles plantaciones serían la base para atacar al Imperio español. También permitirían a Inglaterra obtener directamente productos coloniales así como disponer de un nuevo mercado para sus exportaciones y, sobre todo, proporcionarían vivienda y tierras para el exceso de población del país. Esa percepción de una Inglaterra densamente poblada la compartían todos los escritores isabelinos. Y por ello consideraban imprescindible no tanto crear puestos comerciales como fundar asentamientos estables –plantaciones– que obligasen al traslado de los "plantadores" desde Inglaterra a América. También sir Humphrey Gilbert en *A Discourse of a Discovery for a New Passage to Cataia* (1576), enumeraba las ventajas para Inglaterra de los asentamientos ultramarinos. Además de argumentos similares a los de Hakluyt, enarbolaba uno nuevo: América se convertiría en un excelente refugio para los disidentes religiosos. Si bien estas razones defendidas por los escritores ingleses del siglo XVI eran apoyadas por la Corona y por la Iglesia oficial anglicana, no fueron estas instituciones las que dirigieron la colonización. Fueron las emergentes clases comerciales británicas, integradas en gran parte por reformadores puritanos de la Iglesia de Inglaterra, los que organizaron y protagonizaron la empresa de fundar asentamientos ingleses en América.

Una de las actividades más lucrativas de la Inglaterra de finales del siglo XVI consistía en la exportación de lana a los Países Bajos. El colapso sufrido por el mercado de valores de Amberes fue un revés para este comercio tradicional. El nuevo grupo social de comerciantes, artesanos y armadores británicos se aventuró a la búsqueda de nuevas rutas comerciales. Así se crearon nuevas compañías comerciales para explorar y asentarse en territorios lejanos. La Compañía de Moscovia se fundó en 1555, la de Levante, en 1581, y la Compañía de Berbería, en 1585. Además, muchos de estos comerciantes surgidos en las ciudades inglesas simpatizaron con la revisión del anglicanismo realizada desde el puritanismo. Los puritanos no sólo querían purificar la Iglesia de Inglaterra restringiendo el poder del clero anglicano y suprimiendo ritos y ceremonias que la acercaban peligrosamente al denostado catolicismo. El puritanismo trascendía esos márgenes. Implicaba la defensa de una forma de vida sencilla y equilibrada que, de alguna manera, los puritanos identificaban con la que presumiblemente llevaron los primeros cristianos. Los puritanos defendían el alejamiento de los excesos de las corruptas cortes monárquicas y también de la sofisticada sociedad inglesa. Eran críticos con los rituales, ceremonias y adornos de la Iglesia católica y de la anglicana. Primaba en ellos una idea de retorno, de vuelta a la vida sencilla, equilibrada y primitiva, de desandar algunas rutas emprendidas por la cultura dominante en la vieja Europa.

Desde finales del siglo XVI, la Corona inglesa reclamó su autoridad sobre los territorios americanos recorridos por marinos bajo pabellón inglés a finales del siglo XV. Los monarcas podían o bien dejar el territorio como un Dominio Real o bien ceder algunas partes, mediante una Carta Real o una patente, a particulares o a compañías comerciales para su explotación. Pero era la Corona la que mantenía la soberanía y a la que había que acudir para lograr el dominio y la facultad de gobierno para fundar plantaciones. Según la Corona mantuviese su control directo o se lo cediese por patente, a particulares, o por Carta Real a compañías, las nuevas "provincias" norteamericanas serían de Dominio Real, de Propietario, o de Compañía.

Cuando un grupo de personas, normalmente comerciantes, decidían constituirse en Compañía debían conseguir una Carta Real que nombraba a la organización y que les otorgaba sus estatutos de funcionamiento. Además, le garantizaba un área concreta de suelo americano y les confería ciertos poderes: trasladar emigrantes, gobernar las plantaciones, organizar el comercio, disponer de la tierra y de otros recursos. A cambio la Compañía debía someterse a las leyes y tradiciones inglesas. Cuando eran propietarios particulares los que colonizaban, éstos obtenían sus derechos a través de una patente que señalaba si sería uno o varios los propietarios y también se definía el territorio otorgado. De la misma forma que las Compañías, los propietarios adquirían, a través de la patente, la facultad de organizar la colonización y la forma de gobierno de la plantación siempre y cuando reconocieran la soberanía de la Corona y se sometieran a las leyes y tradiciones inglesas.

En 1578, la reina Isabel otorgó a uno de sus favoritos, sir Humphrey Gilbert, una patente autorizándole a fundar colonias en América. Pero estas primeras empresas isabelinas, otorgando permisos a particulares, fracasaron. Sólo cuando, durante los reinados de Jacobo I de Inglaterra y VI de Escocia y de Carlos I, la fundación de plantaciones fue llevada a cabo por compañías comerciales, integradas por capital privado procedente de distintos inversores, pero constituidas en una única persona jurídica, éstas empresas sobrevivieron.

En 1578 y en 1583 sir Humphrey Gilbert, tras conseguir su patente de la reina, dirigió expediciones a Terranova, proclamando allí su soberanía y ejerció su autoridad sobre un pequeño grupo de pescadores que poblaban esas tierras. Desde allí, se dirigió hacia el sur intentando encontrar un lugar confortable para iniciar su empresa colonial. No logró su objetivo al naufragar su embarcación en su segunda tentativa. A Gilbert le sustituyó en la empresa colonizadora su hermanastro sir Walter Raleigh, tras renovar la patente. Después de explorar las costas frente a Carolina del Norte consideró que la isla Roanoke era el mejor lugar para fundar una plantación. En 1585 envió allí una expedición colonizadora que regresó por la falta de alimentos y por las dificultades con los indígenas. Raleigh, sin desfallecer, envió en 1587 otro grupo de unos 116 colonizadores bajo el mando de John White. El capitán tuvo que volver a Inglaterra para buscar provisiones y garantizar el futuro de la colonia. Cuando regresó a Roanoke en 1590 –más tarde de lo previsto debido a la presencia en las costas inglesas de la Armada Invencible– no existía en la colonia ni rastro de los plantadores. Esta primera experiencia fracasada conocida históricamente como la "colonia perdida" no hizo desistir a los ingleses.

Tras estas primeras tentativas la Corona británica, como hemos señalado, cambió de estrategia. Serían las compañías comerciales las que tendrían permiso para colonizar. Eran mucho más solventes y resistirían mejor a lo que se presentaba ya como una empresa difícil. Así en 1606 Jacobo VI de Escocia y I de Inglaterra otorgó a una compañía londinense, la Compañía de Virginia, la posibilidad de colonizar el área de la bahía de Chesapeake, al norte de los territorios floridanos y que ya entonces se conocía como Virginia. En el mes de diciembre la Compañía fletó tres barcos y envió un grueso de 105 plantadores, mujeres y niños incluidos. Dirigidos por el experto capitán Christopher Newport los colonos arribaron, el 13 de mayo de 1607, a lo que denominaron Jamestown en honor al rey de Escocia y de Inglaterra.

Los primeros años de la colonia de Virginia fueron muy difíciles. La colonia estaba situada sobre un terreno pantanoso por lo que los pobladores estuvieron acosados por enfermedades. Además, los plantadores conocían mal las características de la tierra y de los cultivos americanos y los productos ingleses no servían para esas latitudes. Tampoco las relaciones con los indígenas fueron sencillas. El hambre y las penurias causaron continuos enfrentamientos entre los colonos. El primer año sólo sobrevivieron sesenta plantadores. La plantación estaba a punto de ser abandonada cuando la Compañía de Virginia envió un refuerzo de colonos y también de provisiones. Para motivar la emigración, la compañía estableció un plan de alicientes. Se implantó un sistema por el cual cualquiera que afrontase el gasto de trasladar a la plantación a un familiar o conocido recibía cincuenta acres de terreno. La compañía también trasladó a otra clase de emigrantes. Doscientos niños vagabundos londinenses fueron recogidos y transformados en trabajadores de las plantaciones y también fueron trasladadas de forma forzosa "doncellas jóvenes, agraciadas y con buena educación a Virginia deseosas de contraer matrimonio con los más honestos y esforzados plantadores que estén dispuestos a abonar el importe de sus pasajes". La mayoría eran prostitutas amonestadas en las calles de las ciudades inglesas. Pero no fueron las medidas demográficas sino las económicas las que garantizaron el futuro de la colonia. El encontrar un producto óptimo para el suelo virginiano fue una garantía de éxito. El tabaco pronto creció en los campos de Virginia garantizando el futuro de la colonia. También fue importante la configuración de una estructura política eficaz. La primera asamblea de plantadores de la colonia de Virginia se celebró, en la Iglesia anglicana de Jamestown, el 30 de julio de 1619. Y allí se eligió al primer Gobierno representativo de Virginia.

Pero la colonia no cumplía los objetivos mercantiles de la compañía londinense. Ese conjunto de paupérrimas viviendas y de cultivos difíciles no eran rentables. En 1624 la Compañía de Virginia se disolvió y los territorios se transformaron en una colonia real, es decir en una colonia que dependería política y económicamente directamente de la voluntad del rey de Inglaterra y Escocia.

Al norte del río Potomac el rey Carlos I (1625-1648) concedió a Cecilius Calavert, primer lord Baltimore, una enorme extensión de tierra. La intención de lord Baltimore fue convertir su territorio en un refugio para sus correligionarios católicos que estaban siendo perseguidos en Inglaterra. Por eso el nombre elegido para su propiedad americana fue Maryland. Fue su hijo y heredero, el segundo lord Baltimore, quién impulsó la colonización y a él le interesaba no sólo que la nueva colonia fuera un refugio para católicos sino también que fuera una empresa económicamente próspera. En 1633 dos embarcaciones, el *Ark* y el *Dove*, llegaron con 140 pasajeros a la nueva colonia. Aunque efectivamente los dirigentes de la expedición eran católicos, el resto era protestante para lograr una mayor rentabilidad económica. Desde muy pronto surgieron problemas entre las dos comunidades y por ello tras largas negociaciones se promulgó el Acta de Tolerancia de Maryland, en 1649, que permitía la libertad religiosa pero sólo para los cristianos trinitarios. Fueron excluidos los cristianos unitarios, los judíos, los deístas y los agnósticos. La colonia políticamente se organizó con una asamblea en donde estaban representados los colonos. Pero a diferencia de Virginia, Maryland fue una colonia de "propietario" hasta la independencia de las colonias inglesas.

Mucho más al norte surgió otro núcleo colonizador inglés. Desde 1616, la costa nordeste de los actuales Estados Unidos era conocida por los ingleses como la Nueva Inglaterra. Fue en el libro del capitán John Smith, *A Description of New England* (1616) en donde el término apareció por primera vez. En 1620 se creó en Londres la Compañía de Nueva Inglaterra, estructurada de la misma forma que la Compañía de Virginia. Pronto consiguió del rey Jacobo I el monopolio sobre la tierra, el comercio, y la pesca, entre los 40 y los 48 grados de latitud norte en la costa atlántica norteamericana. Pero antes de que concluyeran los trámites legales entre el Compañía y el monarca, un pequeño grupo de colonos arribó en el *Mayflower* a estas costas de Nueva Inglaterra. Los pioneros formaban parte de un grupo de puritanos radicales, llamados también separatistas, que defendían la separación de la Iglesia de Inglaterra y no sólo su "purificación" como el resto de los puritanos. Originarios de

Scrooby, en Nottinghamshire, habían huido a la calvinista Holanda, en 1609, para evitar críticas y persecuciones. El exilio les demostró que era difícil, en una sociedad "con historia", establecer un modelo de vida similar al que, según ellos, tuvieron los primitivos cristianos. La sencillez, el equilibrio, la tranquilidad y el silencio eran virtudes defendidas por los separatistas y alejadas de todos los rincones de la vieja Europa. América para ellos podría ser el Jardín del Edén. El lugar en donde comenzar una vida en donde su fe religiosa se fundiría con una nueva y santa sociedad civil. Los "peregrinos", como fueron bautizados por sus descendientes, buscaron financiación para su utópico proyecto en Inglaterra. Un grupo de comerciantes ingleses subvencionó la empresa del *Mayflower* y logró permiso para desembarcar cerca de Virginia. Sin embargo atracaron mucho más al norte, en el puerto natural que bautizaron como Plymouth, en cabo Cod. Buscando una legalidad a esta situación difícil –no habían atracado en Virginia sino en Nueva Inglaterra– redactaron y firmaron el Pacto del *Mayflower*. En este texto claramente puritano los firmantes –todos varones y adultos– se comprometían "en presencia de Dios y de todos nosotros a pactar y a constituirnos en un cuerpo civil y político para logar nuestro mejor gobierno…". Además todos prometieron sumisión y obediencia a las "leyes justas y equitativas" que los futuros representantes promulgasen.

La actividad económica de esta pequeña colonia fue la agricultura. Aprendieron, según la tradición, del indio Squanto a cultivar el maíz americano y supieron adaptar al nuevo clima el cultivo del trigo y otros productos europeos. La primera cosecha de maíz la celebraron juntos, colonos e indígenas, iniciándose así la celebración en las colonias inglesas del Día de Acción de Gracias. Además también comerciaron con pieles y madera e iniciaron una prolífica actividad pesquera. Muy pronto los colonos abrieron negociaciones con el Consejo de Nueva Inglaterra para solucionar los problemas causados por haber fundado la plantación de Plymouth dentro de sus territorios y no en Virginia. En 1621 lograron que el Consejo aceptase la nueva plantación. En 1627 los colonos lograron saldar las deudas con los comerciantes londinenses que les habían respaldado y en 1629 compraron a la Compañía de Nueva Inglaterra los títulos de los territorios que ocupaban. Conocemos muy bien la historia de la colonia por la obra de su segundo gobernador, William Bradford, titulada *History of Plymouth Plantation*, escrita entre 1630 y 1651, que narra con sobriedad puritana las dificultades de los peregrinos.

Mucho más numerosa e importante fue la gran emigración puritana no separatista iniciada hacia la bahía de Massachusetts en 1630. Desde la fundación de Plymouth existían en esta bahía, que había tomado su nombre de los indios massachusetts, grupo de lengua algonquina, pequeñas aldeas habitadas por pescadores y comerciantes de pieles de origen europeo. En 1626 Robert Conant fundó un pueblo pesquero llamado Naumkeag, actual Salem, que fue el núcleo en donde se asentó una comunidad puritana. John White, pastor anglicano de Dochester y estricto puritano, consideró que este núcleo podía ser el germen de una colonia constituida por puritanos descontentos con la forma de vida inglesa. Tras negociar con la Compañía de Nueva Inglaterra obtuvieron los derechos sobre los territorios de la bahía. En 1629 fueron más lejos y constituyeron la Compañía de la Bahía de Massachusetts Poco después obtuvieron una Carta Real que les permitía establecer una colonia y ratificaba muchas de las ambiciones de este grupo de puritanos. En primer lugar les permitía trasladar el gobierno del nuevo asentamiento, desde Londres a Massachusetts. Además garantizaban que la colonia fuera puritana. Así establecieron que solo los miembros de las iglesias puritanas podían ser electores y elegibles para las instituciones representativas y además los pastores puritanos se reservaban puestos de gobierno y de justicia. A partir de su aprobación por el rey, se produjo la gran migración puritana a la bahía. Diecisiete embarcaciones, con más de mil emigrantes, partieron en 1630 rumbo a Massachusetts capitaneados por John Winthrop, un abogado y terrateniente del este de Inglaterra que se convirtió en gobernador de la colonia. Durante los once años siguientes más de 20.000 emigrantes, todos ellos puritanos, llegaron a la colonia. Las características sociales de este grupo de emigrantes fueron distintas a las del resto de las colonias inglesas en Norteamérica. En primer lugar emigraron sobre todo grupos familiares. La distribución por edades también fue inusual. Mientras que aquellos que viajaron a Virginia y a otras colonias tenían entre 16 y 25 años, a Massachusetts fueron adultos —más de 2/5 partes eran mayores de 25—, y niños —casi la mitad de los emigrantes eran menores de 16—. La gran mayoría de los emigrantes pertenecían a la clase media inglesa, con el predominio de pequeños agricultores, artesanos y comerciantes. Fue un grupo de emigrantes con un alto nivel de riqueza, educación y capacidad. Pero también existieron problemas en esta comunidad puritana. Para muchos la presencia del clero y de las normas constituidas del puritanismo era excesiva. Hubo graves desacuerdos en el refugio de disidentes. Roger Williams fue el principal opositor de la nueva colonia. Descontento por le estrecha unión entre la Iglesia y el Estado y sobre todo por considerar que se debía romper de forma radical con la Iglesia de Inglaterra, elevó airadas protestas y fue desterrado. Con él se fueron multitud de disidentes y se instalaron en el año 1636 en la bahía de Narragansett donde fundaron Providence que se constituyó en el núcleo de una nueva comunidad de ciudades llamada Rhode Island. Dos años después llegaba otra disidente: Anne Hutchinson, también duramente criticada por el clero bostoniano por su independencia. La nueva comunidad se basó en el gobierno de la mayoría, en la separación de la Iglesia y del Estado, y en la libertad religiosa. Esta tolerancia permitió que judíos, cuáqueros y otros grupos religiosos minoritarios eligieran Rodhe Island como su hogar americano. En 1644, Williams viajó a Inglaterra y publicó una de las críticas más duras contra la colonia de la bahía de Massachusetts: *The Bloody Tenent of Persecution*, que criticó duramente la presencia del clero puritano en la colonia de Massachusets. En ese mismo viaje logró la Carta Real que autorizaba a la nueva colonia y reconocía los principios previamente establecidos en Rhode Island. Estos principios fueron de gran importancia para el futuro político de Estados Unidos.

Otros disidentes abandonaron también la colonia de la bahía. El reverendo Thomas Hooker decidió, junto al grueso de su congregación, trasladarse para fundar una nueva colonia en donde el peso de las iglesias constituidas no fuera tan fuerte. Así surgieron, alrededor del valle del río Connecticut, pequeños núcleos urbanos, como Hartford y Windsor. También puritanos estrictos fundaron otras poblaciones con nombres significativos como New Haven. Todos unidos lograron una Carta Real en 1662. Esta Carta fue la ley fundamental del estado de Connecticut hasta 1818 y, a pesar de que al principio buscaron un menor peso de los pastores puritanos, recogía que la iglesia congregacionista era la iglesia oficial en cada una de las poblaciones. Católicos, anglicanos y disidentes protestantes encontraron hostilidad en esta nueva plantación.

Al norte de la Bahía de Massachusetts, los territorios actuales que constituyen New Hampshire y Maine, fueron concedidos por la Compañía de Nueva Inglaterra a sir Ferdinand Gorges y a John Mason, en 1622. A Mason le correspondió la parte Sur y la bautizó como New Hampshire. Allí ya existían pequeñas poblaciones de pescadores y comerciantes como Dover, Portsmouth, Éxeter y Hampton. Aunque desde 1649 cayó bajo el dominio de Massachusetts, también fue refugio de puritanos disidentes. La zona más alejada, la actual Maine, continuó, durante todo el periodo colonial, gobernada desde Massachusetts.

La guerra civil inglesa (1642-1660) y la Commonwealth (1649-1660) frenaron el proceso colonizador de Inglaterra. Pero la restauración de Carlos II, en 1660, supuso un nuevo impulso. En sólo doce años los ingleses conquistaron Nueva Holanda, colonizaron Carolina y le dieron forma definitiva al sistema colonial. La diferencia entre este segundo empuje y el iniciado a comienzos del siglo XVII, es que las nuevas colonias surgieron sobre territorios donados por el rey a sus favoritos, que se constituían así en propietarios. Ya no eran las compañías comerciales las promotoras de la colonización. De la antigua colonia holandesa, Nueva Holanda, que había conquistado la colonia sueca de Delaware, surgieron cuatro colonias: Nueva York, Nueva Jersey, Pennsylvania y Delaware.

Como ya hemos señalado, Nueva Holanda estaba rígidamente gobernada por la Compañía Holandesa de las Indias Orientales y por ello sus habitantes no pusieron mucha resistencia cuando 1664 la colonia fue conquistada por el hermano de Carlos II de Inglaterra, el duque de York. La región entera fue cedida por Carlos a su hermano. Los ingleses transformaron el pequeño poblado de Nueva Ámsterdam en Nueva York en honor del duque homónimo. También se denominó de esta forma toda la antigua colonia de Nueva Holanda. Poco después, el duque propietario cedió las tierras comprendidas entre los ríos Hudson y Delaware a sir George Carteret y a lord John Berkeley llamando a este territorio Nueva Jersey.

En 1681, el cuáquero William Penn recibía de los Estuardo una enorme franja de tierra en el litoral atlántico de América del Norte que bautizó, en memoria de su padre, Pensilvania. Fue un refugio para una de las ramas más radicales e igualitarias del puritanismo que fueron los cuáqueros. Con la afirmación de la existencia de una luz interior en todos los hombres que sólo había que encontrar a través de la oración, los cuáqueros defendieron la igualdad de todos. Perseguidos no sólo en Inglaterra sino también en sus colonias llegaron masivamente a los bosques de Penn. En 1682, el duque de York también le concedió a William Penn otra parte del antiguo territorio sueco y después holandés: Delaware.

También durante el reinado de Carlos II se establecieron los ingleses en las Carolinas. Este inmenso territorio al sur de Virginia se les concedió a ocho lores propietarios que lo colonizaron con población que provenía de otras colonias, sobre todo, de Barbados y de Virginia. Conforme la colonia avanzaba hacia el Sur los enfrentamientos con los españoles fueron continuos.

La última de las colonias inglesas en Norteamérica fue la de Georgia. La colonia fue entregada por Jorge II, en 1732, a veintiún fideicomisarios. Uno de ellos, el general y filántropo James Oglethorpe se trasladó al nuevo territorio inglés en América. Como militar erigió una serie de fortalezas para contener presumibles ataques españoles desde San Agustín. Como reformador social intentó colonizar Georgia como un lugar de redención de presos ingleses que no hubieran cometido delitos de sangre y también intentó convertirla en un nuevo hogar para indigentes. Quería evitar las grandes propiedades así como la existencia de trabajo esclavo. Tampoco aceptaba bebidas alcohólicas. Hacia mediados del siglo XVIII, nada quedaba de sus planes filantrópicos. Georgia se había convertido en una colonia cuya unidad de producción era la gran propiedad, dedicada al monocultivo y trabajada por esclavos.

LAS COLONIAS NORTEAMERICANAS EN EL SIGLO XVIII: LAS GUERRAS IMPERIALES

La presencia política de Suecia y de Holanda había desaparecido, como ya hemos señalado, de América del Norte en el siglo XVII. Francia impulsaba, sobre todo, la colonización del actual Canadá aunque mantenía a un pequeño grupo de colonos en Luisiana. Sin embargo la

Monarquía Católica conservaba los límites septentrionales de su imperio en los actuales Estados Unidos. Pero ya se apreciaba que ni la Florida, ni la parte norte del virreinato de Nueva España tenían la vitalidad demográfica, económica y cultural de las trece colonias inglesas.

Efectivamente, a mediados del siglo XVIII las Trece Colonias inglesas se habían transformado en territorios prósperos. Las colonias de Nueva Inglaterra: New Hampshire, Connecticut, Massachusetts y Rhode Island, estaban densamente pobladas y tenían una economía diversa. Agricultura, pesca, construcción naval y un comercio, no siempre legal, con la América española eran las actividades de sus habitantes. Ciudades como Boston, Newport y Salem eran muestra de esa actividad comercial.

Las colonias del Sur: Virginia, Maryland, las Carolinas y Georgia, tenían una estructura social más desequilibrada. Grandes propietarios de tierras, pequeños labradores y una gran masa de población esclava eran sus rasgos distintivos. El cultivo de un único producto en las plantaciones sureñas les causaba una gran dependencia económica de su metrópoli. Virginia, Maryland y Carolina del Norte exportaban tabaco; Carolina del Sur y Georgia comerciaban con arroz e índigo.

Las colonias intermedias: Nueva York, Nueva Jersey, Delaware y Pensilvania eran más heterogéneas. Su población, originaria de distintos puntos de Europa, les otorgaba una fisonomía más rica. Su actividad económica era también más diversa que la de las colonias de Nueva Inglaterra y que las del sur. Su agricultura era próspera. Producían grandes excedentes de grano, cereales y carne salada que exportaban. También el comercio de pieles, sobre todo, en la colonia de Nueva York, y la industria forestal, eran prósperas. Ciudades como Filadelfia, con más de 40.000 habitantes en 1770, y Nueva York demostraban la vitalidad de las colonias intermedias.

Pero si las colonias inglesas en América del Norte tenían diferencias también compartían ciertas similitudes. Al ser colonias inglesas su ritmo de crecimiento demográfico era parecido y además sus instituciones de gobierno y sus valores culturales eran similares. También mantuvieron durante toda la historia colonial los mismos enemigos: las poblaciones indígenas y las otras potencias coloniales.

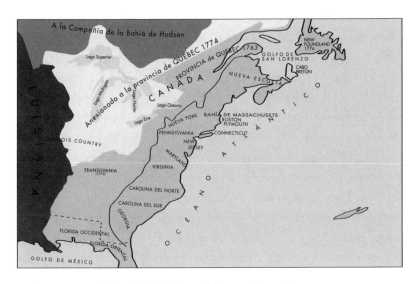

Colonias británicas en Norteamérica 1763-1775

Las Trece Colonias inglesas tenían un ritmo de crecimiento demográfico y económico muy superior al de los límites del Imperio español en América del Norte. Al estallar la guerra de Independencia, en 1775, habitaban el territorio alrededor de dos millones y medio de colonos. Mientras que en los márgenes septentrionales del Imperio español, si excluimos a la población indígena no asimilada, sólo vivían unos 100.000 colonos.

El crecimiento natural de la población, entre los pobladores de origen europeo, fue en aumento tanto en las colonias inglesas como en las españolas pero sin embargo los movimientos migratorios europeos fueron muy distintos en los dos imperios. Tanto Inglaterra como España frenaron el flujo de inmigrantes hacia América procedentes de la metrópoli a lo largo del siglo XVII, pero Inglaterra aceptó y, en cierta medida, promovió la llegada de extranjeros a sus colonias americanas.

El ritmo de emigración desde Inglaterra hacia América había sido muy fuerte en la primera mitad del siglo XVII. Alrededor de 150.000 ingleses se habían trasladado a la costa oriental norteamericana. Pero después de la guerra civil y la peste que asoló las islas Británicas y tras el auge del mercantilismo, que consideraba a la población como un recurso indispensable para la riqueza nacional, los tratadistas ingleses defendieron que era perjudicial el flujo migratorio. Si exceptuamos a los ingleses castigados con la deportación, unos 30.000 a lo largo del siglo XVIII, la emigración desde Inglaterra y Gales hacia las Américas disminuyó mucho. Decididos, sin embargo, a promover el crecimiento de las colonias americanas, las autoridades coloniales inglesas aceptaron a inmigrantes que no procediesen de Inglaterra o de Gales. Y eso fue una de las grandes diferencias entre las colonias inglesas y la América española y francesa. Ya en 1680 William Penn había reclutado a inmigrantes procedentes de Francia, la mayoría hugonotes perseguidos tras la abolición del Edicto de Nantes en 1685. También Penn aceptó como pobladores a menonitas, amish y moravos procedentes de Holanda, de Alemania, y de los cantones alemanes de Suiza, para ocupar su inmensa colonia de Pensilvania. Otras colonias enviaron agentes a Europa para reclutar campesinos. La mayoría, unos 250.000, fueron irlandeses-escoceses, descendientes de los escoceses presbiterianos que se habían instalado en el Ulster durante el siglo XVII.

Además, casi todas las colonias inglesas otorgaron facilidades a los extranjeros para formar parte de la comunidad en igualdad de condiciones que los primeros colonos. Los extranjeros que fueran protestantes y jurasen fidelidad a la Corona británica eran considerados súbditos, con las mismas libertades y privilegios, de los colonos norteamericanos. En 1740, el Parlamento británico aprobó una ley general de naturalización para sus colonias en América. Sin embargo pervivieron dificultades en la mayoría de las colonias inglesas para aquellos inmigrantes católicos o judíos.

Otros pobladores también llegaron masivamente durante el siglo XVIII a las colonias inglesas. Los esclavos, forzados desde África, eran cada vez más utilizados como mano de obra en las plantaciones. El descenso de su "precio", ocasionado por el fin del monopolio de la Compañía Real Africana en 1697, y la extensión de la economía de plantación en las colonias del Sur fueron las razones para que la población esclava pasase de 200.000 individuos, en 1700, a 350.000 en 1763. La mayoría de los esclavos procedían de antiguas civilizaciones del África occidental como la de Ghana, la de Mali y la de Songhai. De todas formas la esclavitud estaba distribuida de forma irregular. Más de cuatro quintos de la población esclava habitaban en las colonias del Sur. A pesar de que en el Imperio español en América la utilización de mano de obra esclava era habitual, en los límites septentrionales repletos de misiones y presidios, con escasos colonos, y alta densidad de población indígena, la presencia de esclavos africanos no fue significativa. Las autoridades españolas siempre dificultaron la inmigración hacia América. La Monarquía Hispánica exigía a los individuos que quisieran emigrar el cumplimiento de una serie de requisitos y la posterior obtención de una licencia tras un largo proceso. Además, a diferencia de lo que ocurría en las Colonias inglesas, la Monarquía Hispánica no aceptó la entrada de inmigrantes libres extranjeros. Sin embargo, a lo largo del siglo XVIII, se incumplió muchas veces la legislación y la presencia de extranjeros era obvia en los límites del imperio. Pese a que, en número, su presencia era menor que en la América inglesa.

Estas diferencias en el ritmo de crecimiento demográfico entre las colonias inglesas y las españolas fue una de las razones de la vitalidad económica, social y política de las Trece Colonias frente a los límites del Imperio español. Como explica el historiador David Weber en Carolina del Sur, una de las colonias inglesas más jóvenes había, en 1700, 3.800 colonos de origen europeo y 2.800 afroamericanos que eran esclavos. En la vecina Florida, uno de los territorios más antiguos de la Monarquía Hispánica, sólo residían, a comienzos del siglo XVIII, 1.500 pobladores de origen europeo. La diferencia aumentó en la primera mitad del siglo, en parte debido a la generosa política colonial inglesa frente a la restrictiva española. Así, en 1745, el número de pobladores de Carolina del Sur era diez veces superior al de Florida: 20.300 frente a los 2.700 habitantes de este septentrión español en América.

También existieron diferencias políticas entre los dos mundos coloniales. Las colonias inglesas gozaron de una mayor autonomía que los territorios hispánicos. Para muchos autores no fue un hecho querido por la corona inglesa. Pero los conflictos internos, que caracterizaron la historia de Inglaterra durante el siglo XVII, motivaron un cierto "abandono" del mundo colonial. Sin embargo tras la Gloriosa Revolución, el reconocimiento por parte de la metrópoli del interés económico de las colonias impulsó una política intervencionista. En 1696 se creaba el Board of Trade and Plantations con la intención de controlar el comercio colonial. Además se establecieron en las colonias los Tribunales del Almirantazgo que además de visibilizar el dominio inglés debían velar por el cumplimiento de las leyes que regían "el contrato" colonial.

Aunque el término mercantilismo no fue acuñado hasta 1776, por Adam Smith, el mercantilismo fue aplicado en la Europa del siglo XVII. Esta doctrina económica afirmaba que las naciones estaban abocadas a una lucha por la supremacía. Para lograr ventajas militares y estratégicas era necesario tener mayor poder económico que las otras potencias. El poder económico de una nación se medía por la cantidad de metales preciosos que fuese capaz de acumular. Cuanto más independiente fuese una nación y menos importaciones necesitase mayor sería su acumulación de metales y por lo tanto sería una nación más poderosa y sana.

Para el mercantilismo y, sobre todo, para el mercantilismo inglés las colonias tenían una clara función que cumplir. Inglaterra, igual que España y Francia, se convirtió en imperio para lograr tener una autonomía económica. Las colonias proporcionaban materias primas para la industria británica. También eran un mercado seguro para las manufacturas. El comercio con América potenció el desarrollo de una Marina mercante. En un momento donde los buques y los marinos se adaptaban a cualquier propósito naval, esto incrementó mucho el poderío naval y la fuerza combativa de la metrópoli. Sin embargo las Trece Colonias inglesas, poco controladas durante gran parte del siglo XVII, estaban habituadas a comerciar con otras zonas. Las Antillas y toda la América española a su vez estaban acostumbradas a recibir productos norteamericanos. También el comercio se hacía en barcos no ingleses. Era necesario, por lo tanto, una vez concluidas las contiendas civiles en la metrópoli tras la Restauración de Carlos II en 1660, establecer una nueva política colonial que obedeciese a los principios mercantilistas.

Entre 1660 y 1672 se promulgaron una serie de leyes con la finalidad de organizar el Imperio británico de una forma unitaria y autosuficiente que garantizase ganancias para los súbditos ingleses: fueron las Actas de Comercio y Navegación. Las Actas contenían cuatro requisitos fundamentales. Todos los intercambios entre la metrópoli y sus colonias debían hacerse en barcos construidos en las colonias o en Inglaterra pero que, en cualquier caso, perteneciesen a ingleses y fueran capitaneados por oficiales ingleses. Los bienes importados por las colonias, a excepción de la fruta y del vino, debían pasar antes por Inglaterra por lo que estaban sujetos a las tasas británicas de importación. Las colonias tenían la obligación de exportar a Inglaterra determinados productos "enumerados". En el siglo XVII fueron muy pocos los productos de este tipo: el tabaco, el azúcar y el algodón. Pero a comienzos del siglo XVIII la lista aumentó considerablemente. Se incorporaron el arroz, la melaza, las pieles y los artículos de construcción naval. Las colonias tenían ésta obligación aunque el destino último de sus productos fuesen otros países europeos. La diferencia entre el precio impuesto por la colonia a Inglaterra y el que después ésta le asignaría al venderlo a otra potencia, era la finalidad de esta medida. También se prohibía a las colonias producir ciertos artículos que pudiesen competir con la manufacturas inglesas.

Las Actas de Navegación subordinaban claramente los intereses de las colonias a los de Inglaterra. Pero eso no fue un problema para los colonos americanos de los siglos XVII y primera parte del siglo XVIII. Al promulgarse las Actas de Navegación, las colonias agrícolas tuvieron asegurado el mercado para sus productos. Tenían, además, garantizada la compra de sus cosechas. Las colonias de Nueva Inglaterra vieron crecer su industria naval al permitir Inglaterra que los barcos fuesen construidos en América. Además al excluir las Actas a las marinas de otros países del comercio colonial, Inglaterra tuvo la necesidad de comprar barcos americanos. Durante el siglo XVII y el primer tercio del siglo XVIII los norteamericanos no protestaron por la política económica imperial. Pero sí pensaron que debían velar por sus intereses en la metrópoli. Siguiendo el modelo de Massachusetts, las Trece Colonias establecieron agentes para defender sus intereses en Londres.

El intervencionismo no sólo fue organizativo y económico. También la metrópoli intentó transformar a las colonias controladas por compañías comerciales o propietarios en colonias reales. Poco antes del estallido de la revolución, ocho de las trece colonias se habían convertido en colonias reales: Virginia (1624), Carolina del Norte (1729), Carolina del Sur (1729), New Hampshire (1679), Nueva York (1685), Massachusetts (1690), Nueva Jersey (1702) y Georgia (1750). Existían dos colonias de Constitución: Rhode Island y Connecticut y se mantenían todavía tres colonias de propietario: Maryland, Delaware y Pensilvania. Pero a pesar de sus diferencias todas las colonias terminaron teniendo una organización institucional similar. Un gobernador, un Consejo Asesor, y una Asamblea Legislativa. El gobernador, a excepción de en Rhode Island y Connecticut –las dos colonias de Constitución– que era elegido por las asambleas coloniales, era designado por el rey o por los propietarios. Resultaba inusual, aunque podían hacerlo, que los propietarios gobernasen en sus colonias. Lo habitual era que residiesen en Inglaterra y nombrasen diputados para gobernarlas.

Aunque en teoría los gobernadores tenían un poder inmenso, gobernaban, era jueces supremos y además jefes de las milicias coloniales, en la práctica su poder estaba limitado. Los presupuestos anuales, incluidas muchas veces la partida destinada para su salario, lo decidían las asambleas coloniales.

Era el gobernador el que designaba a los miembros del Consejo Asesor que en realidad ejercía como una Cámara Alta de las Asambleas.

Los miembros de las asambleas eran elegidos por sufragio restringido. Para ser elector, en la mayoría de las colonias, se exigía el requisito de propiedad. Las condiciones para ser elegido eran más restringidas. Además de la condición de propietario, existían requisitos de orden religioso o consistentes en formular determinados juramentos que alejaban a los católicos y a los judíos de las asambleas coloniales. En cualquier caso, los miembros del Consejo y los representantes de las asambleas coloniales eran americanos. Entre sus funciones estaban preparar, discutir y promulgar leyes centradas en los intereses de la colonia siempre en concordancia con las leyes de la metrópoli; fijar la cantidad y la clase de impuestos que los contribuyentes debían pagar; distribuir y discutir, como ya hemos señalado, los salarios de los oficiales públicos incluido el del gobernador; nombrar jueces y también fijar y garantizar sus salarios, elegir a los agentes de la colonia para defender sus intereses frente al parlamento británico, elegir al portavoz de la Asamblea y convocar elecciones periódicas para renovar su composición.

La proximidad de los colonos, eso sí propietarios, a la discusión y resolución de los asuntos americanos fue una de las características de las colonias inglesas. Si bien es verdad que la solución última residía en las instituciones inglesas, el debate, la formulación de los problemas y algunas de las soluciones eran americanas. Mientras en el Imperio español existía una clara lejanía de esos funcionarios reales –que casi nunca fueron "naturales" y rara vez americanos y que en muchos casos llegaron a las colonias con la mentalidad repleta de problemas europeos–, de la compleja realidad americana.

Mientras que los nuevos problemas eran reconocidos y resueltos con soluciones nuevas en la América inglesa no ocurría lo mismo en la compleja maquinaría administrativa de la Monarquía Hispánica. Los nuevos problemas americanos tardaban tiempo en ser identificados y siempre se intentaron resolver con soluciones viejas y sobre todo lentas.

De nuevo las diferencias en la organización institucional de los mundos coloniales explican la mayor vitalidad política de las colonias inglesas, y la emergencia de un sentimiento de formar parte de una comunidad con problemas similares. En el proceso de resolución de esos problemas los americanos de las colonias inglesas fueron adquiriendo una conciencia de proximidad que los diferenciaba de los otros mundos coloniales y que fue imprescindible para comprender el surgimiento de una nueva comunidad política: Estados Unidos.

Además en las colonias inglesas existía una vitalidad cultural insospechada en las "fronteras" del Imperio español en América del Norte. Desde la llegada de los primeros colonos puritanos la educación de los niños fue un elemento importante. En las colonias de Nueva Inglaterra siempre que existieran cincuenta casas se abría una escuela primaria. Aunque no siempre se cumplió, la proliferación de escuelas fue una realidad. También se promovió mucho la educación en las colonias intermedias. En Pensilvania, William Penn había promulgado normas para instalar escuelas públicas. En las colonias del Sur los esfuerzos para promover escuelas de este tipo, fueron más difíciles por la mayor dispersión de la población. Muchos plantadores y comerciantes sureños enviaron a sus hijos a Inglaterra o contrataron preceptores particulares.

En 1740 sólo había tres universidades en la América inglesa: Harvard en Massachusetts, William and Mary, en Virginia, y Yale, en Connecticut. A mediados del siglo XVIII, coincidiendo con el "Gran Despertar", muchas de las diferentes confesiones entonces reformadas abrieron centros de educación superior. Así, los baptistas evangélicos fundaron el College de Rhode Island, actual Universidad de Brown, en 1760; la

Iglesia reformada holandesa creó el Queens College, ahora Universidad de Rutgers en Nueva Jersey; Eleazer Wheelock fundó la universidad evangélica de Dartmouth. Los anglicanos rivalizaron por la creación de centros que pudieran educar a las élites para mejor divulgar las diferentes confesiones. En 1750 habían fundado el Kings College de Nueva York, actual Universidad de Columbia y el College de Filadelfia que ahora conocemos como la Universidad de Pennsylvania.

Una muestra de la vitalidad cultural de las Trece Colonias inglesas en América del Norte es la proliferación de periódicos a lo largo del siglo XVIII. Es cierto que la mayoría de ellos se imprimían y distribuían en las ciudades pero muchos llegaban hasta los últimos rincones de las colonias. Boston lideró en ellas la actividad impresora. El *Boston News-Letter* se fundó en 1704. En 1720 dos nuevos periódicos vieron la luz en Boston y además surgieron también periódicos en Filadelfia y Nueva York. En 1775, existían más de 38 periódicos en las colonias. La prensa estaba repleta de debates que se desarrollaban utilizando a veces el recurso de las cartas, o de fragmentos de discursos políticos y también de sermones. Además, en los núcleos urbanos, se imprimían almanaques y panfletos.

Los panfletos fueron los más populares. Eran hojas impresas, plegadas de diferentes formas, que normalmente escribía un solo autor. El texto siempre se centraba en un único tema. Y quizá por su sencillez eran muy baratos. Además, los panfletos al no estar cosidos y tener pocas páginas se imprimían de forma más rápida que periódicos, almanaques y libros y llegaban a muchos más lectores.

En las "fronteras" del Imperio español en América del Norte fueron las misiones los mayores centros de educación aunque también existieron escuelas parroquiales. En San Agustín había una escuela vinculada a la parroquia desde su fundación y, desde 1606, también existió un seminario. Se cerró durante unos años y se reabrió en 1736 y, de nuevo, en 1785 tras la recuperación de Florida por España. En Nuevo México, además de las misiones para adoctrinar a la población indígena, había escuelas parroquiales. A pesar de que los reyes desde 1721 ordenaron el establecimiento de escuelas públicas en los pueblos y asentamientos de españoles éstas nunca llegaron a crearse.

En Texas se fundaron misiones y también escuelas parroquiales. Sabemos que en San Fernando de Bexar (San Antonio) los padres de los alumnos pagaban una pequeña cantidad para que el sacristán de una de las parroquias dedicara unas horas a enseñar a los niños a leer y a escribir. En California la labor educativa residió casi exclusivamente en las misiones. Allí los niños indígenas aprendían catecismo normalmente con textos preparados por los misioneros en lengua indígena y además a leer y a escribir en español. También aprendían diferentes oficios. En Luisiana los franceses fundaron colegios religiosos y los españoles los mantuvieron. Existían colegios de ursulinas para niñas y de jesuitas para varones en Nueva Orleáns.

La llegada de la imprenta a los límites del Imperio español fue tardía. Sólo existían imprentas y por lo tanto folletos y publicaciones periódicas en Luisiana y su origen era claramente francés. Tres imprentas existían en Nueva Orleáns durante el periodo de dominación española: la de Denis Braud, la de Antoine Boudousquié y la de Louis Duclot encargadas de publicar todas las comunicaciones oficiales de las autoridades españolas. A partir de que en 1794 se comenzase a publicar el periódico *The Moniteur* de la Louisiana, los gobernadores españoles utilizaron este nuevo cauce. Este periódico, aunque escrito en francés, también tenía textos oficiales y artículos en español.

Pero el factor que más contribuyó a crear ese sentido de "nosotros" imprescindible para comprender el surgimiento de una nueva nación, Estados Unidos en 1776, fue la participación de los colonos ingleses de forma conjunta en las guerras imperiales, complicadas muchas veces con guerras indígenas.

En 1643 Massachusetts, Plymouth, Connecticut y New Haven crearon una asociación "ofensiva y defensiva, de mutuo asesoramiento y ayuda (…) para lograr la mutua seguridad y el muto bienestar". Recibió el nombre de Confederación de Nueva Inglaterra. Mientras existió el peligro indígena la Confederación funcionó bien. Se celebraban reuniones, se socorrían unas colonias a otras, se tomaban decisiones conjuntas. Sin embargo, coincidiendo con un debilitamiento de los indígenas de la costa nordeste, la Confederación desapareció. Siempre se ha considerado, sin embargo como un precedente de la futura Confederación de los

Estados Unidos de América. También Virginia se reunía periódicamente con las Carolinas cuando surgían amenazas indígenas en sus fronteras.

Más importante que estas alianzas para hacerse fuertes contra los indígenas, fue la participación conjunta de algunas de las colonias en las Guerras Imperiales. Durante los siglos XVII y XVIII estallaron cuatro grandes enfrentamientos que afectaron a las metrópolis y también a sus respectivos imperios coloniales. Estos enfrentamientos se denominaron de forma distinta en Europa y en América. La guerra de la Gran Alianza europea, se llamó la guerra del rey Guillermo (1689-1697); la Guerra de Sucesión española, la denominaron las colonias inglesas la Guerra de la Reina Ana (1702-1713); la Guerra de Sucesión austriaca, fue para América la Guerra del Rey Jorge (1744-1748); y la Guerra de los Siete Años se conoció como la Guerra Franco-India (1756-1763). En estas guerras participaron siempre dos o más colonias involucrándose con dureza los colonos a través de las milicias coloniales. Además, al desarrollarse, en parte, en suelo americano, la población civil se fue impregnando también de un sentido de unidad. Las colonias de Nueva Inglaterra y también la de Nueva York se involucraron en la Guerra del Rey Guillermo. Las mismas colonias y Carolina del Sur participaron activamente en la Guerra de la Reina Ana; también las colonias de Nueva Inglaterra participaron en la Guerra del Rey Jorge. Las tropas para esa guerra se abastecieron desde Nueva York, Nueva Jersey y Pensilvania.

Fue en la guerra franco-india o Guerra de los Siete Años en donde los imperios coloniales se enfrentaron con mayor dureza y todas las colonias se vieron inmersas de una o de otra forma. También en esa guerra muchos colonos, entre ellos George Washington adquirieron la experiencia militar que les posibilitó después luchar en la guerra de Independencia de Estados Unidos.

La guerra enfrentó a las potencias borbónicas y a Inglaterra. La estrategia de Inglaterra en América fue sencilla. Por un lado incrementar su presencia militar. Y por otro involucrar, lo máximo posible, en la guerra, a los habitantes de las Trece Colonias. Así envió a América a un ejército de 25.000 hombres y logró reclutar, aunque pagando salarios, a otros 25.000 residentes en América. La superioridad numérica inglesa obtuvo resultados. Las campañas bélicas inglesas querían cortar la comunicación entre Canadá y el Misisipi escindiendo así el territorio francés en Norteamérica. En 1758, las tropas británicas ocuparon, primero, Fort Frontenac en el lago Ontario y después Fort Duquesne, rebautizado como Fort Pitt al oeste de Pensilvania. Fragmentado en dos el Imperio francés en América, Inglaterra y sus colonias lanzaron un ataque masivo sobre Canadá. Desde la desembocadura del río San Lorenzo, y desde los lagos Ontario y Champlain, los ingleses la inundaron. Tras la derrota del general francés Louis Joseph Montcalm, en las llanuras del monte Abraham, los ingleses conquistaron Quebec. En 1760, Jeffrey Amherst, comandante en jefe del ejército británico, ocupó Montreal. El poderío británico fue superior en las batallas terrestres y además la marina británica obtuvo victorias en la América insular francesa y española. Así los ingleses conquistaron territorios franceses como Guadalupe, en 1759, y Martinica, en 1762, y lograron apoderarse del puerto de La Habana, vital para la defensa española del golfo de México. También en el Pacífico ocuparon el puerto de Manila, en Filipinas. Las potencias borbónicas sufrieron además en sus posesiones europeas. Su aplastante fracaso se plasmó en las duras condiciones de paz.

Así, en la Paz de París de 1763, las potencias borbónicas vieron tambalearse sus intereses americanos. España perdía la posibilidad de explotar, como había hecho desde el siglo XVI, la riqueza pesquera de Terranova, cedía, como única forma de recuperar su querido puerto de La Habana, "a su majestad británica, Florida con el fuerte de San Agustín y la bahía de Penzacola" y veía legalizada la explotación del palo campeche en la costa de Honduras por los comerciantes ingleses. Francia compensó a Inglaterra "con el río y puerto de la Mobila y todo lo que posee o ha debido poseer al lado izquierdo del río Misisipi a excepción de la ciudad de Nueva Orleáns y la isla donde ésta se halla situada, que quedarán a Francia; en inteligencia de que la navegación del río Misisipi será igualmente libre tanto a los vasallos de Gran Bretaña como a los de Francia", también perdía la isla de cabo Bretón frente a Nueva Escocia; además la Monarquía francesa, para resarcir de los desastres de la guerra a su aliada España, entregó a Carlos III, por el Tratado secreto de Fontainebleau de 1762, el territorio de Luisiana, que comprendía, tras la cesión que había hecho a Inglaterra, sólo la cuenca occidental del Misisipi incluyendo el puerto de Nueva Orleáns, en la parte oriental del río. Estas compensaciones, unidas a la entrega del Canadá a los ingleses, ocasionaron que Francia quedase excluida como potencia colonial de Norteamérica y que la línea divisoria entre los territorios hispanos y británicos en América estuviera en el río Misisipi.

Inglaterra y sus colonias se habían alzado triunfantes en las guerras imperiales. Las fronteras de la Monarquía Hispánica se habían alejado de las Trece Colonias inglesas. Además, Inglaterra obtenía otros territorios en América del Norte: Florida y Canadá. Francia dejaba de ser una potencia con intereses coloniales en la Norteamérica. Pero un nuevo problema se aproximaba para la exultante Corona inglesa. Las colonias americanas habían adquirido una clara conciencia de "nosotros". Una economía boyante, una sociedad sofisticada, una cultura desarrollada y una experiencia militar común, fueron la causa de una reflexión americana propia e independentista.

Las razones para comprender la revolución americana son complejas.
Por un lado, el siglo XVIII en América fue el siglo del triunfo del pensamiento racional, del amor al saber, de la Ilustración y también de la defensa de valores éticos y emocionales procedentes de una cultura republicana. El republicanismo era común a la cultura política británica y también estaba presente en la revolución francesa, española, y en las guerras de independencia latinoamericanas. Tanto el racionalismo como el republicanismo americano, basado en la sobriedad y el patriotismo se oponían al reforzamiento del sistema imperial emprendido por la metrópoli. Además, el triunfo británico en la Guerra de los Siete Años, creó también desequilibrios. El coste del Imperio británico había ascendido mucho al incorporar Canadá y Florida, y la deuda de la Corona era inmensa.

Ilustración y republicanismo

De la misma forma que en Europa, el siglo XVIII americano fue un siglo de debates políticos y culturales, de revisión, y de cambios. Los americanos, a pesar de los prejuicios europeos, tenían una cultura similar a la del viejo continente. Las lecturas, los programas universitarios, los intereses eran los mismos para los grupos dirigentes de las dos orillas del océano Atlántico. Es más, en América del Norte se tenía la percepción, desde la fundación de las primeras plantaciones europeas, de ser un continente virgen, un continente sin historia, un lugar apto para la realización de utopías religiosas y políticas que permitieran alumbrar sociedades más justas y sobrias que las desiguales y suntuosas organizaciones sociales generadas por las monarquías europeas.

Sin embargo, desde Europa se percibía a América de forma peyorativa. En las publicaciones periódicas y en los libros de los ilustrados europeos, América aparecía descrita como un mundo joven e inexperto incapaz, todavía, de producir una cultura parecida a la de la Vieja Europa. Y así se percibía América tras la lectura de los escritos del abate Raynal, de William Robertson, de Cornelius de Paw, y hasta del conde de Buffon. "La naturaleza permanece oculta bajo sus antiguas vestiduras y nunca se exhibe con atuendos alegres. Al no ser acariciada ni cultivada por el hombre" –afirmaba el conde de Buffon– "nunca abre sus benéficas entrañas. En tal situación de abandono, todas las cosas languidecen, se corrompen y no llegan a nacer". Estas afirmaciones ofendían a los ilustrados americanos. Fue Thomas Jefferson el abanderado de la Ilustración norteamericana. No sólo escribió como respuesta a las obras del conde de Buffon y del resto de la ilustración europea sus *Notas sobre el estado de Virginia*, sino que contrató a un experto militar, el general Sullivan, para liderar una expedición cuya finalidad era la de capturar el mejor ejemplar de alce macho de América. Y efectivamente después de un sinfín de percances nuestro general encontró un buen ejemplar y lo envió con celeridad a Europa. Buffon quedó sorprendido con su regalo pero recibió muchos más. Magníficos castores, faisanes, un águila americana y hasta una piel de pantera le fueron amablemente obsequiados por Jefferson. No sabemos si por terminar con este desfile de ejemplares del reino animal o por verdadera convicción, lo cierto es que Buffon afirmó públicamente que la naturaleza americana era, por lo menos, tan apta para el progreso humano como la europea.

Esta falta de percepción, no sólo británica sino de toda Europa, de las similitudes entre el mundo americano y el europeo estuvo detrás de los desencuentros entre Inglaterra y su mundo colonial en el siglo XVIII.

También esa desigual percepción de los dos mundos ha contribuido a uno de los debates más prolíficos de la historiografía de los países de habla inglesa: el de las influencias teóricas que posibilitaron la revolución americana. Para muchos historiadores y politólogos, la tradición política americana era exclusivamente liberal y además excepcional. Para otros, la cultura revolucionaria había bebido de las mismas fuentes que la cultura política inglesa. Era la misma y por lo tanto tenía influencias de un republicanismo que, presente en Grecia y Roma, había sido enriquecido en las repúblicas italianas renacentistas, también lo habían enarbolado los revolucionarios republicanos ingleses, y lo reelaboraron autores ilustrados, sobre todo, de procedencia escocesa. En la actualidad, la mayoría de los historiadores coinciden al afirmar que la cultura política que posibilitó la revolución estadounidense era una cultura original, rica, y ecléctica.

Las influencias que recibieron los revolucionarios norteamericanos fueron muy diversas y similares a las de la mayor parte de la Ilustración europea. El republicanismo norteamericano bebió de múltiples fuentes. Por un lado, los revolucionarios citaban profusamente a autores del mundo clásico. Filósofos e historiadores griegos como Sócrates, Platón, Aristóteles, Herodoto, Tucídides eran nombrados en panfletos, cartas y otros escritos. También los norteamericanos estaban muy familiarizados con autores latinos. La pasión de los revolucionarios por la historia de Roma desde el periodo de las guerras civiles, en el siglo I a.C., hasta el establecimiento, sobre las ruinas de la república, del imperio en el siglo II d.C. era una realidad. Para ellos existía una clara similitud entre su propia historia y la de la "decadencia de Roma". Las comparaciones entre la corrupción del Imperio romano con las actitudes voluptuosas y corruptas de Inglaterra, en la segunda mitad del siglo XVIII, eran constantes. Los revolucionarios reivindicaban en sus escritos los valores sencillos de las colonias frente a los lujosas y decadentes costumbres de la metrópoli. Autores como Tácito, Salustio o Cicerón, que escribieron cuando los principios de la república romana estaban seriamente amenazados, fueron los favoritos de los Fundadores.

También citaron a menudo a John Locke y a los autores pertenecientes a la Ilustración escocesa y a la francesa. De ellos las obras que más les interesaron fueron las obras históricas por su ejemplaridad. Los textos de William Robertson, tanto su *Charles V*, como *The History of America*; las obras históricas de David Hume, sobre todo, su *History of England from the Invasion of Julius Caesar to The Revolution in 1688;* y la de Edward Gibbon *The History of the Decline and Fall of the Roman Empire* fueron muy leídas. Su influencia se aprecia en la correspondencia y en los escritos de todos los revolucionarios norteamericanos.

Ese bagaje cultural llevó a que los americanos ilustrados considerasen, a lo largo de todo el siglo XVIII, que existía un conflicto común a todas las organizaciones políticas y sociales: el del enfrentamiento entre la libertad y el poder. Había que buscar un equilibrio. Sólo a través de la virtud cívica se gozaría de la necesaria libertad sin caer en el desorden. En Europa, según los revolucionarios, se optó por la corrupción. Eran Estados que para garantizar el orden habían violentado la necesaria libertad y se abusaba con desmesura del poder. Las monarquías eran desmedidas y desequilibradas. Sólo querían el bien para un pequeño grupo de súbditos que vivía en el lujo y el exceso. Para los norteamericanos que protagonizaron la revolución había que ser virtuoso, que sacrificar el interés individual en aras del bien común. Y el ejercicio de la virtud se alcanzaba ejerciendo una serie de atributos: moderación, prudencia, sobriedad, independencia y autocontrol. Frente a estas virtudes se alzaban la avaricia, el lujo, la corrupción y la desmesura propias, según los revolucionarios, de las decadentes cortes europeas. "Sería fútil intentar describirte este país sobre todo París y Versalles. Los edificios públicos, los jardines, la pintura, la escultura, la música etc., de estas ciudades han llenado muchos volúmenes", escribía un republicano John Adams a su mujer, Abigail, desde Francia en 1778, "La riqueza, la magnificiencia y el esplendor están por encima de cualquier descripción… ¿Pero qué supone para mi todo esto?, en realidad me proporcionan muy poco placer porque sólo puedo considerarlas como menudencias logradas a través del tiempo y del lujo comparadas con las grandes y difíciles cualidades del corazón humano. No puedo dejar de sospechar que a mayor elegancia menos virtud en cualquier país y época", concluía afirmándose el futuro segundo presidente de Estados Unidos, John Adams.

Pero si todos, en la época revolucionaria, debían ser austeros y virtuosos, los lugares en donde ejercer la virtud no eran los mismos para los varones que para las mujeres, aunque eran complementarios. Las actividades públicas eran monopolio de los varones. Las mujeres debían sacrificarse y buscar el bien común en sus hogares. "No debo escribirte una palabra de política, porque eres una mujer", le recordaba John Adams, a su mujer Abigail, desde París en 1779. Las mujeres de las élites revolucionarias aceptaban su cometido. La virtud republicana consistía para ellas en ser buenas madres y esposas. En sacrificar el interés individual para conseguir la tranquilidad de hijos y compañeros y así facilitarles el ejercicio de la virtud cívica. Ellas, las mujeres republicanas, educaban a los futuros patriotas y recordaban el comportamiento virtuoso a sus compañeros. "¡Aclamadlas a todas!, Sexo superior, espejos de la virtud", proclamaba un poema patriótico reproducido en diferentes periódicos estadounidenses durante los años 1780 y 1781 refiriéndose a las mujeres. Para los revolucionarios norteamericanos sólo la tranquilidad y el equilibrio de un hogar virtuoso permitía la actitud republicana, alejada del interés individual y buscando siempre el bien común, de los líderes revolucionarios. "La virtud pública no puede existir en una nación sin virtud privada", escribía John Adams parafraseando a Montesquieu.

El refuerzo de la política imperial

Esta generación de ilustrados americanos tampoco podía entender las nuevas actitudes políticas del utilitarismo británico. Efectivamente, los administradores del imperio, tras el ascenso al trono del rey Jorge III en 1760, creían imprescindible un reforzamiento del sistema imperial para hacer frente al incremento del coste producido, como ya señalamos en el capítulo primero, por la Guerra de los Siete años y por los cambios territoriales generados tras los acuerdos de paz.

Sin embargo, los habitantes de las Trece Colonias se consideraban a sí mismos súbditos de su majestad y creían que compartían instituciones y tradiciones jurídicas con su metrópoli. Así, de la misma manera que ningún súbdito de su majestad procedente de las islas Británicas aceptaría gravámenes que no hubieran sido aprobados por el Parlamento donde, de alguna manera, se sentían representados; tampoco los colonos americanos permitirían que se tomasen medidas radicales sin consultar a sus siempre activas e históricas asambleas coloniales.

Cuando el primer ministro británico, lord Grenville, presentó al Parlamento un conjunto de medidas centradas en América, sólo pretendía que el sistema imperial fuera más eficaz y menos costoso para Inglaterra. La primera de las medidas quería organizar la administración de los nuevos territorios adquiridos de Francia y España, pero también afectó a territorios que las Trece Colonias inglesas consideraban como propios. Así la real pragmática del 7 de octubre de 1763 establecía que las nuevas colonias de Canadá y de Florida Oriental, adquiridas por el Imperio británico, tras la debacle de las potencias borbónicas en 1763, serían gobernadas por gobiernos representativos similares a los existentes en las Trece Colonias. Pero, además, afirmaba que los territorios situados al oeste de los Apalaches serían administrados por dos agentes para los asuntos indios nombrados por la Corona. Estos territorios habían formado parte de los límites imprecisos de las potencias borbónicas y también aparecían en las desdibujadas cartas otorgadas por Gran Bretaña a las Trece Colonias inglesas en América del Norte. Estaban habitados por indios, en su mayoría hostiles a la presencia europea, y constituían un objetivo claro del movimiento expansivo de las Trece Colonias. George Grenville quería, con esta medida, reducir los enfrentamientos entre colonos e indígenas y abaratar así los costes imperiales, pero las colonias se sintieron molestas al ver limitadas sus posibilidades de expansión y de autogobierno en territorios que, de alguna manera, consideraban como propios.

La segunda de las medidas del programa trazado por George Grenville fue una ley fiscal. La ley tenía como primer objetivo elevar los ingresos procedentes de las colonias para así poder afrontar el incremento de los gastos imperiales. Gravaba una serie de productos importados por las colonias americanas. También, pretendiendo perfeccionar, según criterios mercantilistas, la relación metrópoli-colonia, imponía tasas a melazas importadas por las Trece Colonias. Esta medida no era nueva. En 1733 se había establecido un impuesto sobre la melaza pero no se aplicaba. Los norteamericanos estaban acostumbrados a violar el pacto colonial a través del comercio ilegal con las islas del Caribe. Pero Grenville quería cobrar los nuevos gravámenes. Para ello la Ley del Azúcar establecía una reforma drástica del servicio de aduanas en las colonias. Elaborando un registro estricto de las salidas y las entradas de los buques en todos los puertos coloniales, incrementando el número de oficiales de aduanas y, sobre todo, endureciendo el procedimiento y las penas de los juicios contra el comercio ilegal, George Grenville pretendía terminar con el contrabando como medida eficaz para racionalizar el sistema colonial. Pero, de

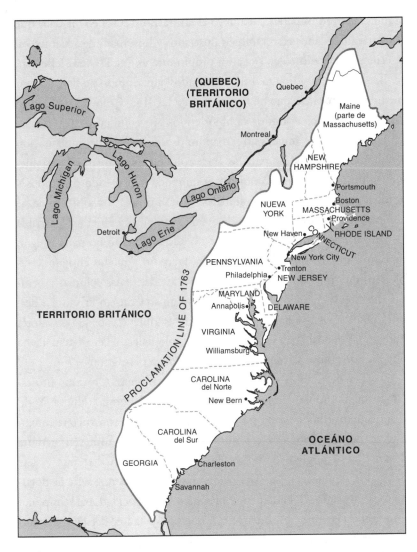

Las Trece Colonias inglesas en la segunda mitad del siglo XVIII

nuevo, lo intereses británicos chocaban con las necesidades de las colonias. Las ciudades costeras, encabezadas por Boston, iniciaron una serie de protestas contra la nueva actitud de Jorge III y sus ministros. Sin embargo, Gran Bretaña no estaba dispuesta a ceder. Otra ley, la Ley del Timbre que gravaba todas las transacciones oficiales, era una muestra de la nueva actitud imperial. De nuevo el utilitarismo europeo olvidaba que los norteamericanos eran también ilustrados y buscaban, de acuerdo con el utilitarismo político en boga, su propio interés. Ni Thomas Jefferson, ni Benjamin Franklin, ni otros ilustrados americanos podían aceptar medidas económicas que no beneficiasen a las Trece Colonias y tampoco estaban dispuestos a admitir cambios en los procedimientos históricos. Los nuevos gravámenes utilizaban un procedimiento de implantación absolutamente novedoso para las Trece colonias. No habían sido establecidos directamente por el monarca y tampoco habían sido discutidos y aprobados en las asambleas coloniales. "Por la propia constitución de las colonias los asuntos en materia de ayuda se trataban con el rey", escribía Benjamin Franklin desde París en 1778, "el Parlamento no tenía ningún derecho a imponerlos...", y continuaba Franklin, "que los antiguos establecieron un método regular para obtener ayudas de las colonias y siempre fue éste: la situación la discutía el rey con su Consejo Privado... después pedía a su secretario de Estado que escribiera a los gobernadores quienes las depositaban en sus asambleas coloniales... Pero Grenville ha optado por utilizar la imposición en lugar de la persuasión".

La Ley del Timbre no fue del agrado las colonias. Ocasionó protestas formales de las asambleas coloniales de Virginia, Nueva York, Connecticut, Rhode Island y Massachusetts. También provocó la convocatoria de un Congreso extraordinario en Nueva York, en octubre de 1765, –el Congreso de la Ley del Timbre– en el cual treinta y siete delegados, de nueve, de las Trece Colonias, ratificaron una serie de documentos negando al Parlamento británico su capacidad para imponer impuestos a las colonias. Además el Congreso de la Ley del Timbre planteó la organización de boicots a los productos ingleses.

Pero más importantes que las protestas formales y que la negativa a consumir productos ingleses fue el estallido de actos violentos. El 14 de agosto de 1765 una multitud asaltó el despacho y la casa del recaudador del impuesto del Timbre en Massachusetts, Andrew Oliver. Poco después, los motines y los asaltos a funcionarios reales se extendían por todas las colonias. Frente a estas movilizaciones, el Parlamento británico suspendió la Ley del Timbre en marzo de 1766 pero, a su vez, aprobó una disposición afirmando su derecho a imponer tributos a las colonias.

La crisis de la Ley del Timbre significó un punto de inflexión en la relación de las colonias con su metrópoli. La convocatoria de asambleas y mítines, los debates y las algaradas contribuyeron a crear un sentido de unidad entre los colonos norteamericanos. Además, comenzaron a publicarse multitud de reflexiones políticas y constitucionales que también ocasionaron una profundización de la conciencia política de los habitantes de las colonias. Los panfletos, pasquines, almanaques y periódicos se multiplicaron. Y estos textos estaban repletos de términos claramente republicanos como el de corrupción monárquica frente a la sencillez virtuosa del mundo colonial.

Sin embargo, la nueva actitud imperial no se detuvo. La Corona británica mantenía sus necesidades económicas y la certeza de que eran las colonias las que debían afrontar los nuevos gastos imperiales. En 1767, un nuevo Gobierno, liderado por Charles Townshend, defendió en el Parlamento gravámenes que afectaban al té, a la pintura, al papel, y al cristal. Otra vez, las colonias se opusieron tanto a los impuestos como al procedimiento utilizado por la metrópoli. No era el Parlamento británico, según los norteamericanos, el que tenía la capacidad para decidir la imposición de nuevos tributos a las colonias. Los revolucionarios encontraron intolerable que no se consultara a las asambleas coloniales antes de su promulgación y decidieron boicotear los nuevos impuestos. "No he comprado ni bebido té desde las pasadas Navidades, no he adquirido ningún vestido, he aprendido a hacer punto y hago los calcetines de lana americana...", escribía una ilusionada joven patriota de Filadelfia a su familia. "Las ligas del té" y otras organizaciones lideradas por "los hijos e hijas de la libertad" lograron arrojar del consumo americano no sólo la "pestilente hierba inglesa" sino, también, el lino, la seda, el azúcar, el vino, el papel y el cristal. Si hacemos caso a las estadísticas, en el año 1768 las importaciones inglesas se redujeron, en los puertos de las colonias de Nueva Inglaterra, en dos tercios.

Además del boicot a los productos ingleses proliferaron, otra vez, panfletos y escritos que reflexionaban sobre la nueva política imperial. La mayoría de los articulistas insistían en la defensa de las libertades americanas frente a los envites corruptos británicos. Se repetía así "el modelo de resistencia" que se había originado tras las Leyes de Grenville. Esta nueva oleada de protestas involucró a más norteamericanos. Grupos espontáneos y comités organizados surgían por todas partes intimidando a los representantes de los intereses de la metrópoli.

De todas las colonias, la más radical, en su enfrentamiento con la metrópoli, fue Massachusetts. La situación era tan tensa que cada movimiento de Gran Bretaña ocasionaba una cadena de algaradas y revueltas que iba incrementando en importancia conforme pasaban los años. Como afirma el historiador Gordon S. Wood, en Massachusetts y por lo menos desde el año 1768, uno de los líderes revolucionarios, Samuel Adams, proponía como única solución para las colonias inglesas la independencia. Los sucesos que le llevaron a esa conclusión fueron graves. En febrero, la Asamblea de la colonia de Massachusetts aprobó una circular dirigida a los miembros de las otras asambleas coloniales y redactada por el mismo Adams, denunciando las Leyes de Townshend como inconstitucionales y también urgiendo a las demás colonias para encontrar una manera de "armonizar unas con otras". El gobernador de la colonia, Francis Bernard, no sólo condenó el documento sino que disolvió la legislatura de Massachusetts. También el recién nombrado secretario de Estado para las Colonias, lord Hillsborough amenazó con clausurar las otras asambleas coloniales si apoyaban la circular. Antes de que la amenaza llegara desde Londres, las asambleas de New Hampshire, Nueva Jersey, y Connecticut habían apoyado a Massachusetts. Virginia fue más lejos al aprobar otra "circular" deseando una "unión fraternal" entre las Trece Colonias y proponiendo una acción común en contra de las medidas inglesas "que pretenden esclavizarnos". Motines y revueltas estallaron por todas las colonias defendiendo la actuación de las asambleas coloniales. En Boston los rebeldes pidieron a los colonos que se armaran y convocaron una convención de delegados de los diferentes pueblos de la colonia. El ejército británico, preocupado por la situación, pidió un refuerzo de las tropas coloniales. Efectivamente, para lord Hillsborough la situación de Boston era anárquica. Desde octubre de 1768 comenzaron a llegar los integrantes de dos regimientos desde Irlanda. En 1769 había en el pequeño puerto de Boston 4.000 soldados británicos. Los bostonianos eran sólo 15.000. Los enfrentamientos entre las tropas y los habitantes de la ciudad fueron habituales. En marzo de 1770 un grupo de soldados ingleses disparó contra una manifestación de colonos que les insultaba en la Aduana del puerto. Cinco colonos murieron y seis resultaron gravemente heridos. Este hecho se conoció como la Masacre de Boston y fue, quizás, el suceso más importante para la futura retórica revolucionaria.

El deterioro de las relaciones entre Gran Bretaña y sus colonias era una realidad en 1770. Los artículos en los periódicos, las movilizaciones callejeras, las escaramuzas cerca de las aduanas entre soldados y comerciantes estaban a la orden del día y dificultaban la aplicación de las Leyes de Townshend en Norteamérica. En 1770 sólo se habían recaudado 21.000 libras por la aplicación de los nuevos tributos, mientras que las pérdidas ocasionadas por los boicots a los productos ingleses supusieron más de 70.000 libras. No es de extrañar, por lo tanto, que el secretario de Estado para asuntos coloniales británico afirmara que las Leyes de Townshend eran "contrarias a los verdaderos principios del comercio". A finales de año, el Parlamento británico tomó otra decisión grave. Suspendió los nuevos impuestos salvo los que gravaban al té, y además confirmó su derecho a cobrar tasas sin la intervención de las asambleas coloniales. En 1773, utilizando su autoridad, concedió el monopolio del comercio del té a una compañía británica: La Compañía de las Indias Orientales. De nuevo pretendía ser una medida racional. Por un lado salvaba las finanzas de la Compañía, y por otro la Corona seguía obteniendo beneficios por la venta del té en América pero podía suspender el criticado gravamen sobre su consumo. Era la Compañía la que a cambio de la concesión del monopolio sobre la citada mercancía, debía entregar una cantidad a la Corona. Para sorpresa de Jorge III, esta decisión provocó de nuevo revueltas en las Trece Colonias.

Se había producido una alianza imparable. Los comerciantes americanos, descontentos desde las primeras medidas impositivas británicas, habían sido ahora privados de comerciar con el té y se habían aliado con los Hijos e Hijas de la Libertad, radicales seguidores de Samuel Adams y que, ya en 1773, eran claramente independentistas. Comerciantes y radicales estuvieron detrás de los numerosos motines y revueltas que se sucedieron desde entonces en Norteamérica.

Primero fue en Charleston, donde los colonos se atrevieron a secuestrar y esconder un cargamento localizado en los almacenes de la Compañía de las Indias. En Nueva York y Filadelfia se obligó a los barcos que traían el té a darse la vuelta. En Boston, un grupo de unos cincuenta hombres, liderados por Samuel Adams y pésimamente disfrazados de indios mohawks, abordaron las embarcaciones de la compañía monopolística y arrojaron al mar 45 toneladas de té. Fue otro hecho también importante para la retórica revolucionaria y se conoció como la Reunión de Té de Boston. La medida fue alabada y aplaudida en todas las colonias.

El rey Jorge III y sus ministros decidieron tomar medidas drásticas frente a las algaradas americanas y promulgaron lo que los americanos conocen como las Actas Intolerables. Por ellas quedó cerrado al tráfico el puerto de Boston hasta que los bostonianos repusieran el valor de las 45 toneladas de té que habían arrojado al mar. Además, se introdujo una novedad jurídica que afectaba a los rebeldes: los delitos de los disidentes norteamericanos serían juzgados en Gran Bretaña. La metrópoli podía requisar, si lo consideraba oportuno, edificios de la ciudad para convertirlos en sede de destacamentos militares. Además, las autoridades británicas controlarían directamente las instituciones políticas de la colonia de Massachusetts. La última de las medidas fue la conocida como el Acta de Quebec por la que se extendían las fronteras de Canadá por todo el territorio al norte del Ohio y del oeste de los Alleghenies. Aunque esta medida se estaba contemplando desde tiempo atrás y tenía la doble intención de mejorar el comercio de pieles del nordeste, y, a su vez, lograr que los habitantes católicos de origen francés, que habitaban en Míchigan y en Illinois, se sintieran gobernados por autoridades más afines, en Massachusetts esta nueva medida se comprendió, como todas las demás, es decir como una acción punitiva.

Sin embargo, la dureza imperial no fue contestada con el esperado sometimiento de las colonias. De nuevo surgieron panfletos y se escribieron duros artículos en la prensa colonial mostrando una inmensa simpatía por los bostonianos. Cuando los miembros de la Asamblea de Virginia, reunidos en la Taberna de Raleigh, lanzaron un llamamiento para que se reuniera un congreso para discutir "los intereses comunes de América", la respuesta fue entusiasta e inmediata.

En todas las colonias menos en la de Georgia, que sólo tenía 24 años y estaba todavía muy próxima a la metrópoli, las asambleas eligieron representantes que integraron el Primer Congreso Continental, celebrado en Filadelfia, a partir del 5 de septiembre de 1774. George Washington, John Adams, John Jay, Samuel Adams, Patrick Henry y John Dickinson formaron parte de los 51 delegados que integraron el Congreso. Además de discutir y promulgar una profunda reflexión sobre los derechos de las colonias y también sobre las ofensas recibidas al reforzarse y alterarse el sistema imperial, en este Primer Congreso Continental se tomaron otras dos medidas importantes para la futura independencia de las colonias. Por un lado los colonos, que todavía no eran en su mayoría independentistas, decidieron elevar una protesta formal contra las últimas medidas económicas impuestas por Gran Bretaña. Por otro, crearon una Asociación Continental para difundir y aplicar, entre los colonos, las resoluciones del Congreso. La primera medida fue organizar un boicot a Gran Bretaña. Las Trece Colonias ni importarían, ni exportarían, ni consumirían productos procedentes del Imperio británico. Fue una decisión muy difícil para todos. Las conclusiones a la que llegaba el Congreso debían aplicarse a través de comités en cada una de las colonias que, en numerosas ocasiones, actuaron con dureza: publicaban los nombres de los comerciantes que violaban el boicot, acusaban de "leales" a los tibios y confiscaban todo el contrabando. Frente al boicot, el Parlamento británico respondió declarando a las colonias inglesas en "estado de rebelión".

ESTALLA EL CONFLICTO

En Massachusetts, la colonia con más presencia de tropas y funcionarios británicos y más castigada por la metrópoli, los miembros del comité fueron radicales e independentistas. Organizaron revueltas y ataques contra los intereses de Gran Bretaña. Algunos de ellos tuvieron que huir de Boston, temiendo represalias inglesas, y se refugiaron en pequeñas localidades. En Lexington, donde estaban refugiados John Hancock y Samuel Adams, dos de los insurgentes más buscados, se produjo, el 18 de abril de 1775, el primer enfrentamiento violento entre colonos y el ejército británico. Desde Lexington, las tropas se dirigieron a Concord. Allí se enfrentaron duramente con las milicias coloniales. La guerra entre Gran Bretaña y sus colonias había empezado.

El estallido de la violencia hizo necesaria la reunión de un nuevo congreso. El diez de mayo de 1775 se reunió en Filadelfia el Segundo Congreso Continental, al que se incorporaron, entre otros, Benjamin Franklin y Thomas Jefferson. La situación era mucho más tensa entre las Trece Colonias y la metrópoli. Tuvieron que decidir numerosos asuntos. En primer lugar, enviaron una misión de paz a Londres. A fin de cuentas los colonos no contaban con un ejército regular y estaban temerosos de enfrentarse al glorioso ejército de Su Majestad Británica. La Petición del Ramo del Olivo fue el último intento norteamericano de lograr una salida negociada al conflicto. Los colonos ofrecían la posibilidad "de una reconciliación feliz y permanente". Pero cualquier esperanza de reconciliación se rompió al negarse el rey Jorge III a recibir la petición y al recordar, el 23 de agosto de 1775, por el contrario, que las colonias estaban en estado de rebeldía. La actitud del monarca británico encendió la ira de los ahora independentistas.

Thomas Paine (1737-1809), antiguo corsetero inglés, maestro y funcionario real, que había llegado a Estados Unidos a finales de 1774, publicó en 1776 su panfleto el *Sentido Común*. Era un escrito ardoroso que criticaba la irracionalidad del sistema colonial y que llamaba a la independencia de las colonias. "Yo desafío al más firme defensor de la reconciliación" –afirmaba Paine– "para que me muestre una sola ventaja que este continente pueda cosechar por estar conectado con Gran Bretaña". El texto tuvo una inmensa acogida entre los colonos americanos logrando, en 1776, 25 reimpresiones. Y Paine no estaba solo. La mayoría de los líderes de la "rebeldía" creía que el momento de la independencia había llegado. "Están avanzando despacio pero seguros", escribía John Adams a uno de los líderes revolucionarios de Massachusetts, James Warren, el 22 de abril de 1776, "hacia esa gran revolución que tú y yo hemos esperado tanto tiempo", concluía.

Imposibilitada la negociación y con los ánimos exaltados la guerra se iba tornando revolucionaria. El Congreso Continental decidió elegir al virginiano, veterano en las milicias coloniales, George Washington, como comandante en jefe del nuevo ejército colonial.

Pero el Congreso Continental no sólo debía dirigir la guerra. Se había cortado todo vínculo pacífico con la metrópoli. La organización institucional colonial no servía y había, por lo tanto, que discutir y modelar una organización institucional nueva.

"Puesto que su Majestad Británica, unida a los lores y los comunes de Gran Bretaña, ha arrojado de su protección, por un Acta del Parlamento, a los habitantes de estas Colonias Unidas", afirmaba una disposición del Congreso Continental el 10 de mayo de 1776, "y puesto que no ha habido respuesta a las peticiones de las colonias de lograr una reconciliación (...) recomendamos a las asambleas y gobiernos de las colonias que se adopten nuevos gobiernos que logren, en opinión de los representantes, conseguir la felicidad y seguridad de sus gobernados en particular y de América en general". Y así fue. En todas las colonias se crearon gobiernos revolucionarios denominados muchas veces congresos provinciales. En la primavera del año 1776, el Congreso de Carolina del Sur había aprobado una Constitución que rechazaba todo lazo de unión con Gran Bretaña. Otras colonias habían tomado resoluciones semejantes. Carolina del Norte y Rhode Island habían ordenado a sus representantes en el Congreso Continental que apoyaran la independencia. Poco después, el Congreso provincial de Massachusetts exigía al Congreso Continental una declaración formal de independencia.

Benjamin Franklin, John Adams, Roger Sherman, Robert Livingston y el joven Thomas Jefferson fueron elegidos por el Congreso Continental como miembros del comité que debía preparar la Declaración. De todos ellos fue Thomas Jefferson el que preparó un borrador. Sabemos que lo escribió de pie, en un atril de un joven albañil llamado Graff y que tardó un par de semanas en redactarlo. Todos consideraron que el texto de Jefferson era preciso y claro pero aún así, buscando un mayor consenso entre las colonias, se alteró más de una cuarta parte. El fragmento suprimido más llamativo fue el que acusaba "al tirano", al rey Jorge III, de ser responsable del comercio de esclavos. El texto de Jefferson tenía muchas influencias pero las más explícitas fueron las de John Locke y las de su amigo George Mason. Locke había afirmado que el propósito de todo gobierno es el de garantizar la vida, la libertad y la felicidad de los gobernados. Mason en la *Declaración de Derechos de Virginia* (1775) había escrito que "todos los hombres son por naturaleza iguales, libres e independientes y tienen ciertos derechos inalienables (...) sobre todo el disfrute de la vida y la felicidad con el objetivo de alcanzar y obtener felicidad y seguridad". La Declaración de Independencia de Estados Unidos contenía las causas que habían llevado a las antiguas colonias a su proceso de independencia y también reflejaba los ideales de la Ilustración. En uno de los párrafos más precisos y claros de la historia de las ideas, Thomas Jefferson afirmaba "que todos los hombres son creados en igualdad y dotados por el creador de ciertos derechos inalienables entre los que se encuentran la vida, la libertad y el derecho a la felicidad. Que para asegurar esos derechos, los hombres crean gobiernos que derivan sus justos poderes del consentimiento de los gobernados. Que cuando quiera que cualquier forma de gobierno se torna destructora de estas finalidades es derecho del pueblo alterarla o abolirla". Jefferson recalcaba en la Declaración que había sido el rey de Gran Bretaña quién había violado el pacto con sus gobernados al intentar "el establecimiento de una tiranía absoluta sobre estos Estados". Por lo tanto, Jorge III era "indigno de ser gobernante de un pueblo libre". Las antiguas colonias se proclamaban, además, "Estados libres e independientes; que se consideran libres de toda unión con Gran Bretaña".

El texto de Thomas Jefferson fue debatido durante cuatro días en el Congreso Continental y promulgado el 4 de julio de 1776. Había nacido la primera nación soberana en América.

DE COLONIAS A REPÚBLICAS CONFEDERADAS

Pero una vez proclamada la independencia, los ahora Estados tenían muchas obligaciones que cumplir. Por un lado debían, una vez destruido el sistema imperial, elaborar un nuevo marco político que ordenase las relaciones políticas, sociales y económicas de la nueva nación. Y además debían ganar la guerra de Independencia al ejército de su majestad británica.

Los debates para elaborar nuevos textos políticos que sustituyeran a las viejas cartas coloniales y que organizasen las nuevas comunidades, fueron de un enorme interés. Las fuentes en donde los Padres Fundadores habían bebido aparecían con claridad. Pero no todas las lecturas tuvieron la misma utilidad. Ni tampoco se utilizaron de forma simultánea. La experiencia y las necesidades concretas invitaban a la selección de uno u otro texto. Como se aprecia en la *Declaración de la Independencia* los antiguos colonos ya no evocaban la Constitución inglesa, ni las Cartas coloniales, ni a la "tradición inmemorial" de las colonias inglesas, para justificar sus derechos. No podían y no querían hacerlo porque habían roto todo nexo con Gran Bretaña. De todos los politólogos que habían escrito sobre los derechos era John Locke el que interesaba más a las colonias recién independizadas. Si la independencia se justificaba, como había escrito Jefferson, por "las Leyes de la Naturaleza y por el Dios de la Naturaleza", los derechos de los americanos emanaban desde luego de las mismas fuentes. La experiencia de la ruptura ocasionó, pues, que de todas las reflexiones fuera la de los derechos naturales descrita en *Two Treatises of Government* la que más influyera. Es verdad que muchos americanos no habían leído los textos de Locke. No era una lectura fácil y mucho menos popular. Pero sí habían oído o leído algunas de las interpretaciones que había hecho de su obra uno de los autores más populares del siglo XVIII en el mundo de habla inglesa. El *Robinson Crusoe* de Daniel Defoe se había publicado y reeditado muchas veces en Estados Unidos durante el periodo revolucionario.

También la independencia impulsó la aceptación de los principios del republicanismo. Los americanos más cultos leyeron, como ya hemos señalado, a los autores republicanos de la Antigüedad, del Renacimiento o de la oposición británica, directamente, pero otros, como había ocurrido con la obra de Locke, captaron el republicanismo de forma indirecta. Era imposible en la América revolucionaria abstenerse de sus principios. Las obras de teatro, los pasquines, los artículos de prensa, los seudónimos utilizados por los articulistas políticos, las canciones populares, tenían una fuerte carga republicana. Representaciones del *Catón* de Addison, del *Julio César* de Shakespeare, de *Alejandro el Grande* de Nathaniel Lee se estrenaban en los teatros de casi todos los estados. El propio George Washington organizó una representación de *Catón* para levantar la moral de sus tropas. También los impresores americanos reimprimían artículos, canciones y poemas procedentes de publicaciones periódicas inglesas como *The Guardian*, *The Craftsman*, *The Spectator* y otras con fuertes influencias republicanas.

Esta cultura política diversa, polémica, ecléctica y rica se plasmó en los nuevos textos políticos que organizaban a la nueva nación. Pero la riqueza de las fuentes y las necesidades, que la propia experiencia revolucionaria iba señalando, hicieron que en determinados periodos se eligieran unos autores y en otros se optara por otros. O que las mismas obras políticas tuvieran diferentes lecturas. Pero, en cualquier caso, el peso de la cultura y de la práctica políticas fue esencial en la formulación de un nuevo orden que anticipaba la modernidad política. Por primera vez el hombre se consideró capaz de que la teoría descendiese y articulase la nueva organización institucional. Pero esa percepción de novedad absoluta que tenían los revolucionarios también era equívoca. La revolución no sólo se fundamentaba en determinados textos sino que también partía de la propia experiencia de las colonias en su relación con la vieja metrópoli. El nuevo orden tenía mucho del tradicional.

Todos los ahora estados, salvo Rhode Island y Connecticut, que continuaron con sus liberales cartas coloniales, decidieron redactar y promulgar constituciones escritas. Las constituciones de los Estados fueron elaboradas por asambleas constituyentes o por los congresos provinciales que habían sustituido a las autoridades británicas.

Escribir la Constitución era una gran novedad. La Constitución de Gran Bretaña estaba constituida por leyes y tradiciones no escritas, pero era comprensible que los nuevos estados quisieran redactarlas. Como había afirmado Thomas Jefferson, directamente influido por Locke, "habiendo disuelto" todo lazo de conexión con Jorge III al violentar éste los derechos inherentes a los americanos, era imprescindible "grabar" los derechos. Las constituciones escritas serían barreras reales contra las tiranías. Además era lógico que se les ocurriera. Las colonias habían tenido textos escritos, cartas reales que recogían sus privilegios y derechos.

Todas las constituciones, siguiendo el modelo de la de Virginia redactada por Thomas Jefferson, se abrían con una Declaración de Derechos; y también siguiendo, en este caso, *El Espíritu de las Leyes* (1748) de Montesquieu, tenían un sistema de separación de poderes y un mecanismo de equilibrios y controles entre ellos, como fórmula creada para evitar el abuso de poder o lo que es lo mismo la violación de los derechos, la tiranía. "La institución que detente el poder legislativo nunca ejercerá el poder ejecutivo y el judicial ni ninguno de ellos; la que detente el poder ejecutivo nunca ejercerá el legislativo y el judicial, ni ninguno de ellos, la que detente el judicial no ejercerá el legislativo y el ejecutivo ni ninguno de ellos", rezaba la Constitución de Massachusetts. Así en todas las nuevas constituciones, de los ahora estados, el poder legislativo, ejecutivo y judicial recaía siempre y de forma drástica en cuerpos distintos.

Además, los revolucionarios en la mayoría de los nuevos estados debilitaron mucho el poder ejecutivo reforzando el de las legislaturas. Les preocupaba, después de la experiencia monárquica, que el poder recayera en una sola persona. El gobernador era, así, elegido por las legislaturas todos los años en todos los estados menos en tres en que le garantizaban un tiempo mayor de gobierno. Su poder era limitado. No tenía derecho de veto, a excepción de Massachusetts, y podía ser destituido por razones políticas. El poder legislativo, salvo en Pensilvania, Georgia, y más tarde, cuando se convirtió en estado de la Unión, en Vermont, recaía en dos cámaras: una cámara de representantes y un senado, reforzando así el sistema de equilibrios y controles.

Las nuevas constituciones no sólo dibujaron una nueva y revolucionaria organización institucional sino que, también ampliaron los derechos políticos de los americanos. Aún así, en muchos estados se mantuvieron requisitos de propiedad para los electores. Para ser elegido además de éstos se exigieron requisitos de orden religioso o pronunciar determinados juramentos que alejaban a los católicos y a los judíos de los puestos representativos.

Los Trece Estados fueron independientes unos de otros y sólo tenían un embrión de organización política común: el Segundo Congreso Continental. El Congreso, además, tenía escasos poderes y dificultades tanto para organizar y dirigir la guerra como para establecer alianzas diplomáticas, necesarias para ganarla. Los propios congresistas lo sabían y decidieron nombrar un comité presidido por el abogado de Filadelfia, John Dickinson, para estudiar la posibilidad de crear un marco político común. De nuevo la cultura política del XVIII americano entró en debate. "La experiencia debe de ser nuestra guía", afirmaba Dickinson, en los debates sobre el mejor modelo político que se podía instaurar. Fervoroso del barón de Montesquieu y temeroso, como la mayoría de los revolucionarios al principio de la guerra, del abuso de poder del rey de Inglaterra, Dickinson optó por un modelo político confederal. Consideraba que era la mejor forma de garantizar los derechos enumerados en la Declaración de Independencia. Cuanto más próximo está el poder de los ciudadanos menos peligro existe de reproducir situaciones de abuso de poder como las vividas con el rey Jorge III.

Los Artículos de la Confederación reconocían que en los Estados Confederados de América, como en el resto de las confederaciones conocidas, la soberanía recaía en cada uno de los estados. Y eran ellos, los que a través de sus instituciones, satisfacían las demandas de los ciudadanos. En realidad, en el Congreso de la Confederación sólo se trataban problemas que afectaban a los estados y por ello cada uno de los Trece Estados, sin importar el número de habitantes que tuvieran, tenía la misma representación: un solo voto. Además el Congreso de la Confederación tenía escasos poderes. Dirigir la guerra, concertar tratados de paz, intercambiar delegaciones diplomáticas con otras naciones, regular los asuntos indígenas, resolver las disputas entre los distintos estados, acuñar moneda y organizar y dirigir un servicio postal confederal. No tenía capacidad ni para fijar impuestos y recaudarlos ni para regular las competencias comerciales. Los estados retenían todas las competencias que no se habían traspasado expresamente al Congreso.

El proyecto propuesto por John Dickinson fue aprobado por el Congreso Continental en 1777 pero necesitaba además para su puesta en vigor la ratificación de los estados miembros. Y allí es donde comenzaron a surgir los problemas.

Si bien todos los estados estuvieron de acuerdo en constituirse en una Confederación de estados soberanos, no ocurrió lo mismo con los límites de cada uno de los estados miembros de la Confederación que ahora debían definirse. Todos los jóvenes estados tenían muchas ambiciones territoriales. Las fronteras entre ellos y también las lindes con los imperios coloniales, español e inglés, no estaban bien definidas. Además, estando como estaban en guerra era previsible que se produjeran, de nuevo, cambios territoriales en América del Norte. Nada menos que siete de los Trece Estados reclamaban para sí territorios en el Oeste. Todos preveían, conforme avanzaba la guerra de Independencia, que Gran Bretaña abandonaría los territorios entre los Allegany y el Misisipi; así como los comprendidos entre el oeste de Florida y los Grandes Lagos. Massachusetts, Connecticut, Nueva York, Virginia, las dos Carolinas y Georgia, enarbolando viejos mapas coloniales, reclamaban para sí territorios del Oeste. Massachusetts pedía todo el territorio al oeste de Nueva York, Connecticut una zona amplia al sur de la frontera de Massachusetts, Virginia exigía casi todo el valle del río Ohio y el Noroeste. Los estados sureños, basándose en sus viejas cartas coloniales, reclamaban las tierras comprendidas entre sus fronteras del Oeste y el Misisipi. Sin embargo las reclamaciones más sorprendentes eran las de Nueva York. No estaban articuladas en torno a las viejas cartas coloniales sino a la cesión de los iroqueses de todas las tierras situadas entre el río Tennessee y los Grandes Lagos.

Tres años tardaron los trece Estados Unidos en llegar a un acuerdo sobre sus fronteras y poder ratificar los Artículos de la Confederación. Sólo en 1781, y tras duras negociaciones, pudieron alcanzarlo. Los siete estados implicados aceptaron renunciar a sus derechos sobre los territorios del Oeste y cedérselos a la Confederación. El acuerdo territorial, además, fue muy importante para el futuro de Estados Unidos. Comenzó una etapa de debates en el Congreso y también de proyectos. En esas discusiones sobre los territorios denominados "del Noroeste", se plasmó el inmenso interés de la Confederación de Estados Unidos por expandir sus "fronteras" pero también el temor a que el crecimiento territorial, como había ocurrido durante la historia de Roma, pudiera acarrear la corrupción de los valores republicanos. Los territorios sobre los que los diferentes estados habían cedido sus derechos, serían administradas por el propio Congreso de la Confederación, hasta llegar a un acuerdo definitivo sobre su futuro.

Guerra y acuerdos de paz

Fue muy difícil para las antiguas colonias inglesas lograr militarmente su independencia. Desde el mismo momento que, en el Segundo Congreso Continental, George Washington fue nombrado comandante en jefe del ejército americano sabía que la empresa era de una gran envergadura. Transformar a las milicias coloniales en un auténtico ejército, dominar la resistencia interna –muchos colonos y muy capacitados permanecieron fieles a Gran Bretaña–, y contribuir a convencer a las potencias borbónicas para que intervinieran en la guerra, eran sus retos inmediatos.

Durante toda la época colonial el ejército encargado de la defensa de las colonias inglesas era el ejército británico. Los colonos se organizaban en milicias para apoyar las actuaciones del ejército regular pero se sentían, ante todo, granjeros y artesanos. Trascurrido el tiempo necesario para resolver un conflicto concreto siempre regresaban a sus hogares. Cuando el Segundo Congreso Continental decidió transformar a las milicias, que se estaban enfrentando militarmente con el ejército británico, en un ejército regular la situación era desoladora. El Congreso no disponía de material bélico, no tenía municiones y tampoco experiencia militar como para ganar la guerra. Nada más estallar la violencia, en los alrededores de Boston, las milicias de Vermont y de Massachusetts, los *Green Mountain Boys*, dirigidos por Ethan Allen, lograron apoderarse de la fortaleza de Ticonderoga, en el lago Champlain, obteniendo pólvora y cañones. Fue el armamento inicial del ejército continental. Pero el desorden entre la tropa se mantenía. No sólo los integrantes de las milicias eran voluntarios, sino que las milicias tenían derecho a elegir por votación a sus jefes y oficiales. La indisciplina era habitual. Los distintos grupos de milicias no compartían ni siquiera el uniforme.

Mientras que George Washington viajaba de Filadelfia a Boston para incorporarse a su nuevo destino, el ejército británico se enfrentó a los patriotas americanos en Bunker Hill. La gran cantidad de bajas provocó una reflexión en Washington. Era prioritario reorganizar al nuevo ejército de mar y de tierra norteamericano. En octubre de 1775, el Congreso Continental organizó una armada transformando buques mercantes. Creó también un cuerpo de infantes de Marina.

Sin embargo las medidas militares del Congreso Continental no fueron suficientes para convencer a los colonos indecisos. Al igual que había ocurrido con las colonias inglesas en América del Norte que se habían dividido frente al proceso de independencia de las Trece

Colonias atlánticas, muchos colonos no mostraron ninguna simpatía por la independencia.

Al estallar el conflicto armado, las tres colonias inglesas más septentrionales de América –Nueva Escocia, Terranova y Quebec– que estaban menos pobladas, eran menos dinámicas, y habían pertenecido a distintos imperios coloniales, permanecieron fieles a la Corona británica. Tampoco se unieron a la rebelión los plantadores de las Indias Occidentales muy vinculados al mercado británico. De la misma forma, más de una cuarta parte de la población de las Trece Colonias atlánticas permaneció fiel a la Corona británica. Fueron denominados realistas, *tories* o Amigos del Rey. La mayoría de los realistas compartían la cultura política revolucionaria y se opusieron, enarbolando el concepto de libertad británico, al reforzamiento del sistema imperial. Pero estaban convencidos de que la guerra era peligrosa para las colonias y también de que éstas prosperarían más y de forma más equilibrada dentro del imperio. Sólo se debía revisar el sistema imperial, nunca romperlo. Desde el principio, los revolucionarios exigieron fidelidad a su causa y declararon la lealtad a Jorge III como alta traición. Los castigos para los *tories* fueron duros y continuos, desde la pena de muerte a la confiscación de bienes y la cárcel. En todas las colonias había realistas pero, sobre todo, en las de Nueva York, Nueva Jersey y en la más joven de Georgia. Es más, Nueva York contribuyó con más hombres al ejército de Jorge III que al de Estados Unidos. En total más de 19.000 colonos de origen europeo se unieron al ejército británico durante la guerra de Independencia articulados en unas cuarenta unidades militares realistas.

Otros pobladores norteamericanos también se unieron al ejército real. Cuando se les dio la oportunidad de elegir, los esclavos del Sur se integraron masivamente en el ejército británico. Durante la guerra más de 50.000 esclavos –un diez por ciento– dejaron las plantaciones, y de ellos unos 20.000 fueron evacuados por el glorioso ejército de Su Majestad británica. Tras la derrota británica, los antiguos esclavos se exiliaron. Unos a Nueva Escocia, otros a Quebec, y otros a Londres. Muchos, sin embargo, formaron parte de una nueva nación integrada por antiguos esclavos británicos: Sierra Leona en la costa occidental africana. También los *tories,* de origen europeo, se marcharon. Unos 35.000 se instalaron en

Nueva Escocia formando allí la provincia de New Brunswick, en la década de 1780. Otros 8.000 se dirigieron a Québec fundando la provincia de Upper Canada, más tarde Ontario. Otros más fueron a las Indias occidentales y también a Florida. Y muchos abandonaron América y se dirigieron a Inglaterra.

Como en todas las guerras civiles existió un gran dolor y una gran división familiar y regional. En la revolución norteamericana se exiliaron treinta de cada mil habitantes, mientras que en otras revoluciones de finales del siglo XVIII o de principios del XIX, como la Revolución francesa sólo se marcharon 5 de cada mil. Además esta marcha produjo muchas divisiones familiares. Los integrantes del ejército británico no pudieron regresar a sus hogares para recoger a sus familias porque les hubiera costado la vida. Nunca existió el perdón para ellos. El hijo de Benjamin Franklin luchó con el ejército británico y después se exilió en Inglaterra. También el cuñado de John Jay tuvo que abandonar a su familia en las colonias al huir primero a Quebec y luego a Londres. Su hijo Peter Munro Jay fue educado por los revolucionarios John Jay y su mujer Sarah Livingston Jay.

Aquellos que apoyaron sin tapujos al Congreso Continental y al nuevo ejército en su guerra contra Inglaterra fueron llamados Patriotas, *whigs*, e incluso *yankees*. De ellos sólo unos 18.000 formaron parte del ejército.

Además, muchos europeos se involucraron en esta guerra que suponía una ruptura con el pasado y prometía la llegada de un orden nuevo. El francés marqués de Lafayette, el prusiano Von Steuben, los polacos Pulaski y Kosciusko contribuyeron con su experiencia a la mejora del ejército americano. Pero está contribución personal no era suficiente. Desde el estallido de la guerra los americanos sabían que debían buscar apoyo diplomático y estaban convencidos de que tanto Francia como su aliada en la Guerra de los Siete Años, España, podrían querer resarcirse de la debacle sufrida en la Paz de París de 1763. Y tenían razón. Francia quería frenar el avance político de Gran Bretaña. Y España, sobre todo, deseaba recuperar territorios importantes que había perdido a lo largo del siglo XVIII y que estaban controlados por Gran Bretaña. Gibraltar, Menorca y las Floridas eran sus prioridades. La situación, sin embargo, era muy distinta para las dos potencias borbónicas. En las dos reinaban monarcas de las Casa de Borbón y en las dos se afrontaban reformas ilustradas. Pero mientras que Francia había perdido su imperio colonial en América en la Guerra de los Siete Años, España seguía siendo la gran potencia colonial del continente americano. Una guerra independentista americana era desde luego un pésimo ejemplo para todas las colonias españolas en América. El Congreso Continental entró pronto en contacto con las cortes de París y de Madrid. Arthur Lee, comerciante americano en Francia enseguida inició conversaciones con el secretario de Estado francés el conde de Vergennes. Desde muy pronto Francia y España ayudaron de forma indirecta a los rebeldes norteamericanos. Pero estaban expectantes. Querían asegurarse que las colonias estaban decididas a romper con una metrópoli como Gran Bretaña.

"Tiempos como este ponen a prueba el alma de los hombres", escribió Thomas Paine sobre el primer año de la guerra de Independencia de Estados Unidos, en su texto La crisis. Y tenía razón. El inicio de la guerra fue desolador para los antiguos colonos. Los ingleses habían reforzado su ejército, con más de 30.000 hombres, y habían trasladado el centro de la contienda desde Massachusetts a Nueva York. George Washington fortificó Brooklyn Heigths pero fue derrotado por sir William Howe en la batalla de Long Island. Tuvo que trasladarse primero a Manhattan, después a Nueva Jersey y más tarde a Pensilvania. Los ingleses, tras este impresionante inicio, pensaron que la guerra concluiría en 1777. Prepararon una ofensiva que creyeron definitiva para aislar a los estados de Nueva Inglaterra de los demás. El general John Burgoyne descendería desde Montreal por el río Hudson; el general St. Leger se dirigiría desde el lago Ontario, también hacia el Hudson, y el general Howe desde la ciudad de Nueva York ascendería, también por el gran río, hacia el norte del Estado. La finalidad era capturar la ciudad de Albany. Si lo lograban quedaría efectivamente aislada Nueva Inglaterra y el ejército británico se dirigiría hacia el Sur y conquistaría el resto de las colonias. Pero la estrategia inglesa fracasó. Las tropas de Leger tuvieron que retroceder de nuevo hacia Canadá por la resistencia del ejército norteamericano. Howe decidió, en lugar de ascender hacia el norte de Nueva York, dirigirse primero hacia Filadelfia y enfrentarse con George Washington. Si bien conquistó casi toda la ciudad, los americanos lograron resistir en Brandywine y en Germantown imposibilitando a los ingleses abandonar la ciudad y dirigirse hacia Albany para ayudar al ejército de Burgoyne. Cuando éste logró llegar a Saratoga, al norte de Albany, fue rodeado y derrotado por fuerzas norteamericanas dirigidas por el general patriota Horatio Gates, el 17 de octubre de 1777. Esta victoria del ejército rebelde fue esencial para el futuro de la guerra. Estaba claro que los británicos habían vuelto a despreciar la capacidad de sus antiguas colonias. Además, por primera vez, las potencias borbónicas vislumbraron no sólo que las colonias estaban resueltas a lograr su independencia sino que además existía una posibilidad de triunfo.

Efectivamente, Francia, nada más conocer la victoria de los estadounidenses en Saratoga, firmó dos tratados con Estados Unidos. Uno de amistad y comercio, y otro de alianza defensiva y cooperación. Ninguna de las partes "dejaría las armas hasta que la independencia de Estados Unidos esté formal o tácitamente asegurada por el tratado o tratados que finalicen la guerra", rezaba uno de los textos. También se aseguraba que si la guerra estallaba entre Francia y Gran Bretaña, los dos nuevos aliados –Francia y Estados Unidos– lucharían juntos y ninguna de las partes firmaría una paz sin el consentimiento de la otra. Los tratados con Francia llegaron a la sede provisional del Congreso Continental, en York, Pensilvania, el dos de mayo de 1778. Dos días después el Congreso los ratificaba. La firma de los tratados no sólo implicaba que las antiguas colonias pudieran ganar la guerra, sino también algo que, para Estados Unidos, entonces, era más importante. Por primera vez una nación reconocía la soberanía de las antiguas colonias al firmar acuerdos bilaterales. Estados Unidos aparecía ya como una nación en el concierto de naciones. Además, estaba claro que la alianza con Francia traería tarde o temprano la de España. La nueva nación sabía que la política exterior borbónica estaba vinculada por los Pactos de Familia. La primera flota francesa llegaba a Estados Unidos en julio y con ella el primer representante diplomático de Francia en Estados Unidos.

España tardó más en entrar en guerra. El rey Carlos III y sus ministros estaban indecisos. El conde de Aranda era el representante de la corte española en París y desde el principio mantuvo buenas relaciones con los enviados americanos. Pensaba que la independencia de las colonias inglesas era inevitable y que sería bueno para la Monarquía Católica implicarse. Pero el secretario de Estado español, conde de Floridablanca, valoraba otros problemas. Sabía que esta guerra, aunque podría mejorar estratégicamente la situación territorial de España en América, políticamente era un enorme problema. Sin duda, la población criolla de las colonias españolas en América estaba atenta a los sucesos de sus hermanas del Norte. Nada más saber la Corte de Madrid que Francia había dado la mano a los rebeldes y entrado en guerra en América del Norte la diplomacia española no paró de debatir. En 1779 España se decidió. Primero, en abril, el secretario de Estado español firmó con Francia la secreta Convención de Aranjuez. Según el pacto, las dos naciones debían luchar contra Inglaterra y también firmar juntas la futura paz. La restauración de Gibraltar; del río y fuerte de la Mobila; de Penzacola, con toda la costa de la Florida; la expulsión de los ingleses de la bahía de Honduras y la revocación de su derecho a explotar el palo campeche así como la recuperación de Menorca eran las condiciones exigidas por Floridablanca para finalizar la contienda con Gran Bretaña. También si Francia conseguía Terranova, España podría pescar en sus bancos.

España pues entraría en guerra contra Gran Bretaña de la mano de Francia pero no firmaría ningún tratado con las Trece Colonias. Hacerlo significaría reconocer su soberanía y la posibilidad de que unas colonias se transformasen en estados soberanos. A pesar de que el Congreso Continental envió a uno de los revolucionarios más aptos a Madrid para buscar ayuda financiera y especialmente, para conseguir la firma de un tratado que les hiciese más visibles, la Corona española no alteró su estrategia. John Jay y su secretario William Carmichael vivieron difíciles momentos en Madrid. Jay, que había llegado a Cádiz con su mujer, la también revolucionaria Sarah Livingston Jay, en 1779, abandonó su casa de la madrileña calle San Mateo, en 1781, y se marchó a París sin haber logrado su cometido. Se fue ofendido y molesto por la "tibia" actuación española y además confirmó su percepción revolucionaria de que las monarquías europeas, sobre todo, las de los países católicos, reflejaban, con su suntuosidad y falta de claridad, todo aquello que los republicanos debían y querían abandonar. También 1780, otra república independiente, Holanda, declaraba la guerra a Gran Bretaña.

Al entrar Francia y, después España y Holanda en guerra, los británicos revisaron su estrategia militar en América. Al general Howe le sucedió, al principio de 1778, sir Henry Clinton quién decidió trasladar su ejército desde Filadelfia a Nueva York y también comenzó a atosigar a los estados sureños. Clinton conquistó Savannah y Atlanta. También Charleston en Carolina del Sur cayó con rapidez, en mayo de 1780, y en agosto fue derrotado el general Gates por los británicos en la batalla de Camden.

A pesar de que el Sur parecía caer bajo control británico, la presencia francesa y española amenazaba a los ingleses. A partir de 1781, los americanos comenzaron a ganar batallas a los ingleses en el Sur. El general Cornwallis decidió trasladar a su ejército cerca de la costa de Virginia buscando el apoyo de la Armada británica. Pero Cornwallis fue atosigado por el general Washington y por más de 7.000 soldados americanos y franceses liderados por el general Rochambau. También arribó a las costas virginianas un ejército, de más de 3.000 hombres, que, liderado por el marqués de Lafayette, impidió la retirada de los británicos. A su vez, desde las Indias occidentales, la flota francesa capitaneada por el almirante De Grasse tocó tierra impidiendo que la Armada británica se acercase a las costas para ayudar a Cornwallis. Atrapado entre la flota francesa y el ejército franco-estadounidense, el general Cornwallis se rindió el día 19 de octubre de 1781.

También los españoles habían logrado parte de sus objetivos. En agosto y septiembre de 1779, Bernardo de Gálvez y su ejército cruzaron el Misisipi y derrotaron a las tropas británicas en los fuertes de Manchac, Baton Rouge y Natchez en la orilla oriental del río. Después dirigió los pasos de sus hombres a los dos puertos de la Florida occidental: Mobila y Penzacola. En enero de 1780, con apoyos procedentes de La Habana, dirigió las fuerzas navales y terrestres sobre el fuerte Charlotte, en Mobila, logrando su rendición el 12 de marzo de 1780. Además con siete mil hombres procedentes de Cuba, Nueva Orleáns y Mobila, Bernardo de Gálvez, conquistó Penzacola en marzo de 1781. Las hazañas del joven Gálvez causaron emoción en la Corte de Madrid y también en el ejército norteamericano. España había logrado arrebatar Florida a los ingleses.

Desde finales de 1781 los norteamericanos estaban convencidos de que habían ganado la guerra y querían concluirla cuanto antes. Sin embargo, la Monarquía Hispánica quería continuar. Todavía no había logrado Gibraltar que era uno de los objetivos marcados en su decisión de entrar en guerra. Además, como España y Francia habían firmado el tratado de Aranjuez que obligaba a las dos naciones a continuar la guerra hasta que todos los territorios perdidos por España en el XVIII se recuperaran, la guerra proseguía. Esta situación disgustó a Estados Unidos. Creían que los objetivos que le habían llevado a la guerra con su metrópoli estaban ya cumplidos. Sólo querían su independencia y el reconocimiento de la misma primero por Gran Bretaña y después por el concierto de naciones.

La guerra, además había resultado mucho más difícil y costosa de lo que Gran Bretaña esperaba. A pesar de la clara superioridad de su ejército y, sobre todo, de su Armada, tenía claras desventajas. La enorme distancia de la metrópoli, la gran extensión que debía controlar con una población hostil y lo agreste del territorio, suponían dificultades imposibles de solventar para la antigua metrópoli. Y Estados Unidos lo sabía.

En 1782 Benjamin Franklin, John Adams, y John Jay, recién concluida su mala experiencia española, se encontraban en París dispuestos a negociar los tratados de paz. Tenían además instrucciones estrictas del Congreso Continental. No debían firmar ninguna paz separada con Gran Bretaña y además debían actuar de acuerdo con su aliada Francia. Pero estos revolucionarios eran críticos con las cortes europeas y para ellos el continuar la guerra en América del Norte por conseguir intereses coloniales españoles era una clara muestra de la corrupción contra la que habían luchado. Ignorando sus instrucciones iniciaron conversaciones secretas con Gran Bretaña firmando las dos naciones, en septiembre de 1782, los acuerdos preliminares de paz. Gran Bretaña reconocía y garantizaba la independencia de Estados Unidos y se fijaban las fronteras de la nueva nación. Por el norte Estados Unidos alcanzarían el paralelo 45 y los Grandes Lagos, por el Oeste la frontera sería el Misisipi, por el sur el paralelo 31, y por el Este el océano Atlántico incluyendo todas las islas comprendidas en veinte leguas. Además se garantizaban derechos ilimitados de pesca en las costas de Terranova y del golfo de San Lorenzo; también reconocía sorprendentemente, teniendo en cuenta que tanto Luisiana como Florida eran ahora españolas, la libre navegación por el Misisipi tanto para Gran Bretaña como para Estados Unidos. Las deudas contraídas con prestamistas británicos y americanos debían pagarse; también se introdujo una recomendación del congreso de que se restaurarían las confiscaciones de bienes de los realistas, y por último, los acuerdos establecían que las tropas británicas abandonarían el suelo de Estados Unidos.

Estaba claro que Gran Bretaña había perdido la guerra militar contra sus colonias pero estaba dispuesta a seguir siendo una gran fuerza política. Con los Artículos preliminares tanto Gran Bretaña como Estados Unidos salían fortalecidos. Éste tendría la excusa para luchar por esas amplias fronteras que sólo su antigua metrópoli le reconocía y además insistiría en la libre navegación del Misisipi aunque las riberas fueran españolas. Gran Bretaña sabía que estaba debilitando a las potencias borbónicas. Había señalado fronteras a la nueva nación en suelo que no le pertenecía y también se había atribuido derechos cuanto menos cuestionables. La semilla de futuros enfrentamientos entre la joven república y los viejos imperios estaba sembrada.

El 30 de junio de 1783 Francia y España firmaban los tratados provisionales de paz con Gran Bretaña. En la Paz de París Gran Bretaña reconocía la independencia de Estados Unidos; Francia recuperaba Tobago, Santa Lucía y Senegal, y España recuperaba Menorca y Florida aunque, como hemos señalado, no logró recuperar Gibraltar.

Francia y España, desde luego, habían vengado la humillación sufrida frente a Gran Bretaña en el Tratado de París de 1763. Y las antiguas colonias ya eran para su metrópoli y también para el resto de las naciones una Confederación de Estados Soberanos.

La práctica política

Estados Unidos había logrado su independencia pero los problemas no tardaron en surgir. La Confederación de los Estados Unidos no tenía los poderes suficientes para enfrentarse a los serias dificultades debidas al tránsito de colonias a nación soberana. Las potencias imperiales en América, España y Gran Bretaña lo sabían e hicieron todo lo posible para desestabilizar a la nueva nación. También dentro de la Confederación de los Estados Unidos de América se produjeron altercados. La violenta quiebra del pacto colonial suponía que el mercado para sus productos ya no estaba garantizado. Los desajustes económicos ocasionaron revueltas que la Confederación fue incapaz de sofocar. El periodo que abarca desde 1783 hasta 1789 fue uno de los pocos momentos en los que la Nación estadounidense no pudo crecer. Fue el periodo más crítico de su historia.

Dificultades de la Confederación: el periodo crítico

Los inicios de la nueva nación no fueron fáciles. Los Trece Estados Unidos acababan de librar una guerra internacional pero también una guerra civil. Y el dolor y la desolación estaban presentes. Además iniciaban una andadura nueva que nunca antes se había experimentado. La de unas antiguas colonias transformadas en nación soberana sustentada en principios republicanos.

Las primeras medidas de los Trece Estados prometían cambios profundos en la sociedad americana. La existencia de realistas en las clases acaudaladas así como la ruptura con la Iglesia anglicana, que había sido muy fuerte en el Sur, ocasionaron confiscaciones de bienes y un profundo debate sobre la propiedad en los distintos estados de la joven república. Así en Virginia, siguiendo las ideas de Thomas Jefferson en sus *Notas sobre el estado de Virginia*, algunos derechos tradicionales, como el de primogenitura y el de la posibilidad de vinculación de bienes, fueron abolidos desde el año 1776. Las grandes propiedades se fragmentaron al heredar, no sólo el primogénito, sino todos los hijos. En muchos casos, además, estas propiedades se vendieron. El modelo virginiano fue imitado por otros estados como Georgia, Maryland y Carolina del Sur. También la confiscación de las grandes propiedades de los realistas puso tierras en el mercado que habían sido fraccionadas por los estados en lotes de un tamaño que permitía la explotación familiar. Las tierras de la familia Penn, en Pensilvania, y las de los herederos de los Baltimore, en Maryland, salieron a la venta tras su incautación. Además se produjeron muchas otras confiscaciones en Virginia y Nueva York.

La relación entre las distintas iglesias y los ahora ciudadanos norteamericanos se alteró. En el Sur, la Iglesia anglicana había sido muy fuerte y era lógico que tras la independencia se produjeran cambios. Por un lado, siendo su cabeza visible el rey de Inglaterra, era una profunda contradicción para los nuevos estados reconocer esta jefatura religiosa. Por otro, además, la cultura política republicana se oponía a las estrechas relaciones entre Iglesia y Estado y también a los privilegios de un credo frente a los otros. Entre 1784 y 1789, en una serie de reuniones, la Iglesia anglicana de Estados Unidos se organizó en la Iglesia episcopal protestante de América. Se adoptó una Constitución y en el *Libro de la plegaria común* se suprimió toda referencia a Gran Bretaña y al rey de Inglaterra. Además, los presbiterianos norteamericanos rompieron con Escocia. Entre 1785 y 1786, la Iglesia presbiteriana de los Estados Unidos se dotó de nuevas normas. Este proceso de nacionalización de los credos no sólo afectó a las iglesias controladas desde Gran Bretaña. También se nacionalizó la práctica de los seguidores de la Iglesia reformada holandesa y de distintas comunidades reformadas vinculadas a Alemania. Existió, a su vez, una dura pugna entre los escasos católicos norteamericanos. En Estados Unidos existían veinticuatro sacerdotes católicos romanos asentados en Pensilvania y en Maryland y dependientes de la diócesis de Londres que negociaron directamente con Roma. El papa Pío VI les permitió crear un obispado con sede en Baltimore.

Estas rupturas y, sobre todo, este proceso de creación de nación en todos los ámbitos, permitió suprimir privilegios que, la Iglesia anglicana había mantenido en algunos estados. Así la Constitución de Carolina del Sur decretó la libertad religiosa, en 1778, concluyendo con todas las prerrogativas anglicanas. En Virginia, Thomas Jefferson introdujo, lo que para él fue uno de los grandes logros de su vida: el *Estatuto de la Libertad religiosa*, aunque las legislaturas virginianas no lo pusieron en vigor hasta 1785. Sin embargo en tres de los estados de Nueva Inglaterra: Massachusetts, Connecticut y New Hampshire los privilegios de los congregacionistas permanecieron hasta el primer tercio del siglo XIX. Las distintas congregaciones puritanas se habían comprometido profundamente con el proceso de independencia. Existieron pastores, como el reverendo Thomas Allen, que dirigieron acciones militares seguidos de gran parte de sus feligreses en los primeros años de la guerra y se vinculó, de nuevo, a la fe puritana con el igualitarismo revolucionario. Nadie alzó la voz en contra de los privilegios congregacionistas. En las colonias intermedias y también en Rhode Island la libertad religiosa y la falta de privilegios era un hecho antes de la revolución.

Pero no sólo se rompieron vínculos religiosos y culturales. Pasar de ser colonias a estados independientes supuso una quiebra del comercio y de la producción de materias primas y de manufacturas norteamericanas. Mientras fueron colonias inglesas, los granjeros y también los artesanos tenían un mercado seguro para sus productos. La independencia y la dificultad para firmar tratados con las otras potencias europeas entorpecían la vida económica americana. Los norteamericanos no tenían garantizado el mercado para sus productos. Además, se había producido un gran desequilibrio monetario. Al concluir la guerra, el papel moneda emitido por el Congreso –llamado dinero continental– había perdido tanto valor que ya no circulaba. Lo mismo había ocurrido con el papel moneda que emitían cada uno de los estados de la Confederación. La existencia de deudas contraídas durante la guerra y también en los primeros años de posguerra, ocasionó un incremento en los impuestos de los distintos estados. Las innumerables protestas se iniciaron porque la mayoría de los ahora ciudadanos no podía afrontar, con la incertidumbre económica, esta presión impositiva. En muchos estados se exigió la emisión de papel moneda y las consecuencias fueron graves. En Rhode Island se acuñó papel moneda y a pesar de la depreciación se obligó a los acreedores a aceptarlo. La mayoría huyó del Estado para evitar la medida. En Massachusetts se acataron otras normas. No se emitió papel moneda pero se elevó mucho la presión fiscal y además los impuestos se debían pagar en moneda, algo casi imposible para la mayoría de los granjeros del estado. Los que no podían pagar perdían sus granjas y podían terminar en la cárcel por deudas. Existía un profundo malestar y una inmensa tensión en los estados.

En el otoño de 1786 muchos granjeros se unieron al veterano de guerra Daniel Shays. En total 1.200 hombres se dirigieron al arsenal federal de Springfield. Poco después la rebelión fue sofocada por las milicias de Massachusetts pero este conato de revolución, conocida como la Rebelión de Shays, preocupó mucho al congreso de la Confederación que se sentía inerme y sin competencias para hacer frente a este incremento de las revueltas y del descontento que inundaba Estados Unidos.

Pero todavía la situación podía empeorar en Estados Unidos. Las dificultades internas fueron aprovechadas en las acciones indirectas iniciadas por las naciones europeas. Tanto Inglaterra como España atosigaron a la Confederación, que casi no tenía competencias, con la finalidad de conseguir satisfacer sus intereses territoriales y comerciales. Las estrategias de las dos naciones fueron similares. Buscar alianzas con las naciones indias de la frontera de Estados Unidos –en el caso de Inglaterra, la frontera norte y en el de España, la occidental– para evitar el avance de los colonos norteamericanos; y aprovechar los distintos intereses de los estados miembros de la Confederación para sembrar conflictos entre ellos y debilitar así la política común. La única diferencia entre la política británica y la española es que España quería cerrar un tratado con los Estados Unidos para limar las diferencias. Por lo tanto, mientras el primer representante diplomático español en Estados Unidos, el comerciante bilbaíno Diego Gardoqui negociaba con John Jay, nombrado secretario de Estado por la Confederación, el contenido de un posible tratado, España presionaba a través de acciones indirectas controladas por sus autoridades coloniales en Luisiana y las Floridas. Además, el tratado que España proponía, también sembraba la discordia entre los estados de la Confederación. La Monarquía Hispánica defendía la firma de un tratado comercial ventajoso pero que era bueno sólo para algunos de los estados. Lo que España ofrecía a Estados Unidos era, por un lado, un tratado comercial, que entusiasmaba a los estados mercantiles y artesanales del Norte; pero mantenía su negativa a libre navegación del Misisipi, que era una vieja reivindicación y también una auténtica necesidad para los territorios del Oeste. Estaba claro que los debates iban a ser intensos entre el Norte y el Oeste en el seno de la Confederación. Esta situación se agravó con la firma, por parte de España, de tratados con los indígenas como forma de crear una barrera entre lo que España entendía eran sus fronteras, una vez recuperada Florida, y Estados Unidos. Muchos asentamientos del Oeste, sobre todo en la región de Kentucky y de Tennessee, comenzaron a considerar que la Confederación no podía defender sus auténticos intereses y que le faltaba voluntad política al estar más atenta a los intereses de los Estados históricos.

También Gran Bretaña hacía peligrar la nueva Confederación de Estados. Tras la independencia prohibió a Estados Unidos comerciar con sus posesiones de las Indias occidentales, y se negó a iniciar conversaciones para firmar un tratado comercial con sus antiguas colonias. Además, siguió ocupando fuertes, a lo largo de la frontera de Canadá, en territorio que los Artículos preliminares de paz habían señalado como de Estados Unidos. Desde allí también firmó, como había hecho España, tratados con los indígenas, en este caso, del valle septentrional del Ohio, para frenar la expansión de los colonos estadounidenses. Los ingleses además defendían su postura. Estados Unidos no había cumplido con su promesa de devolver las propiedades confiscadas a los realistas norteamericanos.

Los graves problemas internos y la dura política del imperio británico y español causó el surgimiento de un movimiento fuerte en Estados Unidos para revisar el contenido de los Artículos de la Confederación. En ese frágil equilibrio entre derechos y libertades individuales y poder, para muchos estadounidenses había llegado el momento de abrir un proceso de reflexión y potenciar el poder de las instituciones comunes a los estados.

La Constitución de Estados Unidos

El primer conato para impulsar acciones comunes a los estados se produjo en el Congreso de Alexandria, en Virginia, en 1785. Acudieron delegados de Maryland y de Virginia y lo hicieron para arbitrar soluciones estables a problemas entre los dos estados. La falta de atribuciones y también la debilidad del Congreso de la Confederación les llevó a reflexionar de forma bilateral. Así intentaron arbitrar soluciones para un antiguo conflicto comercial y para mejorar la navegabilidad del río Potomac. El éxito del encuentro impulsó a los delegados de Virginia a proponer la celebración de nuevos encuentros para solucionar los problemas de la Confederación invitando a representantes de todos los estados. Sin embargo tampoco acudieron muchos representantes a la segunda de estas reuniones. A Annapolis, en 1786, sólo llegaron representantes de cinco de los ocho estados que habían nombrado delegados para este nuevo encuentro. Pero fue suficiente. Entre los representantes estaban James Madison y Alexander Hamilton, partidarios de una reflexión profunda sobre el funcionamiento del nuevo sistema político estadounidense. Ellos propusieron la celebración de un nuevo encuentro en Filadelfia con un único cometido: revisar los Artículos de la Confederación.

A la Convención de Filadelfia acudieron 55 representantes de doce estados porque Rhode Island, temerosa de otorgar más poder a las instituciones comunes a los estados, se negó a participar.

La mayoría de los Padres Fundadores coincidieron en la voluntad de reorganizar y, sobre todo, reforzar el poder común a los estados. Pero procedían de un sistema confederal y todavía sólo se sentían representantes de sus estados y no de la toda la nación americana. Las propias normas de funcionamiento interno de la Convención –un único voto para cada una de las delegaciones de los doce estados sin importar su tamaño– recordaban que estaban en una Confederación de Estados. Además, los miembros de la Convención de Filadelfia temían ese reforzamiento del poder común a los estados porque les preocupaba la violación de los derechos fundamentales que tanto había costado conseguir. Pero es verdad que los grandes defensores de los derechos y libertades individuales estaban ausentes. Unos como John Adams o Thomas Jefferson porque estaban representando a Estados Unidos en Europa y otros grandes patriotas, como Samuel Adams o Patrick Henry Lee, porque no fueron elegidos por sus estados en esos tiempos de revueltas y problemas.

Más de la mitad de los Padres Fundadores habían estudiado derecho en los Colleges norteamericanos en una época en la que sólo una brillante minoría acudía a la universidad. Además, de ellos, tres eran profesores y unos doce habían enseñado alguna vez. Muchos habían practicado derecho en los tribunales de la antigua metrópoli. Pertenecían, pues, en su mayoría a los grupos más solventes de las antiguas colonias. La cultura política de los firmantes de la Constitución era similar a la de aquellos que habían suscrito la Confederación. Es más, 29 de los 55 representantes habían formado parte del Congreso de la Confederación y el resto eran miembros de las distintas legislaturas de los Estados. Si bien los miembros de la Convención de Filadelfia tenían mucho prestigio –"es una asamblea de semidioses"–, escribía Thomas Jefferson a John Adams, en 1787, el que más consenso ocasionó fue el antiguo comandante en jefe del Ejército Confederal: George Washington. Por ello fue designado presidente de la Convención.

Todos los participantes en la asamblea coincidieron en una misma preocupación. No parecía que los Artículos de la Confederación fueran capaces de garantizar la tranquilidad y el orden imprescindibles, según ellos, para asegurar tanto la libertad como la propiedad. Como señala Forrest McDonald en *Novus Ordo Seclorum. The Intellectual Origins of the Constitution*, la mayoría de los constituyentes buscaban, además, la grandeza y la fama de la joven nación. Defensores de la superioridad de la cultura política republicana frente a la monarquía europea pensaban que esta no era un impedimento para crear una nación poderosa, llamada a la gloria.

La mayoría de los miembros de la Convención de Filadelfia había reflexionado mucho durante el "periodo crítico" sobre la condición humana. Influidos por los trabajos de David Hume y por la experiencia de los primeros años de la independencia estaban convencidos de que los hombres cuando detentaban el poder se movían, en primer lugar, por sus intereses particulares, por sus pasiones. Partiendo de esa premisa, el debate debía versar en cómo reconducir esas pasiones, esos intereses particulares, para lograr el bien de toda la comunidad. El diseño del nuevo sistema político debía tener esa única finalidad: reconducir las temidas pasiones y buscar el bien común.

Aunque casi todos los Padres Fundadores estaban de acuerdo en que la única manera de salvar a la república sumida en enfrentamientos "particulares" y alejada, en los primeros años de su historia, de la consecución del bien, era reformar profundamente el sistema político, todavía prevalecían diferencias entre ellos. Fue en los debates para dirimir los conflictos entre unos y otros cuando emergió un sentido nuevo para un vocablo viejo. El término Confederación, en donde la soberanía residía en cada uno de los estados, se estaba transformando. Surgía así la idea de Federación. En las Federaciones la soberanía se compartía entre el Estado nacional y cada uno de los estados. El poder se fragmentaba, se multiplicaba y para muchos se diluía. Si las mayorías eran facciosas, es decir, si se unían para lograr su propio interés, nunca lograrían ocupar todas las esferas de poder. La virtud –la búsqueda del bien común por encima del interés particular– con el nuevo diseño político podría sobrevivir.

Pero tendrían que decidir que poderes recaían en el nuevo Estado federal y cuales permanecían en cada uno de los estados. Así, los Padres Fundadores fueron señalando en sus debates qué competencias serían nacionales y cuales permanecerían en cada uno de los estados. También fue importante reflexionar sobre uno de los asuntos más espinosos en la época revolucionaria: el de la representación. Los habitantes de los grandes estados, con mayor número de ciudadanos, respaldaban un plan que les beneficiaba: el Plan de Virginia. Lo propuso el gobernador virginiano Edmund Randolph como primer borrador que debía discutir la Convención de Filadelfia. El Plan no era una mera corrección de los Estatutos, sino que suponía la creación de un nuevo modelo de Estado. Los dos puntos básicos del Plan eran: conceder amplios poderes a las instituciones comunes a los estados –un ejecutivo, un legislativo bicameral y unos tribunales– y buscar un sistema de elección de representantes en la legislatura nacional proporcional al número de habitantes. Los pequeños estados, con pocos residentes, no podían aceptar un sistema electoral proporcional porque, lógicamente, estarían peor representados y sus intereses no podrían ser defendidos en términos de igualdad. De ahí que propusieran como alternativa el Plan de Nueva Jersey, diseñado por William Paterson, cuya única pretensión era la reforma de los Estatutos de la Confederación. Según esta propuesta, se mantendría el viejo congreso unicameral en donde cada estado estaba representado por un voto. La situación era difícil pero el acuerdo se alcanzó, tras un mes de debates, con la aceptación de un plan de compromiso presentado por Roger Sherman, delegado de Connecticut. El nuevo texto mantenía un congreso bicameral –con un Senado y una Cámara de Representantes–; la Cámara Baja se elegiría por un sistema proporcional al numero de habitantes a razón de un miembro por cada 40.000 residentes, y el Senado estaría integrado por dos senadores por cada estado, elegidos por las legislaturas estatales. El Senado sería, por tanto, la Cámara que defendería los intereses de los estados y la Cámara de Representantes los de los ciudadanos.

De todas formas, los grandes y los pequeños estados también se enfrentaron por otras causas. Acordar las competencias de la nueva organización estatal, y las que iban a mantener cada uno de los estados no era fácil. De nuevo, los estados de menor tamaño estaban preocupados por tener unas instituciones centrales con mucho poder que anularan sus particularismos. Y aunque la idea del federalismo les tranquilizaba necesitaban insistir en que cada uno de los estados debía conservar su singularidad. El temor al desorden y al caos, que se había vivido durante la Confederación, fue la razón de que el nuevo texto otorgara bastantes competencias al Estado Nacional. Podía imponer impuestos, dirigir las relaciones exteriores, regular el comercio nacional e internacional y crear una armada y un ejército de tierra nacionales. Además, la sección 10 del artículo 1 de la Constitución recogía prohibiciones específicas a los estados miembros de la Unión: "Ningún estado podrá celebrar tratados, alianzas, o confederaciones, conceder patentes de corso y de represalia; acuñar moneda, emitir billetes de crédito, autorizar el pago de deudas en otras monedas...". Pero aún así muchas competencias permanecían en cada uno de los estados. Y sobre todo atribuciones que permitían mantener sus diferencias. Las condiciones para el ejercicio de la ciudadanía política y la organización de las elecciones; la educación; las leyes que regulaban el matrimonio y el divorcio; la ordenación del tráfico interestatal y la legislación que afecta a la seguridad y a la moral de los ciudadanos continuaron siendo competencia exclusiva de los estados.

Algunas de las competencias las debían compartir las instituciones federales y estatales. Así los ciudadanos americanos están sometidos a la fiscalidad federal y estatal; también puede el Estado federal y cada uno de los estados incautar su propiedad para beneficio público; las dos instancias pueden emitir deuda pública; existen tribunales estatales y federales y el bienestar general es competencia de los estados y también del Estado federal.

Pero no sólo David Hume influyó en los Padres Fundadores. Si habían logrado distribuir competencias entre el Estado federal y cada uno de los estados, también sería bueno establecer, siguiendo el modelo de Montesquieu, sobre todo de su *Espíritu de las Leyes* (1748), un reparto de las distintas atribuciones federales en distintos poderes que con competencias equilibradas se vigilasen y controlasen. La fragmentación del poder, de nuevo, era el camino para consolidar el diseño político que impidiera el triunfo de pasiones e intereses particulares. Los constituyentes americanos además del legislativo bicameral, crearon un ejecutivo y un poder judicial fuertes e independientes. La propia organización del borrador del texto constitucional dice mucho de las intenciones de los Padres Fundadores. Así la Constitución se abre con la definición del poder legislativo. Y era normal. La percepción que las antiguas colonias tenían de sus asambleas coloniales era la de instituciones donde los colonos y sus necesidades habían estado siempre representados. El legislativo no era un poder temido ni temible. Fueron los gobernadores, el ejecutivo, los que en la mayor parte de las ocasiones permanecieron fieles al "tirano real". Además procediendo de una Confederación en donde la única institución común a los estados era el congreso, era lógico comenzar el borrador constitucional por él. Así el poder legislativo recaía en un Congreso bicameral. La Cámara de representantes estaba integrada por un número de representantes proporcional al número de ciudadanos que eran elegidos cada dos años. El Senado tenía dos senadores por estado que debían permanecer en el cargo seis años aunque cada dos, coincidiendo con la renovación completa de la Cámara baja, se renovaría un tercio del Senado. Las competencias del Congreso son múltiples. Imponer y recaudar impuestos para "pagar las deudas y garantizar la Defensa…"; regular el comercio interestatal e internacional; establecer las condiciones de naturalización; acuñar moneda y fijar pesos y medidas comunes a Estados Unidos; establecer un sistema de correo postal; configurar tribunales de justicia inferiores al Tribunal supremo; castigar el contrabando y la piratería; declarar la guerra; y "promover el progreso de la ciencia y de las artes útiles... y asegurar a los autores e inventores el derecho exclusivo sobre sus respectivos escritos e inventos".

La novedad más sorprendente del borrador constitucional fue la figura en la que recaía el poder ejecutivo: el presidente. Una de las mayores dificultades fue establecer su mecanismo de elección. La intención de los constituyentes era la de establecer un método que le permitiera ejercer sus funciones alejado de las presiones de las Cámaras tanto nacionales como estatales, pero también –no olvidemos que estamos en el siglo XVIII– de las del "peligroso" voto popular. Fue James Wilson el que propuso la intervención del Colegio Electoral. El presidente no sería elegido ni por las legislaturas ni directamente por el voto popular. Cada uno de los Estados, de acuerdo con su propia legislación, nombraría un número de electores igual al número de senadores y de representantes que tuviera en la legislatura nacional. Y eran estos electores los que debían elegir al presidente.

El presidente, además de la posibilidad de reelección, gozaba de amplios poderes. Contaba con el derecho de veto; podía nombrar a los funcionarios federales y concertar tratados internacionales aunque eso sí con la ratificación del Senado. Era, además, comandante en jefe de las Fuerzas Armadas.

Los miembros del Tribunal Supremo, máximo tribunal de justicia, serían designados por el presidente, aunque también era precisa la ratificación del Senado. Ocuparían su cargo de forma vitalicia. El Tribunal Supremo actúa como tribunal de primera instancia cuando una de las partes es un estado miembro de la Unión o cuando lo es algún embajador o alto funcionario. En todos los demás casos el Tribunal Supremo es el máximo tribunal de apelación. Aunque la Constitución no lo establece, también actúa como tribunal constitucional. Fue en 1803, siendo presidente del tribunal John Marshall, en el caso *Marbury vs. Madison*, cuando el propio tribunal estableció "que un acto legislativo contrario a la Constitución no es una ley", y fue más lejos al proclamar que "es función del poder judicial determinar lo que es una ley".

La Constitución también establecía un procedimiento de reforma. Pero de nuevo estaban temerosos de los grupos movidos por su propio interés y no por el bien común. Por ello establecieron un sistema dual de revisión. El Congreso, con una mayoría de dos tercios en cada una de las Cámaras, puede iniciar el proceso de enmienda. También pueden iniciar el proceso las legislaturas de dos terceras partes de los Estados miembros de la Unión. En ambos casos la enmienda propuesta necesita la aprobación de tres cuartas partes de los estados de la Unión.

La Convención de Filadelfia aprobó, sin ningún entusiasmo, el texto de la Constitución más antigua que aún sigue en vigor en 1787. De los 55 delegados sólo 39 votaron a favor. Trece habían regresado a sus casas antes de la votación y tres se abstuvieron.

Pero sólo se había iniciado el camino. El propio texto constitucional establecía que para que la nueva Constitución entrase en vigor necesitaba la aprobación de nueve, de los Trece Estados. Y no fue fácil de conseguir.

Federalistas y antifederalistas

Cuando en el mes de septiembre de 1787, la Convención hizo públicas sus decisiones, la sorpresa inundó a todos los habitantes de Estados Unidos. Los delegados no sólo no habían corregido los Estatutos de la Confederación sino que habían creado un sistema federal con amplios poderes para las instituciones nacionales y con un serio recorte del poder del que había gozado cada uno de los estados desde la independencia. Muchos ciudadanos se movilizaron. Consideraron que en la pugna entre el poder y las libertades, los Padres Fundadores optaron claramente por el primero. Este grupo de opositores a la ratificación de la Constitución federal son los antifederalistas. La batalla, sin embargo, iba a ser encarnizada y muchas veces no sólo verbal.

Aunque existieron diferencias entre los antifederalistas todos compartieron un claro temor a que el incremento del poder común a los estados, reflejado en el texto constitucional, hiciera peligrar la actividad ciudadana. Los antifederalistas tenían objetivos claros y concretos. Luchaban por la existencia de una política activa y abierta. La concepción antifederalista de la política estaba muy poco interesada en la organización institucional y, en cambio, defendía la existencia de un discurso público activo, reclamaba sobre todo libertad de expresión y de prensa y también libertad de asociación. Consideraban que era mejor la política a escala local, en donde tanto el juicio por jurados como la existencia de milicias ciudadanas, garantizaban la defensa de las virtudes cívicas. La ampliación de los poderes conferidos a las instituciones comunes a los estados, ahora divididos en tres ramas, suponía para muchos antifederalistas que los antiguos Trece Estados se habían transformado en uno, lo que para ellos significaba el fin de la república. "Dejarnos inquirir, como al principio, si sería mejor o peor que los Trece Estados se redujeran a una sola e inmensa república", se preguntaba el juez neoyorquino Robert Yates, siempre bajo el seudónimo de Brutus, en el primero de sus dieciséis artículos publicados en *The New York Journal* criticando duramente a la nueva Constitución. "Si respetamos la opinión de los hombres más grandes y sabios que han reflexionado y escrito sobre la ciencia política, una república libre nunca podrá sobrevivir en una nación tan inmensamente extensa", concluía. Por supuesto eran, de nuevo, las afirmaciones de Montesquieu las que citaba Brutus. "La historia no nos enseña ni un solo ejemplo de una república tan inmensa como Estados Unidos. Las repúblicas griegas eran de pequeña extensión y también lo fue la república romana. Las dos extendieron sus conquistas sobre grandes territorios y como consecuencia sus gobiernos pasaron de ser gobiernos libres a convertirse en los más tiránicos de la historia de la humanidad", concluía su artículo el juez Robert Yates. De forma muy parecida se expresaron también el gobernador de Nueva York, George Clinton, que creemos se escondía bajo el seudónimo de Cato y Richard Henry Lee junto a Melancton Smith, que firmaban bajo el seudónimo de *The Federal Farmer*. "Fue la gran extensión de la república romana lo que posibilitó la existencia de un Sila, de un Marco, un Calígula y un Nerón", afirmaba *The Farmer*. Por lo tanto para los antifederalistas lo que acontecía en 1787 en Estados Unidos se asemejaba a lo que había ocurrido al final de la república romana. Desaparecerían así los valores republicanos y se impondría la corrupción y las facciones.

Desde el inicio de la aparición en la prensa neoyorquina de los artículos antifederalistas se inició la movilización de los defensores de la Constitución. Alexander Hamilton, uno de los constituyentes, se convirtió también en uno de los líderes a favor de la ratificación en el Estado de Nueva York. Puso todo su empeño en conseguir que su estado apoyase el nuevo texto constitucional. Buscó el apoyo de expertos políticos encontrándolo en James Madison y en John Jay. Entre los tres escribieron un total de 85 artículos, publicados en diferentes periódicos de Nueva York, siempre bajo el seudónimo común de Publius. Alexander Hamilton fue el más trabajador. Escribió 51 artículos. James Madison redactó 29 y John Jay, el mayor y el que entonces tenía más prestigio, sólo escribió cinco. James Madison y Alexander Hamilton fueron coautores de los tres artículos restantes.

El primer interés de los autores de *The Federalist* fue el de desmantelar la dura crítica antifederalista de que las lecciones de la historia siempre habían enseñado que las repúblicas extensas se transformaban en regímenes tiránicos. Desde luego para lograrlo no podían acudir al barón de Montesquieu. Primero fue Madison quien, a lo largo de sus artículos, fue definiendo lo que era el federalismo. A diferencia de lo que había ocurrido en la Confederación, en la nueva Federación los estados retenían una "soberanía residual" en aquellos asuntos que no requerían una preocupación nacional. Además los federalistas insistieron en ejemplos históricos, sobre todo de la antigua Grecia, en donde las confederaciones siempre fueron destruidas. Mejor pues un sistema Federal que lograría crear un estado fuerte y poderoso. Madison, en el número 9 de *The Federalist*, recordaba, además, que el tamaño de cualquiera de los Trece Estados de la Unión ya era muy superior de por sí al tamaño de las repúblicas clásicas y renacentistas. "Cuando Montesquieu recomienda una reducida extensión para las repúblicas, los supuestos que tenía en mente eran de dimensiones muy inferiores a los límites de cualquiera de estos estados. Ni Virginia, Massachusetts, Pensilvania, Nueva York, Carolina del Norte o Georgia pueden compararse en modo alguno con los modelos en los que basó su razonamiento y a los que aplica su descripción", afirmaba *Publius*.

Pero la argumentación más elaborada y más importante para resignificar Federación la incluyó Madison en el número 10 de *The Federalist*. Si Montesquieu había influido en los antifederalistas, es la obra de David Hume la que mejor se aprecia en todos los escritos de James Madison. Buscando, de nuevo, la difícil solución al conflicto entre libertad y poder,

James Madison articuló la defensa de la necesidad, no sólo de crear la Federación de Estados Unidos sino de seguir vinculando territorios a la misma, como única forma de conservar la virtud cívica. Siguiendo estrechamente la tesis de David Hume, Madison consideró que uno de los mayores peligros de las repúblicas pequeñas es, como ya habían señalado muchos de sus compañeros revolucionarios, el surgimiento de las facciones. "Por una facción entiendo un número de ciudadanos (...) que están unidos y actúan movidos por una pasión común o, lo que es lo mismo, por un interés adverso a los derechos de otros ciudadanos o a los intereses comunes y permanentes de la comunidad", escribía James Madison.

Afirmando, como creían la mayoría de los Padres Fundadores, que las pasiones son inherentes a la naturaleza humana la única forma de contenerlas era ideando un sistema que controlase sus efectos. Si las facciones eran minoritarias, podrían contenerse por el ejercicio del derecho al sufragio, dentro de un sistema democrático, pero si las facciones, como a veces ocurría, eran mayoritarias, se debía articular un sistema para evitar su triunfo y por lo tanto la aniquilación del bien común.

A diferencia de la pura democracia –que Madison definía como aquella sociedad integrada por un pequeño número de ciudadanos que participaban directamente, a través de asambleas, en la administración de la *res publica*– la república era aquella "en la cual el esquema de la representación tiene lugar". El hecho de que en la república se delegue el poder en "un cuerpo elegido de ciudadanos cuya sabiduría permite discernir mejor el verdadero interés de la nación", era una de las razones que hacia deseable "engrandecer el territorio". Cuanto mayor fuese la república, afirmaba James Madison, cada representante sería elegido por un mayor número de ciudadanos por lo que "sería más difícil que los candidatos deshonestos practicaran con éxito "las artes viciadas" de la política". Además, aumentar la extensión del territorio de Estados Unidos posibilitaría la concurrencia de "una mayor variedad de partidos y de intereses", siendo menos probable el triunfo de las facciones o grupos movidos por una pasión común. Para Madison, la diversidad, y posteriormente la fragmentación del poder propuesta por el sistema federal entre las instituciones federales y las de los diferentes estados, impedirían el triunfo de las temidas facciones que tanto harían peligrar la estabilidad de la nación. "En el gran tamaño y en la correcta estructura de la Unión (…) encontramos un remedio republicano para las enfermedades con más incidencia en los gobiernos republicanos", concluía James Madison. El debate fue encarnecido. No sólo fue un teórico. Muchas veces la violencia inundó las calles. Y los federalistas debieron prometer pequeños cambios. Así a exigencia de Massachusetts y Maryland se comprometieron con incluir una Declaración de Derechos como primeras enmiendas de la Constitución.

Al producirse la ratificación de la Constitución federal, en 1789, las posiciones federalistas que vinculaban el crecimiento territorial con la virtud cívica y, por lo tanto, con la estabilidad política eran ya una realidad. Estaba claro que para Estados Unidos, que buscaba como joven nación republicana gloria y poder, su frontera debía y podía ser una frontera movible y expansiva.

LA SOCIEDAD REPUBLICANA

Si bien Estados Unidos había ratificado la Constitución y estaba transformándose de una Confederación de estados en una Federación, todavía existía incertidumbre sobre el funcionamiento de este nuevo modelo de Estado. Los primeros valores del republicanismo habían sido corregidos. El orden, la tranquilidad, la seguridad nacional y la grandeza de la república eran, tras la ratificación de la Constitución, valores prioritarios de la joven nación. Pero todavía había que trazar el camino hacía su consecución.

EL SURGIMIENTO DE LOS PARTIDOS POLÍTICOS

La Constitución de 1789 no preveía la existencia de partidos políticos. Cuando fue redactada no existían y por ello no fueron nombrados. Es más, en los debates federalistas se advertía un temor al agrupamiento. Se identificaba con facción, con la defensa de intereses particulares no siempre legítimos y el propio diseño político, plasmado en la Constitución, intentaba diluir, fraccionar estos agrupamientos. Sin embargo la práctica política y los acontecimientos históricos vividos por la nación americana le llevaron por derroteros diferentes a los previstos por los Fundadores.

La elección unánime del antiguo comandante en jefe del Ejército Continental y del presidente de la Convención Constituyente, el virginiano George Washington, como primer presidente de Estados Unidos, en 1789, no fue contestada. Convencido defensor de las instituciones comunes a los estados y también de la tranquilidad, el orden y la seguridad como único vehículo a la prosperidad de la nación, su sola presencia tranquilizaba a los ciudadanos norteamericanos del siglo XVIII. Washington fue un arduo defensor del consenso y un luchador infatigable contra la existencia de los partidos políticos que él identificaba, como buen republicano, con las temidas "facciones". Todavía en su discurso de despedida, en 1797, recordaba a sus numerosos seguidores "el pernicioso efecto del espíritu de partido en general".

Su deseo de consenso, de paz, y de tranquilidad le llevó, no sólo a criticar a los partidos políticos sino también a reforzar todavía más las instituciones comunes a los estados. Además, al ser el primer presidente de Estados Unidos, Washington llenó de contenido, un cargo que, hasta entonces, sólo había sido imaginado en los debates de la Convención de Filadelfia. Washington concibió la presidencia como un cargo importante y distanció la figura del presidente del ciudadano común. Para muchos el ceremonial impuesto por el nuevo presidente se alejaba del republicanismo. Es verdad que no existían precedentes históricos de la figura de presidente y que debían crearla pero algunos de sus conciudadanos consideraron excesiva la pretensión de los seguidores de Washington de llamarle "Su Majestad electa". Si se impuso la fórmula de "señor presidente" no fue por la simplicidad y llaneza del nuevo jefe del ejecutivo.

También fue durante su mandato cuando se aprobó en el Congreso la creación de una ciudad que fuera sede de las instituciones federales. Su diseño, encargado a Charles L'Enfant, ciudadano francés que había crecido en Versalles, plasma bien las ambiciones de la presidencia del federalista George Washington. Si todavía en la actualidad cuando recorremos las calles de la capital federal de Estados Unidos nos impresiona la ciudad, a finales del siglo XVIII y a lo largo del siglo XIX, su grandiosidad no dejaba de asombrar a todos. El hecho de pensar en una ciudad *ex novo*, además de ser un signo de la modernidad de los Padres Fundadores, facilitó el poder plasmar en ella los ideales federalistas. La ciudad de Washington refleja el sistema de separación de poderes en su propio diseño. El Congreso, sede del legislativo, está separado de la Casa Blanca, residencia del ejecutivo, por una amplia avenida, la avenida de Pennsylvania, de tal manera que un edificio siempre vislumbra, siempre vigila al otro. También el lugar elegido para ser sede del poder judicial, detrás del Congreso, refleja su lugar en la mente de los Fundadores. De hecho el poder judicial de Estados Unidos sólo fue ganando importancia con el tiempo. Pero si el sistema de separación de poderes está claro y se refleja de manera obvia para todos, lo que es sorprendente es la grandeza "imperial" con que la ciudad federal fue concebida. Recordemos, que en la época de la independencia, Estados Unidos estaba situado en una pequeña franja del norte atlántico del continente americano y sólo habitaban, en la joven nación, tres millones y medio de habitantes. Pero eran ciudadanos orgullosos que tenían la certeza de las bondades de su sistema político y social. Con un espíritu claramente republicano defendían la superioridad de la nueva nación y su futuro glorioso frente a la decadencia de las monarquías europeas. "Ningún pueblo puede estar destinado a reconocer y adorar la Mano Invisible que dirige los asuntos de los hombres más que el de Estados Unidos. Cada paso que ellos han avanzado para ser una nación independiente parece haberse distinguido por alguna señal de la intervención de la Providencia;" –afirmaba George Washington en su primer Discurso Inaugural como presidente en 1789– "y en la importante revolución que acaba de culminar en el sistema de su gobierno unido, las deliberaciones pacíficas y los acuerdos voluntarios... no se puede comparar con los medios por los que muchos gobiernos se han establecido", concluía.

Pero no todo fue como lo deseaba George Washington. La práctica política llevó al surgimiento del primer sistema de partidos de Estados Unidos. George Washington consideró que era imprescindible para el buen funcionamiento del ejecutivo la creación de Secretarias para que se encargasen de temas específicos. Así creó una Secretaría de Estado, ocupada por el experto diplomático Thomas Jefferson, arrancado de su querida embajada parisina; una Secretaría del Tesoro, desempeñada por el ardiente federalista Alexander Hamilton y una de guerra, que ejerció el antiguo jefe de artillería y secretario de Guerra durante la Confederación, Henry Knox. También funcionó la figura del procurador general ocupada por el virginiano Edmund Randolph. Los secretarios los designó el presidente y sólo fueron responsables ante él. A la unión de sus Secretarios y de su procurador general lo denominó Gabinete. Desde entonces, los presidentes de Estados Unidos, siempre han contado con un gabinete presidencial, conformado por hombres y mujeres de su confianza, designados por ellos, al margen de los partidos políticos y del Congreso. Sólo en 1907 el gabinete fue oficialmente reconocido por la ley.

Fue también durante la presidencia de George Washington cuando se organizó el poder judicial de Estados Unidos. Era, según la Constitución de 1789, el Congreso quien debía organizar y crear los tribunales federales inferiores, elaborar procedimientos, y reflexionar sobre la relación entre la jurisdicción federal y la de los estados. En 1789 se promulgó la Ley Judicial de Estados Unidos. En ella se organizaba el Tribunal Supremo, integrado por un magistrado presidente y cinco jueces, y se señalaban sus relaciones con otros tribunales. Así se creaban trece tribunales de distrito, con un único juez federal y tres Tribunales Intermedios integrados por los jueces de distrito de la jurisdicción del Tribunal Intermedio, y los jueces del Tribunal Supremo.

La puesta en marcha de estas nuevas instituciones políticas ocasionó el surgimiento de los partidos políticos. Washington se inclinó por personalidades fuertes y bien definidas para encabezar sus Secretarias. Los miembros de su gabinete estaban bien elegidos pero su personalidad y su diferente manera de concebir a la nación, hizo que surgieran enfrentamientos que cuajaron en la formulación de verdaderos programas políticos antagónicos. Las dos posiciones, la del secretario de Estado Thomas Jefferson y la del secretario del Tesoro, Alexander Hamilton, pronto contaron con multitud de seguidores.

Alexander Hamilton (1755-1804) fue un hombre hecho a sí mismo. Había nacido en Nevis, en las Antillas Menores, en 1755, y llegó con trece años al estado de Nueva York. Tertuliano en la casa del revolucionario neoyorquino y primer gobernador de Nueva Jersey, William Livingston, coincidió allí con otros revolucionarios, entre ellos con John Jay. Su buen hacer social y también sus aptitudes le posibilitaron la entrada en el King's College neoyorquino, actual Universidad de Columbia, y también su matrimonio con Elizabeth Schuyler, hija de uno de los mayores propietarios del valle del Hudson, Philip Schuyler.

Desde muy pronto, Alexander defendió un reforzamiento de las instituciones comunes a los estados, y como ya hemos señalado, fue el instigador y autor de muchos de los artículos de *The Federalist*. Como tal defendía valores nacionales: prosperidad, seguridad, orden y justicia. Si la nación se consolidaba y permanecía tranquila y próspera, los ciudadanos tendrían lo necesario para la consecución de la felicidad.

Su paso por la Secretaría del Tesoro fue brillante. No sólo logró poner fin al caos de las finanzas norteamericanas, sino que creó el Banco Nacional de Estados Unidos. Efectivamente Alexander Hamilton se tomó muy en serio su nombramiento como secretario del Tesoro. Organizó su secretaría de forma eficaz y utilizó muchos más recursos que las otras secretarías ideadas por Washington. Desde allí pudo exponer, de forma clara y visible, sus preocupaciones relacionadas con el caos hacendístico que había heredado Estados Unidos del periodo bélico y de los años liderados por el Congreso de la Confederación. En su *Informe sobre la deuda pública,* Hamilton defendía la necesidad de nacionalizar, ordenar y afrontar la deuda como único camino para la credibilidad de Estados Unidos. Su proyecto, a pesar de la oposición generada, fue llevado a cabo en 1790. También creó un año después el Banco Nacional de Estados Unidos siguiendo el modelo del Banco Nacional de Inglaterra para lograr así un equilibrio fiscal. Además impuso aranceles aduaneros moderados para impulsar las incipientes manufacturas americanas. Estas medidas, que potenciaban el sentido de nación, fueron contestadas por el secretario de Estado, Thomas Jefferson, y por sus seguidores.

El virginiano Thomas Jefferson (1743-1826), futuro tercer presidente de Estados Unidos, fue uno de los mejores representantes de la Ilustración americana. Sus intereses fueron múltiples como se refleja en su vida y en su obra. Arquitectura y urbanismo, política, ciencias naturales, agricultura, historia, arte y educación son sólo una muestra de su inmensa curiosidad. No sólo tuvo una vida política destacada. Desde 1794 y hasta 1815 fue presidente electo de la American Philosophical Society, lo que le produjo una inmensa satisfacción. Además fundó y diseñó la Universidad de Virginia, y planificó sus estudios.

Jefferson fue al virginiano College de William and Mary y demostró su inmensa capacidad para la reflexión política muy pronto. Siendo uno de los miembros más jóvenes de la Asamblea de Virginia publicó, en 1774, su *A Summary View of Rights of British America,* ardorosa defensa de los derechos de las colonias, lo que le confirió un inmenso prestigio. Por ello fue elegido por el Congreso Continental como miembro del comité que debía redactar la Declaración de Independencia en donde resumía bien su concepción de los derechos individuales. Esa concepción política no le abandonó. Consideraba que lo que contribuiría a la prosperidad de las repúblicas era la existencia de ciudadanos con derechos y responsabilidades. Ciudadanos virtuosos que no debían corromperse con el acceso a las grandes propiedades o empresas. Temía a las desigualdades económicas. La igualdad política pasaba por un sistema económico y social sin grandes desequilibrios. Soñaba con una república de propietarios agrícolas, gobernada por instituciones sencillas y equilibradas, con una autoridad central limitada, y con una garantía plena del ejercicio de los derechos civiles de los ciudadanos. Le preocupaba mucho la visión federalista de Hamilton por la insistencia en la fortaleza del poder común a los estados, por la defensa de la imposición de aranceles y por el deseo de fundar un Banco Nacional. Todo el proyecto de Hamilton rompía, según Thomas Jefferson, con la idea de equilibrio y frugalidad.

Sin embargo también Jefferson creía en la necesidad de expansión de la república. Era, para él, tan superior el sistema político republicano que había que propagarlo. Además, el Oeste daría estabilidad a la nación. No es casualidad que su magnífica casa de Monticello en Virginia la diseñase en la ladera de una colina mirando hacia el Oeste.

Pero si bien casi toda la política de Alexander Hamilton fue contestada por Thomas Jefferson, el enfrentamiento se produjo por diferentes visiones de lo que debía ser la política exterior de la república.

El estallido de la Revolución francesa y la emergencia del terror hizo reflexionar a muchos norteamericanos. Vinculados estrechamente a Francia, por los Tratados de Amistad y Comercio, desde la guerra de Independencia de Estados Unidos, la violencia revolucionaria dividió a la opinión pública norteamericana. La declaración de guerra de la Francia revolucionaria a España y a Gran Bretaña en 1793 avivó el debate. Estados Unidos debía pronunciarse públicamente. La república americana comerciaba con las potencias enfrentadas y los corsarios estadounidenses aprovechaban la contienda para comerciar ilegalmente con las Antillas británicas y francesas. Francia e Inglaterra se defendían. Perseguían y apresaban a los barcos americanos por contrabando y a veces, sobre todo Inglaterra, obligaba a las tripulaciones apresadas a servir a la Corona británica en barcos ingleses. También Inglaterra seguía manteniendo una presencia militar en los fuertes del noroeste de Estados Unidos sin reconocer la soberanía norteamericana en esos territorios "cedidos" en los Artículos Preliminares de Paz de 1782.

Thomas Jefferson y muchos de sus seguidores, conocidos ya como republicanos, criticaban duramente a la antigua metrópoli. Recordaban los agravios sufridos en la época colonial y además consideraban que Inglaterra, junto a la Monarquía Católica, había contribuido a desestabilizar a Estados Unidos durante el Periodo Crítico. Y mostraron su abierta simpatía por la Francia revolucionaria. No sólo por agradecimiento a su participación en la guerra sino por la comunión de ideales.

Alexander Hamilton y sus seguidores se sentían muy críticos con Francia. El desorden revolucionario, la violencia callejera, el uso de la guillotina y el radicalismo político horrorizaban a los federalistas.

La llegada a Estados Unidos, en 1793, del representante diplomático elegido por la Francia revolucionaria, el ciudadano Edmond Charles Genet, empeoró la situación. Recibido, nada más llegar, por Jefferson y por los republicanos su labor fue pronto criticada. Convencido de que su objetivo diplomático era el de hacer cumplir a Estados Unidos los compromisos establecidos por los tratados de 1778, Genet intentó organizar partidas de ciudadanos que invadieran Luisiana y la Florida española. También quería "recuperar" Canadá. Además Genet organizó clubs jacobinos que propagaban ideas revolucionarias frente al comedido gobierno de Washington. Genet fue cada vez más criticado por todos y se pidió a Francia su recusación. Destituido como diplomático decidió, sin embargo, permanecer en Estados Unidos como ciudadano.

Las actividades del ciudadano Genet fueron un regalo para los federalistas. Utilizando, por primera vez, a la opinión pública, Genet y sus simpatizantes americanos fueron ridiculizados y condenados. Y fue un duro golpe para los republicanos que le habían apoyado.

Más difícil todavía fue el desarrollo de la propia Revolución francesa. La ejecución del rey Luis XVI en 1793 fue recibida con estupor por la mayoría de los norteamericanos. Las primeras noticias llegaron a Estados Unidos a finales de marzo y la prensa expresó, casi con unanimidad, perplejidad y condena. Fue una dura prueba para todos aquellos republicanos que con tanto ahínco defendían la Revolución de su hermana Francia.

A pesar del duro debate entre federalistas y republicanos, el presidente Washington optó por la neutralidad en la guerra entre Inglaterra y España por un lado y la Francia revolucionaria por otro. En 1793 el presidente promulgó la Proclamación de Neutralidad que fue bien recibida por federalistas y también por los republicanos. Ante todo, los norteamericanos querían la paz. Y además el enorme prestigio de Washington les hacía estar tranquilos con la decisión.

Sin embargo se produjo un claro acercamiento hacia la antigua metrópoli a partir de la firma de un tratado entre Gran Bretaña y Estados Unidos. En 1794, John Jay, el antiguo representante de Estados Unidos en Madrid, negociador de los tratados de paz de 1783, y entonces presidente del Tribunal Supremo de Estados Unidos, negociaba en Londres un tratado que intentaba solucionar las tensiones causadas por las capturas inglesas de barcos norteamericanos y por las restricciones del comercio entre Estados Unidos y las Antillas inglesas durante la guerra entre Francia e Inglaterra. También Estados Unidos quería que el ejército británico abandonara los fuertes del oeste de Estados Unidos que todavía ocupaba. Para muchos historiadores norteamericanos Jay no fue un gran negociador. En el Tratado Jay, como se conoce el tratado de 1794, Gran Bretaña evacuó los fuertes del Oeste, pagó también indemnizaciones a los barcos mercantes norteamericanos paralizados en el Atlántico por la Armada británica, pero no abrió de forma libre el comercio de las Antillas inglesas a los norteamericanos ya que les impuso muchas restricciones. Pero la peor medida, para la mayoría de los estadounidenses de entonces, fue que John Jay accedió a la suspensión de los derechos de comerciar con los beligerantes de las naciones neutrales, en tiempo de guerra. A pesar de que el Tratado Jay no gustó a los estadounidenses fue ratificado por el Senado de Estados Unidos. Pero fue la gota que colmó el vaso y que hizo ya visible la separación entre los demócrata-republicanos, muy críticos con el Tratado Jay, y los federalistas.

El debate, los enfrentamientos, los diferentes discursos habían fomentado el surgimiento claro y nítido de los dos primeros partidos de la historia: el demócrata-republicano liderado por Thomas Jefferson y el Partido Federalista por Alexander Hamilton.

No todos los que defendieron la necesidad de reforzar el poder de los estados tras el periodo crítico formaron parte del grupo federalista. Algunos de los que contribuyeron más a la elaboración de la Constitución, como James Madison, engrosaron las filas del Partido Demócrata-Republicano. Por ello, los federalistas no pueden ser reconocidos como los herederos de los defensores de la Constitución federal aunque es verdad que muchos de los elementos de su programa político coincidían. Entre los federalistas destacan, además de Hamilton, John Jay, John Marshall y Charles Cotesworth Pinckney. Defensores de un reforzamiento de las instituciones comunes a los estados, de crear organismos estatales, de defender a la incipiente industria norteamericana con la imposición de aranceles, sus seguidores se hallaban, sobre todo en los estados del Nordeste, entre los grandes comerciantes e industriales. Aunque consiguieron algún apoyo en Virginia, Carolina del Norte y el área alrededor de Charleston no lograron atraer a los grandes plantadores sureños ni tampoco a los propietarios agrícolas del Oeste.

El Partido Demócrata-Republicano, liderado por Thomas Jefferson, defendía a ultranza los derechos y libertades individuales y también consideraba que el poder debía estar próximo a los ciudadanos. Imaginando que las virtudes republicanas podrían florecer en una "república agraria" constituida por propietarios agrícolas independientes, nunca tuvo el favor de los grupos sociales que controlaban el comercio, las manufacturas y las finanzas americanas. Donde sí encontraron un gran apoyo fue en granjeros, artesanos y trabajadores urbanos.

John Adams y Thomas Jefferson

En 1796, George Washington decidió no presentarse por tercera vez a las elecciones inaugurando una práctica seguida por todos los presidentes de Estados Unidos. Sólo Franklin Delano Roosevelt, que falleció en 1945 durante su cuarto mandato, la violentó. Los legisladores americanos consideraron, a partir de entonces, que era necesario legislar una medida *ad hoc*. La Vigésimo Segunda Enmienda establecía que "No se elegirá a la misma persona para el cargo de presidente más de dos veces...".

En las elecciones de 1796, por primera vez en la historia de Estados Unidos, los partidos políticos –el Demócrata Republicano y el Federalista–

se encargaron de la designación de los candidatos a la presidencia. El partido federalista no designó a Alexander Hamilton y se inclinó por el vicepresidente de George Washington, John Adams, para dar al ciudadano americano una sensación de continuidad. El Partido Demócrata-Repúblicano optó por Thomas Jefferson quién afirmaba con sospechosa humildad: "mi nombre ha sido elegido una vez más sin conocimiento ni expectativas por mi parte". Fueron los senadores y representantes de cada uno de los dos partidos en el Congreso –el *caucus* del Congreso– los encargados de designar a los candidatos presidenciales.

El triunfo del federalista John Adams (1797-1801) era esperable pero no algunas de sus acciones como presidente. Fue el primer presidente en habitar la Casa Blanca en la nueva ciudad de Washington, y de la precariedad de su estancia sabemos mucho por las cartas que su mujer Abigail Adams escribió a su hija. Durante su mandato las relaciones con Francia se endurecieron llegando casi hasta el conflicto bélico por considerar Francia que la neutralidad americana así como la firma del Tratado Jay con Inglaterra eran una clara traición de Estados Unidos.

También el presidente Adams tuvo graves dificultades internas. La firma de las Actas de Extranjería y de Sedición no fue bien entendida en un país de inmigrantes. Considerando que la mayoría de la población inmigrante simpatizaba con los republicanos demócratas, los federalistas impusieron restricciones para los extranjeros y también para aquellos que se oponían a su política. El Acta de Naturalización incrementó el tiempo de residencia necesario para adquirir la ciudadanía estadounidense de cinco a catorce años, además exigía que los extranjeros declarasen su intención de adquirir la ciudadanía norteamericana cinco años antes de conseguirla, y prohibía a los inmigrantes nacidos en naciones consideradas como enemigas que adquiriesen la ciudadanía. Pero hubo otras medidas. Aquellos habitantes extranjeros considerados "peligrosos para la paz y la seguridad de Estados Unidos" podían ser deportados, encarcelados o expulsados en tiempo de guerra por una orden ejecutiva. El Acta de Sedición afectaba a otras libertades. Prohibía el derecho de reunión si su finalidad era la de "oponerse a cualquier medida del Gobierno". Limitaba la libertad de prensa si "se imprimía o… se publicaba cualquier escrito falso, escandaloso o malicioso" contra el Gobierno.

Esta medida impopular y que, de alguna manera, recortaba los derechos civiles de los habitantes de la república ensombreció para siempre la presidencia del federalista Adams.

En las elecciones de 1800, por primera vez, la oposición republicano demócrata llegó al poder. De nuevo los candidatos presidenciales fueron elegidos por el *caucus* del Congreso. Por el Partido Republicano los candidatos fueron Thomas Jefferson y Aaron Burr, por el federalista John Adams y Charles Cotesworth Pinckney. Tras unas reñidas elecciones el demócrata-republicano, Thomas Jefferson, fue proclamado tercer presidente de Estados Unidos.

Los federalistas no se conformaron y utilizaron la prensa afín para preocupar a la opinión pública. Jefferson aparecía dibujado como radical y "jacobino". Sin embargo a pesar de los temores que su llegada al poder produjo, los cambios de rumbo político durante la presidencia de Jefferson fueron más aparentes que profundos. Efectivamente liberó a la figura del presidente de boato y ceremonial acercándola enormemente al pueblo. Utilizó golpes de efecto para demostrar este cambio. Así cuando el embajador británico, Anthony Ferry se dirigió impecable con el atuendo que los embajadores de Su Majestad británica llevaban en el siglo XVIII, a presentar sus credenciales, el presidente republicano Thomas Jefferson lo recibió con una chaqueta de hilo, un chaleco rojo rabioso, unos pantalones de pana y unas enormes pantuflas. Es verdad que durante su presidencia se amplió el número de electores norteamericanos al sustituirse en algunos estados el requisito de propiedad por el de contribuyente. También se acercaron a las urnas muchos ciudadanos que aún teniendo derecho no votaban atraídos por la "sencillez" jeffersoniana.

Pero la sensación de democratización fue acompañada de una serie de acciones que incrementaron mucho el poder presidencial. Siendo un firme partidario del equilibrio entre el poder federal y el de los estados, como forma de garantizar mejor los derechos individuales, su política fue contradictoria al reforzar mucho la fuerza de las instituciones comunes a los estados. Era un convencido republicano, amante del equilibrio y la sencillez pero también era, como la mayoría de los norteamericanos, un defensor del crecimiento territorial de Estados Unidos y de la expansión hacia el Oeste.

Su política exterior fue compleja y francamente exitosa sobre todo por su deseo de expansión.

Durante su mandato se desarrolló una guerra contra Trípoli. Estados Unidos había obsequiado con regalos, habían pagado tributos para que los estados musulmanes del Mediterráneo le permitiera comerciar y transitar cerca de sus costas. Sin embargo, el bajá de Trípoli capturó fragatas norteamericanas, exigiendo todavía más tributos para su liberación y declaró la guerra a Estados Unidos en 1801. La contienda duró hasta 1804. El deseo de expansión territorial de Estados Unidos había estado siempre presente desde la fundación de las primeras colonias. En los debates para ratificar la Constitución federal se había vinculado expansión con republicanismo y virtud. A mayor tamaño de la República más posibilidad de encontrar gobernantes virtuosos y, también, al existir un sistema federal mejor se fragmentarían las temidas "facciones" o grupos que actuaban por un interés particular enfrentado al interés común.

Thomas Jefferson también había expresado, en sus escritos, la necesidad de expandir la república. El temor a que sin crecimiento territorial fuese necesario dividir, en cada generación, la propiedad existente, le preocupaba. El minifundio ocasionaría un enorme desequilibrio social. Su sueño de una república de propietarios agrícolas se rompía. Por ello, cuando los graves sucesos que asolaban al mundo occidental le brindaron una ocasión extraordinaria de lograr una ampliación territorial de la república, la aprovechó sin titubear.

Napoleón no sólo tenía proyectos para ampliar sus posesiones en el continente europeo sino que soñaba con recuperar el Imperio francés en América. Para ello Napoleón había tomado una serie de medidas. Por un lado obligó a una debilitada España a devolver Luisiana –en manos españolas desde 1763– a Francia en 1801. Este territorio sería la base para comenzar ese proceso de recuperación territorial francés.

Pero estos movimientos de Francia preocuparon mucho a Thomas Jefferson y a sus ministros. Mientras la Luisiana fue española la situación no era alarmante para Estados Unidos. La Monarquía Católica, a comienzos del siglo XIX, afrontaba multitud de problemas internos y también en sus colonias. Además, Estados Unidos y España habían firmado, en 1795, el Tratado de San Lorenzo o de Pinckney que facilitaba considerablemente la convivencia entre Estados Unidos y los límites el Imperio español en América del Norte.

El Tratado de San Lorenzo supuso una de las primeras grandes victorias de la diplomacia de Estados Unidos y sentó las bases para la expansión de Estados Unidos por América. También para muchos historiadores fue el principio del declive del Imperio español americano. Y además estuvo muy vinculado al criticado tratado que Estados Unidos había firmado con Gran Bretaña en 1794.

Fue la situación internacional la causa de que España firmara un tratado tan generoso con Estados Unidos. España e Inglaterra en 1795 estaban en guerra contra la Francia revolucionaria y, sin embargo, España había suscrito una paz secreta, la Paz de Basilea, con Francia, "desertando", por lo tanto, de su alianza con Gran Bretaña y exponiéndose a ser atacada por la gran potencia marítima. Y era en los puntos más lejanos y vulnerables del Imperio español en América donde esos ataques se podrían producir. Además, cuando España se enteró de la firma del Tratado Jay, entre Inglaterra y sus antiguas colonias fue consciente de un acercamiento entre ellas. Y eso era peligroso. Inglaterra podría atacar desde Canadá y también Estados Unidos podían invadir territorio español. La intención del valido de Carlos IV, Manuel Godoy, era acercarse a Estados Unidos buscando así un aliado que le protegiera de los posibles envites británicos. "El tratado que los ingleses a escondidas de nosotros celebraron con los estados americanos del Norte, ancho medio para dañarnos a su salvo en los mares y en los dominios españoles de aquel punto. Yo probé hacer lo otro y lo alcancé con ventajas no esperadas…", escribía ufano Manuel Godoy en sus *Memorias* sobre el Tratado de San Lorenzo. "Yo encontré lealtad, simpatía, y pensamiento generoso en aquellos republicanos" concluía. Y no podía ser de otra manera. Todo lo que Estados Unidos deseaba, todo por lo que había luchado durante más de quince años, ahora España, casi sin negociar, se lo concedía.

El Tratado de Amistad, límites y navegación entre España y Estados Unidos, de 1795, estableció el límite meridional de Estados Unidos en una línea que comenzaba en el río Massachusetts, y de allí se dirigía hacia el Este, hasta la mitad del río Apalachicola o Chatahouche; después seguía hasta su unión con el río Flint; de allí iba recto hasta el nacimiento del río

Santa María, y desde allí la línea bajaba por el medio del río hasta el océano Atlántico. Por el Oeste el límite bajaba por el centro del río Misisipi, desde el límite septentrional de Estados Unidos hasta los 31º de latitud Norte. Además, el Tratado de San Lorenzo permitió a Estados Unidos la libre navegación por el Misisipi tan importante entonces para Kentucky y otros territorios del Oeste. España concedió un puerto de depósito –Nueva Orleáns– para los productos norteamericanos durante tres años renovables. Más grave para el futuro de España en América fueron los artículos 15 y 16 que consagraban la libertad de comercio y navegación entre los dos pueblos y hacían una relación de las mercancías lícitas y las procedentes del contrabando.

Las consecuencias de este tratado fueron muchas. Desde luego se firmaba en un momento de debilidad del Imperio español. Permitir a los norteamericanos el comercio con la América española, cuando la propia España, aliada de Francia, estaba en guerra con Inglaterra era un extraordinario regalo para el comercio americano. Además, desde 1795 y hasta 1800, el Misisipi se convertía en el mejor de los caminos para la expansión de los estadounidenses. El oeste de Estados Unidos se sintió libre. Los hombres de la frontera se iban a multiplicar. Ávidos de tierras, los norteamericanos no sólo presionaban en Nueva Orleáns sino también en el norte del Virreinato de Nueva España donde aparecían los primeros colonos estadounidenses.

Pero cuando el presidente de Estados Unidos Thomas Jefferson conoció que Luisiana había sido secretamente cedida por España a la Francia napoleónica en 1801, se vio abatido por la preocupación. El Misisipi ya no tenía por qué ser navegable para Estados Unidos y Luisiana constituiría ahora una verdadera barrera para la expansión. Pero como había ocurrido con el Tratado de San Lorenzo de 1795, Estados Unidos se benefició, otra vez, de la guerra en la que estaba sumida la vieja Europa. Nada más conocer la nueva situación de la Luisiana, el presidente Thomas Jefferson encomendó a su embajador en París, Robert R. Livingston, iniciar negociaciones con Napoleón. Debía lograr que se permitiese a los norteamericanos la navegación por el gran río y también un puerto para depósito de sus productos en la desembocadura del Misisipi o de otro modo derechos permanentes de comercio con Nueva Orleáns. En 1803

Jefferson envió a París a James Monroe para reforzar la negociación. El diplomático norteamericano llevaba el mandato de ofertar dos millones de dólares para comprar Nueva Orleáns y algunos territorios próximos. Además si las negociaciones se complicaban podía ofertar hasta diez millones. El interés de Napoleón por Luisiana era el de recuperar la grandeza imperial francesa en América. Soñaba con recuperar todas las posesiones perdidas frente a los ingleses en las guerras imperiales del siglo XVIII. Sin embargo el estallido de la revuelta esclava en Haití y la dificultad de ganar la guerra a Inglaterra le llevó a desinteresarse de su "sueño" americano.

En 1803, para asombro de los negociadores americanos, Napoleón ofreció vender no sólo Nueva Orleáns sino Luisiana entera, es decir toda la cuenca occidental del Misisipi, a Estados Unidos. El precio acordado fue de 15 millones de dólares. Cuando la noticia llegó al presidente Jefferson éste se mostró levemente preocupado por la falta de una autorización del Congreso de Estados Unidos para efectuar la compra. La Constitución americana no especificaba que las decisiones de ampliación territorial fuesen decisiones del ejecutivo. Thomas Jefferson decidió que la oportunidad precisaba de una decisión rápida iniciando una práctica que los presidentes norteamericanos han imitado con placer: tomar decisiones activas en política internacional sin consultárselo al Congreso. Efectuada ya la compra, el Senado la ratificó el 20 de octubre de 1803.

El territorio adquirido por Estados Unidos fue inmenso. Estados Unidos había duplicado con la compra su tamaño. Nada más adquirir la Luisiana se iniciaron las exploraciones. Meriwether Lewis y William Clark remontaron entre 1804 y 1806 el río Missouri hasta sus fuentes, cruzaron las montañas Rocallosas y descendieron por el río Columbia hasta el Pacífico, regresando con mucha información sobre el territorio recién adquirido. Pero ya muchos colonos se habían adentrado en el territorio. Se estableció, primero, un gobierno general sobre los nuevos territorios. Y en 1812 el primero de los trece estados que iban a surgir de la Luisiana –el estado de Luisiana– fue aceptado en la Unión.

Pero no todo fueron éxitos en la política del presidente Jefferson. El vicepresidente de Thomas Jefferson, Aaron Burr (1801-1804) nunca estuvo cerca de la política presidencial. Para muchos Burr era excesivamente radical. Su máximo enemigo político fue el federalista Alexander Hamilton. Cuando supo que no sería designado como vicepresidente de Jefferson en su segundo mandato, Burr intentó ser elegido gobernador de Nueva York. Pero contó con una oposición frontal de Hamilton. Burr interpretó su actitud como un ofensa personal y lo retó en duelo. Alexander Hamilton moría el 11 de julio de 1804 en Weehawken, Nueva Jersey. Los neoyorquinos no salían de su asombro y la impopularidad del antiguo vicepresidente no tenía precedentes. Tras su "hazaña" Burr se marchó hacia el Oeste. Allí se vio involucrado en extrañas intrigas. Junto al general James Wilkinson y distintas autoridades españolas y agentes británicos celebró reuniones secretas para separar a México de España y quizás la Trans-Apalachia de Estados Unidos. En cualquier caso fracasó.

Durante el segundo mandato de Jefferson no sólo se desarrollaron todas estas intrigas en el Oeste, mucho más grave fue la relación con Gran Bretaña y Francia. Las potencias europeas habían entrado en una fase más ardua de la guerra. Mientras Napoleón alcanzaba una supremacía en sus batallas terrestres, Inglaterra la ganaba, como siempre, en alta mar. Al encaminarse la potencia terrestre y la naval a una lucha final, empezaron a intentar dañarse a través de una guerra económica. Los norteamericanos que eran la principal potencia comercial neutral se vieron aprisionados entre los dos rivales. Durante la guerra, Estados Unidos seguía comerciando con cualquiera de los beligerantes y con sus posesiones americanas. Ni Inglaterra ni Francia podían respetar esta actitud de Estados Unidos. Por un lado Gran Bretaña se complacía humillando a sus antiguas colonias. Inglaterra se empeñó en rescatar a súbditos británicos de los barcos americanos para reclutarlos forzosamente. No pretendía alistar a americanos de nacimiento pero sí a pasajeros y tripulantes nacidos en Inglaterra. Pero las fragatas americanas se sentían humilladas cada vez que los barcos de guerra ingleses las paralizaban y ordenaban a su tripulación formar en cubierta buscando desertores o marinos de origen inglés. Además, se dieron casos, en que marinos norteamericanos eran también obligados a servir a Su Majestad británica. Por otro lado también Francia causaba heridas. Muchas veces se negó a permitir la salida de los buques americanos de sus puertos si el destino de éstos era cualquiera de los puertos ingleses. Frente a estos agravios la política de Jefferson fue firme. Consideró que los beligerantes precisaban de los productos americanos para continuar la guerra y utilizó el comercio americano como un arma para que se respetasen los derechos de los neutrales. En 1807, promulgó la Ley del Embargo por la que se prohibía a los buques americanos zarpar hacia el extranjero, la exportación de productos norteamericanos por tierra o por mar, y también se canceló la entrada a Estados Unidos de productos británicos. Pero el embargo perjudicó, sobre todo, al comercio exterior norteamericano. Desde el estallido de la guerra en Europa, en 1793, los barcos beligerantes habían desaparecido dejando lugar a barcos de todas las nacionalidades, pero sobre todo americanos.

EL SEGUNDO ENFRENTAMIENTO CON GRAN BRETAÑA.
LA GUERRA DE 1812

En las elecciones de 1808 fue de nuevo un candidato demócrata-republicano el vencedor. James Madison (1809-1817) fue uno de los grandes arquitectos del sistema político de Estados Unidos. Secretario de Estado durante la presidencia de Thomas Jefferson conocía bien las dificultades de la república americana con Francia y Gran Bretaña durante la guerra que enfrentaba a las dos potencias desde 1793. La Ley del Embargo no parecía tener resultados positivos para Estados Unidos y los sentimientos bélicos contra la antigua metrópoli crecían.

Para muchos historiadores fueron diferentes razones las que llevaron a los estadounidenses a desear la guerra con Gran Bretaña. Algunos consideran que fueron intereses expansionistas. En 1812 Inglaterra estaba, de nuevo, aliada con los patriotas españoles contra la Francia napoleónica. Las tropas napoleónicas francesas habían invadido España, en 1808, y habían provocado una guerra civil −la Guerra de Independencia española (1808-1814)− y una guerra internacional al apoyar Gran Bretaña a los españoles. En cualquier caso, España estaba en guerra y sus territorios americanos, en pleno vacío de poder, comenzaron sus procesos de independencia.

De nuevo los problemas europeos serían aprovechados por Estados Unidos. En 1810 un grupo de colonos ocupó la Florida occidental. Aprovechando una revuelta de inmigrantes norteamericanos en la

Florida española, la Administración del presidente Madison, anexionó parte de la zona comprendida entre la bahía de Mobila y Nueva Orleáns. Desde entonces Estados Unidos nunca abandonó ese territorio. Pero los expansionistas querían más. Muchos sabían que si estallaba la guerra contra Inglaterra y su aliada España se podrían extender por el territorio de Canadá y por el ambicionado espacio español. Pensaban que ni Gran Bretaña ni España, sumidas en una cruenta guerra contra Napoleón, defenderían sus límites americanos.

Pero había otras razones para la guerra. Algunos comerciantes del Oeste y del Sur estaban disgustados con el embargo jeffersoniano y con las actitudes británicas. Efectivamente muchos de los estados del Sur y del Oeste estaban transformando su producción agrícola en productos para la exportación. Kentucky comenzó a producir cáñamo, que a través de Nueva Orleáns, exportaba al mercado internacional. Lo mismo ocurrió con el algodón que estaba expandiendo su producción a estados, como Carolina del Sur. La mayor parte de los "halcones de la guerra" como Henry Clay y John C. Calhoun procedían de esos estados. Sin embargo los estados mercantiles clásicos, de la costa atlántica, se oponían tanto al embargo norteamericano como a la guerra. Sabían que sus barcos eran presas fáciles para las Armadas británica y francesa en el Atlántico.

La Administración Madison, preocupada por las presiones de que era objeto la nación, suplantó un recurso de coacción económica por otro pero todos resultaron inútiles. Primero, en 1809, promulgó el Acta de No Intercambio que permitía a Estados Unidos comerciar con todas las naciones, salvo con Francia e Inglaterra, y prometía reanudar el comercio con cualquiera de las dos potencias europeas siempre y cuando cejaran en sus actitudes restrictivas y humillantes con Estados Unidos. Muchos armadores norteamericanos siguieron comerciando con Francia e Inglaterra a pesar de la prohibición gubernamental. Por ello se preparó un nuevo decreto: la Ley de Macon número 2. Con la nueva norma, Madison intentaba seducir a Francia o a Inglaterra. Estados Unidos proponía reabrir el mundo entero al comercio norteamericano, incluidas Gran Bretaña y Francia, y cuando una de las dos naciones mostrará actitudes de acercamiento hacia Estados Unidos inmediatamente se impondrían "castigos" a la otra. A pesar de que la medida era ingeniosa no tuvo ningún éxito. No parecían preocupar mucho estas medidas ni a Francia ni a Gran Bretaña. En 1812 la situación era deplorable. O se aceptaba la situación humillante que, desde luego, no atendía a los derechos de las naciones neutrales y perjudicaba considerablemente a Estados Unidos o se acataban las decisiones de los "Halcones de la Guerra" del Sur y del Oeste y se declaraba la guerra a la antigua metrópoli. Aunque la oposición de los federalistas de los estados de la costa del Nordeste fue destacable, Estados Unidos declaró la guerra a Gran Bretaña en 1812.

La guerra de 1812 fue desastrosa. Para muchos historiadores si Gran Bretaña no llega a estar en guerra con Napoleón la debacle de Estados Unidos habría sido absoluta. La estrategia norteamericana, al principio de la guerra, se centró en la invasión del Canadá por tres frentes. Desde el lago Champlain hacia Montreal; desde el norte del Estado de Nueva York a través de la frontera natural del Niágara hacia Ontario; y desde Detroit hacia el alto Canadá. Las primeras campañas del año 1812 fueron duras para el ejército americano. Detroit se rindió a los ingleses y el ejército americano fue derrotado en la frontera del Niágara. Tampoco salieron victoriosos del lago Champlain. Sólo lograron algún éxito naval y eso fue suficiente para consolar a los norteamericanos. En el año 1813, de nuevo, Estados Unidos intentó invadir Canadá pero los norteamericanos fueron incapaces de alcanzar sus objetivos. La situación se agravó en 1814. Derrotado Napoleón en Europa, los ingleses pudieron concentrarse en esta segunda guerra de independencia. La ocupación de la capital federal, Washington, y el incendio de sus edificios más emblemáticos como la flamante Casa Blanca y la forzosa evacuación del presidente Madison y de todos los congresistas destrozó la moral de los norteamericanos. La oposición de los federalistas de Nueva Inglaterra contra la "guerra de Madison" fue cada vez mayor. A pesar de pequeños triunfos como el de la batalla de la bahía de Plattsburgh, en el lago Champlain, Estados Unidos y Gran Bretaña consideraron que era necesaria la paz.

En la Paz de Gante de 1814 las dos partes acordaron que restaurarían las fronteras al lugar en donde estaban en 1812. Pero nada se dijo de los derechos de los neutrales, ni del reclutamiento forzoso de marinos, ni de las otras exigencias norteamericanas. Para muchos historiadores fue una de las guerras más absurdas de la historia. Para otros, sin embargo, confirmó la independencia de Estados Unidos frente a los intereses de la vieja Europa y defendió los derechos mercantiles de las naciones emergentes. De hecho, tras la Paz de Gante, Gran Bretaña aceptó convivir con Estados Unidos como potencia mercantil y en lugar de rivalizar iniciaron una serie de negociaciones buscando ventajas para las dos naciones.

La adquisición de Florida y la Doctrina Monroe

Mientras se producía el acercamiento entre Gran Bretaña y Estados Unidos, la Monarquía Católica entraba en declive. Tras la caída de Napoleón, se produjo en España la vuelta al trono de Fernando VII el Deseado. El Deseado no aceptó el establecimiento de una monarquía constitucional, como recogía la Constitución de 1812, e instauró de nuevo el absolutismo monárquico. De la misma manera intentó terminar con todas las revoluciones independentistas en la América española.

Esta situación, de inmensa inestabilidad, fue mirada con un enorme interés tanto por Gran Bretaña como por Estados Unidos que querían apropiarse de los ricos mercados del centro y del sur de América.

Estados Unidos y Gran Bretaña iniciaron su acercamiento con una serie de tratados que restañaban viejas heridas entre las dos naciones. Así, por el Tratado de Rush-Bagot, en 1817, se desocuparon los fuertes británicos de la región de los Grandes Lagos. En 1818, un nuevo tratado reconocía derechos de pesca a Estados Unidos en aguas canadienses y fijó definitivamente la frontera entre Canadá británico y Estados Unidos en el paralelo 49, entre el nacimiento del río Misisipi y las Montañas Rocosas. Además Estados Unidos y Gran Bretaña acordaron la ocupación conjunta de un territorio que tanto España como Gran Bretaña y Rusia habían reclamado desde el siglo XVIII: Oregón.

Este acercamiento de las naciones de habla inglesa posibilitó que los Estados Unidos adquirieran toda la Florida española. Estados Unidos no sólo había ocupado parte de la Florida accidental en 1810. Durante la guerra de 1812, en concreto en 1813, la administración Madison aceptó de hecho la anexión de otra parte de Florida: la que se extendía entre la parte posterior de la bahía de Mobila hasta el río Perdido. Por lo tanto Estados

Unidos de hecho ya ocupaba parte de la Florida española y los colonos anglos se expandían por el resto. En 1819 España seguía en guerra con sus antiguos virreinatos americanos. Además, había sufrido los rigores de la Guerra de Independencia. España estaba destruida y no podía hacer frente a las guerras independentistas americanas.

En 1817 el general Andrew Jackson penetró en Florida, con la excusa de contener las incursiones de los Seminolas en Georgia. Estados Unidos ya nunca abandonó el territorio. A pesar de la apertura de un debate entre la clase política y la opinión pública americana, la realidad es que la ocupación fue el aliciente para iniciar negociaciones con una España debilitada y en continua guerra desde 1808. En el tratado firmado en 1819, entre España y Estados Unidos, que España no ratificó hasta 1821, Florida fue cedida a Estados Unidos por 5.000.000 de dólares. Este acuerdo, conocido como el Tratado Transcontinental, fijó la frontera entre Estados Unidos y los territorios españoles desde el Atlántico hasta el Pacífico.

Los debates que, en la época revolucionaria, habían vinculado el crecimiento territorial con la virtud republicana y con la estabilidad política, habían tenido sus frutos. Estados Unidos no sólo había logrado Luisiana, sino que también había arrojado a los españoles de Florida y además había pactado con los ingleses fronteras estables y la posibilidad de llegar hasta el Pacífico. Los cimientos para lograr dominar la parte norte del continente americano eran firmes. Pero pronto Estados Unidos, centrado cada vez más en el comercio, miró hacia los mercados de toda América. Los mercados de América Central y del Sur estaban controlados por una España tremendamente debilitada y por Gran Bretaña. Todos esperaban con ansiedad el derrumbe del Imperio español.

En 1823, de nuevo, la política internacional se cruzaba con la política estadounidense. En 1822, en el Congreso de Verona, la Santa Alianza encomendó a Francia que interviniera en España para restaurar el absolutismo. Estados Unidos y Gran Bretaña mostraron su preocupación. No por la intervención de Francia en la Península Ibérica. Lo que les preocupaba era América. En América Central y del Sur estaban emergiendo naciones nuevas tras los procesos de independencia del antiguo Imperio español y tanto Gran Bretaña como Estados Unidos querían tener acceso a sus mercados y a sus posibilidades estratégicas.

El primer ministro británico, George Canning, nada más conocer que un ejército francés, los Cien Mil Hijos de San Luis, pensaba intervenir en España inició gestiones para evitarlo. Una vez que estuvo seguro de su fracaso, volcó su diplomacia en el antiguo Imperio español en América. Así envío al ministro de Estado francés, Chateaubriand, un despacho exigiendo la promesa de que la ocupación de España no sería permanente y también de que respetaría al Imperio español en América.

Estados Unidos también sintió amenazados sus intereses en América tras la invasión francesa de España. En 1823, en las instrucciones del nuevo embajador de Estados Unidos en Madrid, Hugo Nelson, se aprecian bien las preocupaciones que Estados Unidos tenía por sus intereses en América Central y del Sur y su temor de que Francia intentase invadir no sólo la Península Ibérica sino también sus territorios americanos. Le preocupaba especialmente la isla de Cuba.

El entonces secretario de Estado de Estados Unidos, John Quincy Adams, le escribía al nuevo embajador en Madrid Nelson: "Cuba forzada a romper su conexión artificial con España e incapaz de mantenerse a sí misma, ha de gravitar sólo hacia la Unión Norteamericana". "Como territorio español la isla puede sufrir la invasión de Francia o de sus aliados continentales (…) Usted debe establecer", le encomendada Adams al embajador en Madrid, "que los deseos de su Gobierno son que Cuba y Puerto Rico deben continuar su conexión con la España constitucional e independiente", concluían las instrucciones al embajador de Estados Unidos.

Fue de nuevo Gran Bretaña la que intentó acercarse a Estados Unidos temiendo que Francia se expandiese por América. Pero Estados Unidos no quería comprometerse tampoco con Gran Bretaña. Su posición era clara. Quería que Cuba siguiese en manos de la débil España y esperar el día adecuado en que cayera "en sus manos". Es la misma estrategia que había llevado con Florida y estaban seguros que saldría bien. Estados Unidos estaba actuando con mucha inteligencia y cautela en el continente americano. Había enviado agentes especiales a los lugares donde se habían producido procesos de independencia. También Estados Unidos fue la primera nación que envió embajadores y reconoció a las nuevas naciones americanas que surgían del antiguo Imperio español.

En 1822 el presidente Monroe pedía al Congreso la aprobación de un presupuesto que permitiera abrir cinco nuevas legaciones diplomáticas. Así Argentina, Chile, Gran Colombia, México, y Perú fueron reconocidos como estados independientes por los Estados Unidos. Estaba claro que la República del Norte estaba aventajando a las viejas potencias europeas en América. Gran Bretaña, con estrechas relaciones con los liberales españoles en el poder entre 1820 y 1823, no podía reconocer la independencia de las jóvenes repúblicas americanas que surgían del Imperio español.

Frente a la propuesta inglesa de firmar un tratado entre Estados Unidos y Gran Bretaña que comprometiese a las dos naciones a respetar las independencias de las repúblicas latinoamericanas y que les impidiese "poseer ninguna parte de dichas colonias" y alejase a Francia de América, Estados Unidos fue ambiguo. Estaba claro que no quería tener las manos atadas en América y que ya sabía que en la carrera por los mercados y las tierras latinoamericanas podía triunfar frente a Gran Bretaña. La respuesta americana fue unilateral. En el discurso anual al Congreso en el año 1822 el presidente Monroe pronunció un importante discurso. En la posteriormente llamada Doctrina Monroe, el presidente establecía los nuevos principios de la política exterior de Estados Unidos. Al considerar que cualquier intromisión de Europa en el continente americano sería peligrosa para la paz y la seguridad de Estados Unidos fijaba claramente cuáles eran sus intereses. Tras la independencia del Imperio español, el continente americano era distinto de la vieja Europa, proclamaba Monroe en su "Doctrina". Las revoluciones de independencia instauraron regímenes republicanos que poco tenían que ver con las arcaicas monarquías europeas. América, afirmaba el presidente en su discurso, simbolizaba la luz, la racionalidad y la felicidad y debía alejarse política y económicamente del Viejo Continente. Dos esferas surgían claras y no debían entremezclarse. Además Estados Unidos que había sido el ejemplo de las nuevas naciones latinoamericanas era el garante "lógico" de este Nuevo Mundo. La Doctrina Monroe no sólo pretendía alejar la amenaza de la Santa Alianza de América sino que el presidente de Estados Unidos quiso recordar a la antigua metrópoli inglesa que era considerada por América como otra arcaica potencia colonial europea. Pero sobre todo inició un camino claro. Estados

Unidos se erigía en primera potencia del continente americano intentando alejar a las potencias europeas.

En realidad la Doctrina Monroe fue sólo una declaración de principios. En 1823 el presidente y la joven República de Estados Unidos no tenían el poder suficiente para imponerla pero era como una "segunda declaración de independencia". Además este alejamiento de Estados Unidos de los problemas europeos le permitía centrarse en su propio crecimiento.

El mensaje de Monroe fue bien acogido por la opinión pública, pero pocos contemporáneos apreciaron su significado. Polk fue el primer presidente que apeló a los principios de Monroe dándoles tal nombre, y hasta después de la guerra civil (1861-1865) no fue considerada como "una doctrina".

EXPANSIÓN TERRITORIAL Y REVOLUCIÓN DEL MERCADO

Tanto la adquisición de nuevos territorios como la apertura al comercio con todas las naciones centro y sudamericanas aportaron cambios muy importantes para Estados Unidos.

La expansión hacia el Oeste, conquistada en las mesas de negociación, no fue muy rápida porque la amenaza indígena era una realidad. Los intereses de los colonos angloamericanos, ávidos de tierras, chocaban plenamente con los de los distintos pueblos indígenas que habitaban el territorio. Primero los colonos lucharon contra las tribus del viejo Noroeste y después se enfrentaron a los *creeks* y a los *cherokees* al suroeste de los entonces Estados Unidos durante la guerra de 1812. Tras la Paz de Gante de 1814 los grandes enfrentamientos entre colonos e indígenas cesaron y el avance hacia el Oeste fue imparable.

Dos premisas posibilitaron que esta expansión sin precedentes se hiciera sin causar grandes descalabros en la vida política de la República federal. Por un lado la Ordenanza del Noroeste de 1787 y, por otro, la Ley Harrison de tierras de 1800. La primera marcaba el camino para que los nuevos territorios adquiridos y conquistados se incorporaran políticamente a la Federación. La segunda mejoraba las normas establecidas para regular el acceso a la propiedad de las tierras del Oeste.

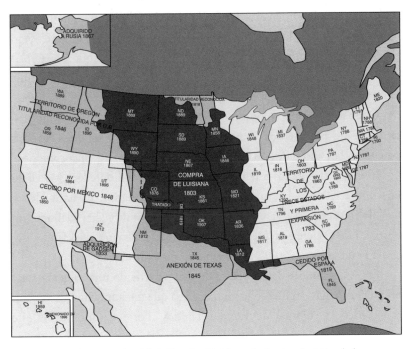

Crecimiento territorial de Estados Unidos y fecha de admisión de los
diferentes estados en el Estado Federal

La Ordenanza del Noroeste fue quizás el mayor logro del Congreso
de la Confederación. Ya desde la independencia, Estados Unidos, como
hemos señalado, tenía voluntad de crecer. Las primeras tierras que se apropiaron fueron las del Noroeste, en 1783, tras la guerra de Independencia.
Y fue muy difícil que los Trece Estados llegasen a un acuerdo sobre ellas.
Todos las reclamaban para sí. Además era complicado para unas antiguas
colonias pensar en colonizar o en dominar territorios. Los Padres
Fundadores empezaron, de nuevo, a buscar ejemplos históricos, a diseñar
modelos de ocupación, y a debatir cual podría ser el futuro de esos territorios. Primero el Congreso de la Confederación logró que todos los estados les cedieran las tierras del Oeste que reclamaban. La Confederación
creó entonces un Dominio Nacional, convirtiéndose el propio Congreso
en la institución que tenía la potestad de decidir sobre su modelo de
gobierno. Este proceso fue difícil y largo. Se produjo en diferentes etapas
y además se promulgaron distintos documentos.

Primero, en la Ordenanza Territorial de 1785, se ordenó un deslinde de tierras sistemático y la venta de estas tierras disputadas del Noroeste. Pero existía el temor, como explicaba George Washington, de que "los pobladores del Oeste se transformen en gente muy diferente a nosotros", y que buscasen la protección del Estado que mejor pudiera defender sus intereses. Querían que estos colonos estuvieran orgullosos de ser estadounidenses y que no pensasen en convertirse en ciudadanos o súbditos de otras potencias. Por ello reflexionaron sobre la mejor manera de incorporarlos.

En 1787 y tras varios intentos, el Congreso de la Confederación eligió un comité territorial formado por Edgard Carrington, Richard Henry Lee, John Kean, Nathan Dane y Melancton Smith para elaborar un borrador de Ordenanza. Después de tres grandes debates en el Congreso, el día 13 de julio se aprobó la Ordenanza del Noroeste.

En la Ordenanza del Noroeste de 1787 se articuló una solución muy original. Además era una solución generosa que tenía mucho que ver con la experiencia colonial de Estados Unidos. Los territorios del Oeste conforme fuesen "colonizados" podrían irse transformando en estados con los mimos deberes y los mismos derechos que el resto de los Estados de la Unión. No habría ciudadanos de primera y de segunda. Las antiguas colonias no querían reproducir el modelo imperial. Querían crecer y para ello necesitaban que todos los territorios se vinculasen entre sí en términos de igualdad.

La Ordenanza del Noroeste de 1787 establecía que el Dominio nacional fuera dividido en unidades territoriales conocidas como territorios. Estos territorios serían gobernados, en principio, por un gobernador, un secretario y un tribunal integrado por tres jueces elegidos por el Congreso de la Confederación. Estas instituciones debían informar periódicamente al Congreso de la Confederación y tenían potestad para promulgar las normas y disposiciones necesarias de gobierno. También el Gobernador era comandante en jefe de la milicia del territorio. Cuando los territorios alcanzasen 5.000 colonos, con derecho a voto –varones mayores de edad– éstos podían elegir representantes que configurarían una asamblea legislativa todavía con poderes limitados. Cuando el territorio llegase a los 60.000 colonos podría ser considerado Estado. "Ese Estado será admitido a través de sus representantes en el Congreso de

Estados Unidos en plano de igualdad con los estados originales en todos los aspectos, y gozarán de la libertad de elaborar una Constitución permanente y de elegir un gobierno", establecía la Ordenanza.

La Ordenanza del Noreste fue uno de los grandes éxitos de la historia de Estados Unidos. Sirvió, además, como modelo para la incorporación a la futura Unión de todos los territorios que como Luisiana, Florida y más tarde California, Nuevo México y Oregón formaron parte de la Unión. Posibilitó un proceso a los territorios para transformarse en estados de pleno derecho. Si a eso unimos la existencia de un modelo de Estado federal se puede comprender como Estados Unidos creció de forma más o menos equilibrada y sin grandes fisuras políticas. "Estoy persuadido que no existe ninguna Constitución que esté tan bien calculada como la nuestra para lograr un Imperio extenso con autogobierno", afirmaba Thomas Jefferson en 1809. Y tenía razón. Siguiendo ese modelo los distintos territorios se fueron constituyendo en estados e incorporándose a la Unión. El estado número catorce fue Vermont aceptado en 1791, después se sumaron Kentucky en 1792; Tennessee en 1796; Ohio en 1803; Luisiana en 1812; Indiana en 1816; Misisipi en 1817; Illinois en 1818; Alabama en 1819, Maine en 1820 y Missouri en 1821. Muchos otros se fueron integrando a lo largo del siglo xix.

Si políticamente parecía que se había acertado, faltaba atraer a los colonos a estos territorios difíciles del Oeste. Desde luego la posibilidad de ser propietarios de tierras sería uno de los mayores alicientes. El mecanismo jurídico que regulaba el acceso a la propiedad de tierras en la Ordenanza de 1785 y de la 1787 fue mejorado por una serie de leyes que se promulgaron a principios del siglo xix.

La Ordenanza de 1785 estableció que nunca se podía vender a un comprador menos de 640 acres (258,9 hectáreas) y que la tierra debía venderse en pública subasta y a más de un dólar el acre. Estas dos condiciones juntas hicieron que muchos de los colonos que querían ocupar el Oeste no pudieran acceder a la propiedad. Así se crearon compañías como la Compañía de Ohio o la Compañía Agrícola de Holanda que compraban los lotes y los vendían parcelados a los colonos con menos recursos y además permitían la compra a plazos. La especulación y a su vez las críticas crecieron mucho y el Gobierno de la nación legisló de nuevo. En 1800 promulgó una norma que reducía el tamaño de las parcelas y daba facilidades de pago a los colonos. Así éstas tendrían 320 acres (129,4 hectáreas) a dos dólares el acre teniendo que dar una entrada de una cuarta parte y permitiendo pagar a plazos el resto. Así desaparecerían los intermediarios y se frenaría la especulación. Además las leyes fueron mejorando. En 1820 la cantidad se redujo a 80 acres (32,3 hectáreas). Esta revisión de la legislación impulsó mucho la colonización del Oeste lo que supuso un incremento sin precedentes de la población de Estados Unidos. La población aumentó sorprendentemente sobre todo en las zonas fértiles fluviales de Alabama y de Misisipi. Además los estados del Oeste más antiguos como Kentucky y Tennessee se poblaron densamente y desde allí muchos colonos emigraron hacia el Sur de Ohio, Indiana e Illinois.

El crecimiento de la población amplió el mercado interno de consumidores en un momento en donde el comercio exterior norteamericano tenía dificultades por la guerra entre Francia y Gran Bretaña y también por la respuesta norteamericana. El embargo jeffersoniano, como en otro lugar señalamos, supuso un freno importante a la actividad mercantil de Estados Unidos. Además el estallido de la guerra de 1812 contra Inglaterra imposibilitó a los buques mercantes norteamericanos transitar por el Atlántico. Por lo tanto, por un lado se había producido una expansión enorme del mercado interno y por otro se había paralizado el comercio exterior. Muchos comerciantes y financieros comenzaron a invertir en industrias que elaborasen productos demandados por el nuevo mercado interior. Esta demanda potenció el surgimiento de tecnología propia.

Desde la independencia de Estados Unidos los escasos productores textiles norteamericanos eran conscientes de que sus paños difícilmente podían competir con la excelente industria textil inglesa. Por ello iniciaron muy pronto una política de incentivos para atraer obreros especializados y técnicos capaces de mejorar la calidad y el precio de los productos estadounidenses. Uno de los ingleses que aceptó fue Samuel Slater (1768-1835) quién llegó primero a Nueva York y después aceptó la invitación de Moses Brown de Providence para incorporar a su fábrica las máquinas textiles mejoradas de las industrias Arkwright en Inglaterra. Si bien estaba prohibido exportar maquinaría inglesa, sí se permitía su fabricación. Slater fue capaz de reproducir e introducir en Estados Unidos las máquinas Arkwright. En 1793 abrió, con el nombre de Almy, Brown y Slater, la primera de sus fábricas en Pawtucket. Algunos comerciantes siguieron el ejemplo de Slater y Brown, tras el aumento de la demanda interna por la crisis de las importaciones causadas por las guerras napoleónicas. Así se abrieron fábricas textiles en todos los estados de Nueva Inglaterra y también en el estado de Nueva York. Las fábricas tenían un esquema similar. Se construían cerca de las numerosas cascadas del Hudson y sus afluentes utilizando la energía hidráulica. Pero a partir de 1820 se adaptó la máquina de vapor a la industria textil compitiendo entre sí las fábricas que utilizaban vapor y las que, por el contrario, seguían empleando la energía hidráulica. En 1814 Francis Cabot Lowell (1777-1817) que se había licenciado en Harvard y que había estudiado la utilización y el funcionamiento de la maquinaria textil, en 1810, en Lancashire, fundó la Boston Manufacturing Co., diseñando él mismo las máquinas de sus fábricas. Fue la primera fábrica en donde se realizaba todo el proceso de transformación del algodón. Sus máquinas no sólo hilaban sino que también tejían.

Este refuerzo de la industria textil estadounidense fue posible por la revolución en la producción algodonera que supuso a su vez la introducción de la desmotadora de algodón de Eli Whitney (1765-1825), a partir de 1793. La desmotadora, que permitía separar la fibra de las semillas del algodón mecánicamente, revolucionó la producción de algodón. También Whitney contribuyó con nuevos inventos a cambiar la industria de armamento. Se estaba produciendo una verdadera mecanización de las industrias americanas y, lo que era más importante, los inventores e introductores de nuevas tecnologías empezaban a ser estadounidenses.

Además la expansión hacia el Oeste y la incipiente industria textil y de armamento que implicaba un comercio interno exigían una reflexión intensa sobre el sistema de comunicaciones. Las distancias eran grandes y estaban colonizando tierras casi vírgenes que no tenían dibujado ningún camino. Como nos recuerdan los historiadores Charles Sellers, Henry May, y Neil R. McMillen en su obra *Sinopsis de la Historia de los Estados Unidos*, todavía en 1816 el coste de transportar por barco una tonelada de mercancías desde Inglaterra a Estados Unidos era el mismo que el de transportar la misma carga por tierra treinta millas en el interior de la nación.

Los elevados precios del transporte encarecían enormemente los productos en el mercado. Era necesario lograr un transporte eficaz y barato si se quería crear una economía nacional de mercado. Debía realizarse un gran esfuerzo constructor de carreteras y de canales. Primero se nivelaron y pavimentaron caminos que ya existían. Fueron compañías privadas las que, contratadas por las legislaturas estatales, fueron pavimentando y allanando caminos. Las compañías cobraban peajes a todos los que circulaban por las carreteras. En 1812 las grandes ciudades del Este estaban conectadas por este sistema vial. En 1803 el Congreso de Estados Unidos fomentó la construcción de una carretera de peaje desde Maryland hasta el río Ohio. En 1811 comenzó la construcción de una carretera desde Cumberland, en el río Potomac, hasta el Ohio cerca de Wheeling. Estaba promovida por el Gobierno federal de Estados Unidos y se conoció como el Camino Nacional. Esta carretera se prolongó en 1833 hasta Columbus, Ohio, y en 1852 llegó hasta Vandalia en Illinois. El Camino Nacional se convirtió en la gran vía de comercio entre el Este y el Oeste.

Paralelamente a la creación de carreteras se trabajó en la construcción de canales para tratar de unir los ríos navegables y ampliar el área comunicada. El esfuerzo mayor se logró con la construcción del canal de Erie, levantado entre Troy y Buffalo en el estado de Nueva York, entre 1817 y 1825. Así se unió al Hudson con los Grandes Lagos y se logró comunicar el lago Michigan con la ciudad de Nueva York y con el Atlántico.

Pero la verdadera revolución del transporte fue la introducción del barco de vapor. Desde la época colonial existían barcazas que bajaban por los ríos Ohio y Misisipi hasta Nueva Orleáns con productos. Esta forma de transporte era lenta. Y la subida de las barcas de quilla impulsadas por los remos era difícil, cara e ineficaz. Cuando en 1807 el Clermont, construido por Robert Fulton, comenzó, gracias a la máquina de vapor, a tardar sólo 72 horas desde Albany hasta Nueva York se había producido una verdadera revolución del transporte. En 1811 se construyeron vapores en Pittsburgh y en 1820 hacían travesías regulares por los ríos Ohio y Misisipi más de sesenta barcos de vapor. En 1860 había más de mil.

Estas nuevas vías de navegación facilitaron mucho el movimiento de la población. Después de la guerra de 1812 los emigrantes se precipitaron hacia el Oeste. Entre 1810 y 1820 la población del oeste de los Apalaches se duplicó con creces. Cuatro estados nuevos: Indiana, 1816, Misisipi, 1817, Illinois, 1818, y Alabama 1819 fueron admitidos en la Unión.

Estados Unidos había iniciado un proceso de crecimiento territorial, económico y político sorprendente. Su sistema político no sólo se había mostrado eficaz para dirigir la política interna. Parecía, desde la Doctrina Monroe, que era adecuado para una política internacional novedosa e independiente.

La ampliación de la ciudadanía

Entre 1800 y 1824 se estaba forjando la nación americana. Existió una estabilidad política y el juego entre los partidos políticos parecía funcionar. Se había producido un crecimiento territorial sin precedentes y los nuevos Estados se incorporaban a la Unión sin problemas demostrando el acierto de la Constitución federal y de la Ordenanza del Noroeste. Se caminaba hacia la creación de un mercado nacional.

Pero la nación había crecido considerablemente. Los inmigrantes se incorporaban buscando tierras o trabajo en las nuevas fábricas. Para los norteamericanos había terminado una época. Se debía reflexionar, de nuevo, sobre el sistema político. Los trabajadores debían disfrutar de derechos civiles y políticos para evitar el crecimiento de la exclusión política, social y cultural.

Es verdad que, durante más de dos décadas, desde 1800 hasta 1824, Estados Unidos había estado presidido por miembros del mismo partido. La llamada dinastía de Virginia –Jefferson, Madison y Monroe– mantuvieron una presidencia republicano demócrata casi sin oposición. Pero empezaban a ser considerados como representantes de la vieja tradición revolucionaria. Para muchos, eran políticos elitistas que procedían de los grupos más adinerados y cultos de Estados Unidos. Nada tenían que ver con los nuevos inmigrantes que llenaban las ciudades industriales o que se asentaban en las tierras difíciles del Oeste. Para algunos ya no representaban a Estados Unidos. Una nueva nación estaba surgiendo.

Andrew Jackson y la ampliación de la ciudadanía política

Los cambios en Estados Unidos se producían con mayor rapidez pero la vida política permanecía inamovible. Así, en las elecciones presidenciales de 1824 fueron, otra vez, los senadores y representantes del Congreso –el *caucus* del Congreso– los que nominaron a los candidatos presidenciales. Pero en 1824 los senadores y representantes republicanos, que formaban el *caucus* que debía designar a un candidato para la presidencia, no llegaron a un acuerdo. Las nuevas corrientes estaban penetrando también en la vida política. Así el *caucus* nominó a cuatro candidatos para las elecciones presidenciales. Tres eran miembros del gabinete de James Monroe: John Quincy Adams, Henry Clay y William H. Crawford. El cuarto, el general Andrew Jackson (1767-1845), era una figura popular conocida por sus acciones militares en la segunda guerra contra Gran Bretaña y en la ocupación de la Florida española. Así, el cuerpo electoral norteamericano, todavía muy reducido, tenía que elegir entre cuatro candidatos de un mismo partido. Ninguno obtuvo la mayoría de dos tercios y como señalaba la Constitución, en estos casos, era la Cámara de Representantes la que decidía votando sus miembros por estados. La Cámara debía optar entre los dos candidatos que habían obtenido mayor número de votos en el Colegio electoral: Andrew Jackson y John Quincy Adams. Inicialmente, el favorito era Jackson que tenía el apoyo de los once estados en donde habían sido designados electores fieles a su candidatura. Sin embargo, para lograr la mayoría de dos tercios, necesitaba dos estados más. Mucho más difícil era la situación de John Quincy Adams. Sólo tenía garantizado el voto de siete estados y necesitaba, por lo tanto, el apoyo de seis más para lograr vencer. Pero Jackson, que había sido el más votado por el pueblo americano, no era popular entre la clase política. Hombre autodidacta, de extracción humilde y de formas rudas, "el viejo nogal" tenía poco en común con los refinados políticos republicanos. Las ofertas políticas de Adams y su extracción social –no olvidemos que John Quincy Adams fue el primer presidente hijo de un anterior presidente– lograron convencer a muchos de los congresistas y obtuvo los trece votos que necesitaba. Aunque en el proceso no había habido ninguna ilegalidad, sí se habían tergiversado las intenciones del cuerpo electoral de Estados Unidos.

Las consecuencias de la decisión del Congreso fueron importantes. Andrew Jackson había perdido la carrera hacia la presidencia pero había logrado el apoyo del pueblo americano que empezó a considerar que los miembros del Congreso estaban alejados de la realidad cotidiana de la gran mayoría. Separado de los republicanos, Andrew Jackson y sus seguidores comenzaron a identificarse como miembros de un nuevo partido, el Partido Demócrata. Los demócratas eran considerados como un partido que renovaba a la elitista política norteamericana. Andrew Jackson obtuvo el apoyo de aquellos que siempre se habían sentido ajenos a una clase política muy próxima a los grupos sociales que dominaron en el mundo del comercio y de la industria desde la época colonial. Los demócratas se alimentaron de grupos que se consideraban en los márgenes de la sociedad "anglosajona". Así, los escoceses-irlandeses, los presbiterianos y otras confesiones no tradicionales y los pobladores de origen europeo no inglés, fueron el gran capital del emergente Partido Demócrata. Enarbolaban y recreaban los valores del pueblo americano. Y cuando sus "elitistas y anglosajones" enemigos comenzaron a utilizar caricaturas que identificaba a Andrew Jackson con un burro –por su escasa educación formal y también por sus modales– enseguida consideraron que los valores que caracterizaban al burro, efectivamente, eran los que ellos reivindicaban. Tesón, trabajo, sencillez y hasta cierto grado de tozudez. Pronto fueron ellos, los demócratas, los que lo utilizaron como símbolo de su propio partido.

Los demócratas, con el apoyo de la prensa popular y bien arraigados en los nuevos estados del Oeste, donde ya se había impuesto el sufragio universal masculino, lucharon por una ampliación del cuerpo electoral en todos los estados de la Federación. En Connecticut (1818), Massachusetts (1821) y en Nueva York (1821) se habían eliminado ya los requisitos de propiedad para ser elector y se logró terminar con los de contribuyente. Los demócratas también consideraban necesario alterar el sistema de nominación presidencial que tanto había perjudicado a Andrew Jackson. Utilizando el apoyo de los no propietarios y de los editores de prensa que les eran afines, iniciaron una campaña contra el *caucus* del Congreso como fórmula para designar a los candidatos presidenciales. La labor de los demócratas obtuvo sus frutos, y la nominación de candidatos para la carrera presidencial de 1828 no salió del *caucus* del Congreso, sino que fueron las Asambleas de los distintos estados, así como irregulares reuniones populares, las que decidieron las candidaturas presidenciales. En las elecciones de 1828, casi todos los varones blancos pudieron votar salvo los residentes en Rhode Island, Virginia y Luisiana. Si en 1824, el cuerpo electoral había aumentado en un 130 por ciento sobre la anterior elección nacional, en 1828 la proporción había aumentado en otro 133 por ciento.

Las elecciones de 1828 las ganó Andrew Jackson. El voto del Colegio Electoral fue de 178 votos frente a los 83 del hasta entonces presidente, John Quincy Adams, y el voto popular fue de 647.000 frente a 509.000. Adams ganó en Nueva Inglaterra y obtuvo apoyo en Nueva York y Maryland, el resto –todo el Sur y el Oeste– fue de Jackson. Su primer vicepresidente fue John C. Calhoun.

La remoción india

"Adams puede escribir" fue uno de los eslóganes demócratas de la campaña electoral, "Jackson puede luchar". Y tenían razón. Si el surgimiento del Partido Demócrata supuso la extensión de la ciudadanía política a casi todos los varones blancos, también causó un retroceso en la situación política y social de otras minorías. Su ascenso político se había obtenido con el apoyo de los trabajadores hambrientos de tierras descendientes de europeos, del sur y del oeste de Estados Unidos y sus intereses no fueron olvidados por el "viejo nogal".

Cuando los europeos llegaron a América del Norte, en el siglo XVII, poblaban el territorio cerca de un millón de indios. Los investigadores consideran que en los siglos XV y XVI esta cifra podría haberse elevado a unos ocho millones. Pero en América del Norte había ocurrido lo mismo que en América del Sur. Llegaron mucho antes las epidemias de gripe y de viruela que el propio colonizador europeo. Además, las relaciones entre los pobladores de origen europeo y los indígenas habían sido pésimas. Los saqueos, las capturas de esclavos, las guerras fueron habituales en la época imperial. Tampoco fueron buenas las relaciones entre los indígenas y la nueva nación norteamericana.

Ya en los primeros textos políticos de la joven república se hacía alusión a los indios del este de Norteamérica. En la Declaración de Independencia se menciona a los indios de forma peyorativa. Entre los

37 agravios enumerados cometidos por el rey Jorge III uno se centra en los indios. "Ha incitado –el rey Jorge III– las insurrecciones domésticas entre nosotros y se ha esforzado por traer a los habitantes de nuestras fronteras a los despiadados indios salvajes cuya regla de guerra es la destrucción despiadada de todas las edades, sexos y condiciones". La imagen, que trasmite el texto fundacional, es la de salvajes incomprensibles para los descendientes de europeos. Los problemas entre los indios y los colonos fueron continuos sobre todo en el área del Sudeste donde los pueblos indígenas eran sedentarios y los colonos europeos ambicionaban sus tierras.

Desde la independencia de Estados Unidos correspondió a las instituciones comunes a los estados tratar los asuntos indígenas. Primero fue el Congreso de la Confederación y después, una vez ratificada la Constitución de 1787, el presidente, el Congreso y el Tribunal Supremo tenían competencia sobre los asuntos indígenas.

La política seguida por las instituciones federales frente a los conflictos entre los pobladores de origen europeo y los indígenas fue similar a lo largo del siglo XIX. Primero fue Thomas Jefferson quien defendió que la única solución frente al "problema" indio era su traslado a los territorios del Oeste. La misma política defendió John C. Calhoun. Pero el presidente Andrew Jackson fue mucho más allá. No sólo consideró que era una política necesaria sino que la puso en práctica. Durante su presidencia se produjo el traslado masivo y forzoso de los indios hacia el Oeste, lo que conocemos como política de Remoción India.

La democracia jacksoniana había luchado mucho por la ampliación de derechos para los varones de origen europeo pero fue dura con los pobladores de otros orígenes. El concepto de igualdad de Jackson y de sus seguidores afectaba sólo a aquellos habitantes que tenían, según los demócratas decimonónicos, un pasado de civilización común. Sólo eran iguales, por lo tanto, los pobladores de origen europeo y para ellos eran los derechos que proclamaban. Los otros grupos –la población indígena y la población de origen africano– eran sólo iguales a los de su propio grupo. Desde luego no creía en la asimilación y lo mejor, según él, era evitar la convivencia entre todos estos grupos con pasado, cultura, y creencias desiguales. Era una aproximación romántica y más dura para afroamericanos e indígenas que la de la clase política "elitista" y tradicional que había dominado, hasta entonces, la vida política de Estados Unidos.

En la década de los veinte y treinta del siglo XIX, los colonos de Georgia se habían apoderado ilegalmente de tierras que pertenecían a los cherokees, una de las llamadas por los estadounidenses de origen europeo, las Cinco Naciones Civilizadas. Andrew Jackson, desafiando al Tribunal Supremo, entonces presidido por John Marshall que dio la razón a los indios en *Worcester vs. Georgia*, exigió la devolución de las tierras y rehusó imponer el cumplimiento del dictamen del Alto Tribunal. "El juez John Marshall adoptó su decisión. Que él la ponga en práctica" afirmó el presidente. Jackson estaba iniciando una práctica que le valió muchas críticas. Por un lado siempre defendió los intereses de los que los demócratas consideraban que eran su mayor apoyo: los hombres del Oeste que además eran los que rivalizaban y se enfrentaban con los indígenas. Por otro, muchas veces se opuso al poder judicial y al legislativo reforzando así mucho el poder ejecutivo.

La nación cherokee era una nación asimilada. Vivía de la agricultura y también de la ganadería entre colonos europeos en el estado de Georgia. Había adoptado el alfabeto latino y se había otorgado una Constitución propia que había recogido principios de la tradición política de Estados Unidos. De hecho estaba muy influida por la Constitución federal de 1789. En 1828 apareció el primer número del *Cherokee Phoenix*. Sin embargo, los cherokees eran considerados extraños por el presidente Jackson. Obtuvo su apoyo de los colonos del Oeste y su actitud fue de una extrema dureza.

Por el Acta de Remoción India de 1830, más de 16.000 cherokees fueron trasladados a un territorio más allá del Misisipi. Unos 4.000 murieron en lo que denominaron "el Sendero de las Lágrimas". A lo largo de la década de los treinta, otras tres de las Cinco Naciones Civilizadas –los choctaw, chickasaw y los creek– fueron también deportados hacia el Oeste. En 1843, la quinta nación, la de los seminolas, que, liderada por Osceola, resistió a los intentos de deportación, fue casi exterminada.

En total unos 100.000 indios fueron trasladados hacia el Oeste a tierras que les fueron prometidas "eternamente" por las instituciones federales. Sus tierras con una extensión superior a cuarenta millones y medio de hectáreas situadas en la frontera oriental del Misisipi, quedaron libres, para ser ocupadas por ávidos colonos europeos. A cambio sólo recibieron y con limitaciones dieciséis millones de hectáreas de una tierra que por supuesto estaba ocupada también por indígenas y colonos de origen europeo que no iban a aceptar con facilidad la llegada de los nuevos ocupantes. Tampoco fue fácil para los cherokee, creek, choctaw, chicksaw y seminolas, que estaban acostumbrados a otras tierras, a otros cultivos y a otro clima. La mortalidad, las hambrunas y las reyertas fueron habituales.

LA CONTROVERSIA POR LA ANULACIÓN

Otros problemas graves surgieron durante la presidencia de Andrew Jackson. El desarrollo político y social de Estados Unidos era rápido pero los Estados evolucionaban de forma muy desigual. Y lo que comenzó siendo una posibilidad, la de crear un mercado nacional, pronto se frustró.

Los intereses económicos entre los estados del Nordeste y los del Sur y del Oeste comenzaron a distanciarse. El Norte, iniciando su proceso de industrialización, abogaba por una política federal proteccionista. Defendía con fuerza la existencia de tarifas aduaneras para proteger su incipiente industria. El Sur prefería una política de libre cambio. Con una economía de plantación la mayoría de sus productos debía importarse. Quería comprar lo mejor posible y no someterse a las limitaciones productivas que imponían los estados industriales. También el Oeste quería aligerar la presencia y las normativas del Gobierno federal sobre las tierras.

Al principio, algunos estados del Sur también defendieron el proteccionismo. Carolina del Sur razonó que, al igual que en los estados de Nueva Inglaterra, en su territorio existía fuerza hidráulica. Además, tenía una ventaja sobre los estados fabricantes de tejidos de Nueva Inglaterra. En Carolina del Sur se producían cantidades ingentes de algodón. Para ellos existían unas condiciones óptimas para iniciar un proceso de industrialización. Así sintieron que debían apoyar, como lo hacían los Estados del Norte, una tarifa federal que protegiera su incipiente industria. Sin embargo la experiencia fue un fracaso. El problema para que el Sur iniciase un proceso de industrialización estaba en su propia estructura social. Los sureños querían trasplantar a las fábricas el modelo de trabajo que se había impuesto en todas las plantaciones. Y era una opción difícil. Utilizar trabajo esclavo en las fábricas textiles resultó imposible. Los capataces y los trabajadores especializados procedían del Norte y se sintieron incómodos con los métodos que se utilizaban en las plantaciones y que los nuevos empresarios querían trasladar a las fábricas. Los trabajadores libres no aceptaban quedarse y pronto las inversiones en las industrias textiles cesaron en Carolina del Sur por considerar que era más rentable mantener la exportación del algodón que producir tejidos. Si bien Carolina del Sur y sus políticos, como John C. Calhoun, habían apoyado la tarifa proteccionista de 1816, esperando ventajas, pronto se alejaron de la política proteccionista. La falta de industrialización del Sur y del Oeste puso de manifiesto que la política económica de tarifas aduaneras beneficiaba sobre todo al Norte.

En 1828 el Congreso de la Unión defendió, de nuevo, la implantación de aranceles para proteger a la incipiente industria nacional. La nueva tarifa, conocida como la Tarifa de las Abominaciones, que gravaba gran cantidad de productos y también de materias primas, ocasionó preocupación en los estados del Sur. Sus representantes decidieron reunirse en Columbia –Carolina del Sur– para tomar decisiones que frenasen la agresiva política arancelaria federal. "Dudo si vale la pena que sigamos con esta Unión de Estados en la que el Norte exige dominarnos y nosotros quedamos forzados a ser tributarios suyos", afirmó en la reunión de Columbia, Thomas Cooper, uno de los congresistas sureños.

Mucho más allá fue el propio vicepresidente de Jackson: John C. Calhoun. El sureño Calhoun tenía una trayectoria política consolidada. Fue congresista, secretario de Guerra durante la presidencia de James Monroe y vicepresidente de Estados Unidos desde 1824 hasta 1832, es decir, durante la presidencia de John Quincy Adams y durante el primer mandato de Jackson. Este político de Carolina del Sur había sido un nacionalista convencido cuando todavía el Sur quería industrializarse. Pero conforme el Sur se identificaba más con las plantaciones de un sólo cultivo consideró que, con la política arancelaria federal, cada vez se perjudicaba más a su querido Sur. Pronto comenzó a argumentar a favor de los derechos de los estados cuando la política federal les perjudicase. Fue el autor, siendo todavía vicepresidente, de la Exposición de Carolina del Sur. Su autoría, no podía ser de otra manera, permaneció en secreto hasta 1831. La Exposición fue aprobada en 1828 por la legislatura de Carolina del Sur. En ella se defendía, por primera vez, la llamada Doctrina de la Anulación.

La Anulación afirmaba que la soberanía recaía en el pueblo y que tanto el Gobierno federal como los gobiernos de los estados son solo agentes del gobierno popular. En caso de una acción del Gobierno federal en contra de la voluntad de los ciudadanos de un estado, éstos tienen el derecho de declarar, a través de sus asambleas, nula esa acción del Congreso de Estados Unidos. A pesar de la Doctrina de la Anulación, ni Carolina del Sur ni ningún otro estado sureño tomaron medidas contra el Estado federal al promulgarse la Tarifa de las Abominaciones. Sin embargo, las relaciones del político sureño con su presidente cada vez fueron más tensas. El enfrentamiento entre los dos demócratas fue político y también personal. Calhoun presentó su dimisión a Jackson el 28 de diciembre de 1832.

En 1832 se presentaron de nuevo en el Congreso de la Unión para su discusión leyes proteccionistas. La aprobación de nuevas tarifas aduaneras hizo que por primera vez la legislatura de Carolina del Sur proclamase la Doctrina de la Anulación. Así su legislatura afirmó que la nueva tarifa era "nula, hueca, que no era ninguna ley, que no obligaba a este estado, a sus funcionarios, ni a los ciudadanos". Su significado era muy importante. Carolina del Sur impedía, al aplicar esta ordenanza, que los funcionarios federales cobraran las tarifas aduaneras dentro del Estado. La amenaza de la secesión era una realidad y uno de los sucesos más graves desde la independencia. Frente a esta postura de fuerza de Carolina del Sur, el presidente Andrew Jackson tomó medidas drásticas políticas y militares.

El dos de marzo de 1833 Jackson firmó dos decretos: La Ley de la Fuerza, que le permitía utilizar al Ejército para recaudar los impuestos, y a la vez aprobó que las tarifas se redujeran gradualmente a lo largo de diez años. Carolina del Sur, frente al temor de ser invadida y con la promesa de una reducción de las tarifas, aceptó retirar su proclama.

Aunque Jackson y el Estado federal aparentemente habían vencido frente a los anuladores en realidad no fue así. Se había sembrado la semilla de la secesión. Desde los años treinta, Carolina del Sur y sus "anuladores" encabezarán el rechazo contra la "tiranía federal". Los estados del Sur cada vez estuvieron más unidos y el problema sólo tenía visos de solucionarse con la guerra civil. Ya en 1836 se había publicado la novela de Nathaniel B. Tucker, *The Partisan Leader: A Tale of the Future*, que plasmaba de forma literaria las enormes diferencias entre el Sur esclavista y el Norte industrial.

Finanzas y democracia

Desde su aparición, el segundo Banco de Estados Unidos, el BUS, había funcionado sirviendo los objetivos de su creación. Era provechoso para el gobierno de la nación, cuyos fondos manejaba, lo era también para la élite financiera de Estados Unidos, a la que desde luego servía y también para los pequeños y medianos accionistas cuyos valores manejaba. Sin embargo, el nuevo Partido demócrata, liderado por el presidente Andrew Jackson, percibía al Banco como generador de desigualdades sociales. El Banco, para muchos demócratas, transfería la riqueza de la mayoría de los norteamericanos a una minoría de especuladores financieros. Tenía para muchos demasiado poder. Desde 1828, el presidente del BUS, Nicholas Biddle, quería impulsar una ley para renovar los privilegios del Banco Nacional que caducaban en 1836. A pesar de que sabía que Andrew Jackson, como la mayoría de los demócratas, no compartía la necesidad de la existencia de un gran Banco de Estados Unidos, Biddle consideró que el año 1832 sería excelente para lanzar su propuesta. Sabía que Jackson se presentaba a una segunda elección y creía que no abriría el debate sobre la conveniencia o no de un banco nacional. Se equivocaba. Los demócratas también identificaron al mundo financiero con las élites que habían dominado la política americana desde el inicio de la nación. Y Jackson decidió vetar la ley de renovación de la concesión del Banco Nacional. El banco para el presidente demócrata era un monstruo que había crecido a costa del pueblo y que debía ser destruido.

Pero fue mucho más allá. Decidió retirar del Banco los fondos federales. El presidente del Banco, Nicholas Biddle, tomó medidas fuertes. Redujo los préstamos que el Banco había realizado al Gobierno federal. Entonces los demócratas consideraron que, efectivamente, el Banco tenía poder y quizás voluntad de mover con sus decisiones los hilos de la política nacional.

La desaparición del segundo Banco Nacional no benefició a nadie. Wall Street recogió los restos del "monstruo con cabeza de hidra", y el nuevo centro financiero radicado ahora en Nueva York pronto superaría al Segundo Banco Nacional.

Hacia un nuevo sistema de partidos

A pesar de su política en el tema de la anulación, con el "problema indio", y de su dura posición en contra del elitista Banco Nacional, el presidente Andrew Jackson triunfó en las elecciones de 1832. Se presentó como candidato de su partido, el nuevo Partido Demócrata. La oposición a su partido, encabezada por los republicanos nacionales, decidió unirse y formaron un nuevo partido, el Partido Whig. En realidad este partido se oponía a determinadas decisiones de Jackson que parecían no respetar el juego de equilibrios y controles entre los poderes. La falta de respeto a decisiones del Tribunal Supremo o el ignorar tratados federales con las diferentes naciones indias unieron a muchos norteamericanos. El nombre elegido por el nuevo partido no fue azaroso, luchaban, como lo habían hecho en la época revolucionaria los *whigs*, contra los abusos de un rey: el rey Andrés I.

Sin embargo los *whigs* fueron acusados, por los demócratas, desde el principio, de ser un partido que obedecía a los intereses de los grupos más adinerados y no lograron desprenderse, en su corta historia, de semejante sambenito. En realidad lograron el apoyo de miembros de todas las clases sociales y también de ciudadanos de todas las regiones. Los *whigs*, es verdad, que defendían que el Estado federal interviniese para mejorar el sistema de comunicaciones, que se reinstituyera el Banco Nacional y también que se impusiese una tarifa protectora.

Si bien los *whigs* no lograron ganar, en las elecciones de 1836, al demócrata Martin van Buren, si lo hicieron en las elecciones de 1840. Con un candidato que aunaba a todas las tendencias porque era héroe militar, desarrollaron una campaña con métodos populares que multiplicaban las tácticas que siempre habían empleado los demócratas.

Caricaturas de los candidatos enemigos, campañas de imagen, mítines tumultuosos, llevaron al viejo general Harrison a ser el primer candidato del Partido Whig en ocupar la presidencia de Estados Unidos.

Los whigs lograron ser un verdadero partido nacional, obteniendo muy buenos resultados electorales en todas las elecciones celebradas entre 1836 y 1852. Y además de ganar las elecciones en 1840 con Harrison, lo hicieron, otra vez, en 1848 ocupando la presidencia su candidato Zachary Taylor.

El hecho de que el Partido Whig adoptase formas en sus campañas electorales y también en su discurso tan próximas a las del Partido demócrata invita a una reflexión. Efectivamente, la llegada al poder de Andrew Jackson había alterado la vida americana. Las formas que se identificaban con la rudeza y el igualitarismo del Oeste se habían impuesto en la vida política. Poco quedaba ya en la democracia americana de las prácticas y de los discursos políticos de la época revolucionaria. Comenzaba una nueva era.

Desde las reformas políticas de Andrew Jackson, los varones de origen europeo habían logrado en Estados Unidos derechos políticos. Sin embargo, la política demócrata también supuso un agravamiento de la exclusión del sistema para todos aquellos que no habían sido considerados, por la tradición política occidental, como iguales. El inicio de la industrialización, el crecimiento urbano y la llegada masiva de inmigrantes produjeron cambios a una velocidad que la sociedad americana nunca antes había conocido. La ruptura con la forma de vida tradicional ocasionó grandes convulsiones sociales. Surgieron, en todos los Estados, movimientos que propugnaban o bien la reforma de la estructura social o bien cambios sociales, políticos y económicos más drásticos.

En Estados Unidos se inició, en el primer tercio del siglo xix, un profundo debate sobre los derechos civiles, sobre aquellos derechos que posibilitaban el ejercicio de la libertad individual de todos los que tradicionalmente habían sido privados de ciudadanía. No fue tanto una preocupación por los derechos políticos. Los grupos sociales excluidos de ciudadanía civil todavía no reivindicaban la posibilidad de ser elector o elegible para los diferentes cargos de gobierno. Sólo deseaban que aquellos varones y mujeres, que tradicionalmente habían estado tutelados, fueran capaces de adueñarse de su destino, de ser libres jurídicamente, y de tener así la posibilidad de elegir.

Desde 1800 hasta 1850 fue una época de cambios sociales y económicos y de grandes convulsiones generadas por la aceleración de las transformaciones económicas y demográficas. Sin embargo fueron momentos de optimismo. De expansión de los movimientos utópicos y también del reformismo que creía que se podría lograr una sociedad justa e igualitaria en Estados Unidos. El romanticismo fue el motor de todas estas tendencias.

El Segundo Gran Despertar

El resurgimiento del debate social, religioso, y cultural que permitió un reforzamiento sin precedentes de la sociedad civil americana, fue propiciado por la irrupción del romanticismo. El romanticismo americano tenía muchos elementos comunes a la Ilustración y al republicanismo que tan importantes habían sido en el proceso revolucionario de las antiguas colonias. Todos fueron movimientos optimistas. Defendían que el fin último de las organizaciones sociales y políticas era la consecución de la felicidad y creían en la capacidad humana para lograrla. Pero también tenían diferencias. El romanticismo reaccionó contra la visión mecánica de la Ilustración. Frente a la defensa ilustrada de la razón como única forma de conocimiento, los románticos americanos consideraron que la intuición y los sentimientos no sólo eran formas válidas de aproximación a la realidad sino, de alguna manera, eran superiores porque permitían captarla en su plenitud. Fue esa defensa de lo particular frente al universalismo ilustrado lo que permitió la participación en los movimientos de reforma románticos de todos aquellos grupos sociales marginados por la Ilustración por no compartir la condición "universal" de igualdad. Era un cambio importante.

Los reformistas románticos defendían que todos aquellos grupos sociales que habían sido excluidos de la vida pública, en el periodo revolucionario y también durante las reformas políticas de Andrew Jackson, fueran rescatados. Así los indígenas, los afroamericanos, las mujeres, los católicos y muchos más, que siempre habían sido representados como seres próximos a la naturaleza, y con dificultad para el pensamiento racional, tan ensalzado en el periodo revolucionario, debían gozar de los derechos mínimos para el ejercicio de su libertad personal. No querían para estos grupos derechos políticos pero sí consideraban imprescindibles el disfrute de los derechos civiles.

Los primeros movimientos de reforma románticos estuvieron vinculados a una fuerte oleada de religiosidad que acompañó al triunfo del romanticismo americano. El Segundo Gran Despertar fue la respuesta a esa nueva realidad social causada por una rápida industrialización de Estados Unidos. Un crecimiento urbano desequilibrado, la llegada masiva de inmigrantes, un sistema educativo incapaz de adaptarse a las nuevas necesidades, un sistema sanitario insuficiente, y una rápida ocupación de las tierras del Oeste, crearon problemas y desequilibrios que fueron denunciados por las iglesias protestantes.

La regeneración moral de la nación americana fue defendida por todas las comunidades religiosas. La dignidad individual debía ser rescatada y para ello proliferaron movimientos renovadores vinculados a distintas comunidades protestantes. Este Segundo Gran Despertar, que duró más de treinta años, mantuvo a Estados Unidos en una gran agitación religiosa. Además, terminó con la fuerza del deísmo ilustrado y la mayoría de los norteamericanos se acercaron, de una u otra forma, de nuevo a las iglesias.

Pero estas iglesias ya eran distintas. Las antiguas confesiones habían sido sustituidas por prácticas religiosas más emotivas y "populares". La mayoría de los norteamericanos engrosaban, en el primer tercio del siglo XIX, las filas de tres confesiones: baptista, metodista y presbiteriana. Las iglesias congregacionistas y también la episcopaliana –que había sustituido a la anglicana tras la revolución– habían sido claramente relegadas por su formalismo y hasta su "elitismo". Sin embargo, aunque las iglesias que habían dominado Estados Unidos desde la época colonial considerasen a éstas tres confesiones como advenedizas, en realidad, las habían aceptado. Lo que más les costó fue admitir nuevas expresiones de religiosidad muy radicales y desconocidas hasta entonces. Algunas con grandes matices filosóficos que calaron entre las élites culturales americanas. Otras más emotivas y pasionales que llegaron a los aislados colonos del norte y del oeste de Estados Unidos y a las clases populares urbanas.

Unas de las críticas más duraderas a las iglesias tradicionales se extendió por Estados Unidos, a partir de 1819, cuando William Ellery Channing (1780-1842) pronunció un sermón definiendo la posición del grupo de los unitarios y exigiendo un lugar para ellos dentro de la tradición cristiana. Channing nació en Newport, Rhode Island y recibió una esmerada educación, licenciándose en Harvard en 1798. Pertenecía, pues,

141

a las élites sociales y culturales que habían detentado el poder desde la época revolucionaria. Interesado por la teología, tras una relectura profunda de las escrituras, consideró que algunos aspectos del protestantismo no tenían base en los textos. Así inició una crítica racional al dogma de la Trinidad. También criticó la idea de la condición pecadora del hombre por naturaleza así como la de la divinidad de Cristo. Defendió, con argumentos lógicos, la bondad de Dios, la virtud esencial, y la posibilidad de perfección de la naturaleza humana alejándose así del calvinismo en el que se había formado. "El principal argumento en contra del calvinismo (…) es el argumento moral (…) es obvio que una doctrina que contradice nuestras mejores ideas de bondad y justicia no puede proceder del Dios de la bondad", afirmaba Channing en su *Argumento moral en contra del calvinismo*, publicado en 1820. Dudó en adoptar el nombre de unitarios para él y para sus seguidores porque temía que se les agrupase, pecando así de la misma rigidez interpretativa de los otros grupos religiosos. Temía la "ortodoxia" del Unitarismo. Desde su viaje a Europa, en 1822, la producción escrita de William Ellery Channing se diversificó. Sus trabajos sobre Milton, Fenelon, y Napoleón fueron muy populares. Así no sólo influyó en las creencias. Su impacto en la literatura norteamericana ha sido inmenso. Escritores como Emerson, Longfellow, y Lowell reconocieron su deuda con el gran escritor unitario.

Algo más tarde, entre 1830 y 1850, en los estados de Nueva Inglaterra surgió un movimiento espiritual, cultural y filosófico: el Transcendentalismo que, sobre todo, a través de las obras de Ralph Waldo Emerson (1803-1882) ha influido en la cultura y en la sociedad norteamericana desde entonces. Eran considerados transcendentalistas un grupo de ensayistas y poetas muy influidos por Platón, Plotinio, las filosofías orientales, y por el idealismo alemán, y el romanticismo inglés que vivieron y crearon en los estados de Nueva Inglaterra. Muchos habían engrosado las filas del unitarismo pero pronto fueron críticos con su formalidad y su frialdad racional. Así Emerson, que había iniciado su vida como pastor unitario, en 1832, con 29 años, abandonó ese apostolado y se convirtió en un predicador laico que difundía una nueva certeza. Ralph Waldo Emerson, y la mayoría de los transcendentalistas, reivindicaban una vida espiritual más individual, cálida e intuitiva que la que ofrecían la mayoría de los credos formales y organizados del protestantismo incluido el unitarismo. Para ellos el hombre tenía capacidad para conocer la verdad intuitivamente en un mundo de equilibrio y de paz. El amor por el "sabio" mundo natural también fue una de las características que les unió. Los escritores transcendentalistas no sólo reflexionaron. Henry David Thoreau (1817-1862) estuvo viviendo como un anacoreta en Walden Pond, un lugar solitario que pertenecía a su maestro y amigo Emerson, para probar las teorías del transcendentalismo. Sobre todo la certeza de que el ser humano debe seguir su propia intuición y la recomendación de vivir en comunión con la naturaleza. En su obra *Walden* (1854) expuso, con una prosa magnífica, sus conclusiones. "Fui a los bosques porque deseaba vivir deliberadamente, afrontar sólo los hechos esenciales de la vida, y saber que podía aprender lo que la vida nos puede enseñar y no quería descubrir, en el momento de la muerte, que no sabía nada de la vida", escribía Thoreau, "No deseaba vivir una vida que no lo era. La vida es muy querida (…) quería vivirla intensamente y absorberla hasta la médula". El transcendentalismo estuvo muy conectado con la pequeña población de Concord, en Massachusetts, muy cerca de Boston y de la Universidad de Harvard, de su biblioteca y de sus excelentes librerías. Muchos de los transcendetalistas no sólo habían estudiado en Harvard sino que además enseñaban en la prestigiosa Universidad. En Concord vivieron Emerson y Thoreau. También el novelista Nathaniel Hawthorne, le escritora feminista Margaret Fuller, el impulsor del unitarismo, William E. Channing, el reformador social y educador Bronson Alcott, y el abolicionista Theodore Parker. Todos formaron parte del Club transcendentalista celebrando reuniones cuya composición cambiaba. También fueron los responsables de la prestigiosa publicación *The Dial*, durante cuatro años.

Además de los transcendentalistas existieron, por todos Estados Unidos, espiritistas. Fue una corriente que penetró en todas las clases sociales. En 1848 las hermanas Fox proclamaron en Hydesville, Nueva York, que el espíritu humano permanecía entre nosotros más allá de la muerte. Las hermanas decían hablar con los espíritus a través de golpes asestados en la mesa. La fuerza espiritual ocasiona fenómenos, según ellas, de levitación. Los espiritistas lograron en diez años una gran cantidad de seguidores llegando a controlar más de 67 periódicos y revistas.

Pero si bien el unitarismo, el transcendentalismo, y el espiritismo fueron expresiones del espíritu que se alejaban de las iglesias constituidas protestantes, existieron otras expresiones de religiosidad que calaron profundamente entre las clases populares norteamericanas, que se organizaron como verdaderas iglesias constituidas. Fueron consideradas demasiado extravagantes por la mayoría de los credos tradicionales.

El evangelismo surgió como otro de los frutos del Segundo Gran Despertar. Este nuevo credo religioso que defendía la consecución de la salvación a través de la fe personal, era una creencia más democrática y su práctica mucho más emotiva que la de las otras confesiones protestantes. La preocupación por el pecado pervivía y aparecía en sermones que reproducían con mucho realismo la condena al fuego eterno. Pero existía un camino hacia la salvación mucho más amplio que en el periodo colonial. El pecado original, que tanto atormentaba a los primeros colonos, fue sustituido por una creencia más optimista: la voluntad de ser salvado era suficiente para el premio eterno. Muchas de las expresiones del evangelismo estuvieron relacionadas con la práctica religiosa del Oeste. Allí la presencia de las iglesias tradicionales fue débil y los colonos organizaban grandes reuniones religiosas al aire libre. Se reunían fieles de distintos credos y permanecían rezando y cantando durante días. Fue en una pequeña población del Oeste, en Can Ridge, Kentucky, donde, James MacGready, pastor presbiteriano, dirigió emotivas reuniones al aire libre con grandes y visibles expresiones de fervor espiritual. En una ocasión llegaron a reunirse más de 20.000 personas durante una semana, cantando y orando. Y fue toda una hazaña porque entonces los pueblos de Kentucky no alcanzaban los 2.000 habitantes. Estas acampadas al aire libre organizadas por los pastores evangélicos fueron comunes en toda la expansión hacia el Oeste. Constituían una forma de encuentro entre los colonos que vivían aislados y que habían emigrado de distintas partes de Europa o de América. El evangelismo les unía y reforzaba la identidad americana. Muchas veces las capillas para estas reuniones eran los primeros edificios públicos que se alzaban en los nuevos pueblos.

También el Segundo Gran Despertar tuvo un gran arraigo en el Sur. Fue con esta inmensa expresión de religiosidad cuando muchos esclavos se convirtieron al cristianismo. También entre los afroamericanos libres del Norte se impulsó la religiosidad. La Iglesia metodista episcopaliana africana, creada por afroamericanos, y los baptistas comenzaron una acción misionera sin precedentes entre aquellos.

Estas expresiones del evangelismo pronto transcendieron al Oeste y al Sur y calaron en la población urbana, de origen europeo del centro y del este de Estados Unidos, desasosegada por las consecuencias visibles de la primera revolución industrial. En el Estado de Nueva York, Charles Grandison Finney, un antiguo abogado reformado, tras una conversión muy emotiva, en pastor itinerante logró muchas conversiones. Fue quizá el mas grande de los predicadores evangélicos norteamericanos. En Ithaca, Nueva York, surgieron los primeros acólitos a sus doctrinas. Él consideraba, igual que todos los evángelicos, que el hombre podía ser el protagonista de su salvación. En el Estado de Nueva York sus mítines fueron muy populares. En Róchester, durante el invierno de 1830, sus actos se llenaron todas las noches y las conversiones y la confesión pública de pecadores fueron habituales. Tanto Charles Finney como su mujer Lydia dominaron la vida de Rochester. Visitaron todos los hogares para lograr conversiones y Lydia dirigía reuniones caritativas con las mujeres de la localidad. "Las únicas conversaciones que escuchas por las calles son las que se centran en la religión", comentaba un vecino de Rochester en 1830.

Pero existieron movimientos más radicales. Si bien la mayoría de los protestantes del Norte de la costa este de Estados Unidos, raramente hablaba del milenio, estos nuevos evangélicos eran postmilenaristas. Creían que la segunda venida de Cristo llegaría tras un milenio de caminar hacia la perfección gracias a la labor misionera. Sin embargo, algunos evangélicos como los baptistas, metodistas, y los discípulos de Cristo defendían que el cataclismo llegaría violentamente y que le seguirían mil años de gobierno de Cristo en la tierra. Pero otros fueron más allá. Surgieron muchos profetas que preconizaron la inminente llegada del fin del mundo. El que más seguidores alcanzó y también el más preciso en sus predicciones fue William Miller. Un baptista del estado de Nueva York que tras años de estudios de las profecías bíblicas, según él, sistemáticos, llegó a la conclusión de que la segunda venida de Cristo sería en el año 1843 o 1844. Sus miles de seguidores vivieron momentos críticos esperando la temida llegada. Las continuas correcciones de sus cálculos, le permitieron crear y dirigir la Iglesia adventista en 1845.

También en el Estado de Nueva York, concretamente en Palmyra, Joseph Smith experimentó una serie de revelaciones en las que el ángel Moroni le señaló que Dios le había elegido para restaurar la iglesia de Cristo. Además le permitió encontrar las tablas doradas cuyas inscripciones contenían la historia verdadera de la iglesia en América. Tras ser capaz de transcribir su contenido con ayuda de "la gracia divina", Smith lo publicó en Palmira, Nueva York, en el año 1828, con el título del *Libro del Mormón*. Joseph Smith y sus seguidores fundaron La Iglesia de Jesucristo y de los Santos de los últimos días también conocida con el apelativo de la Iglesia mormona. Defendían que habían restaurado la primitiva iglesia creada por Jesús y sus discípulos. La Iglesia aceptaba el *Antiguo Testamento*, el *Nuevo Testamento*, y el *Libro del Mormón*. Mientras Smith vivió, las comunidades mormonas tuvieron problemas en los pueblos y comunidades ya establecidos. Fueron perseguidos y emigraron de Nueva York a Ohio, de ahí a Missouri y de allí a Nauvoo, en Illinois. Durante las persecuciones muchos mormones fueron atacados y maltratados. El propio Joseph Smith y su hermano Hyrum, que habían sido encarcelados en Nauvoo al principio de una revuelta antimormona, fueron asesinados en 1844. Sólo cuando los mormones decidieron trasladarse al lejano Oeste, a Utah, lograron vivir en paz según su credo. En 1847 llegaba al valle de Salt Lake una avanzadilla de 148 mormones. Desde entonces arribó una media de 3.000 mormones al año procedente de otros lugares de Estados Unidos, Escandinavia, y Gran Bretaña donde los misioneros mormones habían logrado conversos. En 1900 había más de 200.000 mormones en Utah. Pero los problemas con el Estado federal no tardaron en aparecer.

A pesar de la lucha de los mormones por la creación de un estado confesional, desde el principio, el Congreso de la Unión decidió una configuración del territorio de Utah que incluía no sólo el enclave mormón de Utah sino también el actual estado de Nevada. Aunque el primer gobernador del territorio fue mormón, sus sucesores no lo fueron e insistieron en que los mormones cumplieran las leyes federales. El enfrentamiento de Utah con las autoridades federales fue habitual por tres motivos:

los mormones siempre intentaron controlar la vida política y moral del territorio a expensas de las minorías no mormonas; concedían privilegios comerciales a los miembros de su propia comunidad y, lo que para la mayoría de los norteamericanos era lo más incomprensible y chocaba con la tradición jurídica occidental, estaba permitida la poligamia. Durante la presidencia de James Buchanan el conflicto fue radical. Según las autoridades federales los mormones discriminaban a los "infieles" que vivían en Utah. En 1857 el presidente declaró a Utah estado "en rebelión" enviando al Ejército que ocupó el territorio hasta 1861. En el año 1887 se promulgó el Acta Edmund-Tucker que pretendía suprimir el enorme peso de la Iglesia mormona en la vida y en la política de Utah. Así concedía la ciudadanía política a las mujeres, depositaba el desarrollo de las elecciones del territorio en las manos de una comisión designada por el presidente de Estados Unidos, y exigía el permiso de la autoridad local de todos los actos de la Iglesia mormona salvo en la celebración del culto ordinario y en la de funerales. Sólo cuando en 1896 los mormones aceptaron cumplir las leyes federales, el territorio de Utah se convirtió en un estado más de Estados Unidos.

Comunidades utópicas

Pero además de este renacer de la religiosidad popular, el creciente romanticismo del Segundo Gran Despertar pronto provocó una corriente de reforma que iba mucho más allá de los objetivos estrictamente evangélicos. Proliferaron, por un lado, las comunidades utópicas muy influidas por el socialismo utópico europeo y, también, irrumpieron los movimientos de reforma que pretendían el cambio social y la regeneración moral de la nación americana. Así surgieron multitud de asociaciones que tenían finalidades diversas. Abolicionistas, reformadores educativos, pacifistas, luchadores a favor de la templanza, asociaciones para ayudar a los disminuidos, cruzadas contra la lujuria masculina –*male lust*– y feministas y todas apoyaban, desde valores tradicionales y convencidos de la decadencia moral de la sociedad americana, su regeneración.

Los movimientos utópicos del siglo XIX fueron la respuesta lógica a las graves consecuencias sociales causadas por la industrialización. Los cambios se habían acelerado y la pobreza, el abuso y el el desequilibrio inundaban las ciudades. La racionalidad había ocasionado desigualdades, enfermedad y muerte y muchos querían desandar los caminos emprendidos por la civilización occidental. Querían, a través de sus experiencias, crear paraísos equilibrados, bellos y racionales.

Los movimientos utópicos fueron más abundantes en Estados Unidos que en Europa. En cierta medida, la experiencia decimonónica reproducía la percepción europea de que América era un continente virgen y sin historia. Y eso era una ventaja para las experiencias utópicas. Si pretendían crear comunidades perfectas articuladas en diseños pensados por "fundadores", era mejor comenzar en una tierra virgen. Alejarse de tradiciones y leyes que dificultarían la puesta en marcha de las diferentes "utopías". Además el sistema político de Estados Unidos era admirado por liberales, republicanos y socialistas de toda Europa que consideraban que sus postulados serían mejor comprendidos allí. Fueron sobre todo Robert Owen, Charles Fourier y Etienne Cabet los pensadores utópicos, de origen europeo, que más influyeron en América.

En 1824, Robert Owen (1771-1858) que había logrado introducir con éxito en la fábrica textil de New Lanark, en Escocia, el principio cooperativo, consideró que debía profundizar en los resultados. Además debía hacerlo en Estados Unidos. Afirmando que el hombre es producto de sus circunstancias, impulsó el principio de que si queremos un grado similar de moralidad en todos los hombres es necesario lograr la igualdad económica. Proponía la creación de comunidades, que aplicaran principios ideales de funcionamiento según su reflexión racional. Owen, como todos los pensadores que Carlos Marx y Federico Engels denominaron utópicos, confiaba en que el ejemplo de sus comunidades bastaría para convencer a la humanidad y caminar hacia la perfección de las organizaciones sociales, económicas, y políticas. Cuando a Robert Owen le ofrecieron la posibilidad de comprar New Harmony, cerca del río Wabash, en Indiana, accedió. Era una propiedad de más de 10.000 hectáreas que había pertenecido a un grupo de campesinos de origen alemán de la secta de los harmonistas que destacaban porque vivían en comunidad y compartían el trabajo y el gasto. Era perfecta para implantar su comunidad ideal. Nada más llegar a Estados Unidos, Robert Owen pronunció una conferencia en la Casa Blanca a la que acudió el presidente John Quincy Adams. La fama de Owen era inmensa. A New Harmony acudieron americanos de toda partes, y también de todos los credos, que conocían la obra y la vida de Owen y que estaban seguros de su éxito. En 1825 se creó la comunidad y comenzó a funcionar según los escritos de Owen. En 1826, al regresar de uno de sus numerosos viajes a Inglaterra, Robert Owen escribió un texto titulado "La comunidad igualitaria de New Harmony". Todavía era optimista y quería enseñar al mundo el modelo comunitario que había creado. En su escrito Owen defendía que todos los miembros de una comunidad debían sentirse miembros de la misma familia. Tenían que vestir de forma similar, que recibir los mismos alimentos, y la misma educación. A su vez sus viviendas debían ser similares. Sin embargo la experiencia de Owen en Indiana fue un rotundo fracaso. Pronto surgieron los problemas y Nueva Armonía se transformó en un lugar de enfrentamientos y disputas. "He ensayado aquí un nuevo camino, con la esperanza que cincuenta años de independencia política habrían preparado a la población americana para gobernarse a sí misma (…) la experiencia ha demostrado que es prematuro unir a extraños que no han sido educados para ello", afirmaba Robert Owen en un discurso dirigido a los habitantes de su comunidad utópica reconociendo su fracaso en 1828. Pero Owen no se detuvo. Caló mucho en la América del siglo xix. Entre 1825 y 1830 se fundaron un total de doce comunidades que seguían sus principios.

Otro de los grandes utópicos europeos, el francés Charles Fourier (1772-1837), también influyó en Estados Unidos. La sociedad debía organizarse, según él, en falanges, constituidas por grupos de personas, nunca superiores a los 1.620 individuos. Éstos habitarían tierras de propiedad comunal y vivirían de los productos agrícolas y también de la artesanía. Arthur Brisbane (1809-1890), seguidor de Fourier y autor de *The Social Destiny of Man* (1840), fundó varios falansterios en Estados Unidos. El de más larga vida fue el de Red Bank en Nueva Jersey.

También los transcendentalistas estaban convencidos de las bondades de los falansterios. En 1841, George Ripley (1802-1880), antiguo ministro unitario, y punto de contacto entre el transcendentalismo y otras ideas más radicales, fundó Brook Farm. "Nuestro objetivo, como sabes, es asegurar una unión más natural entre el trabajo intelectual y manual del que ahora existe, combinar al pensador y al trabajador (...) en un mismo individuo; garantizar la máxima libertad mental...", escribía Ripley a su querido amigo Emerson en 1840. Si bien al principio la comunidad seguía los principios establecidos por Ripley, a partir de 1844 se organizó siguiendo los principios de Charles Fourier convirtiéndose en un pequeño falansterio. Otros miembros de *Brook Farm* fueron Sophie Riplay, Nathaniel Howthorne y Charles Dana. Además Ralph Waldo Emerson, Albert Brisbane, Margaret Fuller, y Channing visitaron con frecuencia Brook Farm. Entre 1840 y 1850 se fundaron más de cincuenta falansterios en Estados Unidos.

También se crearon comunidades icarianas. Fue el francés Etienne Cabet (1788-1856) su inspirador. Cabet, en su *Viaje a Icaria*, influido por Robert Owen, resumió los principios organizativos de estas comunidades. El entorno, para Cabet, era el responsable de la conducta humana. En una sociedad igualitaria, la naturaleza humana florecería de forma racional y equilibrada. El 3 de febrero de 1848, sesenta y nueve seguidores franceses de Cabet zarparon del puerto de Le Havre para fundar su primera comunidad cerca de Justin, Texas. Sin embargo no crearon una comunidad estable. La obligación federal de construir una vivienda por parcela otorgada y vendida dificultaba su modelo de vida comunal. El clima y el ambiente de Justin era muy distinto al de su Francia natal y muchos enfermaron. Los icarianos decidieron abandonar Justin y se refugiaron en la ciudad de Nueva Orleáns. Lo intentaron de nuevo ocupando la antigua comunidad mormona de Nauvoo, en Illinois, que tampoco tuvo éxito. Aún así, siguieron fundando comunidades icarianas en Estados Unidos hasta 1898.

LOS MOVIMIENTOS DE REFORMA ROMÁNTICOS

Además de los movimientos religiosos y de las experiencias utópicas, durante el siglo XIX existió una eclosión de movimientos de reforma. Los reformadores, a diferencia de las experiencias utópicas, creían en las mejoras graduales. Con su lucha, el sistema legal, económico, educativo y social podría limar aquellos aspectos que causaban desigualdad mejorando así la situación de toda la comunidad política.

Estos movimientos fueron muy numerosos. Grandes cantidades de personas eran susceptobles de ser rescatadas. Así se movilizaron por la educación, pero no sólo para los niños y niñas comunes. También había que reflexionar sobre la educación de los invidentes, de los sordomudos y de todas las "minorías". Además les preocuparon los enfermos mentales, los alcohólicos, los presos, las prostitutas, los pobres, los enfermos, los jugadores, los esclavos, los indígenas y también todas las mujeres.

Los movimientos de reforma tuvieron una estructura similar en Europa y en América. Eran movimientos cívicos alejados de la estructura política tradicional. Los reformadores prefirieron como vehículo de lucha la asociación frente al partido político. Más espontáneas, menos rígidas, las asociaciones se alejaban del exclusivismo racionalista de los partidos políticos tradicionales y permitían participar a todos aquellos que habían permanecido alejados de la vida pública. Además, la política tradicional, durante el primer tercio del siglo XIX, era cuestionada por los reformistas en Estados Unidos. Los partidos políticos eran acusados de sacrificar a individuos y a grupos sociales por el llamado "interés nacional". El alejamiento de los reformadores de la lucha partidista y de la vida política fue una realidad. Por supuesto que muchos reformistas estaban privados del derecho al voto a comienzos del siglo XIX, pero todavía no lo consideraban necesario. La abstención en los procesos electorales era siempre defendida por los movimientos de reforma. "Lejos está de mí animar a las mujeres al voto" –declaraba la abolicionista y feminista Lucretia Mott en uno de sus primeros discursos– "o tomar parte activa en política en la situación actual de nuestro gobierno (...) Deberían los hombres también dejar de participar", concluía.

La forma de lucha de estas asociaciones para lograr la reforma moral de la sociedad americana consistía en la persuasión a través del ejemplo y la utilización del derecho de petición. Celebraban asambleas, reuniones, y multitud de conferencias. Muchos reformistas, siguiendo el espíritu de la época, fueron profundamente religiosos. Además estaban interesados en distintas causas y participaban en varias asociaciones de forma simultánea. Para ellos fue esencial la aparición de la prensa de masas. La introducción de la imprenta movida por la máquina de vapor posibilitó multiplicar el tamaño de las ediciones de las tiradas de los panfletos y de la prensa periódica.

Los reformadores potenciaron por un lado la reforma de las instituciones que atendían a las necesidades de los dependientes y también pidieron una ampliación de los derechos civiles para mujeres, esclavos, indígenas y extranjeros.

Las mujeres, desde el principio, quizá porque siempre habían sido representadas como seres caritativos y piadosos, estuvieron involucradas en los movimientos de reforma y llegaron a existir asociaciones donde las mujeres fueron mayoría.

Uno de los mayores impulsos reformistas estuvo relacionado con la educación. A pesar de la importancia de la educación en la sociedad colonial americana, la mayoría de las escuelas seguía siendo privadas a comienzos del siglo xix. En 1827 el estado de Massachusetts legisló estableciendo que la educación primaria sería obligatoria y que se impartiría en escuelas públicas financiadas, a través de los impuestos, por el estado. Mientras el reformador Horace Mann (1796-1859) fue secretario de la Oficina de Educación de Massachusetts se impulsaron medidas importantes. Se establecieron planes de estudio similares para todas las escuelas, se formó a los profesores y se impulsaron, a su vez, sistemas de calificación compatibles. Pronto la educación para niños blancos entre 5 y 19 años fue común. Bien es verdad que en las zonas rurales las escuelas abrían sólo durante unos meses al año. Esta expansión de la educación pública trajo nuevas oportunidades a las mujeres. También fue Horace Mann el que insistió en que, para que los niños pudieran aprender, se necesitaba que el ambiente escolar fuera tranquilo y placentero. Para ello era imprescindible separar a los niños por edades. Así los mayores no molestarían a los más pequeños y éstos no entorpecerían el aprendizaje de los más avanzados. Las mujeres, de nuevo, según la representación decimonónica de su entidad femenina, eran las mas adecuadas para transmitir tranquilidad y bondad, sobre todo a los más pequeños. Estas maestras tenían que ser educadas. Se crearon numerosos centros educativos para mujeres.

También las mujeres destacaron en otros movimientos sociales. El movimiento de Reforma Moral comenzó en Nueva York, en 1834, con la creación de la Sociedad Femenina de Reforma Moral que pronto tuvo más de 15.000 afiliadas. La sociedad neoyorquina se transformó en 1840 en la Sociedad Nacional de Reforma Moral. Sus objetivos eran tajantes. Querían terminar con lo que denominaban la doble moral, que según ellas, prevalecía en la sociedad americana. La redención de prostitutas, el cierre de locales, la prohibición del consumo y venta de alcohol, fueron sus prioridades. Si bien al principio contrataron agentes masculinos para desempeñar esas funciones pronto las mujeres abandonaron el ámbito doméstico y se comprometieron con la nueva causa. Visitaron prostíbulos y cárceles y comenzaron a utilizar el derecho de petición para proponer leyes a las legislaturas estatales. También fundaron casas de acogida y refugios. Las neoyorquinas abrieron una Casa de Recepción como refugio de prostitutas. Las bostonianas fundaron una Casa para Mujeres Desprotegidas y un Refugio para Mujeres Inmigrantes.

El movimiento para crear instituciones para los enfermos mentales fue muy activo. Dorothea Lynde Dix (1802-1887), dirigía un colegio para niñas en Boston y, tras enseñar también en cárceles de mujeres, se percató de la existencia de mujeres con problemas mentales recluidas como si fueran delicuentes. Comenzó a luchar para establecer instituciones propias para los enfermos mentales. Dorothea elaboró informes para las legislaturas de casi todos los estados describiendo la deplorable situación de estos enfermos. Sus esfuerzos contribuyeron a la creación de un asilo público para enfermos mentales en Massachusetts. Sus escritos y el ejemplo de la institución de Massachusetts obtuvieron sus frutos. En 1860, veintiocho estados contaban con instituciones públicas de estas características.

Pero existieron otros movimientos reformistas en donde participaban tanto hombres como mujeres. El más numeroso fue el que luchaba a favor de la moderación. La Sociedad Americana a Favor de la Templanza contaba, en la década de los treinta, con más de 200.000 miembros. Estaba dominada por evangélicos y en sus reuniones utilizaban las mismas tácticas. Espectaculares reuniones, cánticos, rezos y presiones de todo el grupo para "animar" a los bebedores a levantarse, reconocer su debilidad, y "aceptar el juramento" de abstinencia. Las mujeres vinculadas al movimiento a favor de la templanza, como en todos los movimientos de reforma, contaron con agrupaciones paralelas, separadas de las organizaciones masculinas. Las sociedades femeninas de las Hijas de la Templanza no tenían derecho a participar en los procesos de decisión de las Asociaciones estatales a Favor de la Templanza ni en los de la Sociedad Nacional. Existió, al igual que en otros movimientos de reforma, un duro debate sobre la situación de las mujeres dentro de las organizaciones. Cuando una de las líderes del movimiento, Susan B. Anthony, fue interpelada por haber intentado hablar en una de las Convenciones, muchas mujeres abandonaron el movimiento creando una asociación de templanza constituida exclusivamente por mujeres. En la Sociedad de Templanza de Mujeres, liderada por Susan B. Anthony, los varones podrían asistir a las convenciones pero nunca participar en los procesos de decisión. En la primera Convención de la nueva asociación femenina, una de las futuras líderes del feminismo americano, la abolicionista y luchadora a favor de la templanza, Elizabeth Cady Stanton propuso que el alcoholismo fuera una de las causas para lograr el divorcio. Consideradas radicales en exceso por la mayoría de los reformistas que, desde luego, defendían que los votos maritales no debían romperse con esa facilidad, Susan B. Anthony y Elizabeth Cady Stanton se fueron quedando solas. En la siguiente convención de la Sociedad de Mujeres para la Templanza, la mayoría de mujeres reformistas decidieron rehacer los Estatutos y olvidarse del problema de la segregación de las mujeres en las Asociaciones de Templanza. Tan pronto como los hombres fueron ocupando puestos de responsabilidad cambiaron el nombre de la Asociación por el de la Liga del Pueblo. Anthony y Stanton decidieron olvidarse de redimir a los otros para ocuparse de la lucha por los derechos imprescindibles para que las mujeres americanas pudieran ejercer la libertad individual.

El movimiento antiesclavista

De todos los movimientos de reforma románticos el más importante para la historia de Estados Unidos fue el antiesclavista. También, como los otros movimientos de reforma, tuvo su origen en el Segundo Gran Despertar. Tres flujos confluyeron en el gran renacer del antiesclavismo en Estados Unidos. Por un lado, la tradición cuáquera que, desde siempre, se había opuesto a la esclavitud. Y era lógico. La defensa de que todos los seres humanos son capaces, a través de una luz interior de percibir a Dios iguala, en su esencia, a todos los seres humanos. En segundo lugar también la población libre de origen africano se movilizó en el Norte para terminar con "la nefasta institución" y, por último, los reformadores románticos también quisieron "rescatar" al esclavo.

El debate de la esclavitud estuvo presente en Estados Unidos desde muy pronto. Pero la implantación de la Confederación, primero, y de la Federación, después, permitió que existieran grandes diferencias entre los estados. En Estados Unidos, los derechos mínimos para el ejercicio de la libertad individual, lo que después los científicos sociales denominaron derechos civiles, fueron competencia de cada uno de los estados. Es verdad que durante la Guerra Civil e inmediatamente después de ella se introdujeron enmiendas a la Constitución que abolían y dotaban de derechos ciudadanos a los antiguos esclavos. Pero, de nuevo, la lectura desigual que los distintos estados hicieron de la Constitución permitió el inicio de la segregación.

Ya en la época de la Confederación, la Ordenanza del Noroeste, que como señalamos regulaba la expansión territorial de Estados Unidos, prohibió la esclavitud en la parte Norte de los Apalaches pero no hizo ninguna mención para los otros territorios. En 1800 la mayoría de los estados del Norte habían prohibido la esclavitud y habían logrado introducir en las instituciones federales un debate sobre el tráfico de esclavos. Así, en 1808, el Congreso de Estados Unidos promulgaba una ley prohibiendo el comercio con esclavos.

En 1820 el debate sobre la esclavitud fue muy intenso y preocupó a toda la nación. Las diferencias entre los estados del Norte y los del Sur comenzaban a agrandarse. Y los intereses políticos y económicos muchas veces eran antagónicos. Estados Unidos expandía muy deprisa sus fronteras. Adquirió, como ya hemos señalado, Luisiana (1803) y también Florida (1819) y de esos territorios estaban surgiendo nuevos estados. Cuando eran los colonos del Norte los que colonizaban territorios, y estos se transformaban en estados, las tradiciones políticas, económicas y sociales que imperaban eran las del Norte. Pero cuando los sureños se movieron hacia Alabama, Misisipi, y Luisiana llevaron sus esclavos y sus instituciones.

En 1819 las dos visiones del mundo, la del Norte y la del Sur, chocaron en un territorio: Missouri que había sido poblado desde

Kentucky y Tennessee con un modelo de plantación y de trabajo esclavo. Cuando solicitó su incorporación a la Unión, en 1819, lo hizo como estado esclavista. La mayoría de los estados libres del Norte se preocuparon. El equilibrio en las instituciones federales entre los estados libres y esclavistas parecía romperse. Al solicitar Missouri la incorporación a la Unión, existían once estados que permitían la esclavitud y once en donde ya se había prohibido. En la representación del Senado, donde cada estado estaba representado por dos senadores, había equilibrio pero se rompería con la entrada de Missouri. Los sureños, sin embargo, argumentaban que en la Cámara de Representantes, en donde la representación era proporcional al número de ciudadanos, los intereses de los estados libres estaban mucho mejor representados. Y tenían razón. El Norte iniciando su proceso de industrialización atraía a sus ciudades a un número inmenso de trabajadores de origen europeo. El Sur, además, con ciudades de menor tamaño privaba del derecho de ciudadanía a toda su población esclava. En la Cámara existían 105 representantes, de los once estados libres, frente a sólo 85, de los once estados esclavistas.

El debate arrancó cuando el senador James Tallmadge defendió que sólo debía aceptarse a Missouri en la Unión si se comprometía a una abolición gradual de la esclavitud. El debate, que duró más de un año, fue muy encarnecido. Los Estados del Sur consideraban que la esclavitud era lícita y, además, interpretaban la Constitución de forma radicalmente opuesta. Para los Estados del Sur las instituciones federales no debían inferir en los derechos mínimos para el uso de la libertad individual. El Congreso de la Unión no tenía potestad sobre los derechos civiles. Para ellos el texto fundacional dejó bien claro que éstos eran competencia de cada uno de los estados. El debate sobre la esclavitud involucró a todos. Los antiesclavistas históricos, como los cuáqueros, se movilizaron y organizaron asambleas y mítines antiesclavistas en todas las ciudades del Norte. Muchos estados del Sur se sentían agraviados y por primera vez se olfateaba el peligro de la secesión. Los sureños insistían en que la esclavitud no era un tema que pudieran debatir las instituciones federales. Al final, los estados alcanzaron un compromiso y lograron alejar durante un tiempo sus inmensas diferencias.

El Compromiso de Missouri, de 1820, logró mantener el equilibrio entre estados libres y esclavistas. Maine, que se había separado de Massachusetts y solicitaba su entrada en la Unión sería el duodécimo estado libre. Así, la incorporación de Missouri como estado esclavista no inclinaba la balanza. También se proclamó que en el resto de los estados que surgieran del inmenso territorio de Luisiana tendrían que respetar una línea imaginaria trazada por los 36º 30' de latitud Norte. Los estados que se formasen al Sur de las línea podrían incorporarse como estados esclavistas. Los que se creasen al Norte debían ser libres.

El Compromiso de Missouri mostraba que la esclavitud era ya uno de los graves conflictos de la nación americana. Un problema político que empezaba a ser considerado, por muchos reformadores sociales, como un importante problema ético.

Si desde la época colonial los cuáqueros parecían estar solos frente al problema de la esclavitud pronto lideraron diferentes movimientos antiesclavistas. A través de la American Colonization Society –ACS– creada en 1817 por cuáqueros antiesclavistas del Norte y, también, por plantadores sureños de los estados fronterizos a los estados libres, pretendieron "devolver" a África a los esclavos. Detrás estaba una percepción de la imposibilidad de la convivencia entre los pobladores de origen europeo y los de origen africano. Desde luego no consideraban que todos los hombres fueran iguales. Si los miembros de la ACS se oponían a la esclavitud era porque ésta violaba el principio de libertad. Pero los hombres libres no tenían que ser, según los creadores de la sociedad, iguales. Y, para ellos, los afroamericanos no podrían contribuir a crear la nación americana.

La ACS compró tierras, en 1821, en la costa norte de Sierra Leona y comenzó a enviar a antiguos esclavos a esa nueva "colonia" bautizada como Liberia, cuya capital Monrovia recibió el nombre en honor del entonces presidente Monroe. Sin embargo la ACS no trabajó con eficacia. En 1830 sólo había enviado a Liberia a unos 1.500 antiguos esclavos.

También muchos afroamericanos libres se organizaron pronto contra la esclavitud. Con anterioridad a 1800 existían asociaciones en Filadelfia de negros libres que denunciaban con dureza la esclavitud sureña. En 1830 se computaron más de cincuenta sociedades antiesclavistas configuradas por militantes afroamericanos.

Desde 1821 aparecieron publicaciones periódicas que exigían la abolición de la esclavitud. *The Genious of Universal Emancipation*, editado por el cuáquero Benjamin Lundy (1789-1839), proponía un abolicionismo de "rama de olivo". Persuasión, libertad gradual, y comprensión para los dueños de esclavos eran sus objetivos. Pero también surgió un movimiento abolicionista radical encabezado por William Lloyd Garrison (1805-1879). Su periódico *The Liberator*, publicado en Boston desde 1831, era "áspero como la verdad, intransigente como la justicia e incorrupto por la moderación". Y ya no luchaba por la abolición gradual de la esclavitud. La liberación de los esclavos debía ser inmediata y sin recompensas para los "señores" de las plantaciones.

De las publicaciones pronto se pasó al activismo político. Los seguidores de Garrison se aliaron con otro antiesclavista convencido: Dwight Weld (1803-1895). En 1833 Weld se inscribió en el seminario Lane, en Cincinnati. Haciendo proselitismo entre sus compañeros de estudios, Weld provocó el famoso debate Lane. Fue una de las polémicas más largas de la historia. Duró dieciocho días con sus consiguientes noches y concluyó con la conversión de la totalidad del cuerpo estudiantil a la causa abolicionista. Todos ellos junto a otros abolicionistas como Arthur y Lewis Tappan crearon, en 1833, la Sociedad Antiesclavista Americana en Filadelfia. Desde el principio también la integraron muchos militantes de origen africano y muchas mujeres. Denunciaron la abolición gradual de la esclavitud así como los trabajos de la ACS. Sus actividades fueron criticadas por muchos y la violencia surgió contra ellos. En 1837 uno de sus miembros, el editor Elijah Lovejoy, fue asesinado. También se incendiaban locales y se destruían sus publicaciones. Muchas veces sus actos eran boicoteados. Aún así el movimiento fue ganando en prestigio e importancia. Entre sus oradores más queridos y famosos estaban el antiguo esclavo Frederick Douglass, la feminista Lucy Stone, y también el reformador Wendell Philips. A finales de la década de los treinta habían logrado crear más de 1.000 sociedades y tener a más de 100.000 seguidores.

Las mujeres fueron muy numerosas en la cruzada abolicionista. Al principio aceptaron su papel de meras auxiliares de las Sociedades masculinas y sus esfuerzos se limitaron a recaudar ayudas económicas para la causa. Pero pronto utilizaron tácticas nuevas y mucho más controvertidas. Organizaron campañas activas para obtener el apoyo necesario para el ejercicio del derecho de petición, convocaron convenciones nacionales, y actuaron como conferenciantes en actos públicos. Las mujeres americanas atravesaron la "esfera femenina" y se dirigieron a auditorios mixtos y, por lo tanto, "promiscuos". En 1837, la convención Nacional de Mujeres Abolicionistas resolvió: "Ha llegado la hora para las mujeres de trasladarse a esa esfera que la providencia le ha asignado y nunca más permanecerá satisfecha en los estrechos límites que debido a una corrupción de las costumbres y a una aplicación incorrecta de las Escrituras se le ha circunscrito". Pero la nueva actitud de las mujeres reformistas fue pronto criticada y además causó una grave ruptura en el movimiento abolicionista.

Desde 1836 la Sociedad Americana Antiesclavista aceptó la contratación de mujeres como militantes profesionales que recibirían un salario por su actividad como conferenciantes. Las hermanas Angelina y Sarah Grimke fueron las primeras abolicionistas sureñas y las primeras que hablaron frente asambleas de varones y mujeres. Su actitud y las críticas que recibieron las situaron en una frontera importante para el futuro feminismo. Tuvieron que reflexionar sobre la similitud entre su causa, la abolición de la esclavitud, y su propia condición de mujeres en la América del siglo XIX. Las hermanas Grimke tuvieron éxito como conferenciantes. A sus reuniones acudían mujeres y varones, muchos interesados en su discurso y otros para asistir a esas extrañas reuniones donde mujeres sureñas, que procedían de una familia esclavista, no sólo hablaban de la esclavitud sino que la relacionaban con la situación de las mujeres. La reacción en contra de las hermanas Grimké llegó a su cenit en 1837 cuando fueron acusadas por el clero de Massachusetts de asumir "el tono y el lugar del hombre como un reformador público". Su activismo, para la mayoría de los pastores protestantes, atentaba contra la ley natural. Criticando la situación de los esclavos, Angelina y Sarah, perdían "la modestia y delicadeza que constituye la verdadera influencia de la mujer en la sociedad". La respuesta de Sarah Grimke fue contundente. En su *Cartas sobre la condición de la mujer y la igualdad de los sexos*, con argumentos claramente románticos, afirmaba que los "hombres y las mujeres han sido creados iguales. Ambos son seres morales". Pero no sólo el clero protestante estaba en desacuerdo con la trasgresión de las abolicionistas. Catherine Beecher, que tanto había contribuido a la reforma de la educación femenina en Estados Unidos, alzó también su voz contra la nueva actitud de las reformistas. Coincidiendo con la posición del clero consideró que la invasión de las mujeres de la vida pública era inaceptable. "Las mujeres tienen una relación subordinada al otro sexo en la sociedad", afirmaba Catherine Beecher, "y deben confinar sus actividades al círculo doméstico" concluía. En su respuesta pública Angelina Grimke fue tajante. "Es un derecho de la mujer tener voz en todas las leyes y regulaciones por las que será gobernada" afirmaba. Además, la actitud cada vez más militante de las conferenciantes sureñas comenzó a ofender a muchas mujeres antiesclavistas que consideraron que el debate sobre la actitud de las hermanas Grimke ensombrecía la causa abolicionista.

La discusión sobre el lugar de las mujeres en el movimiento antiesclavista fue la razón de la escisión de los antiesclavistas americanos en dos grupos. Uno liderado por el editor de *The Liberator*, Garrison, aceptó que las mujeres pudieran tener las mismas facultades que los varones en las asociaciones antiesclavistas estatales y en la nacional. Podrían votar y ser elegidas para puestos de responsabilidad. Los moderados mantuvieron la segregación dentro de la organización. El debate atravesó el Atlántico y fue uno de los puntos clave de la Convención Antiesclavista Mundial celebrada en 1840 en Londres. Pero la respuesta del antiesclavismo internacional se sabía antes de ser discutida. Cuando las mujeres americanas entraron en el edificio de Londres donde se celebraba la Convención se dieron cuenta que estaban segregadas. Separadas por una cortina de los varones, las mujeres observaron, privadas del derecho a voz y voto, como se decidía su exclusión de los procesos de decisión. A la Convención asistieron Lucretia Mott y Elizabeth Cady Stanton, las dos claras seguidoras de las tesis defendidas por las hermanas Grimke. "Mientras la señora Mott y yo caminábamos hacia casa (…) comentando los incidentes del día −escribía Elizabeth Cady Stanton− decidimos tener una Convención nada más regresar a nuestro hogar, y crear una asociación para incrementar los derechos de las mujeres".

Escarmentadas de su propia situación en los movimientos de reforma, mujeres procedentes de una o de varias asociaciones decidieron movilizarse para luchar por los derechos de las mujeres. Todavía imbuidas de un fuerte romanticismo, estas primeras feministas americanas no lucharon por los derechos políticos. Querían transformar la legislación civil norteamericana fuertemente influida por el Derecho Común inglés.

Ocho años después de que Elizabeth Cady Stanton y Lucretia Mott decidieran en Londres que era imprescindible reflexionar sobre la situación de las mujeres consideraron que el momento había llegado. Desde el domicilio familiar de Elizabeth, en la pequeña localidad de Seneca Falls en el estado de Nueva York, y aprovechando una visita de Lucretia, las dos amigas publicaron una convocatoria abierta en un periódico local, de escasa tirada, para celebrar la primera Convención Nacional sobre los Derechos de las Mujeres, que se celebraría los días 19 y 20 de julio de 1948.

La Convención de Seneca Falls tuvo una gran convocatoria. Acudieron algunas mujeres y hombres de los movimientos abolicionistas y de templanza, inmigrantes irlandeses de las fábricas de Seneca Falls y también trabajadoras a domicilio para la elaboración de guantes, que era una de las actividades femeninas de la zona. El borrador que querían discutir había sido sugerido por Elizabeth Cady Stanton quién, con un espíritu romántico, consideró que sería bueno transformar uno de los documentos políticos más importantes de la Revolución Americana: la Declaración de Independencia, redactada por Thomas Jefferson. Así, corrigiendo el exclusivismo racionalista del texto fundacional, la Declaración de Seneca Falls proponía "que todos los hombres y mujeres son creados iguales y dotados por su Creador de ciertos derechos inalienables; entre ellos el derecho a la vida, a la libertad y a la consecución de la felicidad". La Declaración, siguiendo siempre el modelo de la Declaración de Independencia, también incluía un memorial de agravios. Pero en lugar de al rey Jorge III, la declaración de las mujeres culpabilizaba a los varones de una serie de "usurpaciones". En uno de los mejores resúmenes de las situación de las mujeres americanas a mediados del siglo XIX, la Declaración de Seneca Falls recordaba que "El hombre ha hecho que la mujer, si estaba casada, estuviera ante los ojos de la ley, civilmente muerta (…) que él ha monopolizado todos los buenos trabajos (...) que le ha negado el acceso a la educación universitaria (...) que le ha reducido tanto en la Iglesia como en el Estado a una posición subordinada (...), que ha dado al mundo un diferente código moral para hombres y mujeres (...) que ha usurpado la prerrogativa de Jehová, considerando que era su derecho asignar a la mujer una esfera de acción (...) cuando esa prerrogativa pertenece a su propia conciencia y a su Dios" –continuaba la Declaración de Seneca Falls– "Él ha pretendido, en la medida de sus posibilidades, destruir la confianza en ellas mismas, que perdieran su autoestima, y hacer que llevasen una vida de abyección y dependencia". La Declaración concluía con la propuesta de doce resoluciones. Las primeras once fueron aprobadas por unanimidad. Entre ellas destacaban la exigencia de las mujeres al derecho de propiedad, a administrar sus ingresos, al ejercicio de la libertad de expresión, al derecho al divorcio, al ejercicio de todas las profesiones y a la educación superior. Todas estas reflexiones y proposiciones, todavía muy vinculadas al romanticismo americano, ni siquiera fueron discutidas por los participantes en la Convención de Seneca Falls. Sin embargo, la resolución duodécima causó un verdadero alboroto en la audiencia. Elizabeth Cady Stanton se había adelantado a su tiempo al intentar introducir el derecho al sufragio femenino. Incluso su íntima amiga y colaboradora, Lucretia Mott, estaba escandalizada por semejante idea. Sin embargo, ante la firmeza de Stanton y deseando todos que el movimiento naciera sin fisuras, se aprobó la última resolución con una escasa mayoría. La Declaración de Sentimientos de Seneca Falls se convirtió en la guía de estas primeras feministas norteamericanas hasta el final de la guerra civil.

A partir de 1848, las mujeres americanas se asociaron no ya para redimir a los otros sino para luchar para mejorar la condición de las mujeres. Estas primeras asociaciones feministas continuaron utilizando las mismas estrategias de lucha de todo el reformismo. Celebraron convenciones nacionales y utilizaron el derecho de petición ante las legislaturas de los distintos estados para lograr los derechos civiles que ahora consideraban imprescindibles para que las mujeres pudieran realizarse como seres humanos.

Nada más concluir la Convención de Seneca Falls, las feministas de los diferentes estados organizaron nuevas reuniones para discutir sus derechos. En Ohio, Indiana, Pensilvania, Masachussetts, y Nueva York las feministas celebraron reuniones, aprobaron resoluciones, y organizaron asociaciones. Además de Lucretia Mott y de Elizabeth Cady Stanton existieron otras líderes prestigiosas.

Lucy Stone, que era de las pocas mujeres que había obtenido educación superior en Oberlin, el único centro que desde 1834 admitía a mujeres y afroamericanos, fue quizás la mejor de las oradoras del primer feminismo americano. Proveniente del movimiento abolicionista, Lucy, según Stanton, fue la primera feminista, "Que logró inclinar el corazón de la nación hacia los intereses de las mujeres". También fue una oradora ejemplar la antigua esclava Sojourner Truth. En Akron, Ohio, en 1851 Sojourner, que procedía del movimiento abolicionista, logró conmover al público. La convención estaba a punto de disolverse, con parte del público abucheando a las oradoras feministas, cuando Sojourner Truth irrumpió en la tribuna. No todas las organizadoras se alegraron al verla. Creían que la presencia de una oradora negra podía desvirtuar la asamblea feminista y darle un tono abolicionista. Pero la presidenta de la convención, Frances Gage, le cedió la palabra. En uno de los mejores discursos del primer feminismo la antigua esclava preguntaba: "¿Es que acaso yo no soy una mujer? Podía trabajar y comer –cuando lo conseguía– como un hombre y oír el látigo también. He dado a luz a trece hijos y he visto a la mayoría ser vendidos como esclavos y cuando gritaba con dolor de madre, sólo Dios me escuchaba. ¿Es que acaso yo no soy una mujer? (…) Si la primera mujer que Dios creó fue lo suficientemente fuerte para poner ella sola el mundo al revés, estás mujeres, todas juntas, deben ser capaces de volver a darle la vuelta, y ahora que ellas están exigiendo la posibilidad de hacerlo los hombres deben permitírselo", concluía frente a una audiencia emocionada y silenciosa Sojourner Truth. Pero hubo otras. Paulina Wright Davis fundó el primer periódico feminista en Estados Unidos. *The Una* fue el órgano de difusión de las feministas. Desde sus páginas las mujeres reflexionaron sobre la "condición femenina". También fue importante la labor de Ernestine Rose que logró, junto a sus seguidoras neoyorquinas, el primer triunfo del feminismo americano al arrancar a la legislatura de Nueva York la ley sobre el derecho de las mujeres casadas a la propiedad.

El romanticismo americano ocasionó una verdadera eclosión de la sociedad civil americana. Se crearon muchas asociaciones reformistas que no estaban vinculadas a los partidos políticos y que otorgaron fuerza y viveza a la democracia americana. Sin embargo las mejoras legales que estas asociaciones defendían no se produjeron. No sólo se encontraron con la oposición de la opinión pública, también la estructura federal de Estados Unidos les dificultó la tarea. La lucha para ampliar los derechos de los grupos excluidos de la ciudadanía debía hacerse estado por estado. La legislación civil no era una competencia federal sino que era atribución de cada uno de los estados que integraban Estados Unidos. Lograron victorias en distintas legislaturas pero el camino era muy largo y, desde luego, laborioso.

La Expansión hacia el Oeste y el Destino Manifiesto

El romanticismo también estuvo vinculado a un reforzamiento de la idea de expansión de Estados Unidos. Si bien desde la época revolucionaria Estados Unidos había vinculado el crecimiento territorial con la consecución de la necesaria virtud republicana, desde la irrupción del romanticismo, los argumentos serán otros. El sistema económico, político, y social de Estados Unidos estaba demostrando su grandeza y Estados Unidos tenía la misión de difundirlo. Esta nueva cultura política conocida como el Destino Manifiesto justificará el nuevo impulso de Estados Unidos hacia el Oeste.

El término Destino Manifiesto fue acuñado por el editor de la *United States Magazine and Democratic Review*, John L. O'Sullivan, en la editorial del mes de agosto de 1839. La creencia de la superioridad de la civilización y de la "raza" anglosajona que era capaz de generar instituciones políticas estables, organizadas bajo los principios de igualdad, libertad, y posibilidad de conseguir la felicidad, defendidos por Estados Unidos desde la proclamación de la Declaración de Independencia, estaba detrás de todas las reflexiones políticas norteamericanas de mediados del siglo xix. Esa superioridad explicaba "el deber moral", el Destino Manifiesto, de extenderse por toda la parte Norte del continente americano y, para muchos, todavía más allá. Todos los estadounidenses que deseaban alcanzar el Pacífico utilizaron este término. Su ambición era grande. Reivindicaron el territorio de Oregón, en manos inglesas; territorios de México en el Suroeste y en el Pacífico, y en la década de los cincuenta, también reclamaron la isla de Cuba, todavía vinculada a España.

Texas

Desde que México obtuvo la independencia de España en 1821, llevó a cabo una política de repoblación de sus límites septentrionales. En la época colonial, estos límites, como en otro lugar señalamos, estaban repletos de presidios y misiones por lo que su población era muy escasa. Los límites texanos fueron repoblados por colonos procedentes de los estados y de los territorios del sur de Estados Unidos. En la década de 1830 unos 20.000 estadounidenses habían llegado a este territorio de la frontera mexicana. Empezaban a ser más numerosos que los propios habitantes históricos de Texas.

Ya en 1820 Moses Austin (1761-1821) había logrado del Gobierno español la autorización de poblar con 300 familias ese territorio limítrofe con Estados Unidos. Fue su hijo, Stephen F. Austin (1793-1836) el que, al fallecer su padre, inició el proceso colonizador. Primero buscó que el nuevo Gobierno mexicano ratificara la concesión hecha por su antigua metrópoli, España. Tras conseguirlo, creó la primera colonia de estadounidenses en territorio mexicano. Estaba situada en tierras muy fértiles lindando con el golfo de México. Hasta 1828 Austin actuó de forma autoritaria en "su" territorio. Detentaba el poder ejecutivo, promulgaba leyes, y actuaba como juez supremo. Después, a pesar de una organización más democrática del territorio, Austin siguió teniendo una gran influencia sobre Texas. En 1825 logró ampliar, gracias a una concesión del Gobierno mexicano, el territorio a colonizar. Y la llegada de colonos anglos fue masiva. Los grupos de colonos de origen estadounidense se situaron en pequeñas colonias a lo largo de los ríos Brazos y Colorado y la mayoría no se asimiló: mantuvieron su lengua, costumbres, y creencias en ese rincón mexicano.

Existían dos grandes diferencias entre Texas y el resto de los estados mexicanos. Desde su fundación por estadounidenses del Sur, la esclavitud había estado presente. El gobierno nacional de México y también el gobierno del estado de Coahuila y Texas, en donde los pobladores anglos estaban asentados, aprobaron leyes emancipando a los esclavos y condenando el tráfico. Estas leyes no se cumplieron y todavía, en el momento de su independencia, en 1835, en Texas había entre un diez y un quince por ciento de población esclava. Además, también los texanos violaban la política arancelaria que México había impuesto en su relación comercial con Estados Unidos. Los texanos pasaban la frontera con mucha facilidad y no respetaban los aranceles fronterizos. Esta presencia masiva de pobladores anglos en Texas y también sus diferencias con la República de México ocasionó que tanto el presidente John Quincy Adams como Andrew Jackson quisieran comprar ese territorio al Gobierno mexicano. La mera oferta ofendió profundamente a la joven nación americana. El gobierno mexicano creía que Estados Unidos debía ser amigo fiel de sus "hermanas" del centro y del sur de América y no, por el contrario, hacer ofertas que contribuían a su desestabilización. Pero Estados Unidos en pleno fervor del Destino Manifiesto entendía las cosas de otra manera.

Gracias a la difícil situación mexicana, el general Santa Anna acumuló mucho poder. Su interés era que los texanos, como el resto de los mexicanos, cumplieran las leyes establecidas relativas a los aranceles fronterizos y también a la esclavitud. Pero para los texanos el excesivo poder de Santa Anna se plasmaba en una intromisión en lo que ellos consideraban sus libertades y también su derecho a la propiedad. Desde mucho antes de 1835 existía un grupo de colonos entre los pobladores anglos favorables a la guerra con México y a la secesión.

Dos hechos coincidieron y elevaron mucho la tensión entre los colonos estadounidenses y el Gobierno de Santa Anna. Por un lado la guarnición del presidio de Anahuac se enfrentó a colonos irrespetuosos y, por otro, la promulgación de una nueva Constitución en México, en 1835, que anulaba toda posibilidad de que México aceptase las diferencias texanas.

Los colonos anglos descontentos con las dos medidas nombraron un gobierno provisional y expulsaron a la guarnición del presidio de San Antonio. Pero el general Santa Anna actuó con celeridad. Con un ejército de más de 3.000 hombres se dirigió a San Antonio. Unos doscientos tejanos se refugiaron en la misión fortificada del Álamo. Resistieron el sitio durante más de diez días pero Santa Anna tomó la fortaleza. Murieron entre otros David Crockeṭt y Jim Bowie. Mientras tanto una asamblea de colonos anglos en el este texano había proclamado la independencia de Texas. La república eligió simbólicamente para su bandera los mismos colores de la bandera de Estados Unidos y además le estampó una estrella. La República de la Estrella Solitaria parecía que no podía sobrevivir. Pero Sam Houston, que dirigía el ejército, encontró no sólo el apoyo de los tejanos sino también de muchos estadounidenses al otro lado de la frontera. En San Jacinto lograron vencer al ejército mexicano.

Texas ratificó su independencia y se otorgó una Constitución que reconocía la esclavitud. El primer presidente fue el héroe de la guerra: Sam Houston. Estaba claro que Texas no quería permanecer sola. Quería desde luego ser un estado más de la República federal de Estados Unidos. La estrella de su bandera no sólo era simbólica. El nuevo Gobierno texano envío un representante a Washington para iniciar negociaciones. Aunque Estados Unidos reconoció la independencia de Texas pronto, en 1837, no era sin embargo el momento de aceptar la anexión. Había numerosas razones. Texas era un estado que había reconocido la esclavitud lo que suponía que defendería los intereses de los estados sureños en las instituciones federales. Arkansas y Míchigan acababan de incorporarse a la Unión y el equilibrio era frágil: había trece estados libres y trece esclavistas.

Sin embargo el segundo mandato del presidente John Tyler (1841-1845) dio un vuelco a la política de Estados Unidos frente a la República de la Estrella Solitaria. Tyler, enfrentado a su propio partido, el Partido Whig, se rodeó de secretarios sureños y además demócratas. John C. Calhoun, el antiguo vicepresidente de Jackson y autor de la doctrina de la anulación, regresó a la política nacional como su secretario de Estado y apoyó la incorporación de Texas a la Unión. Fue, sin embargo, más tarde y gracias a la intervención directa del presidente cuando se presentó una propuesta de resolución conjunta de las dos Cámaras del Congreso de Estados Unidos y Texas fue admitida en la Unión. Era el día 28 de febrero de 1845, último día de la presidencia de Tyler.

La guerra con México (1846-1848)

La anexión de Texas beneficiaba a los estados del Sur y, para muchos, sólo se podría recobrar el equilibrio avanzando más hacia el Oeste. Las elecciones presidenciales de 1845 las ganó el candidato demócrata y expansionista James K. Polk (1845-1849). Defensor del Destino Manifiesto de Estados Unidos entre sus planes estaba llevar las fronteras de la Unión hasta el Pacífico. No sólo quería negociar con Gran Bretaña y adquirir Oregón sino que estaba claramente interesado en conseguir la California mexicana.

De California no se sabía mucho en Estados Unidos a mediados del siglo XIX. Sólo después de que un ciudadano estadounidense, John C. Frémont explorara ese territorio mexicano se empezó a hablar en Estados Unidos de la posibilidad de ocuparlo. En su segundo viaje, Frémont, recorrió desde Oregón hacia Nevada, alcanzando el río Carson en 1844, Atravesó la sierra hacia California y regresó por Nuevo México. En sus informes, muchas veces escritos con la ayuda de su mujer Jessie Benton Frémont, se refirió a las escasas defensas mexicanas en ese límite septentrional y a la bondad de las tierras que había recorrido.

Nada más llegar Polk al poder, México protestó con firmeza la incorporación de Texas a Estados Unidos, retirando a su embajador en Washington. Para México Texas era todavía un territorio rebelde. Sin embargo, Polk quería expandir las fronteras de Estados Unidos por territorio mexicano. No bastaba la recién anexionada Texas.

El presidente Polk comisionó al abogado y diplomático John Slidell para negociar con el gobierno mexicano la frontera entre Texas y México y la compra de California y de la vecina Nuevo México. Slidell fracasó porque el Gobierno mexicano se negó a recibirle. El siguiente paso del presidente Polk fue el que provocó la guerra. Envió al general Zachary Taylor con más de 3.500 hombres a una zona de territorio, entre el río Nueces y el río Grande, que reclamaba Texas pero que se mantenía como territorio de México. Un breve enfrentamiento entre mexicanos y el ejército de Taylor hizo que el Congreso de Estados Unidos declarase la guerra a la República de México el 13 de mayo de 1846.

Fue una guerra muy desigual. El presidente Polk estaba ya preparado para la contienda cuando envió al ejército liderado por Taylor a la frontera. El presidente había ordenado a la escuadra naval del Pacífico ocupar los puertos de California si se entraba en guerra con México. También escribió al cónsul estadounidense en Monterey, Thomas Larkin, para buscar ciudadanos afines a Estados Unidos y lograr que iniciasen un proceso independentista siguiendo el modelo de Texas.

La guerra fue planificada estratégicamente por el propio presidente. Envió al general Taylor hacia el Sur, al nordeste de México, y al coronel Stephen Kearny a Nuevo México y a California. Taylor ocupó en septiembre Monterey; Kearny logró la rendición de Santa Fé y también con ayuda de la armada y de rebeldes mexicanos y estadounidenses dirigidos por el explorador Frémont, conquistó el Sur de California. Las provincias del norte de México que el presidente del "Destino Manifiesto" quería, ya habían caído en poder de Estados Unidos. Sin embargo México, y es algo que Polk no esperaba, se negaba a rendirse. Polk continuó la guerra. Envió al general Winfield Scout con 12.000 hombres que primero conquistaron Veracruz y después Ciudad de México. Todavía en la capital mexicana se honra a los Niños Héroes, cadetes mexicanos que murieron defendiendo el castillo de Chapultepec, frente a los invasores estadounidenses. Con las tropas de Scout también iba un negociador. Nicholas Trist llevaba las condiciones de paz del presidente de Estados Unidos.

En la Paz de Guadalupe Hidalgo, firmada el 2 de febrero de 1848, entre México y Estados Unidos, México cedió California y Nuevo México de donde se formaron los actuales estados de California, Arizona, Utah y Nevada y aceptó que el Río Grande fuese la frontera entre Estados Unidos y México por el Este. Con esta última "concesión" Texas casi triplicó su tamaño inicial. Estados Unidos a cambio le dio doce millones de dólares de indemnización a México y una cantidad de dos millones para pagar indemnizaciones a ciudadanos particulares.

No todos los estadounidenses estuvieron de acuerdo con la guerra de Polk. Fue una guerra muy popular en el Noroeste y en Suroeste y entre los demócratas. Los estados del nordeste y los *whigs* se mostraron menos entusiastas. Consideraban que la guerra era agresiva y la relacionaban claramente con la defensa de la esclavitud. Texas se había unido como estado esclavista y era Texas la razón del inicio de la guerra. Fue probablemente Henry Thoreau quién en su *Desobediencia Civil* (1849) explica mejor esta posición. Tras negarse a pagar impuestos por considerar que se destinarían a la guerra reflexionó en su libro sobre qué hacer cuando discrepan la propia conciencia y la política de nuestros gobiernos.

CUBA

A pesar de haber alcanzado las costas del Pacífico, Polk ansiaba más territorios todavía. El rápido éxito sobre México lo aproximó a otros objetivos. Prefería acercarse a las todavía colonias españolas –Cuba y

Puerto Rico– que a otras repúblicas independientes. La información que tenían Polk y su secretario de Estado, Buchanan, sobre las relaciones entre España y sus colonias resultó ser inexacta.

Primero se mostraron convencidos, por las informaciones de su representante en Cuba, de que existía riesgo de una contienda civil en la isla, recordemos que estaban en 1848 en plena oleada de revoluciones democráticas en todo Occidente, y por ello se sintieron capacitados para presentar una oferta de compra de la isla a la Corte de Madrid. "Las revoluciones que se están extendiendo con éxito por todo el mundo" –escribía Buchanan al embajador de Estados Unidos en Madrid en 1848– "han ocasionado en los cubanos un deseo ardiente e irreprimible de alcanzar su independencia". Como muestra de sus buenas intenciones el presidente Polk garantizaba la no intervención militar en Cuba. El 10 de junio de 1848, el presidente norteamericano había dado órdenes de que las tropas de Estados Unidos que habían combatido en México debían regresar a casa y "bajo ningún concepto tocar ningún lugar de Cuba". Según el secretario de Estado, Cuba apreciaría la anexión y estaba en 1848 preparada "para caer en nuestros brazos". El embajador de Estados Unidos en Madrid, Romulus Saunders, debía prevenir a España de la posibilidad del estallido de una revolución en Cuba y ofertar por ella a la Corte de Madrid no más de un millón de dólares.

Es cierto que en Cuba, en 1848, como había ocurrido con Texas y hasta cierta medida con California, existía un grupo de población partidario de la anexión de la isla a Estados Unidos. Por entonces no había en la isla nada parecido a un partido político porque las leyes coloniales lo impedían pero existían grupos de opinión. En torno a dos de los grandes plantadores de la isla surgió el grupo Alfonso-Aldama, que bien relacionado con los plantadores esclavistas del sur de Estados Unidos, sufragaban campañas periodísticas y establecían contactos políticos con el extranjero. Defendían la venta de la isla a Estados Unidos así como la imposibilidad de abolir la esclavitud sin indemnizaciones para los dueños de esclavos. Pero su poder era limitado. El camino de la violencia no lo querían porque temían por la integridad de sus propiedades y sólo apoyaban y sufragaban determinadas acciones políticas.

La oferta de compra de la isla realizada por Estados Unidos sorprendió enormemente a la Corte de Madrid. Ni la situación en Cuba era prerrevolucionaria, ni España tenía motivos en 1848 para desprenderse de su querida colonia. Tanto el presidente del Gobierno español, Narváez, como el ministro de Estado, que entonces era el marqués de Pidal, fueron claros. "La opinión unánime del país preferiría ver a la isla sumergida en el Océano, antes que cedida a cualquier potencia", comentó rotundo el marqués de Pidal al embajador norteamericano en Madrid, Romulus Saunders.

Tras este fracaso diplomático, en el sur de Estados Unidos crecía el deseo de la anexión de Cuba. En pleno conflicto entre estados esclavistas y libres, de nuevo la incorporación de un territorio esclavista como la isla de Cuba, supondría desestabilizar el sistema. Ya habían logrado anexionar Texas e incorporar los territorios mexicanos y la mayoría de los ciudadanos del Nordeste no estaban dispuestos a continuar aceptando territorios que para ellos eran el reflejo del desequilibrio social y económico. Aun así la fuerza de los anexionistas crecía tanto en Estados Unidos como en la isla.

En 1849 un grupo de anexionistas cubanos viajó a Nueva York liderado por Narciso López. Pero el momento no era el idóneo. La clase política norteamericana sabía que la anexión de Cuba traería un enfrentamiento radical entre los partidarios de la abolición de la esclavitud y de la defensa de los aranceles y de aquellos sureños que defendían la existencia del trabajo esclavo y de una economía librecambista. El presidente y el Congreso de Estados Unidos condenaron la visita de López y su grupo. Sin embargo los anexionistas cubanos encontraron apoyo entre muchos sureños. Así, con el favor de muchos plantadores y expansionistas norteamericanos, López ideó una primera invasión a Cuba en 1850 que fracasó. En 1851, López reorganizó sus fuerzas y zarpando del puerto de Nueva Orleáns el 3 de agosto en el buque *Pampero,* con sus hombres, apoyó una insurrección que había estallado en Cuba. De todas formas los apoyos fueron débiles. López y sus 435 hombres, la mayoría estadounidenses, fueron derrotados. La ejecución pública de López en La Habana ocasionó, no podía ser de otra manera, muchas protestas en el sur de Estados Unidos. Pero el momento para la anexión de Cuba no había llegado y la clase política de Estados Unidos lo sabía.

Mucho más exitosas y pacíficas fueron las negociaciones entre Estados Unidos y Gran Bretaña para lograr adquirir un territorio que los colonos estadounidenses habían ido poblando pero que en realidad no pertenecía a Estados Unidos: Oregón.

Lo que entonces se conocía como Oregón era un territorio inmenso que incluía los actuales estados de Washington, Idaho, parte de Montana, Oregón, y la Columbia británica. Este territorio había sido explorado por marinos españoles e ingleses. También los rusos habían descendido desde la actual Alaska. En 1818, tras las guerras napoleónicas y en plena guerra de España con sus colonias americanas, Estados Unidos y Gran Bretaña firmaron un acuerdo de ocupación conjunta del territorio de Oregón. Al principio la presencia británica fue superior a la estadounidense. En 1824 la Compañía de la Bahía del Hudson, asociación canadiense dedicada al comercio de pieles fundó una factoría estable, el fuerte Vancouver, que agrupó a colonos tanto de Estados Unidos como del Canadá británico a su alrededor. Pero la bandera que ondeaba era británica.

Sin embargo, los comerciantes y los misioneros congregacionistas del Segundo Gran Despertar avanzaban por el Pacífico. En el archipiélago de Hawai, desde 1820, existía una iglesia congregacionista cuyo pastor Hiram Bingham, pertenecía a la *American Board for Comissioners for Foreign Missions*. Estos misioneros recordaban a la población del Este los beneficios que podrían conseguir si lograban que la zona de Oregón fuera una zona libre para los colonos y misioneros estadounidenses. De la misma manera los colonos que se dirigían a Oregón buscando tierras querían la incorporación de estos territorios a Estados Unidos. En 1831, Hall J. Kelley fundó la Sociedad Americana para fomentar la colonización del territorio de Oregón. Contrató al explorador J. Wyeth quién organizó las primeras grandes expediciones de colonos estadounidenses en 1832 y 1834 creando una primera colonia en el valle de Willamette. Allí convivían estadounidenses, británicos, mestizos, nativos americanos y comerciantes de pieles de origen francés.

Gracias a todos estos esfuerzos, desde 1843 se produjo en Estados Unidos la "fiebre" de Oregón. Ya no eran expediciones puntuales sino

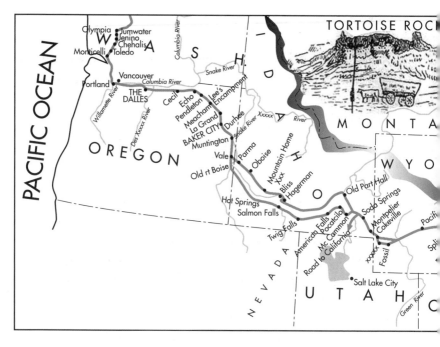

que todos los años, colonos que viajaban en grupos familiares, se reunían en Missouri hacia el final de la primavera y en carretas cubiertas con loneta y tiradas por bueyes, las *Prairie shooners*, recorrían más de 3.200 kilómetros en un viaje que duraba más de seis meses. No existían caminos y tenían que sortear todo tipo de dificultades. El viaje en grupo se hacía para facilitar la defensa. Solían marchar entre 80 y 100 carretas con tramperos y guías. Llevaban cabezas de ganado y solos se enfrentaban a todas las dificultades. Enseguida se publicaron guías para facilitar el trayecto a los nuevos colonos. La más conocida la escribió Lansford Hasting y se titulaba *Emigrant's Guide to Oregon and California*. En 1845 ya habían llegado al territorio de Oregón más de 5.000 colonos estadounidenses que clamaban por una negociación con Gran Bretaña, para iniciar la transformación de estos territorios en estados de la Unión y poder así regular el sistema de acceso a la propiedad y los conflictos entre vecinos. También deseaban contar con el apoyo del ejército federal para su defensa.

La adquisición de Oregón fue uno de los puntos del programa presidencial de James K. Polk. Sin embargo, el presidente tuvo que negociar.

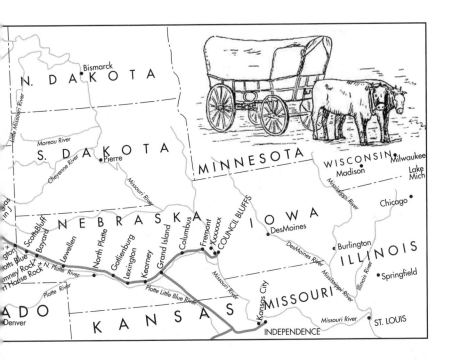

La expansión hacia el Oeste: el camino de Oregón

Su impulso expansionista, le había llevado, como ya habíamos señalado, a la guerra con México y no podía mantener también una guerra con Gran Bretaña. Cuando lord Aberdeen le ofertó extender la frontera entre el Canadá y Estados Unidos a lo largo de la latitud 49° N hasta Puget Sound y de allí hasta el océano a través del estrecho Juan de Fuca, permaneciendo la isla de Vancouver en manos canadienses, el presidente Polk aceptó. En 1848 el Senado de Estados Unidos ratificaba el Tratado de Oregón lo que supuso la última delimitación de la frontera entre Estados Unidos y Canadá.

Nuevos estados, viejos problemas

Como afirma George Brown Tindall en *America. A Narrative History*, John C. Calhoun y Ralph Waldo Emerson tenían muy poco en común pero, sin embargo, los dos fueron capaces de ver la guerra con México como una gran tragedia para el futuro de Estados Unidos. Calhoun

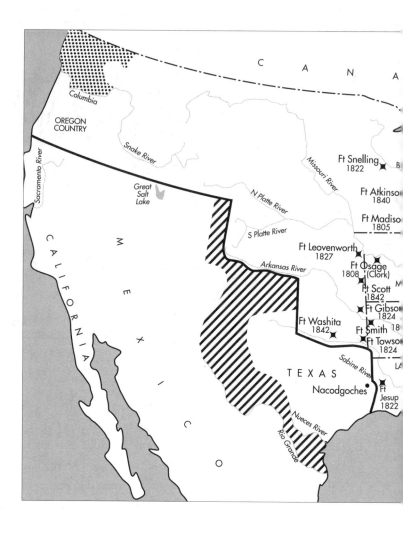

afirmó que México fue "la fruta prohibida, el castigo por comerla será llevar nuestras instituciones políticas a la muerte". Emerson también veía desastrosa la conquista de México. "Estados Unidos conquistará México, pero será como el hombre que toma arsénico. México nos envenenará". Y los dos tenían razón.

Ya en plena guerra con México (1846-1848) surgió el problema político de cómo se incorporarían los nuevos territorios que presumiblemente se adquirirían. También el problema estaba con los futuros estados que surgirían de la adquisición de Oregón. Era importante definir para el

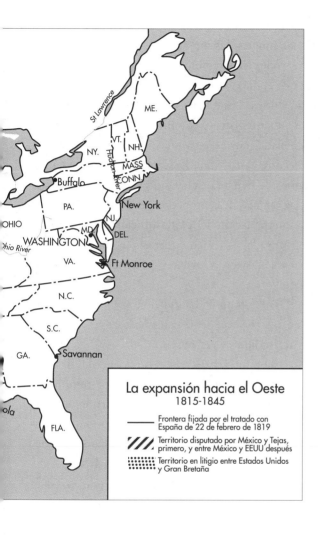

La expansión hacia el Oeste
1815-1845

——— Frontera fijada por el tratado con España de 22 de febrero de 1819

////// Territorio disputado por México y Tejas, primero, y entre México y EEUU después

:::::::: Territorio en litigio entre Estados Unidos y Gran Bretaña

futuro de la Unión si los nuevos estados serían esclavistas o libres. Sabemos que las políticas económicas y sociales eran radicalmente distintas. Unos defendían el libre cambio –los esclavistas– y otros, los estados libres, el proteccionismo.

En 1846, David Wilmot, primero congresista demócrata por Pensilvania y, después, representante de un nuevo partido: el Partido Republicano, propuso un añadido a la paz con México –*Wilmot Proviso*– que declarase la prohibición de la esclavitud en todos los territorios mexicanos que la Unión iba a adquirir. Aprobado en la Cámara fue rechazado por el Senado. Aun así, este debate supuso un duro golpe y un gran temor para todos los congresistas sureños.

Sin embargo, todavía todos los miembros de la Cámara y del Senado estaban de acuerdo en que era necesario encontrar un consenso sobre el futuro de los nuevos territorios. Los estados del Norte, con un número mayor de ciudadanos, mantenían su dominio en la Cámara de Representantes. En el Senado, cuya representación es similar por cada estado, existía equilibrio entre Norte y Sur. La Cámara de Representantes con mayoría de partidarios de frenar la esclavitud y la fuerza de los estados del Sur, insistía en las ventajas de la propuesta de David Wilmot. Los sureños, recordando su interpretación de la Constitución, en concreto la defensa de la propiedad privada, sostenían el derecho a emigrar, con su "patrimonio", que incluía a esclavos, a los nuevos territorios adquiridos tras la guerra con México.

El presidente James K. Polk propuso una solución sencilla: la línea del Compromiso de Missouri, a 36º 30', debía extenderse hasta el Pacífico como límite de los territorios libres y esclavistas.

En está atmósfera se celebraron las elecciones presidenciales de 1848. La cuestión de la esclavitud dividió profundamente a los partidos históricos. La grieta del Partido Whig, recordemos que es el partido que surgió para oponerse al inmenso poder del "rey" Andrew Jackson, se solucionó bien al presentar a un héroe militar como candidato: Zachary Taylor (1784-1850). Pero la grieta de los demócratas fue más visible. La decisión del presidente Polk de no presentarse a un segundo mandato ocasionó una intensa pugna entre los partidarios de las tesis contrarias a la esclavitud del Norte y los que defendían las posturas sureñas. El candidato demócrata fue el senador Lewis Cass, de Míchigan, un hombre tibio con el tema de la esclavitud. Las nominaciones de los dos partidos facilitaron que surgiera el que iba a ser precedente del Partido Republicano, el partido del Suelo Libre, con un programa básicamente antiesclavista: los nuevos territorios, adquiridos a México, debían ser libres. Las elecciones las ganó el candidato whig, Zachary Taylor.

El mismo año en que California dejó de ser mexicana, en 1848, se descubrió oro en California. Los periódicos de Nueva York y de otras ciudades de la costa este publicaron que el oro en California podía "extraerse de forma inmediata y sin ningún problema". La noticia corrió como la pólvora reproduciéndose en la prensa periódica de los entonces treinta estados. Además el presidente Polk aludió al oro en su mensaje al Congreso de diciembre de 1848. Desde ese momento los buscadores de oro y también colonos ansiosos por conseguir propiedades se dirigieron masivamente a la antigua región mexicana. A pesar de que muchos de los buscadores de oro eran varones que regresaban con oro o sin él a sus hogares, la población californiana creció de manera asombrosa en menos de veinte años. Pasó de 14.000 colonos a 380.000 ciudadanos. Los centros urbanos también se desarrollaron. Ciudades como las antiguas misiones de San Francisco y San Diego se estaban convirtiendo en puertos importantes para el comercio con Asia.

Debido a la rapidez de la ocupación estadounidense del nuevo territorio, se hacía imprescindible legislar sobre todos los territorios que México se vio obligada a ceder, en el tratado de Guadalupe Hidalgo (1848) y también sobre los territorios adquiridos por el tratado de Oregón (1846).

Tras muchos debates y enfrentamientos, en 1850, el Congreso logró un compromiso entre el Norte y el Sur sobre los nuevos territorios. California sería un estado libre. El primer estado libre del Sur en Estados Unidos. Utah en el Norte y Nuevo México, en el Sur, dejarían la decisión a sus ciudadanos. Texas debía renunciar a sus reclamaciones territoriales en Nuevo México y, a cambio, el Gobierno federal asumiría la deuda contraída por el nuevo estado de la Unión en su duro enfrentamiento con México; el tráfico de esclavos, no la esclavitud, quedaba abolido en Washington y , por último, la antigua Ley del esclavo fugitivo, de 1790, cuya aplicación nunca había respetado el Norte, debía ser acatada.

Estados Unidos, justificando sus acciones a través del Destino Manifiesto, había crecido de forma sorprendente y rápida. Pero había sembrado la semilla para la tragedia. Con un frágil equilibrio entre dos conceptos radicalmente distintos de nación, la masiva incorporación de territorios que debían transformarse en estados harían peligrar, por primera vez desde "el periodo crítico" el futuro mismo de la Federación de Estados Unidos de América.

Secesión y Guerra

Estados Unidos, amparado en el Destino Manifiesto, había crecido de forma tan considerable que llegó hasta el Pacífico en menos de diez años. Pero este crecimiento desencadenaría la tragedia. Era muy difícil mantener el equilibrio entre los estados libres y esclavistas. Sus diferencias eran cada vez mayores y estaba claro que la transformación de los nuevos territorios en diferentes estados y su incorporación a la Federación como estados libres o esclavistas podría hacer peligrar el futuro de la Unión de Estados Unidos de América.

El reino del algodón

Al mismo tiempo que se producía la expansión hacia el Oeste, se estaba engendrando en Estados Unidos un grave problema político: el del agravamiento de las diferencias entre sus regiones del Norte y las del Sur y el Oeste. Esas diferencias eran económicas, sociales, y también políticas y culturales.

Desde finales del siglo XVIII, como ya hemos señalado, las regiones del Nordeste y también las intermedias aceleraron su proceso de industrialización y sus ciudades experimentaron un crecimiento sin precedentes. El Sur, sin embargo, se mantenía fundamentalmente agrícola. Además, estos sistemas no fueron complementarios sino que por el contrario los intereses del Norte, los del Sur y los del Oeste se contradijeron. Si bien el Sur vendía parte de su producción a la industria textil del Norte, cada vez exportaba más algodón a Inglaterra. La demanda de la antigua metrópoli era voraz y las condiciones de compra excelentes.

La industria del Nordeste fue textil, mecánica, y también florecieron los astilleros. Fue durante las guerras entre Inglaterra y Francia cuando empezó a crecer la industria norteña aprovechando la neutralidad de la joven república. Cuando se restableció la paz, Estados Unidos no podía competir con Inglaterra y exigió una política proteccionista. Así el Norte logró que el Congreso defendiese la imposición de tarifas aduaneras, como en otro capítulo hemos señalado, y así la incipiente industria estadounidense pudo crecer. Durante la década de 1850 el crecimiento industrial y la prosperidad fue grande en Estados Unidos. El valor de la producción industrial pasó de menos de 1.500 millones de dólares en 1849, a 2.800 millones justo antes de la guerra civil en 1859. Fue un momento de llegada masiva de emigrantes a las ciudades del Norte sobre todo procedentes de Irlanda y de Alemania en donde la población sufría los rigores de la "fiebre de la patata" de 1848.

El Sur había reforzado su economía agrícola basada en el monocultivo. No quería una economía proteccionista, prefería el libre cambio que le permitía seguir vendiendo su algodón al mejor pagador, que era Inglaterra, no siempre en dinero, pero si en las condiciones que ofertaba, y adquirir también de la antigua metrópoli productos variados, más exóticos y baratos que los fabricados por Estados Unidos. También su producción se había duplicado entre 1849 y 1859.

La estructura social del Norte era distinta a la del Sur. El Sur había aumentado mucho el número de esclavos desde el siglo XVIII mientras que en el Norte se imponía una economía basada en la mano de obra libre, constituida sobre todo por emigrantes europeos vinculados ya desde mediados del siglo XIX a asociaciones de clase.

La esclavitud era un problema que Estados Unidos había heredado de la época colonial. Desde luego era una de las contradicciones del sistema político y social norteamericano desde sus orígenes. Muchos lo sabían y se oponían con fuerza desde diferentes posiciones antiesclavistas.

La verdad es que desde 1776 muchos ciudadanos del Norte pensaron que la esclavitud desaparecería gradualmente conforme la economía sureña se fuera diversificando e industrializando. Pero se equivocaron. La introducción de la desmotadora de algodón de Eli Whitney, en 1793, no hizo sino reforzar la esclavitud. Antes de la introducción de la nueva máquina en las plantaciones, el proceso de separación de las semillas del propio algodón lo hacían los esclavos, a mano, pero era un sistema difícil.

Por ello sólo se cultivaba algodón en las ricas zonas costeras, en donde crecía un algodón de fibra larga mucho más fácil de separar. La introducción de la desmotadora facilitaba el proceso y ya no era necesario un algodón de tan alta calidad. Muchos estados que, durante el siglo XVIII, no se dedicaban al cultivo de algodón como Georgia, Carolina del Sur y los nuevos territorios del Oeste se convirtieron en grandes productores algodoneros. Si en 1790 los americanos producían 4.000 fardos de algodón, en 1810 cosechaban 175.000 fardos y un poco antes del estallido de la guerra civil, en 1860, la producción americana había alcanzado los cuatro millones de fardos. A comienzos de la década de 1820 y en la de 1830 esta institución se había establecido firmemente en el todo el Sur y parte del Oeste. Incluso estados como Kentucky, Virginia, Carolina del Norte y Missouri, que apenas cultivaban algodón, experimentaron un nuevo interés por la esclavitud al encontrar un mercado para sus excedentes de esclavos en las regiones algodoneras. Además utilizaron mano de obra esclava en sus plantaciones de tabaco y cáñamo. Así, si en el censo de 1791 sólo había 698.000 esclavos en Estados Unidos, en el de 1861 eran ya 4.000.000 los esclavos de la Unión. No sólo la esclavitud no había desaparecido sino que se fortaleció mucho el uso y el tráfico de esclavos. El Norte y el Sur habían ensanchado sus diferencias a lo largo del siglo XIX.

Más de la mitad de los esclavos, en 1860, trabajaban en las plantaciones. La mayoría en los campos. Aunque una minoría desempeñaba lo que se consideraba como las mejores tareas: el trabajo doméstico o el desempeño de algún oficio dentro de la plantación como el de carpintero, jardinero, o herrero. La vivienda era una cabaña de madera, de una o dos habitaciones, muchas veces sin ventanas. La comida era escasa pero suficiente. No en vano los esclavos eran considerados "una inversión". Se les distribuía ropa dos veces al año aunque sólo se les proporcionaba calzado en invierno. En las grandes plantaciones existía un pequeño servicio médico. Las jornadas de trabajo en las plantaciones eran muy largas y sus condiciones estaban recogidas en los códigos esclavos. En Carolina del Sur trabajaban quince horas en invierno y dieciséis en verano. También los códigos permitían correcciones físicas.

El último recurso de los esclavos era la rebelión aunque muchos reconocían su inutilidad al estar la población blanca perfectamente armada.

En el siglo xix sólo se conocieron tres grandes insurrecciones de esclavos en Estados Unidos. Además dos se desmantelaron antes de producirse. En 1800 un esclavo llamado Gabriel Prosser, de una plantación cercana a Richmond, organizó una rebelión en la que estaban implicados unos mil esclavos. Querían ocupar puntos estratégicos de Richmond e iniciar una matanza de plantadores. El complot fue descubierto y veinticinco esclavos fueron ejecutados y otros diez deportados. También en Charleston se descubrió un complot en 1822. Estaba planeado por un liberto que quería vengar a su pueblo y castigar a la población de origen europeo. Pensaba que tras la venganza, él y sus seguidores huirían en barcos hacia su admirada Haití. Sólo culminó la insurrección de Nat Turner (1800-1831), en Virginia. Turner, era un líder afroamericano y también era un dirigente religioso. Creía que Dios le había elegido para conducir a los esclavos hacia la libertad. En 1831 Turner y sus seguidores consideraron que el momento había llegado. Primero asesinaron al dueño de la Plantación de Turner y a su familia en Southampton County, Virginia. Con armas y caballos lograron más apoyos. Pasaron a otras plantaciones en donde el proceso se repitió. Mataron a unos 51 blancos en su sólo día. El castigo quiso ser ejemplar. Las élites blancas mataron violentamente y de forma indiscriminada a muchos esclavos. Turner permaneció fugitivo durante más de dos meses. Tras su ejecución, Turner se convirtió en un referente para muchos luchadores afroamericanos.

Si alguna vez existió una fusión de culturas en América esa es la que se produjo entre los esclavos de origen africano que provenían de distintas partes de África y que pertenecían a una gran diversidad de grupos tribales, con características lingüísticas y culturales muy diferentes. Los esclavos de primera generación eran desposeídos de su identidad africana. Se les privaba hasta de su nombre en un deseo de evitar violentamente cualquier posibilidad de reivindicación de su identidad como sujeto. En ese proceso de disolución de lo propio emergió una nueva cultura afroamericana y también un nuevo sentido de comunidad. Muchos investigadores han tratado de analizar ese duro proceso. Las fuentes más utilizadas son las narrativas de esclavos, las canciones populares, los cuentos de tradición oral, y por supuesto las fuentes arqueológicas y escritas de las antiguas plantaciones.

Las narrativas de esclavos son una serie de autobiografías o biografías de antiguos esclavos o de esclavos que proliferaron con fuerza en plena eclosión del movimiento abolicionista, durante el siglo XIX. Entre las más interesantes están la *Narración de la vida de Frederick Douglass* (1845), prologada por el abolicionista William Lloyd Garrison y escrita por el militante afroamericano; *Veinte años como esclavo* (1853), de Salomon Northrup, un hombre libre del Norte que fue secuestrado y vendido como esclavo; e *Incidents in the Life of a Slave Girl* (1861) escrita por la esclava fugitiva Harriet Jacobs (1816-1896) bajo el seudónimo de Linda Brent.

La cultura afroamericana fue una cultura ecléctica, generada en las plantaciones por hombres y mujeres de orígenes radicalmente distintos. Fue ante todo una cultura rica y diferenciable de la cultura "oficial" de Estados Unidos. Una de sus características es lo que se denomina africanismo. Un término acuñado por Melville J. Herskovits para describir elementos de supervivencia de las culturas africanas en las Americas. En su obra *The Mith of the Negro Past* (1941), Herskovits afirma que la esclavitud no logró destruir la herencia africana en las plantaciones estadounidenses. Pero esa herencia se transformó, se reconvirtió, y mezclada con elementos surgidos de la experiencia esclava, dio origen a esa cultura que denominamos afroamericana.

Entre las elementos más interesantes de la cultura afroamericana estaba la religión de los esclavos que fue una clara mezcla de elementos cristianos y africanos. Las tradiciones religiosas africanas consolaron a los esclavos recién llegados a las plantaciones. Fue una ayuda para la supervivencia en momentos de drama y horror. Muchos afroamericanos trajeron con ellos el concepto de un creador que podían identificar con Jehová, y tenían dioses menores que identificaron con Jesucristo, el Espíritu Santo y los Santos, reconciliando así sus creencias anteriores con la religión cristiana. Siguieron manteniendo su fe en la magia, en los conjuros, y en los espíritus.

Pero veamos el camino hacia la cristianización de los esclavos. El primer bautismo de un africano en las colonias inglesas de América del Norte fue en Virginia en 1624, pero ello no supuso que se iniciara un proceso sistemático de cristianización. Los comienzos de este proceso se remontan al siglo XVIII. Y era lógico. Lo que permitía la esclavización del afroamericano era la certeza occidental de que eran seres diferentes y sobre todo paganos. Cristianizarlos, convertirlos en compañeros de fe, ocasionaba una visibilidad clara entre la definición del ser humano de la tradición cristiana y la esclavitud de un compañero en la fe de Cristo. Sin embargo, algunos pastores, comenzaron a bautizar a esclavos y a "salvar" los problemas éticos estableciendo formulaciones que facilitaban la convivencia con las inmensas contradicciones del sistema. Así en Virginia en 1667 se declaró que "bautizar (...) no altera la condición de una persona como puede ser la de ser esclavo o libre". A pesar de ello la práctica de bautizar a los esclavos se introducía con lentitud. Desde el siglo XVII muchos africanos atendían al culto y exigían el bautismo. Cuando estalló la Revolución ya existían muchos convertidos al anglicanismo, baptismo, o metodismo. Pero la integración era difícil en las iglesias constituidas. Si exceptuamos a los cuáqueros, las demás iglesias protestantes tuvieron muchas dificultades en admitir entre sus feligreses a población afroamericana. Así fueron surgiendo iglesias constituidas sólo por feligreses afroamericanos. Tras la revolución americana existieron réplicas afroamericanas de iglesias baptistas y metodistas blancas en Filadelfia, Baltimore, y Nueva York. Sin embargo en muchas plantaciones de Luisiana, de Carolina del Sur y de Georgia floreció una forma específica de espiritualidad muy vinculada a la emotividad del evangelismo del Segundo Gran Despertar y que también se apropió de elementos de la espiritualidad africana. Así surgió un nuevo cristianismo afroamericano diferente del cristianismo practicado por las comunidades de origen europeo. Si analizamos los ritmos y la música utilizada en los cultos de estas nuevas iglesias se aprecia que existía una fuerte influencia africana y también una inmensa expresión de dolor y de ansia de libertad en todas las letras y ritmos. Estas iglesias independientes negras, sobre todo la Iglesia metodista episcopaliana africana y la Iglesia metodista episcopaliana de Sión, fueron verdaderos reductos de expresión libre para todos sus fieles que permanecían en la esclavitud.

También hubo influencias de África y de la experiencia esclava en la expresión musical. En Estados Unidos la expresión de la música afroamericana fue una mezcla de experiencias espirituales y físicas. Además las influencias fueron muchas. Los ritmos que caracterizaban a las distintas regiones culturales africanas presentes en las plantaciones pero también se hicieron eco de la música de origen europeo y de las músicas indígenas americanas. La estética de la música esclava fue sobre todo rítmica. La percusión de tambores y bongos era un leguaje habitual de los grupos culturales africanos y también lo fue en las plantaciones. Se comunicaban con sus espíritus ancestrales, anunciaban el inició de fiestas, de canciones y también de peligros. Pero no sólo utilizaban instrumentos de percusión. También los propios cuerpos o las voces se utilizaban para lograr sonidos y ritmos de percusión. Pero otros instrumentos muy queridos procedían de otras culturas: trompetas y pianos eran utilizados con profusión. Además proliferaron en las plantaciones y en las iglesias los grupos corales siempre entonando canciones rítmicas. Quizás por ello la danza era habitual cuando existía música. Ya fuera en los recintos sagrados como en los profanos. Desde el principio destacaron dos grupos de canciones. Por un lado las que se fueron conociendo como *spirituals* y, por otro, las que se denominaron *blues*. Aunque las primeras eran canciones religiosas y las segundas principalmente profanas pronto ambas se utilizaron en iglesias y en plantaciones. La mayor diferencia radicó en que los *spirituals* se interpretaron en grupo, mientras que el *blues* lo interpretaba una sola voz.

Los nuevos territorios: esclavistas o libres

A pesar del compromiso alcanzado sobre si los nuevos Estados, surgidos de la guerra con México y del pacto de Gran Bretaña, que explicamos en el capítulo anterior, serían esclavistas o libres, el tema de la esclavitud dominó la vida política de la década de 1850.

Los dos grandes partidos históricos: el Partido Whig y el Partido Demócrata, estaban cada vez más divididos. Sus seguidores del Norte no podían coincidir con los del Sur en muchos de los temas políticos emergentes.

En el año 1854, había nacido un nuevo partido: el Partido Republicano. Conforme la población avanzaba hacia el Oeste y a pesar de los acuerdos de 1850, los debates sobre si los nuevos territorios serían libres o esclavistas se mantuvieron. En 1854 el debate se avivó sobre el futuro de la esclavitud en lo que quedaba de los territorios adquiridos por la compra de Luisiana en 1803. Primero, estos territorios se dividieron en dos nuevos estados: Kansas y Nebraska y después se aceptó y se promulgó una ley propuesta por el senador Stephen A. Douglas, de Illinois, que permitía que fuera la población de esos estados quienes decidieran si serían libres o esclavistas. Los argumentos a favor de la Ley de Kansas-Nebraska eran los de la soberanía popular. Para Douglas era mucho más democrática una decisión de los ciudadanos afectados que del Congreso federal. Sin embargo, para muchos la nueva ley era una clara violación de los compromisos históricos acerca de la esclavitud. Sobre todo del Compromiso de Missouri de 1820, que como en otro lugar señalamos, prohibía la esclavitud al norte de una línea imaginaria trazada en los 36º 30'. Tanto el territorio de Kansas como el de Nebraska quedaban al Norte. Gran cantidad de estadounidenses consideraban que la situación era grave porque la esclavitud no sólo no desparecía sino que leyes como la de Kansas-Nebraska la reforzaban. Los abolicionistas consideraban que la nueva ley era una violación de compromisos anteriores y un reforzamiento de una institución que atentaba contra derechos básicos de un sistema político democrático. Empezaban a considerar que el acuerdo con los esclavistas era imposible. Abolicionistas y granjeros, que no querían ver extenderse el sistema esclavista en sus territorios, formaron el núcleo de un nuevo partido. En una de las muchas convenciones formadas por pobladores opuestos a la esclavitud en Ripon, Wisconsin, el 20 de marzo de 1854 se creó el nuevo Partido Republicano. Defendía sobre todo frenar el avance del sistema esclavista en los nuevos territorios que se estaban incorporando a la Unión. La verdad es que los abolicionistas y los republicanos tenían razones para preocuparse. La esclavitud y la defensa de los intereses de los estados del Sur estaban triunfando en la década de los cincuenta.

En 1857 una nueva intervención de las instituciones federales, a través de una sentencia del Tribunal Supremo, otorgaba la razón a los que temían la expansión de los valores esclavistas. En *Dred Scott vs. Stanford* el entonces presidente del Alto Tribunal, Roger B. Taney, sentenció que en primer lugar los esclavos no eran ciudadanos por lo que no podían litigar en los tribunales y, además, que los esclavos eran propiedad y como

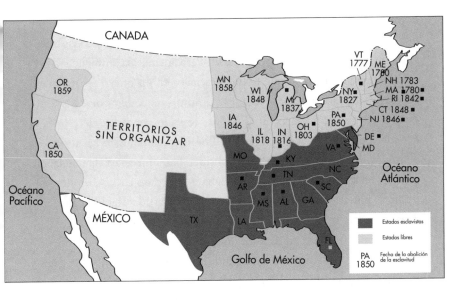

Estados esclavistas y libres en Estados Unidos en 1860

tal sus dueños podían disponer de ellos en todos los territorios que quisieran. La nueva sentencia del Tribunal Supremo implicaba que acuerdos previos como el Pacto de Missouri eran inconstitucionales y que la esclavitud podía imponerse en todos los nuevos territorios.

En las elecciones de 1860 de nuevo los dos grandes partidos nacionales: el Partido Demócrata y el Partido Whig, se presentaron muy divididos. Ya era más importante ser del Norte o del Sur que pertenecer a uno de los grandes partidos nacionales. Así el Partido Demócrata fue incapaz de alcanzar un consenso sobre su candidato a la presidencia y presentó dos candidatos a las elecciones de 1860. El candidato oficial fue Stephen A. Douglas, que había defendido con ahínco la Ley Kansas-Nebraska, pero que se encontraba en una coyuntura difícil. Casi tan difícil como la de su propio partido. Douglas había participado en importantes debates contra Lincoln para alcanzar la candidatura al Senado por el estado de Illinois en 1858. La postura de los dos candidatos senatoriales frente a la esclavitud era muy distinta. Mientras que Douglas mantuvo una postura ambigua Lincoln fue muy claro. Douglas insistía en la Doctrina de la Soberanía Popular que ya había empleado para defender la Ley Kansas-Nebraska y también recordaba que los esclavos eran parte de la propiedad privada y que la Constitución de Estados Unidos siempre había defendido la propiedad. No eran términos éticos sino constitucionales los que imperaban en su discurso. Pero además, la ambigüedad creció al defender que para que hubiera esclavos en un nuevo territorio era necesario que la legislatura territorial promulgase códigos de esclavitud. Esta doctrina conocida como Freeport le valió ganar las elecciones al Senado, por un estrecho margen en Illinois, pero también las antipatías de muchos esclavistas sureños que consideraban innecesaria la regulación sobre la esclavitud. Lincoln, en ese debate, así como en discusiones posteriores, fue claro. Se oponía, como todo el Partido Republicano, a la expansión de la esclavitud. En la campaña a la presidencia de 1860 Douglas mantuvo sus contradicciones frente a la esclavitud y los demócratas del Sur presentaron a otro candidato que la defendía sin bagajes y sin necesidad de legislar: John C. Breckinridge.

Los *whigs* profundamente divididos antes de las elecciones no fueron capaces de unirse y presentar a un mismo candidato por lo que decidieron que la mejor fórmula era permitir que sus simpatizantes votaran libremente según fueran esclavistas o abolicionistas.

En esta situación de enfrentamiento y sobre todo de avance político y judicial de los defensores de la esclavitud, el nuevo Partido Republicano presentó, para las elecciones presidenciales de 1860, al candidato que había perdido las del Senado en Illinois frente a Douglas pero que tan claro había sido en el tema de la esclavitud: Abraham Lincoln.

Las elecciones las ganó el candidato del nuevo Partido Republicano, Lincoln (1861-1865), que obtuvo una mayoría del 39 por ciento de los votos.

La secesión

El Sur no aceptó el triunfo electoral de Lincoln y de nuevo desempolvó la Doctrina de la Anulación que había defendido Calhoun durante la presidencia de Andrew Jackson. Carolina del Sur recordó con claridad la posibilidad de separarse de la Unión cuando ésta atentaba contra el interés de uno de los Estados miembros y en su asamblea votó por la Secesión. Carolina fue seguida por otros seis estados: Misisipi, Florida, Alabama, Georgia, Luisiana y Texas.

La existencia de estados sureños que vacilaban si unirse a los secesionados o permanecer fieles a la Unión fue la razón de que las instituciones comunes a los estados no tomasen ninguna medida drástica contra la sublevación en los primeros momentos. Los estados que se habían separado, por el contrario, sí actuaron con rapidez. Enviaron representantes a Montgomery, Alabama y se organizaron como una nueva unidad política: la de los Estados Confederados de Norteamerica, designando como presidente a Jefferson Davis, de Misisipi.

En marzo de 1861, Lincoln pronunció su discurso inaugural y todavía nadie sabía qué actitud tomaría la Unión frente a la secesión del Sur. "Yo mantengo, en atención a la ley universal y a la de la Constitución, que la unión de estos estados es perpetua (…) se deduce de estas premisas que ningún estado por su sola voluntad puede legalmente salirse de la Unión…". Para el nuevo presidente republicano la Constitución no permitía la secesión. Para Abraham Lincoln, además, la separación del Sur nunca existió. Existieron estados rebeldes pero no una secesión porque la Ley Fundamental de Estados Unidos no la preveía. Su lectura de la Constitución era absolutamente distinta de la de los sureños. La soberanía residía en la nación de Estados Unidos y no en cada uno de los estados como interpretaba el Sur. Lincoln, a pesar de defender rigurosamente la Unión, no declaró la guerra y fue, en cierta medida, conciliador al afirmar que la esclavitud no se aboliría en aquellos estados donde ya existía.

La iniciativa de la guerra fue sureña. Los fuertes y construcciones militares, situados en los nuevos Estados Confederados, habían sido tomados por los sureños expulsando a las guarniciones que permanecían fieles a la Unión. En Charleston –Carolina del Sur– la guarnición del fuerte Sumter permaneció fiel a la Unión y se negó a desalojar la fortaleza. El 12 de abril de 1861 el nuevo ejército de la Confederación abrió fuego contra el fuerte.

El estallido de la violencia definió las posiciones de algunos estados que estaban dudosos. Virginia, Carolina del Norte, Tennessee y Arkansas se unieron a la Confederación, con lo que ya once estados eran confederados. Otros cuatro estados esclavistas: Delaware, Maryland, Kentucky, y Missouri, permanecieron fieles a la Unión auque tenían dentro una gran corriente secesionista y muchos de sus ciudadanos se unieron al ejército confederado.

La guerra civil (1861-1865)

Al estallar la Guerra de Secesión la superioridad demográfica, económica y militar del Norte frente al Sur era una realidad. Pero aun así costó mucho tiempo que el Norte se impusiese al Sur. Intentaremos analizar las razones que llevaron a que una guerra que tenía que haber sido corta y rápida se convirtiera en una guerra ardua y larga.

En 1861 la población de los veintitrés estados que habían permanecido fieles a la Unión era de veintidós millones de habitantes. Los once Estados Confederados contaban con 8,5 millones de habitantes de los cuales 3,5 millones eran esclavos y, por lo tanto, no podían ser soldados en la contienda. Además la capacidad industrial del Norte era muy superior. Los estados del Norte contaban con el 80 por ciento de las fábricas así como con casi todos los yacimientos de carbón y de hierro tan necesarios en las guerras decimonónicas. La red ferroviaria tenía el doble de extensión en el Norte que en el Sur y el tonelaje marítimo era cuatro veces mayor. Tanto las carreteras como la mayor parte de los canales estaban mejor y tenían mayor extensión en el Norte. El volumen bancario del Norte era tres veces superior al del Sur.

Pero el Norte no sólo tenía ventajas demográficas y económicas. También era mejor su situación política para ganar una guerra. El Norte, fiel a la Constitución federal, mantenía la norma de que las instituciones comunes a los veintitrés estados gozasen de gran poder y por lo tanto de gran libertad ejecutiva. Además Abraham Lincoln, desde el estallido de la guerra, incrementó mucho los poderes que la Constitución le otorgaba porque consideraba que era la única forma de ganar la contienda.

Abraham Lincoln no fue un presidente próximo ni popular pero se destapó como un presidente con gran capacidad política y militar. El Sur estableció una Confederación de estados soberanos, es decir las instituciones comunes, incluido el presidente, tenían escasos poderes, porque la mayor parte de las atribuciones recaía en los estados miembros de la Confederación.

Para muchos historiadores, el hecho de que el presidente del Sur no dispusiese de un poder inmediato fue una de las razones de que al final el Sur perdiese la guerra. Es cierto que Jefferson Davis, a veces, se encontró con muchas dificultades. Los distintos estados confederados en ocasiones negaron hombres y suministros que el presidente consideraba necesarios para combatir. Además existieron enfrentamientos muy graves entre el presidente y los políticos sureños herederos de la Doctrina de la Anulación. Jefferson Davis nombró, en los cuatro años que duró la guerra, cinco primeros ministros y seis ministros diferentes de guerra lo que prueba su confusión y debilidad.

Sin embargo a pesar de las ventajas demográficas, económicas, y hasta políticas del Norte frente al Sur, la guerra civil fue larga, de 1861 a 1865, y al Norte le costó mucho esfuerzo triunfar. El Sur desde el principio consideró la guerra como una contienda defensiva. El Norte, por lo tanto, era quién debía atacar y además controlar el espacio conquistado al enemigo. Los militares sureños contaron todo el tiempo con el apoyo de la población civil y siempre pudieron abastecerse sobre el terreno. Para vencer, el Norte tenía que dominar un terreno hostil mientras que el Sur luchaba en casa y el terreno le era profundamente familiar. Además, la mayoría de los militares profesionales apoyaron a la Confederación. Las élites sureñas, por tradición, recibían una formación militar aunque luego no ejercieran como militares profesionales. Y toda la aristocrática sociedad sureña estaba próxima a los valores comunes a todo ejército. Los mejores militares de Estados Unidos procedían del Sur y lucharon con el Sur: Robert E. Lee, Thomas J. Jackson, Joseph E. Johnston. El presidente Abraham Lincoln, sin embargo, tardó mucho tiempo en encontrar militares capaces de ganar la guerra. Sólo cuando se dio cuenta de que un experto oficial de la guerra con México: Ulysses E. Grant, estaba bien formado y tenía capacidad de mando, estuvo seguro de contar con oficiales capaces de plantear estrategias eficaces.

El Norte además tuvo problemas para reclutar hombres. En el Sur, desde el principio, se consideró que la contienda era ante todo una guerra patriótica. Jefferson Davis impuso, desde 1862, levas obligatorias y a toda la población sureña le pareció correcto. En el Norte la guerra no era popular. No sentían peligrar una forma de vida y estaban seguros de su superioridad. El presidente Lincoln no tuvo fuerzas para imponer una Ley de Reclutamiento obligatoria hasta 1863. Y aún así lo hizo con limitaciones. Los varones entre 20 y 45 años debían servir en el ejército de la Unión pero existieron cláusulas que permitían eludir el servicio militar. Se podía contratar a un sustituto pagándole. También se podía evitar el servicio depositando en las arcas del Estado 300 dólares. Así por ejemplo en 1863 se llamó a filas a 88.000 hombres. De ellos sólo 9.000 fueron efectivamente al ejército. La mayoría, 52.000, pagó multas y el resto a sustitutos. El servicio militar recaía pues en los inmigrantes, muchas veces recién llegados al puerto de Nueva York, y que ni siquiera hablaban inglés. También fueron reclutados muchos desempleados y vagabundos. No era una guerra vivida como patriótica por el Norte. Tampoco el Norte utilizó a aquellos que sí consideraban que la guerra civil era su guerra: la población afromaericana libre. La razón fue política. Lincoln no se quería enfrentar a los estados esclavistas que no se habían incorporado a la Confederación. Hasta la promulgación de la Proclama de Emancipación de los esclavos, en 1863, los afroamericanos no combatieron en el ejército de la Unión. Pero a partir de entonces 180.000 soldados afroamericanos formaron parte de la infantería y 30.000 se embarcaron integrando las fuerzas navales de la Unión.

Para algunos estudiosos, la Guerra de Secesión de Estados Unidos anunció lo que para muchos serían las grandes contiendas del siglo xx. La guerra fue una guerra total. Es decir movilizó a casi toda la población. No sólo como combatientes –2.000.000 en el Norte y 750.000 en el Sur– sino también a toda la industria y a la agricultura nacional. Toda la economía giró esos años en torno a la guerra. Por lo tanto nada tenía que ver con las guerras anteriores que se desarrollaban en campos de batalla y que sólo movilizaban a soldados y a las escasas industrias de guerra. Al igual que después la Gran Guerra, la guerra civil fue una guerra de posiciones con una gran utilización de la trinchera y, además, por primera vez la industria bélica aplicó todo el saber y la técnica de la Revolución Industrial a la producción bélica. Durante la guerra se probó la eficacia del acorazado.

La guerra estalló, como ya hemos señalado, en el Sur y se desarrolló en el Sur. El Norte utilizó una estrategia sencilla. El Sur, con una economía basada en el monocultivo, era tremendamente dependiente. Necesitaba alimentos y manufacturas que importaba del exterior, normalmente de Inglaterra. Si el Norte lograba bloquear los puertos sureños estrangularía su economía. No podría ni exportar productos de plantación ni, por supuesto, comprar manufacturas ni alimentos. El Norte debía ocupar militarmente el Sur, tarea que fue facilitada por la crisis económica que logran provocar en el Sur. En 1864, Ulysses Grant fue denominado comandante en jefe de todos los ejércitos de la Unión y tuvo como finalidad organizar una gran ofensiva en horquilla sobre el territorio confederado. El general unionista William T. Sherman dirigiría una ofensiva desde Chattanooga hasta Georgia y Grant lideraría otro ejército desde Washington hasta Richmond. La ofensiva iniciada de forma simultánea en 1864 obtuvo sus frutos. Los ejércitos de la Unión empujaban al ejército confederado cada vez más hacia el Sur. El 9 de abril de 1865, en Appotamox Courthouse, el general confederado Robert E. Lee se rindió. Un mes después el presidente de la Confederación, Jefferson Davis, fue capturado en Georgia, cuando huía disfrazado. Fue encarcelado en la fortaleza Monroe.

Aparte de las pérdidas humanas —más de 620.000 soldados murieron, la Unión perdió unos 320.000 y la Confederación unos 260.000, y alrededor de 80.000 civiles—, y económicas —arrasamiento de campos, pérdidas de cosechas y del control del mercado del algodón del Sur de Estados Unidos a favor de India y de Egipto—, la guerra supuso el final del dominio de los plantadores sureños y el surgimiento de la hegemonía de los industriales y financieros del Norte.

Los plantadores del Sur fueron duramente golpeados tras su fracaso. La Decimotercera Enmienda de la Constitución —proclamando la abolición de la esclavitud— se había impuesto en los Estados federales en 1863 durante la guerra. El triunfo del Norte fue seguido de la proclamación de la Enmienda para todo Estados Unidos. Ello supuso el final de la economía esclavista. Mientras la economía sureña se hundía también lo hacían unos valores y una forma de vida.

LA RECONSTRUCCIÓN DE ABRAHAM LINCOLN

Ya durante la guerra se vio que los republicanos no compartían la misma percepción de lo que suponía el triunfo del Norte. Mientras que el presidente consideraba que cuanto antes se cerrase la herida mejor y proponía un plan de incorporación de los territorios que se habían secesionado rápido y generoso, muchos de sus compañeros de partido, con una posición bastante más radical, consideraban que si los estados se incorporaban casi automáticamente, las antiguas clases dirigentes se impondrían otra vez en los estados del Sur. No se producirían grandes cambios y de nuevo se explotaría al afroamericano.

Por Reconstrucción entendemos tanto un periodo de la historia de Estados Unidos, que abarca desde 1863 hasta 1877, como un proceso mediante el cual los once estados separados de la Unión, en 1861, se reincorporaron de nuevo a la Federación de Estados Unidos.

Fue un periodo de la historia muy difícil y un proceso político muy complejo. El Sur había salido de la guerra absolutamente arruinado y resentido. Vencedores y vencidos tenían diferentes concepciones de qué debía ser el "Nuevo Sur". No existió un acuerdo entre el Norte y el Sur pero tampoco entre los diferentes grupos políticos del Norte que, como vencedores, articularon los distintos mecanismos de la Reconstrucción.

Durante la guerra civil dentro del Partido Republicano existían claramente dos tendencias. Los republicanos moderados, dirigidos por el presidente Abraham Lincoln, y los republicanos radicales. Los moderados consideraban que la guerra civil fue un conflicto que lo que pretendía era salvar y por lo tanto perpetuar la Unión de Estados Unidos. La cuestión de la abolición de la esclavitud había sido importante pero no era prioritaria. Además, para este sector, una cosa era dotar a los esclavos de libertad y otra muy diferente considerarlos como iguales y concederles derechos de ciudadanía. Los republicanos radicales, sin embargo consideraban primordial el problema de la esclavitud. Además, defendieron que la libertad de los esclavos debía estar acompañada de una serie de medidas que posibilitasen al liberto acceder a la ciudadanía plena.

Los representantes del otro partido con presencia en el Congreso durante la guerra civil: el Partido Demócrata, estaban muy próximos a la visión moderada del presidente Abraham Lincoln y de sus seguidores. Querían el restablecimiento de la Unión. Y entendían que los cuatro millones de esclavos debían ser libres pero, por el momento, según ellos, no estaban preparados para el disfrute de los derechos de ciudadanía.

El primer Plan de Reconstrucción lo promulgó Abraham Lincoln en plena guerra civil: en 1863. Era un plan muy generoso para los vencidos. El punto esencial radicaba en la negación, que hacía Lincoln, de que la secesión hubiera existido. Había rebeldes pero no estados secesionados. Para Lincoln el argumento era claro. Puesto que la Constitución no recogía, como ya hemos señalado, la posibilidad de secesión ésta no podía darse. Si eso era así, debía ser el presidente, en este caso Lincoln, como comandante en jefe del Ejército y como poseedor del derecho de gracia, al que correspondía establecer las condiciones de las nuevas relaciones entre esos individuos rebeldes y Estados Unidos. Así su primera medida, la Proclama de Amnistía y Reconstrucción, de 1863, tenía dos puntos básicos. Por un lado, los habitantes de los Estados Confederados, a excepción de los altos cargos militares y políticos, serían perdonados cuando jurasen respetar la Constitución y la abolición de la esclavitud promulgada en 1863. Y por otro, cuando un diez por ciento de los ciudadanos de los distintos Estados hubiesen realizado este juramento, podrían elegir nuevos gobiernos estatales y el presidente reconocería al Estado y a sus representantes como miembros de pleno derecho en la Unión que serían representadas en las instituciones federales.

La Reconstrucción del presidente Abraham Lincoln fue duramente criticada por los republicanos radicales. Los radicales, aunque pertenecientes al partido de Lincoln, estaban seguros de que, si el plan presidencial se llevaba a cabo, la antigua clase dirigente sureña mantendría su poder político y económico, y los libertos estarían poco mejor que bajo la esclavitud. Así presentaron, en 1864, en el Congreso la Ley Wade-Davis mediante la cual, la mayoría de la población sureña, y no el 10 por ciento que exigía Lincoln, debía prestar el juramento de lealtad para que el Estado quedase reincorporado a la Unión. Además se privaría a las élites blancas de los derechos políticos. El presidente Lincoln no firmó la ley con lo que en la práctica ejerció el derecho de veto presidencial.

Pero los republicanos radicales iban más allá. Insistían en tratar a los antiguos Estados Confederados como territorios conquistados y, por lo tanto, sólo podían ser readmitidos en la Unión como nuevos estados. La admisión de nuevos estados era, según la tradición jurídica americana, una función del Congreso.

Por lo tanto mientras que el presidente afirmaba que era competencia presidencial establecer las condiciones de reincorporación a la Unión de los territorios dominados por los rebeldes, los radicales defendían con fuerza que ésa era una atribución exclusiva del Congreso.

En marzo, el Congreso creó, vinculado al Departamento de Guerra, la Oficina de Libertos, refugiados y de tierras abandonadas. La finalidad era proporcionar artículos de abastecimiento, ropa, y combustible para las familias libertas. Además, la Oficina se haría cargo de las tierras abandonadas por antiguos confederados y las arrendaría en parcelas de dieciséis hectáreas a los libertos. Las tierras confiscadas eran escasas y la Reconstrucción moderada causó que, a finales de 1865, todas las tierras fuesen devueltas. También los miembros de la Oficina de Libertos debían asesorar legal y laboralmente a los antiguos esclavos y ocuparse de la creación de escuelas.

Desde luego no estaban dispuestos a permitir que miembros de los antiguos Estados Confederados, electos según el plan de Lincoln, compartiesen sillón con ellos en las Cámaras federales y utilizaron hasta la violencia para evitarlo. Cuando los representantes de Tennessee, Luisiana, Arkansas, y Virginia, que habían utilizado el plan Lincoln y habían logrado tener representación en el Congreso federal, acudieron a tomar posesión de su cargo, fueron duramente rechazados por los radicales. Las relaciones entre el presidente y el ala radical de su partido fueron cada vez peores.

El presidente Lincoln seguía manteniendo que puesto que los estados nunca habían estado fuera de la Unión, lo que se hacía era restablecer el orden. El orden público era, según la Constitución, una función ejecutiva. El ala radical, sin embargo, insistía en que los antiguos estados confederados eran territorios conquistados y sólo podían ser readmitidos como nuevos estados y que esta admisión era función del Congreso. Era una diferencia atroz la que separaba al presidente de los republicanos radicales, y era además difícilmente conciliable.

El asesinato de Lincoln, el 14 de abril de 1865, en el teatro Ford por el sudista confederado, John Wilkes, sólo cinco días después de la rendición de Lee, terminó de una manera trágica con el enfrentamiento.

La Reconstrucción de Andrew Johnson

A Lincoln le sucedió su vicepresidente, Andrew Johnson (1865-1869), de Tennessee. Johnson había sido elegido por Lincoln para ser su vicepresidente en las elecciones de 1864 a pesar de que no era miembro del Partido Republicano. Andrew Johnson era demócrata. Senador por Tennessee, había permanecido fiel a la Unión a pesar de la decisión de su Estado de secesionarse. Representaba a las clases blancas no plantadoras del Sur y su primer enemigo eran los dueños de plantaciones. Con su nominación, Lincoln buscaba apoyos entre los sureños para facilitar así la reconstrucción. Johnson era un hombre hecho a sí mismo que nunca aceptó a las élites aristocráticas sureñas. Pero, como casi todo el Sur, tampoco consideraba que los antiguos esclavos fueran sus iguales.

Nada más llegar al poder y aprovechando que el Congreso no estaba en sesión, Johnson aceptó en la Unión y reconoció a los cuatro estados que habían seguido el plan de Lincoln. Además elaboró un nuevo Plan de Reconstrucción, un poco más duro que el de Lincoln pero sin llegar al extremismo del ala radical. Ofreció una amnistía general a la población sureña exceptuando tan sólo a los antiguos oficiales confederados y a los grandes latifundistas con propiedades con un valor superior a los 20.000 dólares. Aquellos ciudadanos que jurasen respeto a la Constitución y a la abolición de la esclavitud podrían votar en las elecciones locales para las constituyentes de cada estado. Los nuevos Congresos debían anular todas las disposiciones relativas a la Secesión y ratificar la Decimotercera Enmienda de la Constitución aboliendo la esclavitud. Johnson mantenía la posibilidad, por el ejercicio del derecho de gracia presidencial, de promulgar perdones individuales.

Muchos de los estados del Sur aceptaron el plan de Andrew Johnson. Cuando el Congreso se volvió a reunir en diciembre de 1865, todos, excepto tres, estaban dispuestos para ser readmitidos.

Pero de nuevo los extremistas del Congreso se negaron a aceptar que el presidente tuviese capacidad para liderar la Reconstrucción. Era el Congreso el único que tenía potestad para readmitir nuevos estados en la Unión. Por lo tanto utilizarían todas sus armas para evitar la entrada de las antiguas élites sureñas en las instituciones federales.

Cuando el Congreso se reunió, en 1865, se negó de nuevo a aceptar a los representantes del Sur, constituyendo además un Comité conjunto del Congreso para investigar sus cualificaciones. Entre los nuevos representantes elegidos por los estados sureños estaban Alexander Stephens, último vicepresidente de la Confederación, cuatro generales confederados, ocho coroneles, seis miembros del gabinete de Jefferson Davis y por supuesto grandes plantadores sureños.

También los nuevos gobiernos que habían sido elegidos en el Sur se parecían mucho a los viejos gobiernos prebélicos. Algunos estados habían elegido a eminentes confederados para puestos estatales. Casi todos los estados del Sur habían puesto en vigor legislación para discriminar a los nuevos libertos. Los Códigos Negros regulaban la conducta de los libertos. Para los antiguos dueños de esclavos era natural, pero para el Norte no sólo era incomprensible sino inconstitucional. El contenido de los códigos variaba según los estados pero todos coincidían en prohibir la celebración de reuniones de tres o más personas. Tampoco permitían que los libertos contrajeran matrimonio con ciudadanos blancos. Los afroamericanos no podían poseer ni armas ni alcohol y, lo que era más grave, exigían a los afroamericanos que firmasen contratos superiores al año. Los niños eran sometidos al Contrato de Aprendizaje, siempre y cuando fueran huérfanos o sus padres no pudieran ocuparse de ellos, obligándoles a trabajar en las granjas de sus antiguos amos.

El Congreso de la Unión se opuso radicalmente a los Códigos Negros y a la nueva política de los estados del Sur. Los republicanos radicales se oponían por razones humanitarias. La nueva situación traicionaba los principales objetivos de la guerra. Los radicales consideraron que la guerra se había hecho para abolir la esclavitud y extender los principios de la democracia. Los Códigos Negros violaban ambas premisas. Pero no sólo los radicales se oponían a lo que estaba ocurriendo en el Sur. Los industriales y financieros veían con temor la permanencia de las clases adineradas sureñas en el poder. El Sur agrícola podía así aliarse con el Oeste también agrícola y defender de nuevo una política de librecambio para Estados Unidos. El Norte industrial y financiero no había ganado una guerra para eso. Por ello la mayoría del Congreso se opuso a la política presidencial.

El Congreso radical y la Reconstrucción

El continuo enfrentamiento entre Johnson y el Congreso se saldó a favor de éste último. Las elecciones legislativas de 1866 dieron mayoría a los radicales en las dos Cámaras del Congreso. Esto fortaleció todavía más su posición frente al Sur y por lo tanto su enfrentamiento con el presidente Andrew Johnson.

La primera acción del nuevo Congreso radical fue promulgar las Decimocuarta y Decimoquinta Enmiendas de la Constitución de Estados Unidos. Estas enmiendas dotaban de derechos políticos a los afroamericanos pero contenían también fuertes represalias contra las elites sureñas.

La Decimocuarta Enmienda era el alma de la Reconstrucción radical. En la primera sección declaraba que las personas nacidas en Estados Unidos eran ciudadanos. Prohibía que ningún Estado pudiera suprimir los derechos de los ciudadanos. Tampoco permitía a los estados atentar contra la libertad, la vida, y la propiedad de los ciudadanos sin el correspondiente proceso legal. Garantizaba a todos los estadounidenses la protección de las leyes. La enmienda reconocía que los afroamericanos tenían ciudadanía civil y que debían gozar del mismo trato que los blancos. Convertía así en anticonstitucionales los Códigos Negros.

La segunda sección de la enmienda preveía que la representación de los estados sería sobre la base de una población total, incluyendo por supuesto a los afroamericanos y aboliendo el "gobierno de los tres quintos" de la Constitución original. Si un Estado privaba a cualquier ciudadano, incluidos los afroamericanos, de su voto vería así reducida su representación en el Congreso.

La tercera sección privaba de derechos políticos a cualquiera que habiendo jurado la Constitución de Estados Unidos se hubiera comprometido en una insurrección contra éstos. Significaba que todas las élites sureñas iban a ser privada de derechos.

La cuarta sección obligaba a los estados del Sur a reconocer la deuda, contraída por los Estados vencedores, y a comprometerse a no exigir al Estado federal ningún pago de las deudas contraídas por los estados del Sur durante la guerra. "Pero ni Estados Unidos ni estado alguno se harán cargo ni pagarán deudas u obligación alguna incurrida al fomentar insurrecciones o rebeliones contra Estados Unidos, así como reclamación alguna por la pérdida o emancipación de esclavos". Para concluir la quinta sección otorgaba al Congreso, y no al presidente o a los tribunales, el poder de implantar todas las medidas. Es decir, el Congreso trataba así de incrementar su poder.

En esta enmienda aparecían claramente los ideales de los grupos más dispares. La primera y la segunda sección encerraban los deseos de igualdad y libertad de idealistas, abolicionistas, y demócratas. Pero estaba claro que la tercera y la cuarta sección de la Decimocuarta Enmienda significaba un castigo profundo al Sur. Además, la quinta complacía al Congreso que tan enfrentado estaba con el ejecutivo, con el presidente Andrew Johnson. Así quedaban satisfechos idealistas y nacionalistas y humillado de manera flagrante el Sur.

Todos los estados sureños, excepto Tennessee, rechazaron esta enmienda. Ésta no sólo colocaba a los afroamericanos en plan de igualdad civil con los blancos sino que limitaba los derechos de ciudadanía de las élites sureñas y, además, perjudicaba profundamente su economía al asegurar que nunca cobrarían las deudas que los Estados Confederados contrajeron con los particulares. Por si todo esto fuera poco, era el Congreso de la Unión el que tendría poder, limitando así el poder de un presidente conciliador con el Sur como era Johnson.

Tampoco el Sur aceptó la Decimoquinta Enmienda por la cual nadie podía negar a los ciudadanos el derecho al voto: "Por razón de raza, color, o por su anterior condición de servidumbre". De nuevo los estados del Sur se negaron a ratificar una enmienda constitucional.

El Congreso aprobó el Acta de Reconstrucción Radical de 1867 para forzar la ratificación de las nuevas enmiendas. Según la nueva medida, los estados sureños fueron divididos en cinco distritos militares, cada uno ocupado por un general de la Unión. Los Gobiernos, las Legislaturas estatales, y las Constituciones de los estados del Sur fueron suspendidas. Cada estado debía elegir nuevas asambleas constituyentes, siendo electores todos los varones mayores de edad blancos o negros excepto aquellos que habían apoyado a la Confederación. Es decir quedaban privadas del derecho al voto las antiguas clases dirigentes del Sur. Las nuevas asambleas constituyentes elaborarían Cartas Fundamentales que debían ratificar la mayoría del electorado de cada Estado. Las legislaturas también debían ratificar la decimocuarta enmienda y cuando lo hicieran los representantes y senadores del Estado, serían readmitidos en el Congreso de la Unión.

Todas estas medidas fueron duras y duramente contestadas por las antiguas clases dirigentes sureñas. Éstas sintieron una humillación que han tardado más de dos siglos en perdonar al Partido Republicano. Además quedó abierto el camino hacia el rencor y la violencia presentes en el Sur hasta la década de los sesenta del siglo xx.

Los nuevos gobiernos surgidos tras la Reconstrucción fueron acusados a veces exageradamente de corruptos. Era la primera vez que los afroamericanos votaban en el Sur y no sólo votaron sino que en muchas ocasiones fueron elegidos para ocupar cargos públicos. Aunque en ningún Estado lograron ser mayoría en el Gobierno –no fue elegido ningún gobernador negro– estuvieron ampliamente representados en las legislaturas. En una de las convenciones estatales, en Carolina del Sur, hubo mayoría afroamericana: 76 frente a 41. En Florida también un 40 por ciento de los miembros de las legislaturas fueron afroamericanos; en Virginia, un 24 por ciento. Durante la Reconstrucción en el Congreso federal hubo dos senadores y catorce miembros de la Cámara de Representantes de origen afroamericano que gozaron de un inmenso prestigio como oradores.

Mientras se producía la Reconstrucción del Sur, la oposición entre el presidente y el Congreso se acentuaba. El Congreso, aprovechando de nuevo su mayoría, aprobó una Ley, la de tenencia de cargo público, mediante la cual todos los nombramientos que requerían la ratificación del Senado, necesitarían también el apoyo del Senado para su destitución. Los republicanos estaban retando al presidente. Sabían que quería destituir al secretario de Guerra, Stanton, que era un firme defensor del republicanismo radical. Cuando el presidente Johnson destituyó a Stanton, el Congreso abrió un *Impeachment*, el primero contra un presidente de Estados Unidos, por corrupción.

Según la Constitución de Estados Unidos para que exista un *Impeachment* se necesita una violación, por parte del presidente, de la ley.

Así de los once artículos de que constaba el documento del *Impeachment*, contra Johnson, ocho se centraron en la violación de la ley por parte del presidente. Aún así, el Senado no logró la mayoría necesaria de dos tercios para proceder y perdió por un solo voto. Pero tras esta dura experiencia el presidente Johnson no volvió a oponerse al Congreso.

Mientras la Reconstrucción continuaba en el Sur, algunos republicanos radicales se habían trasladado allí como empleados de la Oficina de Libertos para ayudar a los antiguos esclavos. Numerosos educadores procedían de los movimientos de reforma románticos. A estos republicanos radicales del Norte se les conoció con el término de *carpetbaggers* o 'politicastros'. Muchos eran idealistas pero también los hubo oportunistas.

Si bien todos los afroamericanos elegidos para las instituciones federales habían recibido una cuidada educación, no ocurrió lo mismo con los afroamericanos de las instituciones estatales. Muchos, no sabemos cuantos, no sabían ni leer, ni escribir y fueron manipulados por republicanos no tan idealistas. Los *carpetbaggers* fueron duramente criticados por las élites blancas. También las antiguas élites sureñas criticaron la labor de los *scalawags*, o 'bribones' que es como las élites sureñas denominaron a los sureños que apoyaron la Reconstrucción. La mayoría eran pequeños propietarios que nunca habían poseído esclavos y que soñaban con una pronta modernización del Sur.

A pesar de la oposición de las élites sureñas, los gobiernos de la Reconstrucción llevaron a cabo un programa implacable de reformas. En primer lugar crearon en el Sur el primer sistema de escuelas estatales. Más de 600.000 alumnos afroamericanos estaban escolarizados en 1877. También se crearon multitud de instituciones para paliar los daños de la guerra: orfanatos, asilos y escuelas para sordomudos. No en vano muchos republicanos eran antiguos reformadores sociales. También es verdad que muchos de estos gobiernos republicanos fueron corruptos. Existió un alto porcentaje de tráfico de influencias para controlar los fondos federales para la Reconstrucción del Sur. Es cierto que fue un momento de corrupción política también en el Norte. Pero los escándalos se sucedían en el Sur.

Paralelamente a la Reconstrucción se produjo el surgimiento del terrorismo blanco. La mayoría de la población blanca sureña había permanecido al margen de la vida política de la Reconstrucción y estaban perplejos al observar cómo antiguos esclavos ocupaban puestos en el gobierno. En algunos lugares la hostilidad se convirtió en violencia. El Ku Klux Klan, organización que había surgido como un club social de antiguos soldados confederados en la localidad de Pulaski, en Tennessee, pronto se convirtió en un grupo muy violento creciendo a pasos agigantados. Su primer gran *Wizard* iba a ser Robert Lee pero declinó el honor y en su lugar fue elegido el general de la Confederación Nathan Bedford Forrest. El KKK actúo con una enorme dureza, asesinando y torturando tanto a los republicanos del Norte y del Sur como a los afroamericanos. Los gobiernos republicanos del Sur pronto necesitaron protección federal para sobrevivir.

Además el Norte cada vez estaba más preocupado por problemas locales. La expansión hacia el Oeste, las guerras indígenas, el desarrollo industrial, y la controversia, de nuevo, por el libre cambio o el proteccionismo alejó el interés del Gobierno central de las instituciones federales del Sur.

Además, muchos republicanos blancos fueron abandonando el Partido Republicano conforme el partido demócrata sureño se fue reorganizando. Primero, los republicanos perdieron el control en Virginia y en Tennessee, en 1869 y, después, en Georgia y Carolina del Norte en 1870. En 1876 sólo quedaban regímenes radicales en Luisiana, Carolina del Sur, y Florida.

A pesar de que la Reconstrucción estaba herida de muerte, su final llegó a través de la corrupción. El año 1877 fue año de elecciones presidenciales. Dos candidatos, Samuel Tilden, demócrata y, Rutherford B. Hayes, republicano, se enfrentaron. A Tilden le faltó un voto para lograr la mayoría, pero el candidato republicano pidió la revisión de las elecciones en tres estados sureños: en Luisiana, en Carolina del Sur, y en Florida. Curiosamente en los tres estados donde pervivían gobiernos radicales. En enero del año 1877, las dos Cámaras decidieron crear una comisión electoral especial. Integrada por quince miembros: cinco senadores, cinco representantes, y cinco miembros del Tribunal Supremo, decidieron apoyar al candidato menos votado que era el candidato republicano Hayes. Hubo acuerdos secretos. Los políticos del Partido

Demócrata pactaron que votaban al candidato republicano si concluía la Reconstrucción y se devolvía al Sur a "su propio destino". El nuevo presidente electo, Rutherford B. Hayes (1877-1881), cumplió su promesa. Desmilitarizó el Sur y en todos los estados surgieron gobiernos "blancos como lirios".

Gobiernos blancos como lirios

Estos "gobiernos blancos como lirios", que es como las élites sureñas los denominaban, no tardaron mucho en legislar recortando, primero la ciudadanía política a los libertos y, luego, suprimiendo la ciudadanía civil e iniciando así la segregación.

El Estado más hábil en crear legislación encaminada a privar a los libertos del derecho al sufragio fue Misisipi. Los ciudadanos que quisieran votar debían reunir una serie de requisitos: tenían que pagar un impuesto y también demostrar que contaban con dos años de residencia en el mismo lugar. Los afroamericanos entonces eran temporeros que se movían buscando trabajo. Además se pedía no sólo saber leer sino comprender la Constitución para poder ejercer el derecho de voto. Pero por si algún afroamericano superaba todas estas pruebas, se exigió también la Cláusula del Abuelo: es decir que si alguien tenía un antepasado que podía votar en 1867 tenía derecho a votar, si no, y ese era el caso de todos los descendientes de esclavos, no podía votar. La legislación de Misisipi fue introducida lentamente en los demás estados sureños privando a los afroamericanos de derechos políticos.

Pero también recortarían sus derechos civiles. Así los niños de origen afroamericano debían estudiar en escuelas propias y no eran aceptados en las universidades estatales. Los afroamericanos tenían que habitar áreas determinadas de la ciudad. Estaban confinados en espacios propios en los transportes públicos y también en los lugares de ocio. La segregación fue una realidad desde la década de 1880. Además el Tribunal Supremo legitimó la segregación en dos sentencias famosas. En los *Casos de Derechos Civiles* en 1883 y en *Plessy vs. Ferguson* en 1896 estableció que la situación de separados de los afroamericanos y la población de origen europeo no significaba desigualdad. Por esta sentencia, conocida como "Separados pero iguales", la segregación ya no podía ser legalmente cuestionada y pervivió en Estados Unidos hasta la década de 1970.

Este conjunto de leyes que impusieron la segregación en el Sur desde 1876 hasta la segunda mitad del siglo xx, fueron conocidas como Jim Crow Laws. Para muchos este nombre tan peculiar procede de *Jump Jim Crow* una canción bailable y satírica en contra de los afroamericanos que gozaba de gran popularidad en la América del siglo xix.

Sociedad industrial

Si bien la tragedia de la historia de Estados Unidos supuso una fisura sin precedentes entre sus regiones, el triunfo en la guerra civil de los valores económicos, políticos, y sociales del Norte impulsó el camino hacia la modernización y el cambio. El desarrollo industrial y financiero fue espectacular y la llegada masiva de emigrantes ocasionó un cambio sin precedentes en la fisonomía urbana de Estados Unidos.

De todas las economías nacionales en vías de industrialización, en el siglo XIX, la de Estados Unidos es la que alcanzó el resultado más brillante. En 1840 su producto nacional bruto equivalía a dos terceras partes del de Gran Bretaña o Francia. En 1890 igualaba a Gran Bretaña; y a partir de 1914 superaba, con mucho, el de las dos potencias europeas. Entre 1840 y 1914 su producto nacional se había multiplicado casi por dieciséis. Ningún país europeo había logrado estos resultados.

De todas formas conviene matizar estos hechos. Tampoco ninguna nación de la vieja Europa había conocido una expansión demográfica y territorial tan impresionante. La población norteamericana total pasó de diecisiete millones de habitantes en 1840, a cien millones en 1914, y a 281 millones en el año 2000. El crecimiento territorial no fue menos llamativo como ya hemos señalado en este libro. Si en 1787, los límites de la república difícilmente alcanzaban los dos millones de kilómetros cuadrados, a principios del siglo XX llegaron casi a los 9.629.091 millones. Pero además de la expansión demográfica y territorial existieron otras causas que explican la gran transformación económica de Estados Unidos. Por un lado, la abundancia de recursos naturales, por otro, las mejoras introducidas en la tecnología y, sobre todo, una organización eficaz y muy novedosa de la economía.

El crecimiento territorial y demográfico

El crecimiento territorial fue muy grande a lo largo del siglo XIX. La compra de Luisiana, de Florida, la anexión de Texas, la conquista de California y de Nuevo México y la adquisición de Oregon supusieron un incremento del territorio absolutamente espectacular. Tan inmenso como el crecimiento demográfico.

Las causas del rápido crecimiento de la población americana fueron un amplio crecimiento vegetativo pero, sobre todo, una aceleración de la inmigración procedente de Europa, de Asia, y de las Americas. El crecimiento vegetativo se debió a una disminución de la tasa de mortalidad. Conforme el país se industrializaba aumentaban los ingresos mejorando las condiciones de vida. Mejores casas, mayor higiene, y buenos recursos sanitarios fueron habituales. También las mejoras en las condiciones de vida unidas a un desconocimiento de métodos anticonceptivos rigurosos, ocasionaron una mayor tasa de natalidad. Sin embargo, a partir de 1870, la natalidad comenzó a descender. Las familias numerosas dejaron de ser comunes en las clases más adineradas. Estaba prohibido el control de la natalidad y también la difusión de los métodos anticonceptivos, en la mayor parte de los estados, y además los condenaban las iglesias pero aún así en las áreas urbanas su práctica era habitual a finales del siglo XIX.

De todas formas el crecimiento efectivo de la población fue mayor que el crecimiento vegetativo. La causa fue la inmigración europea y asiática. De 1850 a 1860 la inmigración supuso 1/3 del crecimiento total de la población estadounidense. Desde finales del siglo XIX y hasta 1921 –fecha de la implantación de una política de cuotas para frenar la entrada de trabajadores– la inmigración suponía la mitad del crecimiento total. La población de Estados Unidos se multiplicó por cinco entre 1840 y 1914, llegando a ser, en los albores de la Gran Guerra, de casi cien millones de habitantes.

Al principio fueron factores de repulsión lo que motivó las oleadas migratorias desde Europa y Asia hacia Estados Unidos. Las malas condiciones de vida de la población europea y asiática y las persecuciones políticas y religiosas fueron las primeras causas de los sorprendentes movimientos de población. Pero después fueron factores de atracción. La

CRECIMIENTO DE LA POBLACIÓN EN ESTADOS UNIDOS (1790-2000)	
AÑO	POBLACIÓN
1790	3.929.214
1800	5.308.483
1810	7.239.881
1820	9.633.822
1830	12.866.020
1840	17.069.458
1850	23.191.876
1860	31.443.321
1870	38.558.371
1880	50.155.783
1890	62.979.766
1900	76,.03.387
1910	91.972.266
1920	105.710.620
1930	122.775.046
1940	131.669.275
1950	151.325.798
1960	179.323.175
1970	203.302.031
1980	226.542.199
1990	248.718.301
2000	281.421.906
Fuente: United States Census Bureau, http://www.census.gov/	

Crecimiento de la población en Estados Unidos (1790-2000).
Elaboración propia. Fuente: US Census Bureau

necesidad de mano de obra, los salarios elevados, la existencia de empleos y de trabajos diversos, la prosperidad general de la joven república y, sobre todo, la existencia, en las comunidades de trabajadores europeos, de la fe en el "sueño americano", comenzaron a atraer masivamente a la población hacia Estados Unidos.

Como señala Willi Paul Adams en su obra *Los Estados Unidos de América* se pueden distinguir tres grandes etapas en este periodo migratorio. La primera, desde 1820 hasta 1896; la segunda, desde 1896 hasta 1921, y la tercera, a partir de 1921.

La primera etapa se caracterizó por la llegada de inmigrantes que partían de las regiones del Norte y del Oeste de Europa. En total, entre 1820 y hasta 1896, llegaron quince millones de inmigrantes que lingüística y culturalmente no eran tan diferentes a los primeros pobladores europeos. Procedían de Irlanda, Alemania, y Escandinavia. También, en esos primeros años, llegaron inmigrantes asiáticos procedentes sobre todo de China y se asentaron en la costa del Pacífico. En 1854 llegaron unos 13.000 chinos. Desde entonces y hasta 1882, cuando se prohibió radicalmente la entrada de trabajadores chinos, se asentaron en la costa oeste varios miles al año. Así, en 1880 vivían más de 100.000 asiáticos concentrados en las zonas urbanas del Pacífico.

En la segunda etapa, desde 1896 hasta 1921, los inmigrantes procedían de áreas culturales muy diferentes a las que habían forjado la nación americana. Trabajadores del sur y del este de Europa llenaron las calles de las ciudades norteamericanas. Polacos, checos, húngaros, ucranianos, turcos, armenios, sirios, italianos, y portugueses inundaron con su diversidad lingüística, religiosa, y cultural los nuevos barrios de trabajadores de las grandes ciudades. También continuaron llegando trabajadores asiáticos pero ahora provenían de Japón y de Filipinas. Así, ya en 1910, un tercio de la población de las doce ciudades más grandes de Estados Unidos había nacido en el extranjero, y otro tercio lo componían los hijos de inmigrantes, es decir los estadounidenses de primera generación. Además en esta segunda etapa el flujo de inmigración se había acelerado. Entre 1905 y 1914 llegaron más de un millón de inmigrantes al año. En total, en ese corto periodo, entraron más de quince millones de inmigrantes en Estados Unidos. De todos ellos la inmigración más "seguida" fue la inmigración procedente de Japón. No queridos por sus grandes diferencias culturales, el encuentro entre los japoneses con sus arraigados códigos culturales y los norteamericanos fue extraño. En 1908, el emperador de Japón, presionado por la amenaza de expulsión de los inmigrantes japoneses y ante la humillación que ello supondría para los "hijos" del propio

INMIGRACIÓN EN ESTADOS UNIDOS						
PERIODO	TOTAL	EUROPA	ASIA	AMERICA	AFRICA	OCEANIA*
1820-1830	151.824	106.487	36	11.951	17	33.333
1831 1840	599.125	495.681	53	33.424	54	69.911
1841-1850	1.713.251	1.597.442	141	62.469	55	53.144
1851-1860	2.598.214	2.452.577	41.538	74.720	210	29.169
1861-1870	2.314.824	2.065.141	64.759	166.607	312	18.005
1871-1880	2.812.191	2.271.925	124.160	404.044	358	11.704
1881-1890	5.246.613	4.735.484	69.942	426.967	857	13.363
1891-1900	3.687.564	3.555.352	74.862	38.972	350	18.028
1901-1910	8.795.386	8.056.040	323.543	361.888	7.368	46.547
1911-1920	5.735.811	4.321.887	247.236	1.143.671	8.443	14.574
1921-1930	4.107.209	2.463.194	112.059	1.516.716	6.286	8.954
1931-1940	528.431	347.566	16.595	160.037	1.750	2.483
1941-1950	1.035.039	621.147	37.028	354.804	7.367	14.693
1951-1960	2.515.479	1.325.727	153.249	996.944	14.092	25.467
1961-1970	3.321.677	1.123.492	427.642	1.716.374	28.954	25.215
1971-1980	4.493.314	800.368	1.588.178	1.982.735	80.779	41.254
1981-1990	7.338.062	761.550	2.738.157	3.615.225	176.893	46.237
1991-2000	9.095.417	1.359.737	2.795.672	4.486.806	354.939	98.263
2001-2006	7.009.322	1.073.726	2.265.696	3.037.122	446.792	185.986
187 Años	72.066.614	39.346.127	10.525.281	20.082.410	1.075.980	1.036.816
* Incluye a otros que no están identificados según su nacionalidad						

Inmigración de Estados Unidos. Fuente: *Statistical Yearbooks of the Immigration and Naturalization Service*. Actualizado desde 2006 con INS *Annual Reports por About.com Immigration Issues*

emperador firmó el Acuerdo entre Caballeros, en donde Japón se comprometía a autolimitar la inmigración. A cambio nada se sabría públicamente de esta vergonzosa política que impedía que súbditos de uno de los más antiguos imperios del planeta se convirtieran en ciudadanos de "una nación de naciones". Para miles de inmigrantes procedentes de Asia, el centro de inmigración de la *Angel Island* se convirtió en el punto más cercano que vieron de América.

La tercera etapa, la que comenzó a partir de 1921, se caracterizó por el triunfo de las restricciones a la inmigración. Desde finales del siglo XIX se había legislado limitando la entrada de emigrantes. Estas normas, que no siempre se aplicaban, intentaban limitar la entrada de los inmigrantes que pudieran ser "peligrosos" para la sociedad y también de aquellos que se pudieran convertir con facilidad en una carga para la comunidad. Así, en 1882, se prohibió la entrada de los convictos, "locos", indigentes o enfermos crónicos. También, ese mismo año, se promulgó, como ya hemos señalado, la primera de una serie de leyes de exclusión de la población de origen chino. En 1907 se prohibía la entrada de personas que sufrieran enfermedades contagiosas, polígamos, prostitutas, y también anarquistas o cualquiera que defendiera la caída de un gobierno democrático con el uso de la violencia. En 1917 se promulgó una de las leyes más polémicas: la que prohibía la entrada a todos aquellos que no supieran leer y escribir.

Fue en la isla de Ellis, lugar acondicionado para la tarea de revisar si los nuevos emigrantes procedentes de Europa y de Oriente Próximo, cumplían los requisitos de entrada, donde los barcos atracaban y los campesinos eran revisados para cerciorarse de que no estaban en los grupos de los excluidos. "El barco ancló en mitad de la bahía y entonces nos subieron al bote que nos llevaría a Ellis Island (…) Desembarcamos cargando la maleta y nos dirigimos derechos hacia el edificio (…) Ese día debíamos ser cinco mil o seis mil personas (…) recuerdo que era agosto. El calor te atravesaba. Llevaba mis calzones largos y mi chaqueta de *tweed* irlandesa…", narraba un joven inmigrante en su *Diario*.

Pero las verdaderas restricciones llegaron tras un duro debate en el Congreso de Estados Unidos. Ya desde 1920 era evidente que se legislaría restringiendo la inmigración. Los argumentos tenían que ver con la necesidad de defender los puestos de trabajo de la población "verdaderamente" americana. Existía además una corriente política que se expresaba sin problemas en el Congreso con argumentos radicales. El nuevo flujo migratorio procedente del sur y del este de Europa era considerado peligroso por sus diferencias "raciales" y porque se le adjudicaba una vinculación clara con los movimientos políticos de clase sobre todo con el anarquismo y el socialismo. Así, en 1921, el Congreso promulgó una ley por la cual la futura inmigración anual, de cualquier procedencia, se limitaba al tres por ciento de la población total de cada una de las nacionalidades residentes en Estados Unidos según el censo de 1910. Además se establecía una cuota máxima de 357.000 inmigrantes. Esta norma perjudicaba claramente a los inmigrantes que procedían del sur y del este de Europa porque casi no existían inmigrantes originarios de estas regiones al comienzo del siglo xx. La Ley se hizo más restrictiva todavía para todos los considerados como potencialmente peligrosos en 1924. El Congreso modificó la Ley anterior reduciendo la cuota a un dos por ciento y además utilizó el Censo de 1890. Entonces la presencia de emigrantes del sur y del este de Europa era inexistente.

El flujo migratorio además descendió. El estallido de la Gran Crisis de 1929 paralizó, durante años, la entrada de inmigrantes hacia Estados Unidos.

Pero si la Revolución industrial influyó para que muchos europeos y asiáticos llegasen a América esto a su vez estuvo relacionado con el proceso de industrialización. La llegada de inmigrantes proporcionó nuevos mercados, mano de obra para las fábricas y estimuló inversiones necesarias para la industria.

RECURSOS NATURALES

Además del crecimiento territorial y del crecimiento de población, la abundancia de recursos naturales contribuyó a la industrialización del país. La riqueza americana en productos necesarios para este proceso parecía inagotable. Entre los Apalaches y la zona de los Grandes Lagos las minas de carbón y de hierro eran y son muy abundantes. También Estados Unidos era rico en cobre en las zonas de Míchigan, Montana, y Arizona, y maderas en Wisconsin y en todo el Nordeste.

De todos lo recursos naturales el que más contribuyó al primer crecimiento industrial fue el hierro y también, en un segundo momento, su derivado el acero —aleación de hierro y carbono, en diferentes proporciones—. Estos dos metales proporcionaron a los Estados Unidos modernos sus herramientas y maquinaria: locomotoras, puentes, vías férreas, motores y rascacielos. Entre 1860 y 1900 la producción de lingotes de hierro aumentó de 800.000 toneladas a casi catorce millones. La de acero, de tener proporciones insignificantes, pasó a casi once millones de toneladas, con una producción superior a la de las dos naciones más industrializadas, a finales del siglo xix, unidas que eran Alemania y Gran Bretaña. Fue Pittsburgh, en Pensilvania, la mayor productora de acero y de hierro. A pesar de que se descubrieron también yacimientos de hierro y carbón en Míchigan, y en Minnesota, éste se trasladaba a Pittsburgh por el canal de Soo y los Grandes Lagos. Sin embargo lograron también desarrollarse centros de producción de hierro y de acero en Detroit, Gary, Chicago y Bírmingham, en Alabama.

Innovación e industria

La abundancia de recursos naturales y la expansión demográfica no explican por sí solos el gran crecimiento económico. Es necesario aplicar técnicas apropiadas a los recursos para lograr una mejor productividad. Para poderlos explotar fue necesaria la introducción en Estados Unidos de innovaciones tecnológicas y también de la reflexión sobre la racionalización y mejora de los procesos de producción.

Según escritos de viajeros europeos por Estados Unidos a principios del siglo xix, el nivel tecnológico era ya bueno en la década de los treinta. Sobre todo en la industria textil, armamentística, y en todo lo relacionado con las explotaciones forestales. Fue en 1840 cuando comenzó a introducirse maquinaria en las explotaciones agrícolas del Oeste.

En la primera parte del siglo xix, la mayor parte de la innovación tecnológica que se introdujo en el proceso de industrialización americano era de origen europeo, sobre todo inglés y alemán. Todavía las universidades europeas, inglesas y alemanas, eran mejores que las estadounidenses. Sin embargo muchos de los inventos no encontraban salida en la industria europea. En cambio la industria norteamericana estaba ávida de maquinaria. No sabemos con certeza la razón por la que las fábricas americanas estaban tan abiertas a la innovación. Muchos historiadores consideran que la falta de densidad de población invitaba a aceptar cualquier novedad que implicara una reducción de la mano de obra en las nuevas factorías. Así, por ejemplo, el proceso del inglés Henry Bessemer (1813-

1898) para refinar el acero, no tuvo, al principio, ninguna salida en la industria europea pero sí en la de Estados Unidos. Allí fue patentado en 1857 y ocasionó una verdadera revolución en la industria del acero. Pero no fue hasta que la guerra civil concluyó, en 1867, cuando entró en funcionamiento la primera planta Bessemer en Estados Unidos.

Cuatro años después otro método superior de oxidación de las impurezas del hierro, descubrimiento conjunto de alemanes y franceses, se introdujo en Estados Unidos por el político demócrata e industrial, Abram S. Hewitt (1822-1903). Estos nuevos procesos permitieron aumentar la producción de acero y reducir mucho el precio –de 3.000 dólares la tonelada a 35 dólares–. A partir de ese momento el acero desbancó al hierro con rapidez. Comenzó a utilizarse en la construcción de edificios, puentes, ferrocarriles, y maquinaria. Una vez adoptado, el nuevo método de Bessemer se utilizó a gran escala. Fortunas de grandes industriales como la de Andrew Carnegie (1835-1919) fueron ocasionadas por la producción y el crecimiento de la demanda del acero. Carnegie había nacido en Escocia y se trasladó a Estados Unidos en 1848 con sólo trece años. Comenzó su vida laboral como trabajador en la industria textil, y también trabajó en una oficina de telégrafos. Durante la guerra civil desarrolló una gran actividad en el transporte de tropas y en la organización del Departamento Militar de Telégrafos. Después se inició en la industria siderúrgica que había recibido un gran impulso con la Guerra. Sin gran formación técnica, sí tenía una gran intuición y consideró que los nuevos métodos para obtener acero eran útiles. Carnegie se rodeó de asociados capaces como Henry Clay Frick y Charles M. Schwab. Ya en 1900 tenía la mayor fortuna de Estados Unidos. En uno de sus escritos emblemáticos "Wealth", que se publicó en la *North American Review*, en 1889, defendió la responsabilidad de las grandes fortunas, que a finales del siglo XIX eran numerosas en Estados Unidos, en considerar que los beneficios debían revertir, de alguna manera, en la comunidad. En 1901 vendió su compañía y creó la Carnegie Corporation de Nueva York y otros organismos para apoyar la investigación científica, la construcción de bibliotecas públicas, y otros empeños "filantrópicos".

En la segunda mitad del siglo XIX la innovación tecnológica y su aplicación a la industria se produjo ya en Estados Unidos. Se investigaba en la universidad americana y también en las propias empresas. La innovación se consideraba ya como un vehículo necesario para el progreso. En 1859 se inició la explotación del petróleo en Estados Unidos. Comenzó con el descubrimiento de grandes yacimientos de petróleo al oeste de Pensilvania, en Ohio, en Indiana, y al oeste de Virginia. Al principio muchos pozos se explotaron por pequeñas compañías. Pero surgió también un gran organizador de esta industria. John D. Rockefeller, consiguió controlar a la vez a muchas compañías y constituyó la Standard Oil Company. El petróleo no sólo fue útil como combustible competidor del carbón. Fue también el origen de la gasolina que hizo posible el desarrollo de los motores de explosión. Este mecanismo, que dependía de aislar químicamente la gasolina del petróleo, fue desarrollado y perfeccionado en América. El primer motor de gasolina fue patentado en Estados Unidos en 1878 y los primeros "coches sin caballos" aparecieron en Estados Unidos y Europa en la década de los noventa del siglo XIX. Pero la mayoría de la población no los tomaron muy en serio. Se percibían como pequeños "juguetes" de los muy ricos.

Fue Henry Ford, que había comenzado sus experimentos trabajando como experto en electricidad en la Compañía Edison de Detroit, quien en 1909 logró producir el modelo T. Un coche sin adornos, sobrio, y práctico que permitía viajar centenares de kilómetros y lo suficientemente barato como para que se lo pudieran permitir los trabajadores cualificados estadounidenses. Y está posibilidad hizo que surgieran imitadores y que la oferta y la demanda de automóviles aumentara empujando a otras muchas industrias.

Una industria nacida de aplicar la ciencia a la mecánica fue la industria eléctrica que desarrolló Thomas Alva Edison (1847-1931). A través de sus investigaciones logró utilizar la electricidad para hacer luz, haciendo circular una corriente eléctrica a lo largo de un filamento de carbón. Además Edison creó un primer gran laboratorio en Menlo Park, Nueva Jersey, uno de los primeros centros dedicados exclusivamente a la investigación científica. En 1879 su equipo de investigación había "inventado" las bombillas. Ese mismo año Edison trajo a más de 3.000 personas a su fábrica para hacer una pequeña demostración: iluminó su fábrica y todas las calles del vecindario con miles de bombillas. Todos quedaron maravillados. Edison fue un científico muy completo. Sus aportaciones al mundo del cine fueron también muy importantes.

George Westinghouse y Nikola Tesla también fueron grandes impulsores de la energía eléctrica. La electricidad sustituyó al gas no sólo para fabricar luz sino también como medio para la calefacción, la cocina, y la refrigeración. Y desde luego alteró la fisonomía de todas las ciudades estadounidenses.

Desde 1890 hasta 1920 la proporción de las industrias estadounidenses que utilizaron electricidad pasó de casi ninguna a más de una tercera parte del total de las industrias. También desde 1900 hasta 1920 casi todas las grandes ciudades construyeron sistemas de trasporte movidos por electricidad que sustituyeron a los carruajes tirados por caballos y mulas. En ciudades como Nueva York el primer metro se construyó en 1900. Además la iluminación eléctrica de las ciudades fue acompañada, en el caso de Estados Unidos, de la iluminación de escaparates comerciales y de parques de atracciones como los de Coney Island –Luna Park, Dreamland Park y Steeplechase– creados entre 1884 y 1904.

El desarrollo de los medios eléctricos de comunicación, que habían comenzado con el telégrafo de Samuel Morse, condujo al teléfono inventado por el escocés Alexander Graham Bell (1847-1922). Bell, un experto en educación para sordos, comenzó a experimentar con la finalidad de poder reproducir la voz humana por medios eléctricos. En 1876 lograba trasmitir la primera frase inteligible. Con sus socios creó la Bell Telephone Company para comercializar su nuevo invento: el teléfono. En 1900 existían en Estados Unidos 800.000 teléfonos, el doble que en Europa.

Pero hubo muchos más inventos en ese siglo "milagroso". La máquina de escribir la inventó en 1867 Christopher Latham Sholes (1819-1890), que era impresor y editor del *Milwaukee News* y del *Milwaukee Sentinel*. Pero tras perfeccionarla fue la *Remington Arms Company* la compañía que la comercializó convirtiéndola en un instrumento básico en la vida de los estadounidenses. A la máquina de escribir le siguieron la caja registradora, creada por James S. Ritty en 1879, y también la calculadora patentada en 1892 por el inventor William Seward Burroughs (1855-1898).

Cada día aumentaba el número de instrumentos mecánicos que reforzaban el poder humano. Entre 1860 y 1910 se registraron en la oficina de patentes de Estados Unidos cerca de un millón de nuevos inventos. Todos ellos contribuyeron con fuerza a reforzar entre las clases populares la idea del "sueño americano". Sus ciudades iluminadas, los escaparates, la música, la facilidad de trabajo hacía soñar a muchos jóvenes europeos y asiáticos.

El crecimiento de la población, la riqueza de recursos naturales, y las mejoras tecnológicas no fueron las únicas razones del enorme crecimiento económico. A ello contribuyó también, primero, una gran revolución del transporte y, después, una organización eficaz de la industria.

TRASPORTE Y CRECIMIENTO INDUSTRIAL

Desde el final de la guerra civil uno de los principales agentes del crecimiento económico fue el ferrocarril transcontinental que concluyó su construcción en 1869. Además, a comienzos de la década de 1880 había tres líneas más: la del Pacífico Sur; la del Pacífico Norte; y la Atchison, Topeka y Santa Fe. Y sólo una década después se le unió el Gran Norte. Esa gran extensión ferroviaria, que había alcanzado más de 308.800 kilómetros. en 1900 y era la red ferroviaria mayor del mundo, logró facilitar la colonización del Oeste y también la explotación de los abundantes recursos naturales y crear un mercado nacional.

Los avances tecnológicos permitieron que los largos viajes en ferrocarril fueran menos penosos para los pasajeros. El cambio de los raíles de hierro por los de acero y la ampliación del ancho de la vía hizo los viajes más seguros y menos movidos. Además se introdujeron medidas de seguridad para disminuir el número de accidentes ferroviarios. Así se introdujo el freno de aires y los espléndidos pero inseguros vagones de madera fueron sustituidos por vagones metálicos menos frágiles y menos vulnerables a los incendios. Se introdujeron también muchas comodidades. George M. Pullman, creó la Pullman Palace Car Company que propuso instalar en los trenes de viajeros un vagón restaurante, coches cama, y vagones salón.

Vinculado al desarrollo del ferrocarril estuvo también el inmenso proceso de construcción de puentes que invadió el paisaje urbano y rural de Estados Unidos. El más conocido de todos los ingenieros fue John A. Roebling (1806-1869). De origen alemán se había trasladado a Estados

Unidos en 1831. Interesándose, desde muy pronto, por la fabricación de alambre creó una próspera fábrica. Entre sus primeros puentes destacó el construido para el ferrocarril, en las cataratas del Niágara, entre 1851 y 1855. Pero sin duda alguna el más famoso fue el puente de Brooklyn, sobre el East River, que une Manhattan con Brooklyn. Fue el primer puente colgante construido en acero. John A. Roebling comenzó su obra en 1869 y murió haciendo los primeros preparativos a pie de obra. Su hijo Washington A. Roebling concluyó la magnífica obra de ingeniería.

La existencia del ferrocarril también permitió que las industrias se fueran situando en el Oeste. Así, el centro geográfico de la producción industrial estaba cerca del centro de Pensilvania en 1850, en el oeste de Pensilvania en 1880, y cerca de Mansfield, en Ohio, en 1900.

UNA ORGANIZACIÓN EFICAZ DE LA PRODUCCIÓN

La aplicación de innovación tecnológica fue acompañada de una reflexión sobre cómo organizar el trabajo para incrementar la producción. Los industriales americanos eran conscientes de que el aumento de la producción se conseguiría con la nueva maquinaria, una reorganización del trabajo de las fábricas y también con la introducción de nuevos elementos de gestión. El incremento masivo de la demanda de productos de consumo necesitaba respuestas ágiles.

Las industrias cárnicas de Cincinnati fueron las primeras en introducir el trabajo en cadena. Todo el proceso de matanza, despiece, separación y empaquetamiento de la carne se hacía en el mismo recinto, de forma ordenada y con diversas máquinas. Muchas veces la introducción en la industria de una sola máquina revolucionaba todo el proceso. A partir de entonces muchas otras fábricas iniciaron el proceso hacia la producción en serie.

Desde muy pronto, los hombres que poseían industrias, decidieron cooperar y establecer una dirección centralizada para evitar y controlar, de alguna manera, la libre competencia. Como para explotar los recursos económicos del país se necesitaba gran acumulación de capital se optó por reunir empresas y recursos. Al principio, para lograrlo, se utilizaron métodos no siempre legítimos aunque también existieron asociaciones voluntarias. Parte del capital para la expansión de la industria se consiguió a través de sociedades anónimas. Aunque este tipo de organización económica no fue nueva porque había surgido en Europa en el siglo XVI, sin embargo se desarrolló más en Estados Unidos. En realidad los industriales individuales tendieron a desaparecer.

Sin embargo, alrededor de 1890, muchas sociedades se habían reunido en organizaciones llamadas trusts, para coordinar la producción, la distribución, y también para controlar el mercado. En estos trusts, las sociedades individuales entregaban parte de sus productos y el control a una dirección –el trust– que trabajaba en interés de "todos". Una vez en el trust, la sociedad estaba sujeta a su control, pero recibía, a cambio de ceder su propio gobierno, parte de los beneficios. Al extender los trust su poder, la producción en Estados Unidos pasó a transformarse en monopolística. Además todavía se avanzó más cuando estos Trust pasaron a ser controlados por pocos hombres. Este pequeño grupo de grandes financieros e industriales fue muy impopulares en Estados Unidos a finales del siglo XIX. Muchos de estos nuevos millonarios –un término que surgió en inglés a finales del siglo XIX– fueron conocidos por utilizar medios que eran éticamente inapropiados. Tanto William Vanderbilt, Jay Gould y Collis P. Huntington en las industrias ferroviarias; como Andrew Carnegie y Clay Frick en la producción de acero; como John D. Rockefeller en el petróleo; y John Pierpont Morgan en el mundo financiero, se hicieron famosos por sus tácticas. Las críticas hacia estos "barones ladrones" fueron inmensas y se centraron mucho más en sus prácticas económicas que en la riqueza que adquirieron con ellas. Es sabido que Gould manipuló a jueces, corrompió el mercado de valores, y explotó a sus trabajadores. Rockefeller o compró o arruinó a todos sus competidores, y creó un monopolio, la Standard Oil Company, en 1879 para controlar la producción y el mercado petrolífero. Frick y Carnegie implantaron semanas de 72 horas de trabajo en sus fábricas y cambiaron todas las reglas para lograr los máximos beneficios a costa de los trabajadores.

La forma de vida de los millonarios fue muy llamativa y contribuyó a percibir el surgimiento de grandes desigualdades sociales. Tanto en la costa, sobre todo, en Newport, como en Nueva York, se construyeron enormes y suntuosas casas que estos millonarios llenaron de obras de arte que sus agentes compraban en subastas o a la antigua nobleza europea. En sus fiestas se gastaban cantidades ingentes y los trabajadores neoyorquinos o de Rhode Island lo sentían.

Este gusto extravagante y excesivo de muchos nuevos millonarios ocasionó que este periodo fuese conocido como la Edad Dorada –*Gilded Age*–. Un claro ejemplo de ese lujo desmedido se puede captar visitando uno de los museos más atractivos de Nueva York: el Frick Museum. No sólo la antigua residencia del magnate del acero es espectacular sino que uno puede imaginar las colecciones privadas que surgieron en torno al petróleo, al acero, o los ferrocarriles. Quizás fue la literatura contemporánea norteamericana la que mejor describe esas vidas de opulencia y el contraste con las de la gente corriente. "En un país en donde no exista la fiebre de la especulación; ni el deseo apasionado de la riqueza repentina, en donde los pobres son sencillos y contenidos y los ricos son todos honestos y generosos, donde la sociedad se encuentra en un estado de pureza primitiva y la política es sólo la ocupación de los capaces y patriotas, no habría motivo para elaborar un historia como esta...", escribía Mark Twain en el prefacio de su *Gilded Age* (1873). También Henry James recreó ese ambiente de exceso en *The Ivory Tower* (1914), texto inspirado, en principio, en una de las anfitrionas neoyorquinas, Katherine De Kay Bronson, la mujer de Arthur Bronson que recibía tanto en su casa de Nueva York como en la de Newport o en su magnífica villa veneciana: Casa Alvisi.

La crítica de muchos norteamericanos a estas prácticas monopolísticas y, a veces, corruptas fue la razón del surgimiento del Movimiento Anti-trust que surgió a finales de la década de los ochenta. Muchos estados legislaron intentando contener el avance de los monopolios. Así se promulgaron leyes prohibiendo los trusts en más de veintisiete estados. Sin embargo la legislación de los diferentes estados podía ser fácilmente sorteada. Muchas corporaciones lo que hacían era cambiar sus sedes de estado y continuar con su actividad económica. Pero los activistas lograron que el Congreso aprobara en 1890 la Ley Sherman anti Trust –llamada así porque su mayor defensor había sido el senador John Sherman de Ohio–. "Todo contrato, combinación en la forma de trust u otra, o confabulación para restringir el libre tráfico o comercio entre los distintos Estados o con naciones extranjeras (...) es ilegal", proclamaba la nueva ley. Además la norma contenía castigos pecuniarios contra las personas que integrasen los monopolios. La ley tuvo deficiencias. No definía bien qué era un trust ni un monopolio, y ello permitió que la ley nunca se aplicara de forma rigurosa. En el año 1895, en el caso *Estados Unidos vs. E.C. Knight Co.* el Tribunal Supremo decidió que, a pesar de que la Compañía implicada controlaba más del 98 por ciento de la fabricación de azúcar refinado, no le afectaba la Ley Sherman. Aducía que la manufactura no era traficar y por lo tanto la actividad económica de la empresa escapaba al sentido de la legislación antitrust.

Estas medidas legislativas no frenaron la tendencia hacia el monopolio en la economía norteamericana de comienzos del siglo xx.

Las organizaciones de los trabajadores

Si bien la industria y las finanzas americanas estaban dirigidas por un grupo pequeño de capitalistas industriales y financieros que, además, disfrutaron de una generosa asistencia material y legal, por parte de los Gobiernos de los estados y del Gobierno federal, y que encontraron fácil explotar los recursos naturales de unas de las zonas más ricas del planeta, el trabajo y el esfuerzo que posibilitó el crecimiento económico provenía de los trabajadores en su mayoría, como hemos visto, inmigrantes.

A partir de la guerra civil que trajo consigo el gran desarrollo industrial, el número de trabajadores industriales creció rápidamente. Además, debido a la diversificación de las industrias el incremento fue constante. En 1820, sólo había en Estados Unidos 300.000 obreros industriales. En 1860 el número había alcanzado los 2.000.000; en 1890 se llegó a los 6.500.000 y en 1912, antes del estallido de la Gran Guerra, se había alcanzado los 12.000.000.

Con la expansión de la industria, muchos empresarios pidieron al Congreso que legislara regulando las relaciones laborales. Así, en 1864 se aprobó una ley de "contratos de trabajo" por la que las empresas podían importar mano de obra bajo contrato y retener el salario del trabajador durante un año para garantizar el cumplimiento de parte del mismo.

Sin embargo los trabajadores estadounidenses, de la misma forma que la mayoría de los trabajadores de los países en vías de industrialización, se asociaron con la finalidad de organizarse para conseguir mejoras en su precaria situación laboral. No sólo influyó el socialismo utópico. Tanto el marxismo como el anarquismo influyeron enormemente en Estados Unidos a finales del siglo XIX y principios del XX.

Las primeras organizaciones de trabajadores fueron fraternidades de trabajadores de un mismo oficio locales. Estas organizaciones tendieron a unirse creando federaciones nacionales como la *Brotherhood of Railway Engineers*, constituida en plena guerra civil, en 1864. Estas asociaciones por rama pronto se confederaron y surgieron sindicatos nacionales que agrupaban a trabajadores de distintos ramos. Así surgió la Unión Nacional del Trabajo en 1866 que alcanzó enseguida más de 300.000 trabajadores y que obtuvo diferentes logros. La Ley del Contrato fue derogada en 1869, y en 1868 se logró la jornada de ocho horas para los trabajadores de oficinas gubernamentales. Era un sindicato pacífico y muy heterogéneo. Incluía sindicatos locales, distintas clases de asociaciones de trabajadores agrícolas y algunos grupos de reformadores sociales. La Unión no fue capaz de sobrevivir a una de las grandes quiebras del capitalismo norteamericano: la de la crisis de 1873.

También en origen era muy heterogénea y arcaica, una nueva sociedad fraternal con rasgos de las sociedades secretas. La Orden de los Caballeros del Trabajo se organizó en 1869 por Uriah S. Stevens, antiguo ministro de la Iglesia baptista. Era más compacta y también más agresiva que la Unión del Trabajo. "El rumbo del monopolio", afirmaba Stevens, "lleva a la degradación de los trabajadores. La única fuerza que puede detener el avance del monopolio es la sólida organización de los trabajadores. Además", continuaba el fundador de los Caballeros, "los trabajadores deben lograr el pleno disfrute de la riqueza creada". Esta nueva asociación invitaba a toda clase de trabajadores, cualificados y sin cualificación, y sólo excluía a los banqueros, abogados y, con un toque moral, a los dueños de tiendas de licor y a los jugadores profesionales. A pesar de intento inicial de no recurrir a la violencia, muchas veces no lo lograron. Obtuvieron grandes victorias frente a diferentes empresas, sobre todo, a las de los ferrocarriles Gould –La Union Pacific y la Wabash– en 1884 y 1885. Estos triunfos incrementaron su popularidad y su afiliación creció mucho. Así, en 1885 ya formaban parte de la organización 700.000

trabajadores. Pero la falta de disciplina interna y de unidad entre sus miembros pronto les llevó al fracaso.

En Chicago existían pequeñas organizaciones obreras más radicales. La influencia de inmigrantes alemanes, como Johann Most y August Spies, introdujo las ideologías de clase europeas entre el asociacionismo americano. Existía así un pequeño grupo anarquista que abogaba por la revolución. En la planta de maquinaría agrícola McCormick de Chicago, un enfrentamiento entre huelguistas y la policía se había saldado con cuatro muertos. En la Haymarket Square de Chicago, el cuatro de mayo de 1886, se convocó una protesta para denunciar la extrema violencia policial. El estallido de una bomba fue contestado con ráfagas de disparos policiales. Cuando el terror cesó, cincuenta personas yacían heridas en el suelo y diez estaban muertas. Seis eran policías. La dureza de la represión del movimiento obrero en Chicago no se hizo esperar. Se detuvo a doscientas personas acusadas de anarquistas y de revolucionarias. Se condenó a muerte a siete. A dos de ellos, entre ellos a Spies, se les conmutó la pena por cadena perpetua pero los otros fueron ahorcados el 11 de noviembre de 1887. La idea de que se había actuado con precipitación y de que los juicios no habían sido justos se extendió. Pero también se expandió la idea, entre muchos americanos de clase media, de que el movimiento obrero era siempre "peligroso" y tendía al radicalismo. Y esto hirió de muerte a la Orden de los Caballeros del Trabajo que, en 1886, inició su rápida descomposición.

De hecho, ya en 1881, se habían escindido de la Orden los trabajadores más cualificados que se organizaron, de nuevo, según su actividad laboral, en "gremios", y se federaron entre sí creando la Federación Americana del Trabajo. Su dirigente fue Samuel Gompers (1850-1924), que consideró que la lucha obrera debía ser pragmática y alejada de los grandes debates ideológicos. Gompers había nacido en Londres, de familia judeo holandesa, había llegado a Estados Unidos en 1863. Había trabajado en fábricas de cigarrillos y pertenecido al sindicato de cigarreros. Era totalmente autodidacta y gran parte de su formación la adquirió en las lecturas en voz alta de libros clásicos y de literatura del movimiento obrero, que se hacían en las reuniones de los cigarreros. Acudió a muchas reuniones socialistas y perteneció al grupo de refugiados políticos europeos conocido como *die Zehn Philosophen*, que tanto influyó en la filosofía y en el posterior sindicalismo norteamericano. Según Gompers, en los sindicatos debían defenderse los intereses inmediatos de los trabajadores dentro del orden económico existente. Pero consideraba que los instrumentos de lucha debían ser los tradicionales del movimiento obrero: las huelgas y también el boicot. La Federación Americana del Trabajo creció de forma sorprendente. En 1900 tenía 548.000 miembros y sólo diez años después había alcanzado 1.562.000. Casi todos eran trabajadores cualificados. Alrededor de 1905 surgió una organización mucho más radical e influida por las ideologías de clase que procedían de Europa. Los Trabajadores Industriales del Mundo era una organización fundada por Daniel De Leon (1852-1914), Eugene Victor Debs (1855-1926), y William Dudley Haywood (1869-1928). La organización defendía la existencia de la lucha de clases y desde su constitución abogó por un enfrentamiento radical con los patronos. Esta organización atrajo a un gran número de trabajadores no cualificados. Pero pronto los debates ideológicos del socialismo afectaron a la organización americana creando facciones. De León se aproximó al comunismo y Debs a los grupos social-demócratas. De hecho Eugene Debs fue candidato a la presidencia por el Partido Socialista Americano en las elecciones de 1920. Algunos militantes permanecieron fieles a la organización liderados por Haywood. La incapacidad de los Trabajadores del Mundo para atraerse a los trabajadores cualificados, así como su tendencia a la violencia causaron que la organización desapareciese en 1920.

La lucha obrera no siempre se desarrolló pacíficamente. Los propios sindicatos muchas veces llamaron a la insurrección. Aún así el instrumento de lucha más utilizado fue la huelga. A lo largo del siglo XIX cuatro grandes huelgas se convirtieron en míticas.

La gran huelga de los ferrocarriles de 1877 fue el primer conflicto que afectó a todo Estados Unidos. Comenzó cuando la Pennsylvania Railroad Company decidió reducir los salarios de sus trabajadores un diez por ciento y se extendió cuando otras empresas decidieron imitarle. Un gran número de trabajadores se negó a trabajar tras la reducción salarial y el esfuerzo de las empresas por obligarles ocasionó un gran número de tumultos. Ciudades como Pittsburgh, Saint Louis, y Chicago fueron sede de la violencia. En Pittsburgh una batalla campal ente los huelguistas y las milicias del Estado ocasionó más de veinte muertos. Estas acciones de los gobernadores de los estados que buscaban restaurar la tranquilidad y el orden, tan querido por los magnates industriales, fueron casi siempre desmedidas. Pero en algunos casos la propia policía mostró simpatía por los huelguistas. Entonces los grandes industriales, los "barones ladrones" exigieron al presidente de Estados Unidos, Rutherford B. Hayes (1877-1881), que utilizase al ejército federal contra los huelguistas. En muchos lugares hubo enfrentamientos entre los sindicalistas y el propio ejército. La huelga fracasó cuando los obreros volvieron, por falta de recursos, a su trabajo aceptando con gran resignación la reducción salarial.

En 1886 se produjo otra huelga dramática. Los trabajadores de las zonas industriales pidieron la jornada de ocho horas. En Chicago los trabajadores utilizaron la violencia, estalló una bomba, y murieron siete policías. Se acusó a lo anarquistas de la acción. Detuvieron a ocho militantes que fueron condenados a muerte sin ningún tipo de pruebas.

En 1892 los trabajadores del acero –las fábricas de Andrew Carnegie– se pusieron en huelga en Pensilvania. Las razones fueron la introducción de maquinaria innovadora que causó despidos. También buscaban un reconocimiento de la legalidad de la acción sindical. Henry Clay Frick, entonces administrador de Andrew Carnegie, trató de hacer fracasar la huelga contratando a una compañía privada de detectives, la de los Pinkerton, para reprimirla. Además contrató a un grupo de esquiroles para ocupar el lugar de los huelguistas. El enfrentamiento entre la empresa privada de seguridad y los huelguistas se saldó con siete muertos y más de sesenta heridos. Aún así los miembros de la empresa de seguridad fueron capturados y obligados a desfilar por las calles de la ciudad ridiculizos por la población. Como ocurría a finales del siglo xix, Frick pidió ayuda al gobernador de Pensilvania y los huelguistas fueron reducidos por la acción de la policía estatal. La huelga fue aplacada y las organizaciones sindicales totalmente expulsadas de las empresas controladas por Andrew Carnegie.

Fue en 1894 cuando se produjo la última de las grandes huelgas del siglo xix en Estados Unidos. En Chicago los trabajadores de la Compañía Pullman Palace Car, que como ya hemos señalado, fabricaban coches cama y coches restaurante para los trenes de pasajeros, se levantaron

Pullman pagó para que se asaltase un tren que transportaba el correo de toda la nación. Los enfrentamientos entre huelguistas y empresarios llevaron de nuevo a que se exigiese al presidente de Estados Unidos, entonces Grover Cleveland (1885-1889), que utilizase tropas federales para proteger los interesases ferroviarios. El presidente accedió. También los Tribunales federales intervinieron, y emprendiendo una acción legal contra Eugene V. Debs lograron encarcelarlo. El Ejército y los tribunales habían defendido los intereses de los industriales y los trabajadores cada vez se acercaron con mayor fuerza a las organizaciones de clase. Para muchos el año 1894 fue el peor año desde el final de la guerra civil. Y la huelga Pullman fue solo una de las muchas desgracias que mostraban una profunda crisis del sistema. En un año en donde 750.000 trabajadores habían ido a la huelga y en donde, debido a desajustes del mercado, más de tres millones estaban desempleados la crisis comenzaba a abrirse hueco. Sin embargo fue el descontento agrario del Oeste lo que produjo profundos cambios en el sistema político americano.

La gran inmigración agraria.
"En Dios creíamos y en Kansas nos arruinamos"

Ese texto era habitual en los carruajes de regreso de granjeros que habían buscado una forma de vida en los campos del oeste de Estados Unidos, en la década de 1870, y tras años de debacles debieron regresar hacia el Este. Efectivamente, después de la guerra civil se produjo un movimiento masivo hacia los nuevos territorios del Oeste. Incentivados por los bajos precios de las tierras, por las mejoras del transporte, y por la demanda de materias primas que acompañó a la Revolución Industrial, granjeros que provenían de los antiguos estados pero también gran número de inmigrantes se lanzaron hacia los territorios de Dakota, Nebraska, Kansas, Iowa, y Minnesota. Esta gran oleada ocasionó que entre 1867 y 1896 se incorporasen nueve estados más a la Unión de los Estados Unidos de América.

Pero la dependencia de los cultivos de los factores naturales y el desconocimiento que Estados Unidos tenía de los avatares del clima y del suelo de los nuevos territorios del Oeste, ocasionaron que este primer impulso fuera francamente difícil. Plagas de langosta asolaron los campos desde Minessota a Kansas en muchas ocasiones. También los vientos secos que alternaban con tormentas de granizo y sequías, y el inmenso aislamiento de la vida en las granjas de las praderas, fueron razones suficientes para que muchos campesinos regresasen a la costa este desolados. Otros simplemente se movían buscando "de granja en granja mayor fortuna". Así de los colonos que llegaron a Kansas entre 1854 y 1860, sólo el 35 por ciento continuaba allí en el año 1865.

Algunos, pues, permanecieron superando los innumerables problemas. En 1874 un granjero de Illinois, Joseph F. Gliddon, comenzó a fabricar alambre de púas permitiendo hacer un cercado para las granjas relativamente barato protegiéndolas del ganado y de los intrusos. También aplicaron la innovación para extraer el agua. Pozos muy profundos y molinos de acero llenaron las inmensas granjas. Además se introdujeron mejoras en la maquinaria agrícola. El arado de acero templado de Oliver y la segadora McCormick facilitaron mucho la siembra y la cosecha.

Tras la guerra civil el impulso económico de Estados Unidos fue asombroso. La industria y la agricultura americana crecieron a ritmos insospechados. La llegada de inmigrantes y la innovación tecnológica alteraron profundamente la vida cultural, económica, política, y social del país.

Si algo llama la atención de la vida política de Estados Unidos, en el periodo comprendido entre la guerra civil y finales del siglo XIX, es la sensación de continuidad y tranquilidad a pesar de la existencia de prácticas corruptas. Republicanos y demócratas, en lugar de afrontar la nueva y diversa realidad, surgida de la profunda transformación económica, social, y cultural de Estados Unidos, se preocuparon de ganar las sucesivas elecciones para detentar el poder. El divorcio entre la clase política y la realidad social era cada vez mayor. Desde las nuevas ciudades surgieron movimientos sociales y políticos que clamaban por adecuar la vida política y social estadounidense a las necesidades ciudadanas.

EL CRECIMIENTO DEL APARATO ESTATAL. REPUBLICANOS Y DEMÓCRATAS

Desde mediados del siglo XIX los gobiernos estatales y locales estadounidenses incrementaron considerablemente sus funciones. Antes de la guerra civil, innumerables ciudades habían creado cuerpos de policía municipal y también de bomberos y muchos ayuntamientos financiaron obras públicas como parques, escuelas, y bibliotecas. Construyeron, a su vez, sistemas centralizados de abastecimiento de agua, de alcantarillado, y de alumbrado público.

Estas nuevas atribuciones municipales implicaban la creación de un sistema de fiscalidad local y federal. Además, para gestionar las nuevas atribuciones públicas, se necesitaron más trabajadores tanto en los gobiernos locales como en los federales. Así el número de empleados en el Gobierno federal era en 1871 de 50.000 personas y en 1881 había ascendido a 100.000 funcionarios.

Los dos partidos históricos, el Partido Republicano y el Partido Demócrata, fueron el complemento electo de la nueva burocracia. El partido republicano salió reforzado de la guerra civil aunque el partido demócrata, a pesar de su inmensa división, pudo sobrevivir. El Partido Republicano ganó, salvo los dos mandatos del demócrata Grover Cleveland en 1885-1889 y 1893-1897, todas las elecciones presidenciales pero, en cambio, el partido demócrata logró, durante casi todo el periodo, controlar la Cámara de Representantes.

El Partido Republicano defendía los intereses de los industriales y la existencia de aranceles para las importaciones de manufacturas. Enarbolaba incansablemente que era el partido de Lincoln y de la abolición de la esclavitud. Contaba, además, con el apoyo de los americanos "de siempre". El Partido Demócrata seguía teniendo apoyos entre los blancos del Sur y era el partido de la nueva inmigración. Muchos republicanos definían al Partido Demócrata como el partido "del ron, el catolicismo, y la secesión". Pero fueran cuales fueran sus diferencias tenían muchas similitudes. Los dos partidos presentaban en todas las elecciones candidatos para ocupar los cargos en la Administración local, estatal, y federal. Aunque los dos partidos eran nacionales y celebraban asambleas cada cuatro años en cada proceso de designación de candidatos presidenciales, trabajaban como organizaciones locales o como mucho estatales y se sentían obligados a defender los intereses particulares de sus electores. Las campañas políticas de finales del siglo XIX generaban mucho entusiasmo y surgieron elementos que perviven en la actualidad. Gorras, imperdibles, banderas e insignias reproducían incansablemente al elefante republicano o al asno demócrata. La participación ciudadana en las elecciones del último tercio del siglo XIX, fue la más alta de la historia política de Estados Unidos. En torno a un 80 por ciento de los ciudadanos votaban. Pero los costes de estas emotivas campañas fueron elevados para el futuro político de Estados Unidos. Los sobornos y el tráfico de influencias fueron habituales. Muchos de los políticos que apoyaron los subsidios gubernamentales para la construcción del ferrocarril recibieron acciones de las compañías ferroviarias. También se otorgaban cargos estatales y municipales a los ciudadanos que apoyaban a uno u otro partido. Cada vez que uno de los dos partidos ocupaba el poder se producía un movimiento masivo de trabajadores. Más del 50 por ciento de los trabajos vinculados al Gobierno federal –unos 56.000 en 1881– eran posiciones "políticas".

En la década de 1880 surgió un movimiento en contra de la corrupción. La Asociación para la Reforma de la Función Pública contaba con el apoyo de los profesionales urbanos. Periodistas, abogados, y profesores se comprometieron con la reforma. En 1883 se aprobó en el Congreso la Reforma Pedleton –nombre del congresista demócrata que la defendió– de la función pública. Esta ley impulsaba la creación de una comisión integrada por tres personas para establecer una guía para los nombramientos de funcionarios. Establecieron además un sistema de competencias que éstos debían tener para mejor desempeñar sus cargos. Además defendió el establecimiento de un sistema de oposición que probase la adecuación del candidato para el cargo. La corrupción y el clientelismo no desaparecieron de forma inmediata pero los funcionarios se fueron profesionalizando.

El populismo

De todas formas a finales del siglo xix los dos grandes partidos nacionales estaban en crisis y alejados de las demandas sociales. A comienzos de la década de 1890 la grave crisis del sector agrícola, sobre todo, como señalamos en el capítulo anterior, de la agricultura de los nuevos estados del Oeste, hizo posible el surgimiento de un tercer partido: el Partido Populista que tuvo un gran éxito entre los agricultores del Oeste y del Sur, y entre los reformadores sociales. Con un programa radical –defensa de la jornada de ocho horas; control del gobierno de todos los servicios públicos; un cambio profundo en el sistema impositivo; voto secreto en todas las elecciones y una reforma constitucional que limitase el mandato presidencial a un solo periodo– lograron sorprender y sorprenderse a sí mismos cuando en las elecciones legislativas de 1890 alcanzaron cincuenta escaños en la Cámara de Representantes y cinco en el Senado. En las elecciones presidenciales de 1892 el candidato populista, el evangélico James B. Weaver, obtuvo casi un millón de votos, un 8,5 por ciento del total. Además en Kansas, en Dakota del Norte, y en Colorado fueron elegidos gobernadores populistas.

El populismo no transcendió más. Pero supuso la incorporación de las demandas de los agricultores del Oeste a la vida política tradicional americana. La estrecha alianza del mundo de los negocios con la clase política estaba generando una inmensa reflexión pública. Las desigualdades sociales cada vez eran mayores y los márgenes sociales se hacían muy visibles en los centros urbanos. La inmoralidad de la vida política tradicional y el "egoísmo" de los grupos adinerados empezaron a ser denunciados en la prensa, pero también en la literatura, en la pintura y en toda la expresión artística. La nueva protesta se articuló en torno al movimiento progresista que logró unir a los granjeros, con los trabajadores industriales, y con los profesionales de clase media urbana. Aún así el Partido Demócrata ganó por segunda vez, desde la guerra civil, las elecciones en 1892 y Cleveland volvió a la Casa Blanca.

En el año 1893 se desencadenó un pánico financiero que agravó la situación de los granjeros del Oeste y de los trabajadores industriales. Con más de dos millones y medio de parados, sin ningún sistema de asistencia social, las protestas se desataron. En 1894 más de diecisiete manifestaciones de parados marcharon sobre la Ciudad Federal exigiendo ayudas estatales y reformas para evitar "las quiebras" del sistema.

La crítica social de fin de siglo

En el mundo cultural surgieron obras que describían mejor que cualquier otro medio, la situación de los marginados americanos. En 1890 Jacob August Riis (1849-1914) publicó *How the Other Half Lives* una descripción de la pobreza, enfermedad, y desolación que abrumaba a las clases populares urbanas a finales del siglo XIX. Centrándose, en los dos primeros capítulos, en la descripción de las formas de vida en las casas "de vecindad", propiedad de los ricos industriales de la Quinta Avenida, criticó las bases de la nueva sociedad industrial. En estas casas se alquilaban espacios diminutos a familias enteras y la suciedad y el hambre favorecían el surgimiento de todo tipo de epidemias. Lincoln Steffens, editor del *McClure's Magazine* dirigió una campaña contra la corrupción política que permitía estos desajustes sociales. Además existieron otros métodos de denuncia. Comenzaron a publicarse rigurosos trabajos estadísticos y a revelar prácticas habituales en la economía americana que generaban desigualdad social. Charles B. Spahr editó, en 1896, su *Ensayo sobre la distribución presente de la riqueza en Estados Unidos,* demostrando el desigual reparto de la riqueza en la República federal. Según su estudio sólo un uno por ciento de la población detentaba más del cincuenta por cien de la riqueza nacional. En 1904, Ida M. Tarbell publicó *Historia de la Standard Oil Company* que reveló la falta de escrúpulos que acompañaron a la creación del gigante americano. Quizás fue Thorstein Veblen quién visibilizó mejor el fenómeno que se estaba produciendo. En *The Theory of the Leisure Class* (1899) afirmó que los grupos dirigentes norteamericanos habían amasado fortunas despreciando a los demás y derrochando después sus beneficios en "manifiesta holganza". Todos estos escritos de los *muckrakers*, escarbadores de basura, como los denominaba Theodore Roosevelt cariñosamente, contribuyeron mucho a movilizar al pueblo americano contra la nueva pobreza urbana.

Pero no sólo existieron voces críticas. También emergieron defensores acérrimos del sistema. Los economistas norteamericanos habían defendido e interpretado las teorías de David Ricardo, Adam Smith y John Stuart Mill, según las cuales los fenómenos económicos estaban articulados por la Ley Natural. A estas interpretaciones clásicas vincularon las teorías biológicas de la evolución de Charles Darwin y Thomas Huxley. Fue Albert Spencer quién adaptó la teoría de las leyes naturales y de la evolución a los fenómenos sociales. Los defensores norteamericanos del darwinismo social argüían que las mismas leyes que permitieron la selección natural de Darwin regían en el mundo de las relaciones sociales. Defendían, pues, que los supervivientes sociales –los más adinerados– eran los más aptos. Fue el profesor William Graham Sumner, de la Universidad de Yale, el mayor defensor de la libertad sin límites en el mundo de las relaciones económicas y sociales. En su obra póstuma *The Science of Society* (1927) Sumner defendía de forma sistemática el darwinismo social. "Éste es un mundo en el cual la regla es "vence, resiste o muere", y éste es también un mundo en el que el palo más largo derriba la mayor parte de los nísperos", escribía. Su influencia fue muy grande y toda una generación de abogados y políticos defendieron sus tesis desde las instituciones federales, estatales, y locales.

Pero este profundo debate generó un sinfín de movilizaciones. Pronto trascendió al mundo científico y cultural y surgieron, de nuevo, por todo Estados Unidos movimientos de reforma que intentaban, por un lado, ampliar los derechos civiles y políticos y, por otro, mejorar la situación social de todos los marginados. De nuevo las feministas, las asociaciones de reforma moral, el movimiento a favor del trabajo social, y otros muchos inundaron las ciudades industriales y los barrios obreros americanos.

LAS ASOCIACIONES SUFRAGISTAS FEMINISTAS

Después de la guerra civil el feminismo americano dejó de luchar exclusivamente por los derechos civiles de las mujeres y mostró un interés claro por el logro de la ciudadanía civil y de la ciudadanía política. El debate sobre los derechos civiles y políticos de los antiguos esclavos, como ya hemos señalado, se centró en la promulgación de nuevas enmiendas constitucionales. La enmienda decimocuarta otorgó derechos políticos a los antiguos esclavos pero también introdujo por primera vez en la Constitución americana la palabra varón, para limitar a los sujetos depositarios de un nuevo derecho. Estaba claro que los republicanos, una vez ganada la guerra, sintieron que era más importante lograr afianzar los derechos de los varones afroamericanos que el debate feminista. Las mujeres, que tanto habían contribuido a los movimientos de reforma antes de la guerra y que se habían comprometido con sus compañeros reformistas, se sintieron profundamente heridas. Pensaron, y tenían razón, que habían perdido una ocasión única para que se les reconocieran a ellas también los derechos políticos. La nueva actitud de sus antiguos compañeros de lucha les convenció para asociarse y preocuparse exclusivamente por los problemas de las mujeres y, sobre todo, por la búsqueda del derecho al sufragio.

Susan B. Anthony y Elizabeth Cady Stanton comenzaron a actuar alejadas de los viejos ideales abolicionistas. Desde su órgano de expresión, el periódico *Revolution*, las dos luchadoras defendieron un amplio espectro de derechos para las mujeres –derecho al sufragio, igualdad de salario que los varones, reforma del derecho matrimonial y mejores leyes de divorcio–. En 1868, Anthony y Stanton crearon la Asociación Nacional pro Sufragio de la Mujer. Un año después surgió la primera escisión. Lucy Stone y sus seguidoras crearon la Asociación Americana pro Sufragio de la Mujer, con fuerte apoyo entre las feministas bostonianas. Las diferencias eran claras. Mientras que la Asociación Nacional no aceptaba militantes varones y se oponía radicalmente a la Enmienda Decimocuarta –la que otorgó derechos a los afroamericanos e introdujo la palabra varón para limitar un derecho– la Asociación Americana, tenía varones entre sus afiliados y defendía el sufragio afroamericano como un paso previo al sufragio de las mujeres. La lucha de las sufragistas, como había ocurrido con las primeras feministas, fue muy difícil. No sólo estaban enfrentadas entre sí sino que, de nuevo, se encontraron que la estructura federal de Estados Unidos dificultaba su actuación. La legislación electoral también era y es competencia de cada uno de los estados de la Unión. La lucha debía hacerse estado por estado y era muy costosa.

Las dos asociaciones sufragistas mantuvieron sus discrepancias durante dos décadas. La Asociación Nacional intentó sin éxito lograr una enmienda federal concediendo el sufragio a las mujeres. La Asociación Americana intentó luchar estado por estado. Además las estrategias eran mucho más radicales en la Asociación Nacional. En los años setenta del siglo XIX las militantes luchaban para censarse y acudían, siempre en grupo, a las urnas intentando ejecutar lo que consideraban imprescindible: el derecho al sufragio. En 1872 Susan B. Anthony y cincuenta de sus seguidoras lograron inscribirse y votar en Róchester, Nueva York, pero fueron detenidas unos días después por violar la ley.

En 1890 sólo dos estados, Utah y Wyoming, habían concedido el voto a las mujeres. Diecinueve estados permitieron derechos parciales de voto –las mujeres podían votar en las elecciones municipales y para la creación de los consejos escolares– pero eran logros insuficientes. Mientras tanto surgieron otros movimientos de mujeres. Desde 1868, proliferaron clubes femeninos, y desde que se federaron en 1892, iniciaron una lucha por la ampliación de los derechos civiles. También, siguiendo la política de segregación dominante en Estados Unidos desde el final de la Reconstrucción, en 1877, surgieron clubes de mujeres afroamericanas. Apoyaron la lucha para terminar la segregación y la consecución de los derechos políticos. La conservadora Unión de Mujeres Cristianas a favor de la Templanza, atrajo a cientos de miles de seguidoras y se comprometió también con el sufragismo.

En 1890, las dos organizaciones sufragistas rivales se unieron en la Asociación Nacional Americana pro Sufragio de la Mujer. Bajo el liderazgo de Anna Howard Shaw y de Carrie Chapman Catt, la asociación trabajó en todos los Estados e inició una campaña propagandística sin precedentes en los movimientos sociales americanos.

Además a las mujeres les preocupaban otros asuntos. Muchas de ellas a finales del siglo XIX comenzaron a abogar por el control de la natalidad. Las trabajadoras tenían muchos problemas para compaginar trabajo y maternidad. Y para ellas no bastaba sólo con la caridad. Existía un movimiento fuerte, desde el Segundo Gran Despertar, muy influido por los evangélicos, a favor de prohibir y perseguir todos los movimientos a favor de los métodos anticonceptivos. La legislación penal era fuerte y las pacientes que abortaban y las comadronas que les ayudaban, llenaron las cárceles en numerosas ocasiones. Anthony Comstock (1844-1915), fundador de la New York Society for the Suppression of Vice logró, que en 1873, se aprobara la Ley Comstock que impulsó la prohibición de información postal sobre "materiales obscenos". El problema es que consiguió que cualquier información sobre métodos anticonceptivos fuera considerada también ilegal. Además emprendió una auténtica cruzada contra editores y vendedores de lo que definió como literatura "perversa". Muchos grupos feministas se movilizaron en contra de la ley. A algunas como a la enfermera y ama de casa Margaret Sanger les costó la cárcel. Sin embargo tras años de lucha, Sanger, en 1921, impulsada y apoyada no sólo por el movimiento progresista sino también por mujeres anarquistas como Emma Goldman, logró crear la American Birth Control League.

Cuando en 1919, el Congreso de Estados Unidos, en pleno fervor progresista, aprobó la Decimonovena Enmienda concediendo el derecho al sufragio a las mujeres, nadie dudaba que iba a ocurrir. En agosto de 1920, la nueva enmienda constitucional fue ratificada por los estados.

OTROS MOVIMIENTOS DE REFORMA

Desde la década de 1890 el movimiento en contra de las llamadas "Settlement Houses" fue importante. Sus miembros sabían que no podían transformar los vecindarios más pobres de las ciudades americanas si no se enfrentaban a los graves problemas sociales que existían. Casas de inquilinos superpobladas, falta de condiciones higiénicas y sanitarias, trabajo infantil, prostitución y alcoholismo eran un claro ejemplo de ellos. Mujeres educadas y de clase media se involucraron creando casas en estos barrios de las grandes ciudades en donde se ofertaban clases nocturnas de alfabetización y de inglés, ayuda a las madres trabajadoras, y también un ocio alternativo al de la taberna o del prostíbulo. La Hull House de Chicago de Jane Addams es un claro ejemplo de los frutos de este movimiento. Fundada en una de las zonas más deterioradas de Chicago, la Hull House tenía una guardería, un dispensario de medicinas, un pequeño servicio médico, un auditorio y una sala de exposiciones. De forma similar funcionaron la Henry Street House de Nueva York y la South End House de Boston. Todas ellas fueron verdaderos laboratorios de labores sociales y generaron el surgimiento del trabajo social entendido como disciplina y no como mera caridad. Todos los trabajadores emprendieron una verdadera campaña en contra de esas casas en donde los inmigrantes se hacinaban compartiendo no ya habitación sino cama y en donde la pobreza y la enfermedad eran habituales. Sus estudios les llevaron a saber que más de un millón de neoyorquinos vivían en sólo 32.000 casas de vecindad, muchas de ellas "con patios vetustos, sótanos oscuros (...) y establos convertidos en habitaciones...". Fue Mary Richmond de Baltimore quién comenzó a organizar la nueva disciplina de trabajador o, mejor dicho, trabajadora social. En 1909 la Fundación Russel Sage apoyó económicamente la nueva profesión e inicio una serie de estudios sistemáticos sobre las causas de la pobreza y de la delicuencia. Todos los trabajadores sociales prestaron especial atención a los niños y a sus interminables horas de trabajo. También Jane Addams creó el primer campamento de verano para niños pobres. Además se abrieron en todas las ciudades guarderías, bien atendidas, para los hijos de las trabajadoras en donde se distribuía leche gratuita para todos. En las escuelas, asociaciones de enfermeras profesionales, otorgaban atención médica a los niños. A partir de 1910 en muchos estados se introdujo en las escuelas el examen médico y dental obligatorio para los más pequeños.

Otra de las preocupaciones de los trabajadores sociales fue la de la delicuencia juvenil. Las leyes eran muy duras para los más jóvenes. Los niños mayores de siete años ya eran considerados por las leyes como capaces de cometer delitos. Los de más de catorce tenían edad penal y si eran considerados culpables de cualquier delito eran encarcelados con los adultos. Fue el juez Ben Lindsay, de Denver, el activista que más contribuyó con sus escritos a mejorar la situación de los menores y sobre todo a crear tribunales especiales para ellos.

También se organizaron, de nuevo, en contra del consumo y venta de alcohol. El "demonio del ron" preocupaba mucho a los reformadores sociales. En las ciudades con mucha inmigración irlandesa y alemana las tabernas se habían multiplicado entre 1860 y 1880 llegando a contabilizarse una por cada doscientos habitantes. Y todos los reformadores las criticaban. Los movimientos cristianos como pecaminosas, los movimientos feministas como causantes de violencia doméstica y abandono de las responsabilidades familiares, los industriales acusaban al alcohol de causar accidentes laborales y sobre todo menos productividad y también el movimiento obrero consideraba que "alienaba". Tres grandes movimientos confluyeron para frenar el avance del consumo del alcohol. La Unión Cristiana a favor de la templanza; la Liga en contra de las tabernas, que había sido fundada en 1874; y las Ligas abolicionistas vinculadas a la Iglesia metodista. Desde comienzos del siglo XX, muchos estados se fueron convirtiendo por las movilizaciones sociales en estados secos. Al estallar la Gran Guerra más de dos tercios de los Estados de la Unión habían prohibido el consumo y la venta del alcohol. El Congreso prohibió por razones económicas la fabricación y la venta de alcohol nada más estallar la Primera Guerra Mundial. Además el 16 de enero de 1919 se ratificó la Decimoctava Enmienda que literalmente afirmaba: "Queda prohibido la manufactura, venta o transporte de licores tóxicos (…) en Estados Unidos y en sus territorios (…)". Sólo en 1933 con la promulgación de la Vigésima Primera Enmienda esta norma fue repelida.

Los mismos reformadores y reformadoras que abogaban por la prohibición del consumo y del tráfico de alcohol participaron también en movimientos en contra de la otra gran "enfermedad" urbana: la prostitución. Las feministas, los trabajadores sociales y también los diferentes dirigentes cívicos vinculados al progresismo unieron sus fuerzas para erradicar la prostitución. Entre 1908 y el estallido de la Gran Guerra las críticas contra "la trata de blancas" se intensificaron. Numerosas publicaciones, películas y discursos se centraron en la existencia de una conspiración internacional para seducir y vender a mujeres para el ejercicio de la prostitución. Además, en muchos casos, se implicaba a la nueva inmigración procedente del sur y del este de Europa de causar un incremento del "vicio" con sus extrañas y fogosas prácticas. Así en 1910 el Congreso aprobó la legislación que permitía la deportación de las prostitutas extranjeras y también de los emigrantes que las empleasen. Pero la mayoría de las medidas en contra de la prostitución fueron medidas estatales. En cinco años, entre 1910 y 1915, más de 35 ciudades financiaron estudios para vislumbrar el problema de la prostitución. Investigadores contra el vicio recorrieron prostíbulos, casas de vecindario humildes y clubes nocturnos para definir y estudiar la prostitución. Entrevistaron a prostitutas, proxenetas y clientes. Sus conclusiones vincularon la prostitución con los negocios que, por supuesto, dirigían y beneficiaban siempre a los hombres. Pero existieron textos que escandalizaron a los reformadores. "Mi intención no es la de levantarme a las 6:30 y estar trabajando desde las ocho de la mañana en una habitación sofocante con trabajadores despreciables, hasta la noche", escribía Maimie Pinzer a una reformadora progresista, "por seis o siete dólares a la semana. Si puedo, sólo con telefonear, pasar la noche con alguien que me agrade y al final obtener más de lo que habría ganado en una semana entera de trabajo", concluía para escándalo de reformadores y trabajadores sociales.

El movimiento progresista

Todas las obras culturales que denunciaban la injusticia y también los reformadores sociales comprometidos con mejoras parciales del sistema, exigieron, desde comienzos del siglo xx, un compromiso de la clase política con una reforma profunda de la estructura social, económica y política de la nación americana. Está búsqueda de compromiso con el cambio es lo que conocemos como progresismo.

Para los progresistas la responsabilidad política era necesaria por muchas razones. La primera era la de devolver el orden social a Estados Unidos. Temían el estallido de una revolución que haría peligrar el sistema y los valores emergidos tras la guerra de Independencia de Estados Unidos. La convulsión social, la violencia política, el asesinato de dos presidentes en sólo dos décadas, el de Garfield en 1881 y el de Mckinley en 1901, era sólo un reflejo de la sensación de extrema violencia que imperaba en Estados Unidos a comienzos del siglo XX. También los progresistas eran partidarios de que las reformas se hicieran desde el poder. No hubo nunca una gran participación ciudadana en el progresismo político. Los progresistas querían terminar tanto con la corrupción y con los abusos de las grandes empresas como con el "desorden" del movimiento obrero y de las asociaciones de masas. Eran pues claros reformadores y defensores de los valores tradicionales de la clase media americana.

La mayoría de los logros progresistas fueron realizados cuando los políticos de este signo alcanzaron el poder. Fueron progresistas eficaces alcaldes como "Regla de oro" Jones, en Toledo; Emil Seidel en Milwaukee, y otros que lucharon incansablemente contra de la corrupción local. Siempre enarbolando valores éticos, muchas veces cristianos, se enfrentaron con caciques y mafias locales.

También el progresismo tuvo aliados firmes en el Gobierno federal. Tanto el presidente republicano Theodore Roosevelt como el presidente demócrata Woodrow Wilson fueron grandes aliados del progresismo.

Theodore Roosevelt (1858-1919) fue descendiente, por parte paterna, de una familia de comerciantes tradicionales de Manhattan. Roosevelt desde niño había tenido poca salud lo que le llevó a una gran disciplina física y también a tener gran curiosidad intelectual. Primero le interesaron las Ciencias Naturales pero, después, tras graduarse en Harvard, mostró una enorme pasión por la historia. Comenzó pronto su carrera política y tras una etapa en Washington regresó a Nueva York interesándose por la obra de su amigo Jacob A. Riis. Recorrieron juntos los barrios más pobres de la ciudad de Nueva York enfrentándose a la nueva pobreza urbana y a la corrupción de la política local. Elegido por el presidente Mckinley como adjunto a la Secretaría de Marina comenzó su carrera política nacional. Participó, con su amigo Leonard Word, en la organización del primer regimiento de voluntarios de caballería –los Rough Riders– que entraron en combate en la guerra Hispano-Americana de 1898. Con ellos, como gran hombre de acción que era, alcanzó el grado de coronel. Tras la contienda fue nominado vicepresidente de William McKinley. Al ser asesinado McKinley en 1901, por el anarquista Leon Czolgosz, Roosevelt fue elegido presidente.

La vinculación de Roosevelt con el progresismo fue constante. Además igual que todos los progresistas trabajó con una perspectiva cargada de valores morales. "Theodore, si hay algo por lo que te admiro es por tu original descubrimiento de los diez mandamientos", le decía su amigo el político republicano Tom Reed. A Theodore Roosevelt le sucedió en el poder su amigo y compañero de partido, William H. Taft que ganó las elecciones en 1908. Los dos presidentes fueron muy distintos. Mientras que Roosevelt consideraba que el presidente podía hacer todo lo que explícitamente no estuviera prohibido, Taft creía, como jurista, que sólo debía hacer aquello que la Constitución estableciese como función del ejecutivo. A pesar de que el nuevo presidente Taft obtuvo muchos logros defendidos por los progresistas, como lograr disolver la fuerza de los trust o el poder recaudar impuestos deduciéndolos de la renta, como estableció la enmienda decimosexta de la Constitución, ratificada el 3 de febrero de 1913, se le consideró siempre, por los propios republicanos, como un presidente muy conservador. Esta apreciación la compartió su antiguo amigo Theodore Roosevelt. En 1912 Roosevelt, muy distanciado de Taft, creó un nuevo partido: el Partido Progresista, que obtuvo uno de los mejores resultados de un tercer partido en la historia de Estados Unidos. En 1912, Theodore Roosevelt que había prometido que "bajo ninguna circunstancia" sería candidato presidencial afirmó que su "sombrero estaba de nuevo en la arena". En agosto de 1812 se celebraba en Chicago la primera convención del Partido Progresista conocido también por el Partido del Alce por su símbolo. Muchos reformadores sociales se involucraron con el nuevo partido como Jane Addams o Harold Ickes pero también hombres que procedían de las elites económicas como George Perkins, vinculado a los negocios de Morgan, se entusiasmaron con el nuevo partido. El programa del partido del Alce proponía grandes y profundas reformas sociales pero se mostró muy ambiguo con los trusts.

La existencia de esta ruptura entre los republicanos puso las cosas muy fáciles al candidato del partido demócrata: Woodrow Wilson. En las elecciones presidenciales de 1812, Roosevelt obtuvo más de una cuarta parte del voto popular y 88 votos del colegio electoral, frente a los 435 votos electorales de Wilson y los sólo ocho del republicano Taft.

También el presidente Woodrow Wilson (1913-1921), aunque demócrata, estuvo fuertemente vinculado a los principios y la a política progresista. Era hijo y nieto de pastores presbiterianos escoceses. Estudió en la Universidad de Nueva Jersey (Princeton) y posteriormente se interesó por la Ciencia Política doctorándose en John Hopkins. Inició su carrera académica en Bryn Mawr y la continuó en Wesleyan. Posteriormente volvió como profesor a Princeton siendo su presidente a partir de 1902. Vinculado al Partido Demócrata fue elegido gobernador de Nueva Jersey en 1910. Como gobernador, Wilson introdujo muchas reformas progresistas para terminar con la corrupción del estado. Como presidente también continuó con reformas defendidas por el progresismo. Así se aprobaron leyes, como la Ley Clayton, que fueron por fin eficaces contra el poder de los trust.

La mayoría de los progresistas, como ya hemos señalado, eran reformistas. Consideraban que la cultura política, económica, y social que imperaba en Estados Unidos era básicamente buena y lo que debían era readaptarla a los rápidos cambios de la modernidad. Se había producido, según ellos, un claro desequilibrio que afectaba a toda la vida americana y había que reflexionar e intervenir en la vida pública. Siguiendo al filósofo William James (1842-1910), los progresistas eran en su mayoría pragmáticos. Fundamentaban sus acciones en experiencias concretas antes que en principios generales. También se inspiraron en los trabajos de John Dewey, Thorstein Veblen, y Walter Lippmann. Con su carga moral consideraron, no podía ser de otra manera, que la reforma debía afrontar, en primer lugar, esa desviación del buen camino de la democracia que es la corrupción. Así, en las ciudades, introdujeron reformas para que los servicios públicos fueran eficaces. Tranvías, viviendas con precios ajustados, parques públicos, y escuelas públicas fueron defendidos, como ya hemos señalado, por todos los reformadores progresistas. También en los Estados se revisaron muchas prácticas políticas corruptas. Se impusieron elecciones primarias directas para reducir el poder de las maquinarias de los partidos políticos dominados por "caciques" locales. Además se impusieron mecanismos de gestión en la vida política importados de las empresas privadas. En la política federal se introdujeron dos reformas importantes. Desde que finalizó la guerra civil, el sistema de elección de los senadores se había corrompido. La Constitución señalaba que los miembros de la Cámara alta los debían elegir las legislaturas estatales. Ello permitió que se produjeran alianzas entre las grandes corporaciones y algunos representantes corruptos. "El club de los millonarios" era como se conocía al Senado a finales del siglo XIX. En 1913 la Decimoséptima Enmienda se ratificó. Desde entonces el Senado se eligió por sufragio directo de los ciudadanos. De alguna manera la diversidad de intereses podían estar así representados. También la promulgación de la Decimonovena Enmienda constitucional fue uno de los grandes logros del progresismo. El que las mujeres, como ya hemos señalado, pudieran por fin votar traía una mayor cuota de democracia al sistema político.

Además de reformas sociales, administrativas y en contra de la corrupción generalizada, el progresismo introdujo otras inquietudes. Por primera vez en el mundo occidental existió una preocupación por el medio ambiente. Comprometidos con la conservación de los bosques y la conservación de la fauna y la flora en su medio natural, los progresistas también abogaron por la creación de parques nacionales. El primero de todos fue el Yellowstone National Park, creado en 1872, por voluntad del Congreso de Estados Unidos, en los territorios de Montana y de Wyoming, "Como un parque público o un territorio de placer (...) y dependiendo exclusivamente del secretario de Interior". Ya en 1933 se habían creado más de 22 parques nacionales. En 1891 el Congreso aprobó una ley a favor de la creación de reservas forestales. El presidente Harrison protegió cinco millones de hectáreas; Cleveland diez, pero Roosevelt le dio el impulso definitivo al proteger cincuenta millones y apartar del uso público 35 millones de hectáreas más en Alaska. También en 1900 se creó la Society for American Foresters, dirigida por Gifford Pinchot y claramente apoyada por el propio presidente Roosevelt, que impulsó el estudio sistemático de la Botánica y de la conservación de los recursos naturales.

Pero existieron otras preocupaciones progresistas. La de la salud llevó a luchar por el control federal del buen estado de los alimentos y también de las medicinas. Distintas investigaciones lideradas por el doctor Harvey Wiley determinaron la prohibición de utilizar conservantes perjudiciales para la salud y otras sustancias adulteradas en la mayoría de las conservas enlatadas. También un periódico de gran tirada, el *Ladies Home Journal*, inició una campaña en contra de la propaganda engañosa que acompañaba a la mayoría de las medicinas. Gracias a la intervención de Roosevelt, el Congreso aprobó, en 1906, la Ley de Alimentos y medicinas, que entre otras cosas imponía que los productos tuvieran una información verídica de su composición y propiedades.

El movimiento progresista fue importante en Estados Unidos a principios del siglo xx. Sin hacer tambalear sus principios políticos, sociales, y económicos, Estados Unidos fue capaz de reformarlos para evitar los grandes desequilibrios que el crecimiento urbano e industrial había ocasionado. Logró devolver, de alguna manera, la política de nuevo a los ciudadanos alejándola de los intereses exclusivos de los grandes industriales.

Una nueva política exterior

Mientras que en Estados Unidos se afrontaban reformas internas para evitar los grandes desequilibrios sociales, su política exterior viraba. Y quizás era lógico que así fuese. Estados Unidos se había convertido, a finales del siglo xix, en una de las grandes naciones industriales y aspiraba, como otras naciones europeas, a controlar mercados y materias primas más allá de sus fronteras. El imperialismo y sus justificaciones culturales fueron la otra cara de la moneda de la diplomacia progresista.

El surgimiento del imperialismo

Desde la guerra de 1812 contra Gran Bretaña y hasta la guerra Hispano-Americana de 1898, la política exterior de Estados Unidos siempre había estado regida por cuatro aspectos muy concretos. Por un lado, ya desde la independencia y sobre todo a partir de la formulación de la Doctrina Monroe en 1823, Estados Unidos defendió una cierta unidad americana y también su hegemonía en ese continente. América y Europa, no sólo estaban separados por un océano sino por valores, trayectoria histórica, e intereses distintos. Y debían permanecer aislados.

Otro motor de las acciones internacionales norteamericanas, a lo largo del siglo xix, fue la certeza de que todas las antiguas colonias, al igual que había hecho Estados Unidos, tenían que independizarse e instaurar regímenes republicanos.

La relación con Inglaterra, que fue muy compleja desde la independencia de las antiguas colonias, también motivó diferentes acciones de la política internacional de Estados Unidos.

El cuarto elemento presente en su actividad exterior fue un interés cada vez mayor por abrirse al comercio con Asia. Ello implicó un acercamiento a los archipiélagos del Pacífico.

Muchos historiadores consideraron que la declaración de guerra a España en 1898 por parte de Estados Unidos supuso un cambio en los principios que movieron la política exterior de Estados Unidos durante el siglo XIX pero, en realidad, no fue así. Los cuatro ejes, antes señalados, estaban presentes en la guerra Hispano-Americana. Lo que había cambiado era la nación estadounidense. Estados Unidos ya no era una equilibrada República federal sino una gran potencia económica industrializada, que tenía intereses nuevos que se añadían a sus principios de siempre. La búsqueda de mercados y de materias primas y la justificación cultural de la supremacía anglosajona estuvo detrás de la política exterior de Estados Unidos desde 1898. El país se transformó a finales del siglo XIX en una república imperial y sus ciudadanos lo sabían.

Efectivamente, cuando Estados Unidos declaró la guerra a España, en 1898, los cuatro principios de su política internacional estaban presentes. Por un lado Cuba pertenecía al continente americano y aunque en la Doctrina Monroe, Estados Unidos afirmó que respetarían las colonias que entonces existían en América, la situación política había cambiado considerablemente entre Cuba y su metrópoli. La existencia de una guerra cruenta preocupaba por distintas razones a los ciudadanos y a los industriales americanos. La violencia que la metrópoli colonial, España, ejercía en Cuba aunó las protestas de muchos de los reformadores y demócratas norteamericanos y entre aquellos que se movían por intereses menos altruistas. Los estadounidenses con intereses azucareros y mineros en las islas estaban cada vez más preocupados. Por lo tanto la intervención en Cuba cubría los dos primeros motivos de la política exterior estadounidense a partir de 1823: estaba en el continente y la isla luchaba por alcanzar la soberanía igual que, en su día, guerreó Estados Unidos contra su metrópoli. También las difíciles relaciones con Gran Bretaña estaban presentes porque las dos potencias económicas rivalizaban en América por fijar mercados para sus productos y por obtener materias primas a buen coste. Por último, la guerra contra España de 1898 posibilitaba acercarse a los intereses asiáticos de Estados Unidos. Si vencían a la vieja metrópoli colonial reforzarían su presencia en las colonias españolas de Guam y Filipinas. Pero es verdad que la guerra no fue como los demás enfrentamientos del siglo XIX. Incluyó a Estados Unidos en el *ranking* de las potencias imperiales.

Estados Unidos, como afirmaron historiadores de la nueva izquierda americana en los años sesenta, como Walter Lafeber, había alcanzado una economía compleja y buscaba ansiosamente nuevos mercados para sus productos y materias primas baratas. Igual que Gran Bretaña, Alemania, o Francia, quería controlar alguna zona estratégica. Sabía que intensificando y reinterpretando la Doctrina Monroe justificaría que América era sólo para los americanos, alejando así a Europa de ese área de influencia. Pero existió una justificación cultural de esta nueva política imperial. Se propagó la idea, justificada por teorías "científicas", de la superioridad racial y cultural anglosajona. La nación anglo-teutónica americana era, para muchos escritores de finales del XIX, superior a las naciones latinas o a las indígenas. Se aplicaron principios de la ciencia biológica a la historia y así las civilizaciones tenían un ciclo vital. Nacían, crecían, maduraban, y envejecían. La cultura anglosajona, caracterizada por su tradición democrática y protestante, estaba en todo su esplendor según estos partidarios del darwinismo social. Se hablaba de raza para denominar a los pobladores de origen anglogermano. Y esa raza para ellos era claramente superior y estaba mejor dotada para la modernidad económica, política, y social. Este empeño llevó a muchas congregaciones protestantes a fundar misiones. Primero en tierras "paganas" y después en tierras musulmanas y "papales". Así la American Board of Commissioners for Foreign Missions, organización de misioneros congregacionistas de Nueva Inglaterra, abrió misiones con sus escuelas en Hawai, en los territorios indios, pero también en Turquía y España. La percepción de los pueblos que debía evangelizar esta superior raza anglosajona era similar. Para los misioneros eran pueblos atrasados y supersticiosos a los que había que reorientar. Josiah Strong (1847-1916), autor de uno de los libros que mejor resumía las nuevas tendencias, *Our Country: its possible Future and its Present Crisis*, publicado en 1885, afirmó: "que Estados Unidos goza de un genio para la colonización anglosajón", y por lo tanto, "debe expandir las bendiciones del protestantismo y de la democracia por México, el Centro y el Sur de América, África y, a ser posible, todavía más lejos". Strong también recordaba en su obra que el comercio siempre debe seguir al misionero americano. Más tarde, en otra de sus obras, *Anglo-Saxon Predominance* (1891) afirmó: "Que las dos grandes necesidades de la humanidad son (…) primero, una espiritualidad cristiana y segundo la libertad civil", afirmaba Strong, "Sin ninguna duda estas son las dos aportaciones que (…) han contribuido más a enaltecer a la raza humana (…) los anglosajones como los grandes representantes de estas dos ideas, como los depositarios de estas dos grandes bendiciones, mantienen relaciones especiales con el futuro de la humanidad, están comisionados por la divinidad para ser de alguna manera su hermano protector", concluía el pastor protestante Josiah Strong.

John Fiske (1842-1901) historiador y discípulo de Herbert Spencer también contribuyó a difundir las teorías del darwinismo social en Estados Unidos. En sus artículos en la *North American Review* y también en sus numerosas conferencias siempre repletas de público, difundió la idea de la superioridad de los pueblos y de las instituciones anglosajonas. En una de sus conferencias *American Political Ideals viewed from the Standpoint of Universal History*, repetida 44 veces frente a diferentes auditorios ingleses y de distintos estados norteamericanos, afirmó "Que el trabajo que la raza inglesa comenzó, al colonizar Norteamérica está destinada a extenderse por todos los rincones del mundo que no son sede de una gran civilización, así se transformaran en ingleses por su lengua, por sus instituciones, costumbres y hábitos políticos y también por un dominio en la mezcla de la sangre de sus habitantes", afirmaba Fiske, "La raza se expandirá así por los dos hemisferios (…) la lengua de Shakespeare se convertirá por fin en la lengua de la humanidad", predecía John Fiske. Así, según estas justificaciones culturales, el dominio de Estados Unidos sobre otros territorios más "atrasados" no sólo beneficiaría a la potencia dominante, Estados Unidos, sino también a los dominados.

Debemos relacionar este inicio del imperialismo de Estados Unidos con el auge del imperialismo europeo. Las naciones industrializadas europeas rivalizaban unas con otras para dominar distintas regiones del planeta y, de la misma manera, las razones de sus enfrentamientos las encontramos en la mayoría de obras culturales y científicas de finales del siglo XIX. Así una de las justificaciones más populares del imperialismo fueron las obras de Rudyard Kipling (1865-1936), gran defensor de las bondades de la política imperial británica. Kipling escribió su poema *If* inspirándose en el doctor Leander Starr Jameson. En 1895, Jameson dirigió a más de quinientos hombres en una campaña fallida contra los Boers, en Sudáfrica, y aunque sabemos que lo que fue posteriormente conocido como el *Jameson Raid* fue una de las causas que ocasionaron la terrible guerra de los Boers, la interpretación inglesa fue muy diferente. Jameson fue un héroe con todos sus atributos como le cantó Kipling en su poema:

"Si hablas con el pueblo, y guardas la virtud.
Si marchas junto a Reyes, con tu paso y tu luz.
Si nadie que te hiera, llega a hacerte la herida.
Si todos te reclaman, y ninguno te precisa.
Si llenas el minuto inolvidable y cierto,
de sesenta segundos, que te llevan al cielo.
todo lo de esta Tierra será de tu dominio,
Y mucho más aún…"

También muchos administradores y políticos europeos escribieron sobre las virtudes del imperialismo. Así Jules Ferry (1832-1893), dos veces primer ministro de Francia, escribió *Sobre la expansión colonial de África* (1884), o F.D. Lugard, uno de los grandes administradores del Imperio británico, expuso sus ideas en *El nacimiento de nuestro imperio en África Oriental* (1893). Todos repetían los mismos argumentos que se ocultaban tras el imperialismo, que era, sobre todo, una ventaja para los pueblos administrados porque las grandes potencias les conducirían hacia la "civilización".

Habiéndose repartido África, las potencias industriales europeas dirigieron la mirada hacia otras zonas: hacia Oriente Próximo, ocupado por el entonces débil Imperio otomano, y hacia Asia continental dominado por una China también en crisis. Todas las naciones imperialistas actuaron de forma similar. Primero permitían y hasta apoyaban la independencia de distintas naciones en los imperios debilitados y después demarcaron, no sin enfrentamientos, sus esferas de dominio.

Estados Unidos, que también era una gran potencia industrial, no quería que la excluyeran del selecto club de las naciones occidentales que lideraban la difícil diplomacia imperial.

Este impulso imperialista político y cultural afectó a muchos estadounidenses. La clase política pronto pensó que para expandir la influencia de la República federal eran necesarias inversiones. Fue Alfred T. Mahan (1840-1914), director de la Escuela de Guerra de Estados Unidos, el impulsor de inversiones para crear una potente Marina de guerra. En su obra *The Influence of Sea Power upon History* (1660-1783), propugnó una serie de principios: el comercio internacional era necesario para una nación industrializada. La búsqueda de materias primas y también de mercados requería la existencia de una fuerte Marina mercante bien protegida por la de guerra y eran necesarias bases navales amigas o propias que permitiera a la Marina de Estados Unidos repostar y, en su caso, reparar sus buques en todos los océanos. Las ideas de Mahan fueron una realidad. Las inversiones en construcción naval se multiplicaron y especialmente, los nuevos barcos se beneficiaron de los avances científicos y técnicos de la industria americana. A finales del siglo XIX, Estados Unidos tenía una de las mejores Marinas de Occidente como pronto iba a demostrar y además estaba consiguiendo muchas bases navales en el Pacífico. Si en 1880 la Marina norteamericana era la decimosegunda del mundo en 1900, con diecisiete acorazados y seis grandes buques de guerra, ocupaba el tercer lugar. Estados Unidos estaba preparado para ser una república imperial.

Los antecedentes: el Caribe, Alaska, Samoa y Hawai

Mucho antes del cambio de rumbo de la política exterior que supuso la declaración de guerra a España en 1898, Estados Unidos ya había mostrado un interés por territorios más allá de la parte norte del continente americano.

Tras la guerra civil norteamericana, el presidente Grant intentó anexionarse Santo Domingo que continuaba siendo una nación de gran inestabilidad. Las ventajas que esgrimía el presidente de Estados Unidos para la adquisición eran dos. Por un lado, Santo Domingo se convertiría en refugio para los recién liberados esclavos sureños, cuyo proceso de consecución de derechos civiles y políticos estaba dividiendo profundamente a los ciudadanos blancos estadounidense. La segunda razón era que, en pleno proceso de industrialización la nueva anexión supondría una fuente inestimable de materias primas y un mercado estable para los productos industriales norteamericanos. Pero el proyecto de adquisición fracasó. El Senado de Estados Unidos se opuso. El presidente de la Comisión de Relaciones Internacionales del Senado, Charles Sumner (1811-1874) consideró que no era justo trasladar forzosamente a los afroamericanos a la isla caribeña en lugar de contener la ira de los sureños de origen europeo contra ellos. Con su elocuencia, Sumner, se ganó al Senado frente a la pretensión presidencial.

En 1881 Estados Unidos de nuevo se interesó por la región del golfo de México. El secretario de Estado James G. Blaine intentó sin éxito conseguir el derecho de construir un canal que uniera Atlántico y Pacífico a través del estrecho de Panamá. Esta vez el enfrentamiento fue con la antigua metrópoli, Gran Bretaña, porque ésta tenía las mismas aspiraciones.

Fue el secretario de Estado, Blaine, el primero en formular una de las armas más importantes de la política continental de Estados Unidos: la idea del panamericanismo. Quería que América se presentase frente al mundo como un área geoestratégica liderada por Estados Unidos. La Conferencia Panamericana de 1889 no tuvo muchas consecuencias y además se produjeron enfrentamientos entre las naciones americanas, muchas veces atosigadas por la ambición de la nueva potencia industrial, pero supuso la primera piedra de una estrategia nueva.

La adquisición de Alaska estuvo relacionada con la voluntad de Estados Unidos de lograr la anexión de la Columbia británica. El secretario de Estado de Andrew Johnson, Seward, era partidario de la expansión de Estados Unidos y esas zonas casi despobladas del Noroeste eran uno de sus objetivos. Las relaciones entre Estados Unidos y las posesiones británicas del Norte nunca fueron buenas. Durante la guerra civil, Canadá había sido refugio de muchos soldados confederados. Desde allí penetraban en breves incursiones sobre el norte del estado de Nueva York y de Vermont. Terminada la guerra, Canadá fue escenario de ataques sorprendentes desde Estados Unidos. Muchos emigrantes irlandeses eran fenianos, es decir partidarios de la independencia de Irlanda de la opresión británica. Entre ellos destacaba John O'Neil, emigrante irlandés en Nueva York, que había sido un brillante soldado de la Unión y que terminada la guerra civil fraguó la extraña idea de conquistar el Canadá y presionar a Gran Bretaña para que otorgara la independencia a su amada Irlanda. O'Neil y sus seguidores, que llegaron a ser más de 1.500 irlandeses, invadieron Canadá en tres ocasiones entre 1866 y 1871. A pesar de que los ataques de los fenianos, no constituyeron una amenaza seria sobre Canadá, sí causaron un resquemor en la nación vecina y un deseo mayor de alejarse de la República de los Estados Unidos. Fue ese deseo el que les llevó a negociar con la otra colonia inglesa en América del Norte, la Columbia británica, el establecimiento de una alianza plasmada en la Confederación del Canadá de 1871.

Sin embargo, Estados Unidos ya había negociado con Rusia la compra de Alaska. El secretario de Estado, Seward, estaba negociando la compra de esas tierras heladas del Norte soñando con ampliar sus posesiones por todas la Américas. En 1867 Estados Unidos compró Alaska por siete millones de dólares. Pero el aislamiento de esta posesión del Norte hacía dudar de su interés al ciudadano de a pie. Aunque Estados Unidos había adquirido un territorio que duplicaba en tamaño a Texas, durante años esta nueva adquisición se conoció sólo como la locura de Seward. No fue hasta 1896, al descubrirse oro en Klondile, cuando esta "locura" comenzó a interesar.

También en el Pacífico Estados Unidos demostró tener intereses, como ya hemos señalado, antes de la guerra de 1898. En Samoa los norteamericanos buscaron crear un lugar de apoyo para su marina mercante y de guerra. Pero cuando otras potencias industriales mostraron su interés en 1889, buscaron una solución nueva: la de la creación de un protectorado conjunto. Así Samoa se convirtió en un protectorado administrado conjuntamente por Inglaterra, Alemania, y Estados Unidos.

En Hawai la presencia norteamericana se remontaba a comienzos del siglo XIX. Misioneros de la American Board of Commissioners for Foreign Missions, balleneros, y comerciantes conocían las bondades del archipiélago del Pacífico. Sus hijos crecieron en las islas y exigieron que su país originario tuviera derechos especiales.

Desde 1842 Estados Unidos reclamó privilegios en el comercio con Hawai y las inversiones azúcares estadounidenses en el archipiélago aumentaron. En 1875 Estados Unidos consiguió un tratado muy ventajoso para el comercio azucarero con Hawai. Un poco después, en 1884, renovaron el tratado y a cambio Hawai les concedió la posibilidad de crear una base naval en Pearl Harbour. En 1887 los estadounidenses residentes en el archipiélago derribaron al Gobierno local y establecieron un gobierno nativo pero favorable a sus intereses. Sin embargo, la llegada al poder de la reina Liliuokalani supuso un recorte de los privilegios norteamericanos. La reina sustituyó la Constitución anterior que limitaba el poder real y exigió reformas para incrementar su poder personal. Los norteamericanos crearon un comité de seguridad presidido por Sanford B. Dole (1844-1926), y probablemente apoyado por el representante de Estados Unidos en las islas.

Dole era hijo de misioneros estadounidenses y, como la mayoría de los norteamericanos nacidos en Hawai, regresó a Estados Unidos para estudiar. Una vez licenciado en Derecho volvió al archipiélago y se involucró en la vida pública. Como presidente del Comité de Seguridad, claramente golpista, reclamó la presencia de los marines de un navío de la armada de Estados Unidos. Así se impuso un gobierno provisional dirigido por Dole quien, en 1893, declaró que Hawai era un protectorado de Estados Unidos. Sin embargo el Senado de Estados Unidos y el presidente Grover Cleveland ordenaron una investigación antes de proceder a la anexión de Hawai. Los resultados fueron desoladores. El golpe de Estado había sido instigado por los plantadores de azúcar americanos y la mayoría de la población no lo aprobaba. El Senado y el presidente de Estados Unidos mostraron, no podía ser de otra manera, sus reticencias a la anexión. Ante está situación Dole proclamó la independencia de Hawai en 1894.

La llegada a la presidencia de William McKinley supuso un cambio en la actitud de la República federal. En 1897 negoció un nuevo tratado. A pesar de que los demócratas y los antiimperialistas lograron detener la ratificación más de un año, la anexión de Hawai a Estados Unidos se consumó en 1898. En 1900 Hawai se transformó en un territorio de Estados Unidos con Dole como gobernador, y en 1959 Hawai se convirtió en el estado número 50 de la Unión.

"La espléndida Guerrita". Los tratados de paz hispano-norteamericanos y la nueva política de poder

Pero el reto más importante de la cultura imperialista norteamericana seguía siendo Cuba. La vieja colonia española no acababa "de caer" en los brazos de Estados Unidos como había vaticinado Thomas Jefferson. Seguía vinculada a una metrópoli, España, que como fruto de sus continuas guerras civiles, pronunciamientos militares, desequilibrios sociales, y desórdenes políticos estaba muy debilitada a finales del siglo xix.

Cuba, además, había sido rebelde a lo largo del siglo xix. Después de la guerra de los Diez Años (1868-1878), Cuba disfrutó de prosperidad económica. Estados Unidos se constituyó en un excelente mercado para su azúcar a partir de la supresión de las tarifas aduaneras entre las dos naciones en 1890. También había gozado de tranquilidad política. Tras la paz de Zanjón que había puesto punto final a la guerra de los Diez Años entre Cuba y España, Cuba había sido transformada en una provincia más de España. Y aunque la guerra resurgió en algunas zonas en 1879 y continuó hasta 1880 –la Guerra Chiquita–, el orden pronto se impuso.

A partir de 1879 se fundaron en Cuba dos partidos: el Partido Unión Constitucional (PUC)que era conservador y estaba integrado casi en su totalidad por peninsulares españoles y el Partido Liberal que se transformó después en el Autonomista (PLA) formado por criollos. Los trabajadores, los descendientes de africanos, y la mayoría de los mulatos estaban excluidos de este "juego" político entre los dos partidos. Tras la guerra de los Diez Años muchos cubanos vivían en el exilio. En Estados Unidos José Martí fundó en 1892 el Partido Revolucionario Cubano que contó con el apoyo de las comunidades de emigrantes y exiliados cubanos de Florida. Y fue muy popular entre criollos de clases medias, campesinos, trabajadores mestizos, y afroamericanos.

En 1894 Estados Unidos adoptó medidas proteccionistas y el mercado del azúcar cubano se resintió. La ley arancelaria Wilson-Gorman impuso un gravamen sobre todo el azúcar extranjero que entrase en Estados Unidos, de un cuarenta por ciento de su valor. Para los cubanos, España no sabía o no podía defender sus intereses económicos. Y los exiliados cubanos en Estados Unidos liderados por Martí supieron aprovechar bien esa coyuntura de descontento. Martí defendía una Cuba independiente que imaginaba sin conflictos entre clases y con una fuerte alianza interracial. El deseo de Martí contaba cada vez con más apoyos también dentro de la isla.

Pero otros territorios controlados por España mostraron su malestar. A mediados del siglo xix reinaba la tensión en las Filipinas. El archipiélago, vinculado a la Monarquía Hispánica desde el reinado de Felipe II, estaba descontento con el dominio colonial español. La presencia española sólo era fuerte en Manila y las insurrecciones fueron habituales en las áreas rurales en la década de 1890. De las colonias españolas a finales del siglo xix sólo Puerto Rico parecía tranquilo.

En 1895 estallaron en Baire, oriente de la isla de Cuba, y en Ibarra, situada en la provincia azucarera de Matanzas, revueltas independentistas. Los españoles lograron sofocar la rebelión en Oriente. También fue un duro golpe para el proceso independentista la muerte en el campo de batalla de José Martí, nada más empezar la guerra. Sin embargo la revuelta tenía un inmenso apoyo de la población cubana. Conforme las tropas insurgentes avanzaban por la isla los cubanos se unían a ellas. Los líderes del ejército libertador, Antonio Maceo y Máximo Gómez, habían aprendido mucho de los levantamientos anteriores. Actuaban, aprovechando su gran apoyo entre la población civil, con tácticas de guerrillas que desgastaban y agotaban al enemigo español. El primer militar español enviado para contener la revuelta fue el general Arsenio Martínez Campos. El prestigioso militar había sido el artífice de la Paz de Zanjón de 1878 y era el militar español de mayor prestigio en la isla. Pero pronto fue sustituido por un general de posiciones tajantes: Valeriano Weyler. Sus medidas, sobre todo la concentración de campesinos lejos de sus casas y en condiciones tremendamente precarias, ocasionaron la muerte de miles de cubanos produciendo un inmenso malestar internacional con el gobierno español. Los ciudadanos norteamericanos estaban claramente en contra de la presencia española en la isla.

La prensa fue muy crítica con la actuación de la vieja metrópoli. Sobre todo la prensa amarilla. Tanto el *New York Journal*, de Joseph Pulitzer, como el *New York World* de William Randolph Hearst, contaban las atrocidades que España cometía en la isla. A veces iban todavía más lejos, encendiendo los corazones de muchos norteamericanos. Además muchas familias cubanas se refugiaron en Estados Unidos. Nueva York, Baltimore, Tampa, y Key West vieron incrementar su población de origen cubano. Y todos contaron con la simpatía del pueblo norteamericano.

A pesar de la presión internacional, España quería ganar la guerra. Para muchos historiadores era una necesidad. Desde 1895 y hasta el final de la contienda en 1898, España envió a más de 220.285 soldados. El esfuerzo bélico fue inmenso. Aunque la edad media de los combatientes fue de veintiún años, muchos eran menores de dieciocho y mayores de treinta como nos recuerda el historiador cubano Manuel Moreno Fraginals. La tasa de mortalidad del ejército español fue muy alta. Mostraba que además de a los independentistas cubanos los españoles se enfrentaron a duras condiciones. El hambre, la enfermedad, y las pésimas condiciones sanitarias diezmaban a las tropas. Pero España insistía en ganar a los rebeldes. Había muchos motivos. El ejército español había fracasado en África. La vergüenza de Melilla no debía repetirse. Además España temía a Estados Unidos. Quería ganar la guerra y evitar, primero, el reconocimiento de los rebeldes como "beligerantes" por parte de la República federal y, después, la intervención directa de Estados Unidos. Existían también razones culturales. España sentía a Cuba como parte integrante de su historia y de su cultura. Consideraba que su pérdida era como perder parte de España y sobre todo si caía en manos de las grandes potencias emergentes.

Pero la guerra se iba complicando. España estaba cada vez más presionada por la opinión pública y el Gobierno de Estados Unidos. La prensa era dura con la vieja metrópoli. No sólo criticó la reconcentración de Valeriano Weyler, también publicaba cómo las pésimas condiciones sanitarias cubanas podían afectar a la salud pública estadounidense por su proximidad. España a su vez era crítica con la libertad con que el partido creado por Martí, el Partido Revolucionario Cubano, seguía actuando en Estados Unidos. El Gobierno español intentó, para agradar a la opinión pública internacional y para conseguir la paz, impulsar la autonomía. Pero lo hizo en 1897 y ya era demasiado tarde. La "autonosuya", que era como los cubanos la conocieron, la impuso España tras largas conversaciones con Estados Unidos pero no fue aceptada por el pueblo cubano. El sufrimiento cubano y el deterioro político y militar era cada vez mayor. La autonomía no funcionaba, las revueltas se sucedían y aunque los intereses norteamericanos no parecían estar todavía en peligro, el presidente McKinely decidió enviar un barco de guerra, el *Maine*, para apoyar y defender, en su caso, los intereses de Estados Unidos en la isla. Además la publicación de una carta del ministro plenipotenciario español en Washington, Dupuy de Lôme, al ministro Canalejas en donde con toda crudeza relataba las intenciones norteamericanas y sobre todo dibujaba al presidente de Estados Unidos como "débil y populachero y además un politicastro...", agravó la situación. La protesta del embajador de Estados Unidos en Madrid, S.L. Woodford, no se hizo esperar y a pesar de la dimisión de De Lôme, la opinión pública consideró el contenido de la carta como el "peor insulto de la historia de Estados Unidos".

El 15 de febrero de 1898 se produjo la voladura del acorazado *Maine*. Fue un duro golpe para las partes implicadas: Cuba, España, y Estados Unidos. Murieron 250 marines y el temor invadió al Gobierno español. España sabía que la opinión pública estadounidense se volcaría hacia la guerra. Y la guerra sería difícil de ganar. Tampoco todos los cubanos la querían. Temían que la entrada en guerra de Estados Unidos implicase una limitación de la soberanía una vez que Cuba lograse la independencia. Pero parecía inevitable. Muy poco después ocurría lo anunciado. El presidente McKinley solicitó al Congreso la declaración de guerra contra España el 11 de abril de 1898. Ese mismo día se publicaron los informes del consulado de Estados Unidos en La Habana sobre la política española de reconcentración señalando, sobre todo, el enorme sufrimiento de la población civil cubana. La guerra se presentó así como una contienda de finalidad humanitaria.

La guerra entre España y Estados Unidos fue una guerra desigual. Estados Unidos había invertido en su armada y ésta era moderna y eficaz. España, como reconocía el propio jefe de la flota española, el almirante Cervera, poseía una flota arcaica y con pocas posibilidades de triunfo. En tierra las cosas fueron diferentes. El ejército español conocía el territorio y actúo con eficacia. Sin embargo no tenía el apoyo de la población isleña y estaba desmoralizado y diezmado por años de guerra. Además la guerra se desarrolló en distintos frentes. Tanto en Cuba, como en Puerto Rico y también en Filipinas.

En 1898 el comodoro Dewey que estaba destacado en el Pacífico recibió la orden de atacar a la escuadra española anclada en Manila. La flota española debía estar protegida por cañones ubicados en Cavite a pocos kilómetros de Manila. La flota americana, mejor dotada y más moderna que la española, la destruyó sin ninguna baja. Los muertos y heridos entre la tripulación española fueron muchos. Meses después se tomó Manila y el resto del archipiélago capturando a más de 1.300 prisioneros españoles. Tampoco pudo hacer mucho el almirante Cervera frente a las flotas comandadas por Sampson y Scheley. A la marina norteamericana pronto se le unieron más de 15.000 soldados que tenían a su favor, entre otras cosas, la cercanía de las costas de La Florida. Existió un ejército regular pero también combatieron los *Rough Riders* creados y dirigidos por el entonces coronel Roosevelt y por el coronel Wood. Era un cuerpo especial, más flexible y armado de forma ligera lo que les permitía avanzar a gran velocidad. Puerto Rico fue atacada por Estados Unidos el 13 de agosto. Desembarcando en Ponce, los norteamericanos se dirigieron rápidamente hasta San Juan. Tras pequeñas escaramuzas se suspendió la guerra al llegar noticias de las negociaciones de paz.

Por el Tratado de París entre España y Estados Unidos, firmado el 10 de diciembre de 1898, España reconocía la independencia de Cuba, cedía a Estados Unidos Puerto Rico y otras pequeñas islas cercanas, y también la isla de Guam en las Marianas o Ladrones. También Estados Unidos, basándose según McKinley "en el simple cumplimiento del deber", exigió la cesión del archipiélago filipino. Ante la negativa española, Estados Unidos ofertó veinte millones de dólares que España aceptó. El tratado se firmó el 1 de diciembre de 1898 pero el Senado de Estados Unidos tardó en ratificarlo. Muchos norteamericanos se opusieron a la anexión de Filipinas. Suponía un duro cambio en los valores políticos esgrimidos históricamente por Estados Unidos. Los antiimperialistas demostraron así su poder. Entre ellos Mark Twain quién en uno de sus más memorables ensayos, "To the Person Sitting in Darkness", criticó la actitud de Estados Unidos en Filipinas. Sin embargo el 6 de febrero de 1899, alcanzando solamente la mayoría por un voto, el Senado de Estados Unidos ratificó el tratado de anexión.

"La espléndida guerrita", que es como el secretario de Estado Hay denominó a la guerra entre España y Estados Unidos, fue desde luego un punto de inflexión de la política exterior de Estados Unidos. Desde entonces y hasta la llegada al poder de Franklin Delano Roosevelt el ejército de Estados Unidos reforzó, sin ningún tipo de bagajes, los intereses políticos y económicos de la republica imperial.

LA POLÍTICA DEL *BIG STICK*

Esta nueva política exterior de Estados Unidos se plasmó en el futuro inmediato de las antiguas posesiones españolas.

En Cuba las tropas americanas permanecieron en la isla una vez reconocida la independencia por España. En el Tratado de París se estableció que la isla permanecería ocupada por Estados Unidos durante un periodo de transición. Esa presencia sólo era una manifestación de la fuerza de la república vecina. En 1902 se promulgaba la Constitución cubana pero contenía una enmienda conocida como la Enmienda Platt que, en cierta medida, limitaba la soberanía. Por ella, Cuba tendría que consultar con Estados Unidos la firma de cualquier tratado, también la isla autorizaba a Estados Unidos a intervenir militarmente para mantener la independencia cubana y, por último, Cuba cedía la base naval de Guantánamo. La Enmienda Platt estuvo en vigor hasta 1934.

Puerto Rico no consiguió la independencia en el Tratado de París. En realidad fue cedida a Estados Unidos. Por el Acta Foraker, de 1900, se estableció que el presidente norteamericano nombraría al gobernador de laisla y también el ejecutivo tendría derecho a elegir al comité ejecutivo de la Asamblea legislativa. En 1917 se promulgó el Acta Jones otorgando a los puertorriqueños la nacionalidad estadounidense pudiendo elegir democráticamente a las dos Cámaras de su legislatura. En el año 1848, los puertorriqueños pudieron elegir a su propio gobernador y desde 1952 Puerto Rico es un Estado Libre Asociado –la *Commonwealth of Puerto Rico*–. Este estatus implica que el jefe del Estado es el presidente de Estados Unidos y el jefe del Gobierno es el gobernador electo, manteniendo un legislativo bicameral. Estados Unidos regula el comercio interestatal, las relaciones y el comercio internacional, es responsable de la defensa y de la administración de aduanas, de las políticas migratorias, de los procedimientos legales, y del sistema de correos. El resto de las funciones son competencia del Gobierno electo de Puerto Rico.

Guam, tras la anexión, fue gobernada por la marina de Estados Unidos. Después de la Segunda Guerra Mundial, Guam recibió autonomía. Sus habitantes gozarían de la ciudadanía norteamericana, pero el gobernador lo elegiría el presidente de Estados Unidos. La asamblea legislativa era elegida por sufragio universal y se promulgó, a su vez, una declaración de derechos.

Filipinas tuvo una historia diferente. Después del Tratado de París, al no lograr el archipiélago la independencia, se produjo una rebelión contra la presencia de Estados Unidos liderada por Aguinaldo.

Emilio Aguinaldo y Famy había sido alcalde de Cavite viejo y miembro de la hermandad nacionalista conocida como Katipunan que tanto había luchado porque Filipinas lograse la independencia de España. Aguinaldo y los nacionalistas filipinos consideraron, al principio, que Estados Unidos les ayudaría a lograr la independencia de España. El 12 de junio de 1898, tras la debacle española, Aguinaldo proclamó en Manila la independencia de Filipinas. Separándose de sus antiguos aliados norteamericanos, al percatarse de que Estados Unidos quería la anexión, fue proclamado presidente en 1899. Al no reconocer Estados Unidos su presidencia, Aguinaldo lideró a los independentistas filipinos, declarando la guerra a Estados Unidos el 4 de febrero de 1899. En 1901, con la captura de Aguinaldo, terminó la guerra filipino norteamericana y Estados Unidos impuso su régimen en Filipinas. El inglés se convirtió en la lengua oficial, se invirtieron grandes cantidades de dinero en infraestructuras pero a la vez se persiguió y encarceló a la oposición. La guerra además había sido especialmente dura. Estados Unidos envió a más de 200.000 soldados y murieron cerca de 4.300. Diez veces más de los que habían caído en la guerra hispano norteamericana. Además cerca de 50.000 filipinos perecieron directa o indirectamente por la contienda.

En 1907 se permitió a los filipinos elegir a los miembros de la Cámara Baja. También el Acta Jones afectó a Filipinas y en 1916 se garantizó a los ciudadanos filipinos participar en la elección de las dos Cámaras y por primera vez se habló de una futura independencia. Durante la presidencia de Franklin Delano Roosevelt la situación mejoró. La Tydings-McDuffie Act, de 1934, permitía a los filipinos redactar su propia Constitución y caminar hacia la independencia. Durante la Segunda Guerra Mundial, en 1946, el archipiélago fue declarado independiente pero continuarían bases militares norteamericanas en su suelo.

Esta agresiva política exterior no sólo afectó a las antiguas posesiones españolas. Entre 1900 y 1917 el ejército americano intervino además de en Cuba, en Panamá, la República Dominicana, México, Nicaragua, y Haití.

Desde la expansión de Estados Unidos hacia el Pacífico, a mediados del siglo XIX, el deseo de buscar un paso rápido y seguro desde el Atlántico hacia el Pacífico se incrementó. En 1846, Estados Unidos firmó un tratado con Colombia, recordemos que Panamá era un provincia colombiana, otorgando el derecho a la República federal de construir o un canal o un ferrocarril a través del istmo. En 1850 Estados Unidos y Gran Bretaña firmaron otro tratado estableciendo que el control sobre el futuro canal sería conjunto. Después de la guerra hispano norteamericana de 1898 se incrementó el interés de Estados Unidos por buscar una conexión más rápida entre la costa atlántica de América y el Pacífico, debido a sus nuevos intereses en Filipinas, Guam, y, como veremos, en China.

En 1901 se firmó el Tratado Hay-Pauncefote, entre Estados Unidos y Gran Bretaña, otorgando a Estados Unidos el control sobre un futuro canal. Estados Unidos inició entonces negociaciones con Colombia. La negativa de la republica centroamericana de aceptar las condiciones de Estados Unidos hizo que la República federal aplicase, de forma radical, la política del *Big Stick*. Con claro apoyo norteamericano la provincia de Panamá inició una revuelta "independentista" de Colombia. Estados Unidos, de forma inmediata, reconoció la independencia de Panamá. El Tratado Hay-Bunau-Varilla, firmado en 1903 entre Estados Unidos y la nueva nación de Panamá, garantizó a Estados Unidos el control de la zona elegida para el canal y, además, de diez millas alrededor del istmo, a cambio del pago de una cantidad inicial de dinero y de una renta anual a la nueva nación de Panamá. El canal se inauguró el 15 de agosto de 1914.

Pero existieron otros enfrentamientos. En 1895 estalló un conflicto internacional entre Venezuela y la Guayana británica. Estados Unidos utilizando una interpretación revisada de la Doctrina Monroe, afirmó a través del entonces de secretario de Estado, Richard Olney, que Estados Unidos era prácticamente soberano en el Continente. Ello le permitió exigir a Gran Bretaña un arbitraje en el conflicto. Tras una nueva intervención militar de Estados Unidos, Gran Bretaña se plegó a la demanda de arbitraje. Nuevas intervenciones de Estados Unidos en Venezuela y en la República Dominicana constituyeron una clara muestra del deseo de Estados Unidos de convertirse en el "guardián militar" de las Américas.

China y la política de puertas abiertas

La adquisición de Filipinas pronto incrementó el interés de Estados Unidos en Asia. Los norteamericanos querían reforzar su presencia en China. El "enfermo de Asia" que es como las naciones occidentales denominaban a China, desde 1895, forzado por Japón y por otras potencias imperialistas había otorgado a distintas naciones privilegios exclusivos sobre diferentes regiones. El presidente Mckinley preocupado de este reparto de poder económico desencadenase también una fragmentación política de China, hizo pública su política.

Estados Unidos defendía su acceso a China pero sin privilegios: "Si pedimos puertas abiertas para nosotros, estaremos preparados para negociar las puertas abiertas para los otros". Así el secretario de Estado, John Milton Hay, entabló conversaciones con Inglaterra, Alemania, Rusia, Francia, Japón, e Italia, a través de sus *Open Door notes*. El contenido de sus notas fue similar. Pedía que todas las naciones que tuviesen una zona de influencia en China respetasen los derechos de las otras naciones. El Gobierno chino se encargaría de la recaudación de impuestos aduaneros en todas las zonas y ninguna nación discriminaría a las otras en el pago de tasas portuarias y precios de los ferrocarriles en sus zonas de influencia. Estas propuestas de *Open Door* fueron recibidas en Europa y en Japón con gran frialdad. Rusia, además, se opuso frontalmente a ellas. A pesar de ello, Estados Unidos afirmó que todas las potencias habían acordado una política de puertas abiertas en China. En 1900 estalló en

China una rebelión contra la presencia y los abusos de los extranjeros. La Rebelión de los Boxers –sociedad secreta nacionalista china– contra los "diablos extranjeros" supuso un estallido de una violencia sin precedentes. Se sitiaron las embajadas y también lugares que simbolizaban el dominio de otras naciones. Estados Unidos y el resto de las naciones con intereses en China se unieron y enviaron un ejército conjunto para sofocar el levantamiento. El miedo a futuros conflictos ocasionó que China exigiera a todas las naciones acuerdos comerciales "iguales e imparciales" en todo su territorio.

La defensa de la política de puertas abiertas no era nueva. Estados Unidos siempre había defendido el libre comercio en sus relaciones internacionales. Pero a partir de entonces se convirtió en uno de los pilares de su política exterior.

La Gran Guerra y el periodo de entreguerras

La Primera Guerra Mundial supuso el final de un siglo de relativa paz, de "progreso" democrático, y de domino europeo del mundo. Destrozó a toda una generación de hombres y mujeres y, además, anegó a Europa material y espiritualmente. La Gran Guerra precipitó el triunfo de la Revolución Rusa y posibilitó la transformación de Estados Unidos en la primera potencia mundial. Estados Unidos entró en guerra muy tarde, en 1917, pero su contribución fue decisiva. Supo, además, presentarse y ser reconocido en las negociaciones de paz como una gran potencia.

Razones para una guerra

Cuando en 1914 estalló la Primera Guerra Mundial nadie imaginaba que este gran desastre pudiera producirse. Europa lideraba el mundo. Lo hacía económica, política, y culturalmente. Si nos acercamos al acervo cultural del momento, sobre todo al europeo, la convicción de que Europa caminaba hacia un paraíso de modernidad y de prosperidad era imparable. "Mientras que la mayor parte del planeta permanece anclada en sus costumbres", escribía Paul Valéry en las *Características del espíritu europeo*, "Este pequeño cabo del continente asiático (…) se mantiene absolutamente alejado del resto". En la literatura norteamericana se apreciaba bien esa certeza del liderazgo europeo en el camino civilizador universal. Los estadounidenses que viajaban a Europa no lo hacían sólo por placer. Querían impregnarse de los modales y del saber cosmopolita europeo alejándose del provincianismo norteamericano. Pero esa admiración por lo europeo no incluía el deseo de compartir con Europa las preocupaciones políticas. En Estados Unidos se seguía pensando que era mejor alejarse de los avatares políticos europeos. Existía una fuerte corriente interna de aislacionismo. De la misma forma que muchos norteamericanos se habían opuesto a la intervención de Estados Unidos en Filipinas y exigían un alejamiento "democrático" de los comportamientos imperialistas, tan queridos en Europa, también se opondrían a la intervención en la Gran Guerra y a participar en asociaciones internacionales. Sin embargo esa corriente iba a ser silenciada muchas veces a lo largo del siglo xx. Si algo ha caracterizado a Estados Unidos, desde 1917 y hasta nuestros días, es su ascenso como potencia mundial y ello se ha realizado de la mano de un reforzamiento sin precedentes del poder ejecutivo y de las instituciones federales.

Las razones para acercarnos a este viraje político de Estados Unidos no sólo debemos verlas en la situación internacional. Siempre que Estados Unidos ha incrementado su presencia en el panorama mundial ha sido evocando problemas internos y asemejándolos a los externos. En 1917 el miedo al radicalismo social que había llevado al triunfo de la Revolución Rusa era ya una realidad en muchas naciones y entre ellas en Estados Unidos. La identificación de la cultura alemana con la tradición radical e internacional del judaísmo, con el marxismo, y con el anarquismo era habitual en la opinión pública del momento. Pero aún así, cuando en 1914 estalló la Gran Guerra la posición de Estados Unidos era la de no intervención en problemas que tenían que ver con una tradición histórica, la de la vieja Europa, de monarquías e imperios, que ellos consideraban ajena.

Cuando en 1914 el estudiante serbio bosnio, de diecinueve años, Gravilo Princip, asesinó al heredero al trono del Imperio austro-húngaro, al archiduque Franciso Fernando, y a su mujer Sofía en Sarajevo, nadie pensó que se desencadenaría una guerra de esa magnitud. Aparentemente era un conflicto interno del Imperio austro-húngaro. Princip era bosnio y, como tal súbdito del imperio. Pero pertenecía a la minoría serbia de Bosnia y además era un nacionalista étnico. Soñaba con que todos los pueblos eslavos del Sur, incluidos entonces en el Imperio austro húngaro, se unieran y se fusionasen a su vez con Serbia que era la única nación de población eslava independiente.

La zona de los Balcanes era y es una de las zonas más inestables de Europa. Durante todo el siglo xix tres grandes imperios: el Imperio austro-húngaro, el Imperio ruso, y el otomano habían dominado el territorio. Pero como ocurría con muchos de los imperios del Antiguo Régimen su dominio no implicaba homogenización. Los distintos grupos étnicos habían conservado su lengua y sus tradiciones. Era un modelo muy distinto al implantado tras las revoluciones liberales, a lo largo del siglo xix, en la mayor parte de Europa occidental en donde la condición de ciudadanía igualaba en derechos y anulaba los privilegios de los diferentes grupos sociales y religiosos. El siglo xix se caracterizó por la crisis de los tres grandes imperios y por una búsqueda incansable para encontrar modelos de gobierno adecuados en las nuevas naciones emergentes. Los dirigentes que lideraron los procesos de independencia de los diferentes estados balcánicos buscaron modelos políticos parecidos a los impuestos en Europa occidental tras las revoluciones liberales. Pero era difícil. La estructura social y económica era distinta y dentro de las fronteras de los nuevos estados convivían grupos étnicos con tradiciones lingüísticas, religiosas, y culturales muy diversas. Imponer un único modelo de ciudadanía y una lengua dominante implicaba anular tradiciones culturales muy arraigadas.

El Imperio otomano fue el primero en descomponerse en multitud de nuevos estados. Primero, en 1817, reconoció la autonomía de Serbia; después, en 1829, la lograron Moldavia y Wallaquia; Grecia se independizó en 1832 y Serbia alcanzo su independencia en 1878. También se independizaron Wallaquia y Moldavia que formaron Rumanía en 1878; Bulgaria logró su autonomía en 1878. La descomposición del Imperio otomano fue la causa de gran inestabilidad dentro de los otros dos grandes imperios: el ruso y el austro-húngaro.

Algunos de los nuevos estados justificaron su creación por razones nacionalistas pero sus fronteras no abrazaban a toda la nación. Normalmente dentro de los otros dos grandes imperios pervivían minorías étnicas que veían cómo sus "hermanos" habían logrado crear estados en donde su lengua y religión dominaban. Además los otros dos grandes imperios querían influir a los jóvenes estados y ello les hacía enfrentarse entre sí. El Imperio austro-húngaro tenía la voluntad de expandirse y dominar la zona del Danubio; y Rusia, ligada a los pueblos eslavos del sur a cultura y a la religión ortodoxa, quería acercarse a ellos para lograr beneficios económicos y estratégicos.

También poco antes del asesinato de Sarajevo se habían producido cambios importantes en la mayoría de las potencias europeas. Francia, desde que en 1870 perdiera Alsacia y Lorena, tenía el deseo de recuperarlas. Y para ello era imprescindible su alianza con otra gran potencia. Para evitarlo, Prusia buscó el aislamiento de Francia. Primero firmó una Alianza con Rusia en 1879; y después la Triple Alianza con Austro Hungría e Italia en 1882. Pero el acercamiento económico entre Francia y Rusia hizo que esta se alejase de los otros imperios. La renovación de la Triple Alianza entre Prusia, Austro-Hungría e Italia en 1891 fue el motivo para que Rusia y Francia firmasen el pacto franco-ruso, de 1891-1892, en donde las dos potencias prometían ayudarse en caso de ser atacadas por Alemania.

A su vez, Gran Bretaña insistía en su *Splendid Isolation*. Consideraba que para sus intereses era mejor permanecer aislada de los problemas continentales. Pero el programa del ministro de Marina de Prusia, Alfred von Tirpitz, que pretendía crear una flota de acorazados similar a la británica permitiéndole crear e impulsar un gran imperio colonial, hizo que Gran Bretaña se acercara a Francia. Así, a pesar de los continuos enfrentamientos por sus respectivas políticas coloniales, Gran Bretaña y Francia firmaron la Entente Cordiale en 1904. También Gran Bretaña se acercó a Rusia, firmando un tratado en 1907, dando origen a lo que todos conocieron como la Triple Entente.

Al producirse el asesinato en Sarajevo, Austria Hungría exigió a la comunidad internacional un severo castigo a Serbia. Alemania apoyó las exigencias de su aliada y decidió, además, invadir Francia a través de la neutral Bélgica. En ese momento Gran Bretaña declaró la guerra a las potencias centrales. Más tarde Turquía y Bulgaria se unieron a los imperios centrales. Italia, Japón, Grecia y Rumanía a los aliados occidentales.

En Estados Unidos estos problemas se veían como muy lejanos territorial y políticamente en 1914 pero sin embargo, la composición social de la nación americana invitó a simpatías y antipatías inmediatas. La mayor parte de la población estadounidense de la costa este se consideraba descendiente de puritanos y anglicanos llegados desde Inglaterra en la época colonial y mostraban su simpatía por los valores y la cultura de Gran Bretaña y sus aliados. Además, recordaban la ayuda francesa a la independencia de Estados Unidos. Pero había estadounidenses a favor de las potencias centrales. Muchos irlandeses-americanos consideraban que Gran Bretaña era una potencia hipócrita que propugnaba las libertades que negaba a Irlanda del Norte. Además descendientes de alemanes asentados en el medio Oeste y en los Estados Históricos simpatizaban también con los imperios centrales.

A pesar de que el presidente Wilson se había proclamado anglófilo en numerosas ocasiones, consideró que debía establecer una neutralidad escrupulosa. Si no lo hacia podía involucrarse en una guerra que no incumbía, según su criterio, a Estados Unidos y, además, enfrentaría a los propios ciudadanos norteamericanos.

Las dos potencias que lideraban los dos bloques: Gran Bretaña, potencia marítima y Alemania, con un gran poderío terrestre, querían en principio mantener buenas relaciones con Estados Unidos. Ninguna de las dos podía prescindir de los productos de las naciones neutrales. Pero la propia estrategia del conflicto bélico hizo que Estados Unidos cambiase de política.

La estrategia de Gran Bretaña fue la que se esperaba de una gran potencia naval. Bloquearía los grandes puertos del norte de Alemania y de sus aliados. La actuación de Alemania fue diferente. Trató de impedir el bloqueo utilizando un nuevo artefacto naval: el submarino o el *U-Boat*. Era muy eficaz pero para muchos su utilización era moralmente reprobable. Según las convenciones de guerra, los buques de guerra debían avisar a sus contrarios de su ataque para que éstos pudieran prepararse. Los pasajeros y el resto de civiles podrían abandonar el barco antes de que se iniciase el combate. Estaba claro que si un submarino emergía a la superficie y avisaba al buque que pretendía atacar perdía toda su utilidad y ventaja. Los submarinos dejaron de avisar a los barcos enemigos de que iban a ser atacados e iniciaron una cadena de violaciones de las leyes internacionales que ha llegado hasta nuestros días.

Desde el estallido de la guerra y hasta mediados de 1915, Estados Unidos fue neutral y mostró una gran simpatía por Gran Bretaña. Así, aunque Inglaterra detenía a los buques mercantes norteamericanos si se dirigían a los puertos alemanes y también llegó a proclamar que el mar del Norte estaba minado, Estados Unidos no elevó grandes protestas.

Fue durante la segunda etapa: desde mediados de 1915 y hasta mayo de 1916, dominada por la guerra submarina alemana, cuando Estados Unidos inició el camino imparable hacia la guerra. En mayo de 1915 lo submarinos alemanes hundieron el *Lusitania*. A pesar de que 761 personas fueron rescatadas muchas más murieron. Unos 1.918 civiles perdieron la vida y de ellos 128 eran estadounidenses. La opinión pública de las naciones aliadas y neutrales se escandalizó por esta grave violación del derecho internacional que, de nuevo, había cometido un submarino alemán. El presidente Woodrow Wilson exigió a Alemania el abandono de la guerra submarina amenazando con la ruptura de relaciones entre Estados Unidos y Alemania. Desde ese momento, Alemania confirmó que se sometería a las demandas americanas y sus submarinos avisarían a los buques mercantes antes de atacar.

A partir de mayo de 1916, en la tercera etapa, las relaciones con Alemania fueron menos tensas, mientras que con Inglaterra se endurecieron. Wilson intentó por todos los medios lograr una paz negociada para el conflicto. En un ardoroso discurso pronunciado por Wilson tras su reelección en enero de 1917 insistía en la necesidad de encontrar una "Paz sin Victoria" para los dos grupos de naciones beligerantes. Pero muy poco después Alemania reanudaba la guerra submarina sin restricciones y Estados Unidos rompía las relaciones diplomáticas. Desde ese momento la guerra fue inminente. En febrero las autoridades inglesas interceptaban un telegrama, el telegrama Zimmermann, escrito por el ministro de asuntos exteriores alemán al Gobierno mexicano, prometiéndole los territorios que México había perdido frente a Estados Unidos en 1848, Texas, Arizona y Nuevo México, si la república mexicana ayudaba a Alemania en la guerra. La proximidad de México causó una indignación mayor en Estados Unidos.

La opinión pública estadounidense en contra de las potencias centrales crecía. La propaganda contraria a los gobiernos no democráticos era cada vez mayor. Se evocaban las raíces culturales británicas y las similitudes históricas y políticas entre los aliados y Estados Unidos. Además Gran Bretaña cada vez estaba más endeudada con Estados Unidos y sólo una victoria aliada garantizaría el cobro de los préstamos. El 3 de abril de 1917, Woodrow Wilson declaraba "He convocado al Congreso en sesión extraordinaria porque tenemos serias, muy serias decisiones políticas que tomar, y lo he hecho inmediatamente porque no está bien ni es constitucional que asuma solo esa responsabilidad (…). El mundo debe ser seguro para la democracia (…) el bien es más precioso que la paz y debemos luchar por las cosas que siempre hemos llevado cerca de nuestros corazones, (…) por la democracia; por el derecho de aquellos que están sometidos por la autoridad a tener voz en su propio gobierno; por los derechos y libertades de las pequeñas naciones…". Estados Unidos entraba en la Primera Guerra Mundial. Muy pocos congresistas votaron en contra de la declaración de guerra, entre ellos la voz de la primera mujer en el Congreso de Estados Unidos, Jeannette Rankin que defendió su negativa a apoyar la entrada en guerra afirmando: "Que la paz es una tarea de la mujer".

LA POTENCIA DECISIVA

El esfuerzo norteamericano en la guerra fue grande. Rusia había iniciado su primera revolución en marzo de 1917 y el Gobierno moderado de Kerenski había sido recibido con júbilo en Norteamérica. Pero la Revolución de Octubre, liderada por Lenin y los bolcheviques, fue percibida con temor. Lenin además había prometido abandonar la guerra de forma unilateral.

El pacto firmado entre Alemania y Rusia, y sobre todo la salida de la guerra y la cesión de territorios rusos, en 1918, incrementó mucho la fuerza de las potencias centrales. Estados Unidos tuvo que acometer un inmenso esfuerzo para lograr que las potencias democráticas ganaran la guerra. Primero se promulgó la Selective Service Act, obligando a todos los varones entre 18 y 45 años a registrarse. Más de 24 millones de hombres fueron a alistarse y cuatro millones engrosaron las Fuerzas Armadas. A Europa llegó un ejército de más de dos millones de hombres. La Armada de Estados Unidos supo enfrentarse con eficacia a la flota submarina alemana y fue muy eficiente transportando soldados, abastecimientos, y material bélico. El ejército de tierra, primero, se distribuyó entre las distintas unidades aliadas pero pronto se puso al mando del veterano de la guerra contra los indios, de la guerra Hispano-

Norteamericana, y también de la persecución contra Pancho Villa, el estadounidense John J. Pershing (1860-1948) obteniendo grandes triunfos militares.

En la primavera de 1918, el ejército alemán organizó una gran ofensiva acercando el frente a pocos kilómetros de París. Los aliados pidieron una intervención del ejército americano que todavía no sufría el cansancio del combate. Primero unos 70.000 soldados estadounidenses ayudaron a los franceses a frenar el avance alemán en las batallas de Château-Thierry y de Bellau Wood. En julio, los aliados liderados por el francés Marshall Foch iniciaron una gran contraofensiva. Los refuerzos norteamericanos empezaron a desembarcar en puertos europeos. En 1918 invadieron el frente de Mouse-Argonne. Cortaron las líneas alemanas de abastecimiento y presionaron al ejército alemán hasta su frontera. Las victorias aliadas obligaron a las potencias centrales a negociar las condiciones de paz.

La guerra en Estados Unidos

El sentimiento antialemán se extendió muy pronto por Estados Unidos. Tanto en las escuelas como en las universidades se suprimió el estudio de la lengua alemana. Así, por ejemplo, el Consejo Escolar de Nueva York prohibió la enseñanza del alemán y recomendó a todos los profesores que se formasen para enseñar otras lenguas, preferiblemente español, a partir de septiembre de 1917. Estas prohibiciones estuvieron muy relacioneadas con el reforzamiento del hispanismo en Estados Unidos. En las grandes escuelas de lenguas como la de Middlebury College, en Vermont, en donde sólo se enseñaba alemán y francés se fundaron escuelas españolas. Stephen A. Freeman, que escribió *The Middlebury College Foreign Language Schools* nos recuerda cómo el año de la fundación de la Escuela Española se matricularon más de sesenta estudiantes la mayoría con apellidos alemanes, que eran profesores de alemán que tenían que transformarse "por mandato" y enseñar español. Pero no sólo se prohibió la lengua. De las programaciones de conciertos desapareció la música alemana, austriaca, o húngara. En Estados Unidos se crearon asociaciones muy activas en motivar a la opinión pública. La Liga de Seguridad Nacional, la Liga Naval y el Comité de Seguridad Pública (CPI) hicieron una labor inmensa de propaganda contra Alemania. Más de 75 millones de folletos se repartieron durante la guerra exponiendo de forma panfletaria los motivos de la contienda. Películas como *The Prussian Cur* y *The Beast of Berlin*, son una muestra del interés por lograr sentimientos adversos contra los enemigos.

Pero además de impulsar el sentimiento contra la cultura alemana dañando a una de las comunidades más compactas y antiguas de inmigrantes: la comunidad germano-estadounidense, la guerra también perjudicó al movimiento socialista y al pacifismo. Desde el estallido del conflicto, pacifistas como Jane Addams y Paull Kellog hicieron grandes esfuerzos contra la violencia a través de la *American Union against Militarism*. También Jane Addams participó en la creación del *Women's Peace Party*. Su obra *Peace and Bread in Time of War* es uno de los libros más importantes sobre los conflictos sociales y el pacifismo. El Partido Socialista Americano y grupos radicales enarbolando el internacionalismo e interpretando la guerra como una guerra imperialista abogaron desde el principio por la neutralidad y además fueron muy críticos con el conflicto. Al entrar en guerra, el Congreso de Estados Unidos comenzó a legislar y a perseguir cualquier acto que se opusiera al conflicto. Las Leyes de Sedición y de Espionaje limitaron la libertad de expresión y de prensa. La Ley de Espionaje, además, persiguió toda obstrucción contra el alistamiento obligatorio y censuró el correo buscando material que indujera a la "traición o a la sedición". Más de 1.500 personas fueron encarceladas, entre ellas el socialista Eugene V. Debs que había obtenido más de 900.000 votos como candidato a la presidencia en 1912. Además otros líderes del Partido Socialista fueron perseguidos. El secretario Schenk fue encarcelado por repartir propaganda socialista. Apeló la sentencia frente al Tribunal Supremo insistiendo en que su detención suponía una violación de la primera enmienda y por lo tanto era inconstitucional. La respuesta del presidente del Alto Tribunal, Oliver Wendel Holmes –*Shenk vs. United States*, 1919–, afirmó la constitucionalidad de la Ley de Espionaje. La libertad de expresión, según la sentencia, no era un derecho absoluto y fue más allá al afirmar que en época de guerra las libertades civiles podían restringirse. También se persiguió con dureza por su internacionalismo al Industrial Workers of the World. Muchos de sus dirigentes fueron encarcelados, sus mítines prohibidos, y su propaganda censurada. "Big Bill" Haywood, se unió a la vieja sindicalista Mother Jones y a Elizabeth Gurley Flynn enfrentándose a toda la represión ocasionada por la guerra. Todos fueron perseguidos y muchos encarcelados. La presencia extranjera en todos los movimientos radicales era obvia en esta etapa del resurgir de los valores "angloamericanos". La Primera Guerra Mundial empezó a ser dibujada por gran parte de la opinión pública como una "organización anarquista de inspiración alemana".

La Gran Guerra exigió un gran esfuerzo económico en Estados Unidos. En el verano de 1917 el presidente Wilson creó el Organismo de Industrias de Guerra, WIB, para impulsar la movilización y la trasformación industrial. La lideró el experto en finanzas Bernard M. Baruch. Se le confirió poder para reconvertir las industrias según las necesidades bélicas. El Congreso también creó el Consejo de Defensa Nacional que impulsó la fundación de nuevos organismos. La Junta marítima de Estados Unidos tenía que potenciar la construcción naval. La Organización de Alimentos, que dirigía Herbert Hoover, debía aumentar la producción y también reducir el consumo. Sus campañas no fueron populares. A los lunes "sin trigo", le siguieron los "martes sin carne" y "los jueves sin cerdo". Además se tenían que cultivar pequeñas huertas allí donde hubiera un trozo de tierra y las "sobras" de alguna manera tenían que utilizarse. También se creó una organización para el combustible que abogó por el racionamiento diurno de energía, impulsando "los lunes sin calefacción". Los sacrificios de los ciudadanos estadounidenses comenzaron a ser grandes.

Pero los cambios más importantes se produjeron en la estructura del mundo del trabajo. Durante la guerra se frenó el flujo de inmigrantes. No era sencillo cruzar los océanos ni liberarse de las leyes de reclutamiento. Además muchos jóvenes americanos se habían visto obligados a alistarse. Muchas mujeres y también afroamericanos y miembros de otras minorías se vincularon a la producción industrial y a labores campesinas. Numerosas empresas industriales del norte de Estados Unidos enviaron agentes al Sur buscando jóvenes afroamericanos para mantener sus industrias abiertas. Así, entre 1916 y 1918 más de 500.000 trabajadores afroamericanos se dirigieron hacia el Norte. También abundante población de origen mexicano de California, Nuevo México, y Texas se trasladaron a las grandes ciudades industriales. De todas formas esta nueva población trabajadora no fue bien acogida en el Norte. Grandes cantidades de trabajadores de origen europeo rechazaron con violencia a sus nuevos "compañeros". En Saint Louis, en Chicago, en Detroit, y en Nueva York los enfrentamientos entre grupos étnicos fueron continuos. Dos de los enfrentamientos más duros se produjeron en época de guerra. En 1917 en Saint Louis, Illinois, una turba de trabajadores blancos atacó a afroamericanos y el resultado fueron más de doscientos muertos. Antes del enfrentamiento, los patrones blancos habían contratado mano de obra afroamericana barata amenazando así a los sindicatos. También en Chicago estalló la violencia en 1919. Motines en contra de los afroamericanos estallaron en el lago Michigan. Durante más de dos semanas "bandas" de trabajadores persiguieron, quemaron, y asesinaron a trabajadores de origen afroamericano.

También las mujeres se movilizaron. Al principio ayudaron, como siempre, en labores asistenciales. Engrosaron las filas de asociaciones como la Cruz Roja, se unieron al Ejército como enfermeras y crearon multitud de organizaciones. Pero hacía falta mano de obra. Más de un millón de mujeres pasaron a trabajar en fábricas, medios de transporte, y oficinas. Muchas de estas mujeres cambiaron de oficio. Desde el servicio doméstico y otros empleos mal considerados y mal pagados se transformaron en obreras industriales. De los 9.500.000 de trabajadores involucrados en las industrias de guerra 2.200.000 eran mujeres. Mujeres trabajando en las plantas de fabricación de municiones, conductoras de trenes y autobuses, empleadas de correos eran habituales en las ciudades. Para fomentar el cambio, el Ministerio de Trabajo creó el Servicio para las Mujeres en la Industria, que dirigido por Mary van Kleeck aconsejaba a empleadores que utilizaban trabajo femenino y también regulaba las condiciones de este trabajo. Así se impulsó la jornada de ocho horas para las mujeres. También se luchó por lograr que a igual trabajo igual salario; y otros triunfos del movimiento obrero centrado hasta entonces en el trabajo masculino.

Estos cambios y compromisos de las mujeres y de otras minorías impulsaron mejoras en sus derechos civiles y políticos. La existencia de mujeres en las fábricas y el impulso de las movilizaciones de mujeres; la participación de soldados afroamericanos en la guerra aunque fuese en batallones segregados y la contribución de los nativos americanos, fue la razón de que se apreciara la contradicción existente entre los discursos políticos y legales y la realidad social. Las mujeres trabajaban, se involucraban en la guerra, se asociaban y ayudaban pero no eran ciudadanas. Los afroamericanos eran soldados, participaban de distintas formas en la contienda, trabajaban en las fábricas y tampoco eran ciudadanos.

Fue la percepción, una vez que los veteranos volvían de la Guerra, de que las cosas no habían cambiado en casa lo que produjo una inmensa movilización de la población afroamericana. En 1919 la NAACP, *National Association for the Advanced of Coloured People,* celebró un congreso nacional para denunciar los horrores de los recientes linchamientos y para abogar por la promulgación de leyes federales contra los mismos. Ese mismo año la NAACP lograba contar con más de 60.000 militantes y su publicación, *Crisis,* llegó a editar más de medio millón de ejemplares.

También las mujeres se organizaron. Desde la guerra civil la lucha de las mujeres norteamericanas fue sufragista. En Estados Unidos, como en otro lugar señalamos, las condiciones de ciudadanía política eran competencia de cada uno de los estados. En algunos estados del Oeste las mujeres votaron pronto. Eran necesarios sus votos para que los territorios alcanzasen la condición de estados. Así en Wyoming las mujeres pudieron votar en elecciones locales desde 1869; en Utah, a partir de 1870; en Colorado, en 1893; en Idaho, en 1896; en Washington, en 1910; en California, en 1911; en Arizona, y Oregón en, 1912; en Nevada y en Montana en 1914. Estas conquistas movilizaron todavía más a las sufragistas. En 1912 la cuáquera Alice Paul (1885-1977), tras estudiar en Gran Bretaña, trasladó a Estados Unidos la forma de lucha de las sufragistas inglesas. Un día antes de la toma de posesión de Woodrow Wilson en 1912, organizó una marcha de más de 12.000 mujeres en Washington D.C. para demostrar al nuevo presidente que las mujeres pretendían obtener el derecho al sufragio en todos los estados durante su mandato presidencial. Tras la manifestación, Paul creó, dependiendo de la NAWSA (*The National American Woman Sufrage Association*), la Unión del Congreso. La finalidad de esta nueva organización era la de culpar al partido que hubiera ganado las elecciones presidenciales por la exclusión de todas las mujeres estadounidenses del derecho al voto. Pedían una enmienda, a la Constitución federal, que reconociera el derecho al voto de las mujeres. Consideraban además que la iniciativa podía ser presidencial. Su forma de lucha era la de lograr que aquellas mujeres que sí tenían derecho a votar en los estados del Oeste nunca apoyasen al presidente Wilson pues él, según estas sufragistas, era el culpable de la exclusión política de las mujeres. Esta estrategia no era apoyada por la NAWSA. El grupo sufragista mayoritario en Estados Unidos consideraba que no se debía tener políticas partidistas. La consecución del sufragio para las mujeres era un problema nacional. Cuando en 1915 Carrie Chapman Catt retomó la presidencia de la NAWSA, Alice Paul fue expulsada. Con otras miembros de la Unión del Congreso, entre ellas Lucy Burns; Chrystal Eastman y Maud Wood Park organizó un grupo sufragista radical: *The Women's Party*. No podemos decir que este nuevo partido fuera un partido político tradicional porque sólo tenía un cometido: lograr el voto de las mujeres. Mientras tanto, la NAWSA de Chapman seguía trabajando. También querían el sufragio para las mujeres pero insistían en que debía lograrse primero en más estados del Oeste y por lo menos un estado del Sur y otro del Este, antes de pedir la Enmienda constitucional. En las elecciones de 1916 el lema del presidente que luchaba por la reelección, Woodrow Wilson, era "Vota por Wilson, nos mantendrá fuera de la guerra". Las sufragistas radicales del Women's Party, acuñaron un nuevo eslogan: "Vota contra Wilson. El deja a las mujeres fuera del voto". Por primera vez las mujeres que votaban en los estados del Oeste fueron escuchadas como fuerza política. En Illinois, que era el único estado en donde se analizaba el voto por el sexo de los votantes, se constató que una de cada dos mujeres votó contra Wilson, el candidato, que según Paul, negaba el voto a las mujeres. Al entrar Estados Unidos en guerra el Women's Party cambió de estrategia. Decidió demostrar su descontento contra el káiser Wilson organizando manifestaciones en la Casa Blanca recordándole todos los días que la democracia debía comenzar en Estados Unidos. Después de muchos meses manifestándose en el recinto de la Casa Blanca, la policía comenzó a actuar. Practicó detenciones y en los juicios, en donde se les acusaba de "obstruir el tráfico", fueron sentenciadas y enviadas a prisión. Allí Alice Paul, Lucy Burns, Dorothy Day exigieron que fueran tratadas como prisioneras políticas e iniciaron una huelga de hambre. Acusadas de locas por las autoridades penitenciarias y maltratadas, lograron que parte del pueblo americano sintiera una enorme simpatía por ellas y por su causa. Cuando los diferentes tribunales de justicia consideraron su prisión inconstitucional fueron liberadas y retomaron su lucha frente a la Casa Blanca. La NAWSA nunca ayudó al Women's Party. Es más, Carry Chapman simpatizaba con el presidente Wilson a quién visitaba en la Casa Blanca. Además apoyaba la entrada en guerra y la movilización de las mujeres. Pero su prioridad seguía siendo también la de obtener el voto para las mujeres norteamericanas.

Cuando la Guerra terminó estaba claro que las mujeres obtendrían el sufragio. Tanto la opinión pública como los dos grandes partidos políticos lo apoyaban pero el problema era saber cuándo podría ocurrir. El diez de enero de 1918, Jeannette Rankin de Montana, que, como hemos señalado, era la primera mujer elegida como congresista en Estados Unidos, presentó la enmienda del sufragio femenino en la Cámara Baja. Tras largos debates la votación fue de 274 votos a favor de conceder el derecho al sufragio a las mujeres y 136 en contra. Sólo un voto más de la mayoría de los dos tercios requerida por la Constitución para incluir enmiendas constitucionales. La enmienda tardó un año y medio más en ser aprobada por el Senado. Entonces comenzó el proceso de ratificación en cada uno de los estados. También era necesaria la ratificación de la enmienda por tres cuartas partes de los estados. El 26 de agosto, el estado número 36, Tennessee, ratificó la Decimonovena Enmienda de la Constitución federal de Estados Unidos que concedía la ciudadanía política a las mujeres.

Wilson y las conversaciones de paz

Al terminar la Gran Guerra el presidente Woodrow Wilson tomó una decisión controvertida. Permanecería en Europa mientras durasen las conversaciones de paz. Era la primera vez que un presidente de Estados Unidos residía tanto tiempo fuera de su país. Además sus decisiones empezaban a ser contestadas dentro de Estados Unidos. Preocupado por el apoyo de las Cámaras que necesitaban sus decisiones en materia de política exterior, el presidente Wilson pidió el apoyo para los demócratas en la elecciones legislativas de 1918, sin embargo los republicanos obtuvieron mayoría en las dos cámaras. El pueblo americano se estaba alejando de las posiciones políticas de los demócratas y de Wilson. El presidente tampoco logró que miembros del Senado o de la Cámara de Representantes le acompañasen a Europa y le asesorasen en las negociaciones de paz.

Pero si las cosas empezaban a complicarse en Estados Unidos, no parecía ocurrir lo mimo en Europa. El presidente de la nación asumió la responsabilidad de formular las razones por las que todo Occidente había entrado en guerra. Los Catorce Puntos de Wilson las resumen bien. Fueron la base de la paz firmada en Versalles y proponían: la creación de un organismo internacional que velase por la desaparición de la diplomacia secreta estableciendo siempre tratados y convenios "públicamente establecidos". También defendía la libertad de los mares y la destrucción de las barreras económicas, el desarme, respeto para las antiguas colonias para que decidiesen su propio destino; nuevas fronteras europeas trazadas según las distintas nacionalidades; y por último la creación de "una Sociedad de Naciones" con el fin de velar por las "mutuas garantías de independencia política y de integridad territorial tanto a los grandes como a los pequeños estados". Estos Catorce Puntos fueron, pues, la base de la rendición de las potencias centrales.

Las negociaciones en Versalles no fueron fáciles. Frente al idealismo y las abstracciones del presidente de Estados Unidos se alzaron propuestas realistas y en muchos casos la venganza. El presidente Wilson logró que se aceptase la creación de la Sociedad de Naciones pero como contrapartida tuvo que hacer concesiones. En las negociaciones de paz, Francia estaba representada por Georges Clemenceau; Gran Bretaña, por David Lloyd George e Italia, por Vittorio Orlando. Ninguno de los representantes nacionales compartía el idealismo wilsoniano como se apreció en los diferentes tratados de paz. El Tratado de Versalles, firmado por delegados alemanes el 28 de junio de 1919, –tratados de paz separados se firmaron con las otras potencias aliadas de Alemania– estableció distintos puntos. La admisión por parte de Alemania de su culpabilidad, el despojamiento de todas sus colonias, ajustes de la frontera alemana, obligándole a deshacerse de Alsacia y Lorena que tuvo que devolver a Francia, de Posnania que cedió Polonia; de la cuenca del Sarre en la frontera con Francia, de parte del Schleswig, en la frontera de Dinamarca, y de Allestein en la de Polonia, que decidirían por plebiscito su futuro. Por último Alemania fue obligada a desarmarse.

El pacto de la Sociedad de Naciones se incorporó al Tratado de Versalles. Establecía una Asamblea, en la que cada uno de los estados miembros tenía un voto, un Consejo integrado por cinco miembros permanentes –Gran Bretaña, Japón, Francia, Italia y Estados Unidos– y otros cinco elegidos. Se creó una Secretaría General permanente localizada en Génova, Suiza; el Tribunal Internacional de La Haya y la Oficina Internacional del Trabajo. La Sociedad debía luchar por conseguir el desarme, por arbitrar pacíficamente los conflictos; y actuar juntos en un sistema de "seguridad colectiva" contra los agresores externos y contra los miembros de la Sociedad que incumplieran el pacto.

El regreso de Woodrow Wilson a Estados Unidos fue muy difícil. Existió un auténtico "duelo" entre el presidente y el Comité del Senado para Relaciones Internacionales presidido por el republicano Henry Cabot Lodge. Las razones esgrimidas por los republicanos y por gran parte de la nación americana eran dos. Por un lado consideraban que ya había existido suficiente dolor y que era el momento de regresar a la querida política aislacionista que tanto les alejaba de la siempre complicada política europea. Por otro, recriminaban al presidente demócrata su protagonismo. Para muchos republicanos no había consultado ni tenido en cuenta la opinión de las Cámaras, necesaria constitucionalmente, para diseñar su política internacional. Había sido una política personal y por lo tanto el presidente debía afrontar las consecuencias en soledad. Además tampoco el pueblo de Estados Unidos estaba satisfecho. Wilson había abandonado a su nación y sus problemas para dedicarse asuntos internacionales para los que, desde luego, no había sido elegido.

Dentro de las Cámaras surgieron tres posturas diferentes frente al Pacto de la Sociedad de Naciones y a la política presidencial. Por un lado los demócratas, seguidores de la política de Wilson y partidarios de ratificar el tratado. Por otro, los "irreconciliables", que incluían a William Borah de Idaho, Robert la Follette, de Wisconsin y Hiram Johnson de California que se oponían de forma radical, argumentando políticas aislacionistas, a la participación de Estados Unidos en el Pacto de la Sociedad de Naciones. En una posición intermedia estaban los moderados que defendían entrar en el pacto pero con matizaciones que protegieran los intereses americanos. Desde julio hasta septiembre, Lodge "retuvo" el pacto en el Comité de Relaciones Internacionales del Senado y fue un tiempo muy útil para lograr que la opinión pública se opusiera a la propuesta presidencial. Lodge propuso "catorce enmiendas" al pacto de la Sociedad de Naciones.

El presidente, vista las dificultades en las Cámaras, decidió acudir al pueblo americano. Y se equivocó. Durante uno de sus mítines, buscando el apoyo para el Pacto de la Sociedad de Naciones, sufrió un accidente bascular quedando paralítico. Tanto en 1919 como en 1920 el pacto no logró en el Senado la mayoría de dos tercios necesaria para su ratificación. En las elecciones presidenciales de 1920 la victoria fue del candidato republicano Warren G. Harding y los republicanos consideraron su victoria como una muestra en contra de la ratificación del Pacto de la Sociedad de Naciones. Y tenían razón. Wilson había declarado que las elecciones de 1920 constituirían "un referéndum solemne" sobre el ingreso del país en la Sociedad de Naciones. Y desde luego el plebiscito lo había perdido. Sólo se produjo una declaración conjunta del Congreso afirmando que la guerra había terminado. El pacto de la Sociedad de Naciones, que tanto había defendido Woodrow Wilson, nunca fue ratificado por Estados Unidos. Así la Sociedad de Naciones, el único resquicio de idealismo tras la Gran Guerra, nacía herida de muerte.

Además, existían otras preocupaciones que inquietaban a la sociedad norteamericana. En 1918, una forma de gripe, conocida como gripe española, llegaba a Estados Unidos. La gripe, que había brotado en 1918 en Europa, duró más de un año y produjo más de veintidós millones de muertos en todo el mundo. Más que la Gran Guerra. En Estados Unidos penetró a través de los soldados que habían servido en Francia. Primero en Fort Riley, en Kansas, más de medio millar de soldados fueron hospitalizados "con el extraño mal". Cuando empezaron a morir cundió el pánico en toda la nación. La gripe pronto se extendió a la población civil. Se empezaron a cerrar las instalaciones de ocio colectivo como salones de baile, teatros, salas de conciertos e incluso iglesias. Se prohibió estornudar en los transportes públicos y hasta toser. Se repartieron mascarillas pero nada podía frenar el avance del virus. Llegó a afectar a un veintiocho por ciento del total de la población estadounidense y causó la muerte a más de 675.000 norteamericanos. Este desastre también fue un factor importante para entender los aires aislacionistas que se impusieron en el periodo de entreguerras. Europa y sus asuntos solo traían desastres.

Los "felices años veinte"

El "retorno a la normalidad" fue liderado por los republicanos. Las elecciones ganadas por Warren G. Harding fueron interpretadas, con razón, como un castigo para el presidente Wilson y sus políticas. Los republicanos habían obtenido una victoria asombrosa que nunca antes se había dado. Harding alcanzó casi dieciséis millones de votos frente a los nueve obtenidos por el candidato demócrata Fox. En total Warren G. Harding obtuvo 404 votos electorales frente a los sólo 127 de Cox. Pero hubo otros candidatos. Todavía existía en Estados Unidos un voto de clase. El candidato del Partido Socialista Americano, Eugene V. Debs, obtuvo desde la cárcel más de 900.000 votos.

Ese retorno a la normalidad supuso una vuelta a lo considerado genuinamente americano. Es decir a los valores de los blancos, anglosajones y protestantes –WASP– imaginados, en la década de los veinte, como valores intransigentes y conservadores. No sólo se defendía el aislamiento político de la vieja Europa, también se consideraba que el radicalismo, la corrupción, y la violencia eran extranjeras. El 5 de mayo de 1920 dos trabajadores de origen italiano, Nicola Sacco y Bartolomeo Vanzetti, eran detenidos y procesados como autores de un asesinato perpetrado en Massachusetts. Se les acusó de ser, según palabras del juez, "anarquistas bastardos". Sin pruebas y para muchos siendo inocentes, fueron enviados a la silla eléctrica en 1927.

El celo contra los extranjeros se plasmó en la implantación de las cuotas para la inmigración perjudicando a los emigrantes de lengua, cultura y religión más alejada de los valores dominantes en Estados Unidos, como en otro lugar señalamos. Este celo por "lo nativo", puso en marcha de nuevo organizaciones secretas que atentaban contra todo lo clasificado como "diferente" y era considerado dañino para lo que entonces se identificó como lo americano. Un nuevo Ku Klux Klan se fundaba en Georgia pero adquiría fuerza en estados del Norte y del Medio Oeste como en Indiana y en Pensilvania. Su furia se concentraba contra los católicos, aunque también era antisemita, anti afroamericano, y xenófobo. El Klan se erigió en abanderado de las "buenas" costumbres persiguiendo todo lo que atentaba contra ellas. Se infiltró en los dos grandes partidos y parecía no temer a nada ni a nadie. En una demostración de fuerza el Ku Klux Klan organizó una manifestación en Washington D.F. con más de 50.000 personas el 8 de agosto de 1925. Sus métodos fueron similares a los del Klan que había aterrorizado a la población durante la Reconstrucción en el siglo XIX. Asesinatos, linchamientos, mutilaciones, y palizas. Sólo la corrupción, los escándalos, y los enfrentamientos internos lograron debilitar a la organización.

Este ambiente de aislamiento, de americanismo y de xenofobia fue propicio para el renacer del fundamentalismo religioso. Liderado por el antiguo progresista William Jennings Bryan sus logros fueron notables. En varios estados del Sur se prohibió en las escuelas la enseñanza de la evolución. La gobernadora de Texas, Miriam "Ma" Ferguson, obligó a retirar de las escuelas los libros de texto con alusiones al darwinismo. En el estado de Tennessee se introdujeron leyes regulando minuciosamente lo que se debía enseñar, siguiendo la lectura literal del Génesis. El profesor de biología John T. Scopes, que trabajaba en un instituto de Dayton, fue juzgado y condenado por violar las normas en un juicio que tuvo una gran repercusión mediática en todo el mundo.

En este contexto cultural con valores claramente rurales y hasta cierta medida fundamentalistas, también triunfó la prohibición. En 1919 se promulgaba la Decimoctava Enmienda de la Constitución de Estados

Unidos, como ya hemos señalado, prohibiendo "la fabricación, venta o transporte de licores embriagantes". El mundo rural protestante se enfrentaba claramente no sólo a los trabajadores urbanos, muchos de ellos inmigrantes, sino también a todas las clases sociales de las ciudades que empezaron a considerar la norma como una violación de su libertad personal. La ley no siempre se cumplía y existieron alianzas entre autoridades y el crimen organizado.

Tanto en el Chicago de Al Capone, en Fildadelfia, como en Detroit, en donde la fabricación de alcohol era la segunda industria de la ciudad, la violación de la ley fue constante y además generó corrupción. Los "sindicatos del crimen organizado" lograron mucho poder controlando la producción y la venta de alcohol, y las tabernas clandestinas pero pronto dominaron otros ámbitos. El mundo del juego, de la prostitución, y del tráfico de drogas fue su monopolio. Las guerras entre las bandas fueron habituales sobre todo en Chicago y Filadelfia en los años 1928 y 1929.

Pero a pesar del avance de la cultura rural conservadora, en las ciudades se vivió un enorme cambio en el periodo de entreguerras y además su producción cultural fue rica y diversa mostrando la heterogeneidad de la sociedad norteamericana.

En general, las condiciones económicas fueron favorables hasta 1928. Y muchos ciudadanos pudieron adquirir lo que antes era considerado como objetos de lujo. Además querían hacerlo. El final de la Gran Guerra y de sus horrores invitó a una oleada de lo que para muchos era un profundo materialismo. La gran mayoría de progresistas y ex combatientes abandonaron toda participación en la vida pública mostrando un inmenso interés por su tranquilidad y felicidad personal. Los viejos valores republicanos de sacrificar el interés particular para lograr el bien común estaban en crisis. "A pesar de que conocía el mercado de valores, centímetro a centímetro del distrito de Zenith", afirmaba la voz narradora sobre Babbitt, el protagonista de la novela homónima de Sinclair Lewis publicada en 1922, "Él no sabía si el cuerpo de policía era demasiado grande o pequeño, o si estaba en connivencia con las mafias del juego y la prostitución", concluía. Estados Unidos se estaba transformando en una nación con la mayoría de la población residiendo en las ciudades. En 1890 la población urbana era de un 35 por ciento; en 1930 había llegado a ser de un 56 por ciento. Las ciudades estaban creciendo de manera asombrosa y en ellas los almacenes, los lugares para el ocio, y los nuevos suburbios de casitas familiares alejadas del *downtown* se multiplicaban. En esta nueva forma de vida americana era imprescindible el coche. La industria del automóvil seguía creciendo. En 1918 sólo había en circulación nueve millones de automóviles, diez años después el número había alcanzado los veintiséis millones. Un americano de cada cinco poseía un coche. Fue una verdadera revolución en las comunicaciones y en la forma de vida. Las viviendas se alejaban de los centros urbanos pero el país se uniformizaba en gustos y costumbres.

También influyó mucho en el consumo de masas la revolución en los medios de comunicación no escritos. El primer estudio radiofónico había surgido en Pittsburgh en 1920. Desde allí comenzaron a emitir programas de información y de entretenimiento. En muy poco tiempo, en menos de diez años, muchos hogares norteamericanos tenían aparatos de radio. Más de 52 millones existían en 1930. También el invento de Thomas Edison, el cinematógrafo, contribuyó a extender la cultura de masas. En 1915 estrenaba David Griffith su película *El nacimiento de una nación* alcanzando un enorme éxito. Pronto el cine mudo inundó las pantallas y sus actores como Charles Chaplin, Mary Pickford y Douglas White suplantaron en éxito y fama al resto de los artistas. El cine sonoro irrumpió con fuerza en 1927. Y también los personajes de dibujos animados, sobre todo los de Walt Disney, llenaron las salas de cine. Más de 75 millones de espectadores acudían al cine todas las semanas en Estados Unidos en la década de los treinta.

Existió una verdadera revolución en el pequeño consumo. En los catálogos de los almacenes aparecían cada vez más objetos que revolucionaban la vida diaria en los hogares americanos. Las planchas eléctricas y también las tostadoras habían aparecido en 1912, antes del estallido de la Gran Guerra; los aspiradores se incluyeron en 1918; las cocinas eléctricas en 1930 y las neveras en 1932.

Todos estos cambios fueron profundos y supusieron la irrupción de nuevas costumbres. La familia tradicional americana comenzó a resquebrajarse. A finales del siglo XIX sólo seis de cada cien matrimonios terminaban en divorcio; en 1930 la cifra había aumentado a dieciocho de cada cien. Además el proceso de urbanización terminó con el modelo rural de familias extensas e irrumpieron en los apartamentos urbanos las familias nucleares. Todo parecía cambiar y desde luego los viejos hábitos puritanos del trabajo, el ahorro, y la abnegación estaban siendo sustituidos. Los héroes eran otros. Las estrellas de cine, los deportistas de fútbol americano y de boxeo, y grandes aventureros como el Águila Solitaria, Charles Lindbergh, que había atravesado el Atlántico en avioneta en 1927, eran los ejemplos que los niños querían seguir.

Las nuevas preocupaciones del éxito económico y por lo tanto social, del consumo, del nuevo ocio, del culto a lo efímero, fue plasmado por los autores literarios, por los guionistas, y por todos los artistas. De una manera crítica hacia ese nuevo materialismo, la expresión artística americana creció en calidad y grandeza.

Uno de los grandes cambios de la cultura americana es que perdió su afán moralizador. Ya no pretendía reformar a la sociedad. La mayoría de los artistas optaron por crear de forma aislada e iniciaron un camino de exploración y búsqueda personal. No creían que los Estados Unidos de la posguerra pudieran aportarles mucho. Este descontento estaba relacionado con la dura experiencia de la Gran Guerra. Para los que habían participado en ella el resultado era desolador. Nada quedaba del idealismo de Wilson y además el materialismo y el consumo dominaban la forma de vida americana. Numerosos escritores del periodo de entreguerras iniciaron críticas muy duras a la nueva forma de vida y sobre todo a los nuevos valores. El periodista de Baltimore H.L. Mencken era enormemente crítico. Pero también fue crítica la obra de Sinclair Lewis, de John Dos Passos; de F. Scott Fiztgerald y de muchos otros.

Muchos de estos artistas abandonaron Estados Unidos para, según ellos, crear mejor. En *A Moveable Feast*, Ernest Hemingway describe minuciosamente la vida del grupo de artistas americanos que vivían y creaban en París. Entre ellos Gertrude Stein y su compañera Alice B. Toklas; Ezra Pound y su mujer Dorothy; Francis Scott Fitzgerald y Zelda Sayre; John Dos Passos. También Gertrude Stein describe a la "generación perdida", en su *Autobiografía* de Alice B. Toklas. Otros artistas norteamericanos, sin abandonar Estados Unidos, se trasladaron a lugares alejados de los modernos y grandes centros urbanos. Tanto en Taos como en Santa Fe, en Nuevo México, surgieron colonias de artistas en el periodo de entreguerras. Para ellos el único refugio para evitar la frialdad de la sociedad moderna, era la creación artística rodeados de naturaleza considerada por ellos como primitiva. También hubo creadores y escritores que, aunque críticos con la sociedad americana, en lugar de alejarse consideraron que la única forma de mejorarla era investigando y profundizando sobre sus propias raíces. En Nueva York toda una generación de artistas afroamericanos revitalizaron la cultura de su comunidad. Los músicos, poetas, escritores y pintores que protagonizaron el Renacimiento de Harlem trataban de profundizar en las raíces africanas de su cultura. En esa búsqueda, produjeron obras de inigualable calidad. "The Negro speaks to rivers", de Langston Hughes; *The Autobiography of an Excolored Man* de James Weldon Johnson o "Son of the Son" de Jean Toomer, son sólo una muestra. También investigaron en sus raíces una serie de escritores sureños. Conocidos como los Fugitivos o los Agrarios, en su manifiesto *I'll Take my Stand* reivindican un pasado comunitario y rural, supuestamente sureño, frente a la desazón del mundo moderno urbano impuesto por el Norte tras la guerra civil.

De la misma manera que escritores e intelectuales se alejaban de la política republicana de "vuelta a la normalidad", también existió, durante estos doce años –desde 1920 hasta 1932– de presidencia republicana, disidencia política. Tras la presidencia de Warren G. Harding (1865-1923), que había fallecido en 1923 en pleno escándalo por corrupción, en las elecciones presidenciales de 1924, granjeros y trabajadores que no participaron de los beneficios económicos de la década de los veinte, decidieron unirse, organizar un nuevo partido independiente y presentar un candidato presidencial. Por primera vez la Federación Americana del Trabajo apoyó a uno de los candidatos a la presidencia lo que demostraba el cansancio de muchos con la política republicana. El nuevo grupo político recibió el nombre de Partido Progresista y el candidato a la presidencia fue el senador de Wisconsin, Robert M. la Follette. Su candidatura obtuvo más de cinco millones de votos. No fue suficiente porque el vencedor republicano, Calvin Coolidge (1923-1929), obtuvo dieciséis millones y el del Partido Demócrata, John W. Davis, recibió el apoyo de ocho millones de ciudadanos. Pero demostró que el descontento iba en aumento ya que los norteamericanos habían dejado de creer en la política centrada en el aislamiento, en la admiración por el consumo, y en la cultura urbana fuera suficiente. Además Coolidge apoyó sin tapujos el liberalismo a ultranza y la no intervención del Estado en los asuntos económicos. Fue un momento idílico entre las instituciones federales y los grandes empresarios industriales y financieros. Sin embargo muchos granjeros y trabajadores estaban preocupados por la subida del coste de la vida, el descenso de los beneficios agrícolas y, en algunos casos, de los salarios en las zonas rurales.

Todavía más fervoroso de la política de "la prosperidad" republicana y del conservadurismo social fue el tercero de los presidentes republicanos de la década de los veinte: Herbert Clark Hoover (1929-1933).

Hoover fue un hombre hecho a sí mismo. Procedente de una familia de trabajadores cuáqueros logró amasar una gran fortuna como ingeniero que ejerció en los cinco continentes. Reunía los requisitos para ser el mejor de los representantes de la nueva y moderna América. Desde un pequeño pueblo del medio Oeste se había encumbrado gracias a su dominio de la nueva tecnología y también de los nuevos valores culturales. Además poseía valores rurales tradicionales y una enorme fe en los cambios que aportaba el progreso tecnológico. Y sobre todo la certeza de que "el sistema americano de duro individualismo" era el mejor de los posibles. Herbert C. Hoover se oponía a la filosofía europea caracterizada por las "doctrinas de paternalismo y de socialismo de Estado". La intervención del Estado en la vida económica y social suponía –según las palabras que Hoover pronunció en uno de sus discursos durante la carrera presidencial de 1828– "el desprecio de la iniciativa individual y del espíritu de empresa que han caracterizado a nuestro pueblo permitiéndonos alcanzar una grandeza sin precedentes", concluía el candidato Hoover. Pero para muchos de sus críticos Herbert Clark Hoover no era consecuente. Había sido secretario de Comercio durante las presidencias de Harding y de Coolidge. Y había sido el arquitecto del programa económico de los republicanos aprobando ayudas a las empresas privadas de dos maneras. Por un lado había restringido los presupuestos para políticas sociales, había reducido los impuestos, y había "suspendido" la legislación antitrust. Por otro, también había incentivado a las grandes empresas. Les había dado subsidios y había establecido tarifas aduaneras para proteger a la industria americana. En cualquier caso los resultados económicos parecían ser buenos.

La Crisis de 1929 y el New Deal de Roosevelt

Esta sensación de producción, de crecimiento, de novedad, de cambio compartida por el presidente Hoover y gran parte de los ciudadanos americanos era artificial. Se avecinaba una crisis económica como nunca antes había sufrido Occidente.

La Crisis del 29 comenzó en el mercado financiero para después trasladarse al mundo de la producción industrial y agrícola, dejando a muchos americanos sin empleo, sin propiedad, y en muchos casos en las más absoluta miseria.

El colapso financiero de 1929 fue dramático pero sobre todo inesperado. Desde febrero de 1928 el precio de las acciones aumentó de forma continuada, salvo pequeñas y esporádicas caídas, hasta septiembre de 1929. Lo hacía con una media de un 40 por ciento. El precio de las acciones industriales más importantes –el que se utiliza para calcular el Dow Jones– habían duplicado su valor en ese mismo periodo. Estaba claro que existía una gran fiebre especulativa y muchos bancos comenzaron a prestar dinero fácil para que un mayor número de ciudadanos se convirtieran en inversionistas. La demanda de acciones contribuía a su vez a aumentar su valor.

En el otoño de 1929 el mercado comenzó a titubear. El día 21 de octubre se produjo una bajada masiva del precio de las acciones. Ocurrió lo mismo el jueves 24 pero en ambos casos hubo una recuperación temporal. La segunda se produjo gracias a la intervención de J.P. Morgan y un grupo de amigos banqueros que decidieron intervenir comprando acciones para frenar la caída. Pero el día 29 de octubre, "el martes negro" todos los esfuerzos para salvar el mercado fueron inútiles. Se negociaron en Wall Street más de dieciséis millones de acciones, el índice industrial cayó 43 puntos volatizándose todas las ganancias del año anterior. En los siguientes días se produjo una cierta recuperación pero el descenso continuó hasta primeros de año. En enero de 1930 existió una recuperación y muchos grandes inversores la utilizaron para vender las acciones que habían comprado al inicio de la crisis. A partir de entonces el descenso fue imparable. En julio de 1932 el índice industrial, que había estado en 452 en septiembre de 1929, había descendido hasta 58. El mercado de valores permaneció deprimido por más de cuatro años y no se recuperó hasta diez años después.

Las causas de la depresión fueron muy complejas y estaban ya antes de la quiebra del mercado de valores de 1929. Para muchos historiadores económicos una de las causas de la crisis fue la falta de diversificación de la economía americana. La prosperidad de los años veinte se había basado en dos sectores: la construcción y el automóvil. A finales de la década de los veinte estas dos industrias comenzaron a declinar. La venta de automóviles había descendido en más de una tercera parte en los primeros nueve meses de 1929. Y la construcción también se había frenado de manera alarmante. Es verdad que otros sectores –como la industria petrolífera, la química y la producción de plásticos– empezaban a despuntar pero no compensaban la crisis de los sectores punteros.

Otro factor importante para comprender la depresión fue la mala distribución del poder adquisitivo y por lo tanto la inmensa debilidad del consumo americano. Como muy bien denunciaron los miembros del nuevo Partido Progresista de La Follette, en Estados Unidos se estaba produciendo un desajuste radical entre las clases poderosas urbanas y la población rural y también los trabajadores. Conforme aumentó la producción industrial y agrícola en la década de los veinte, la proporción de los beneficios de los agricultores, trabajadores, y otros consumidores era muy escasa. No había un mercado equilibrado para la producción industrial. En 1929, tras una década de crecimiento económico más de la mitad de la población americana vivía en los límites de la pobreza.

La tercera de las causas que explican la gravedad y la duración de la crisis fue lo endeudada que estaba la población americana. Los granjeros tenían sus tierras hipotecadas y los precios de sus productos eran muy bajos por lo que no podían afrontar la deuda; los pequeños bancos rurales tenían problemas continuos para sobrevivir.

También fue un problema la situación de Estados Unidos en el comercio internacional. A finales de la década de los veinte la demanda europea de productos americanos comenzó a decaer. En parte porque Europa se estaba recuperando de la debacle de la Gran Guerra y podía producir para su propio consumo y también porque la propia Europa estaba entrando en crisis y no podía importar productos estadounidenses. Una de las razones para explicar la crisis en la que se involucraba la economía europea estaba relacionada con la propia estructura de la deuda que había surgido tras el Tratado de Versalles. Todas las naciones europeas debían dinero a Estados Unidos que desde 1914 y hasta su entrada en guerra, en 1917, había sido neutral y les había vendido armas y bienes de consumo. Esta inmensa deuda de las naciones aliadas con Estados Unidos estaba detrás de la insistencia de que las naciones que habían perdido la Guerra, las potencias centrales, pagasen indemnizaciones por la misma. Pero Alemania y Austria tuvieron, después de haber perdido la guerra, muchas dificultades para hacer frente a sus "deudas" con los vencedores. Estados Unidos no quiso reducir o perdonar las deudas de sus aliados europeos y los bancos americanos hicieron préstamos de plazos largos a los gobiernos europeos para que estos las pagasen. Tanto las indemnizaciones como las deudas sólo se pagaban pidiendo más préstamos. Así cuando comenzó la crisis financiera en Estados Unidos y los bancos americanos dejaron de conceder préstamos a los gobiernos europeos, el sistema internacional de crédito se colapsó y fue una de las razones por las que la depresión se extendió tan rápidamente por toda Europa.

Si bien existieron razones profundas que explican la crisis del 29, es verdad que la quiebra financiera de octubre de 1929, fue la causa el desastre. Tras la crisis se colapsó el sistema bancario. Los pequeños inversores hacían colas en los bancos para retirar sus inversiones. Y era obvio que los bancos no tenían liquidez. Entre el uno de octubre de 1929 y el 31 de agosto de 1931 cerraron 4.835 bancos. Sus depósitos que en muchos casos suponían el ahorro de toda una vida de ciudadanos americanos alcanzaba la cifra de más de tres billones de dólares. La quiebra bancaria supuso una contracción de la demanda, la quiebra de industrias, la pérdida de propiedades agrícolas y el desempleo. En 1932 un veintiocho por ciento de la fuerza de trabajo americana estaba en el paro. Durante el resto de la década nunca descendió del veinte por ciento. Además no existía una asistencia social que cubriera sus necesidades mínimas. Las ciudades industriales del Nordeste y del Medio Oeste se estaban paralizando por el desempleo. Ciudades como Toledo llegaron a tener un ochenta por ciento de parados en 1932. Los parados buscaban, día tras día, por las calles algún pequeño trabajo remunerado sin encontrarlo. Gran parte de la población dependía de la asistencia social pero ésta no estaba preparada para la debacle por lo que el hambre y la miseria se extendió por la población.

En las áreas rurales las cosas iban todavía peor. Una tercera parte de los agricultores americanos perdieron sus tierras. Además en las Grandes Llanuras se vivió uno de los más grandes desastres naturales de la historia de Estados Unidos. Una sequía sin precedentes invadió la región situada entre el norte de Tejas y las Dakotas desde 1930 hasta 1940. No llovía y además se vivió una subida asombrosa de las temperaturas. El *Dust Bowl* se transformó de una región fértil en un desierto. Muchas granjeros dejaron sus hogares en busca de trabajo. Viajaron sobre todo hacia California persiguiendo mejores condiciones de vida.

Muchos hábitos de consumo iniciados en la década de los veinte desaparecieron. De nuevo las mujeres comenzaron a coser y a elaborar la ropa en las casas. También comenzaron a amasar pan y a preparar conservas y otras formas de mantenimiento de alimentos. Muchos abrieron negocios familiares: lavanderías, casas de comida, casas de huéspedes proliferaron por todo Estados Unidos.

La crisis también fue motivo de reflexión y de creación artística. Fotógrafos contratados por la *Farm Security Administration*, recorrieron las granjas fotografiando la pobreza rural durante los años de la crisis y despertando las conciencias de sus conciudadanos. Las obras de Roy Stryker, Walter Evans, de Margaret Bourke-White y de Dorothea Lange mostraron el impacto terrible de la crisis en el mundo rural. También muchos escritores reflejaron muy bien la crisis. Tanto *The Grapes of Wrath* de John Steinbeck como *Tobacco Road* de Erskine Caldwell ahondaron en la crisis. De todas formas la producción cultural de esta primera parte de la década de los treinta era escapista. Fue el periodo de la eclosión de héroes que todo lo podían. Super Man, Dick Tracy y el Llanero Solitario, son sólo una muestra de la necesidad de huir de la realidad cotidiana a través del deseo de la llegada de héroes salvadores.

La política del presidente Hoover frente a la crisis fue de no intervención. Su fe en las leyes del mercado se mantenía y su primer intento fue el de conseguir restaurar la fe del pueblo americano en la economía. Reunió en la Casa Blanca a representantes del mundo financiero, industrial, a responsables sindicales para crear un programa voluntario de cooperación. Intentó mediar y buscar consensos para afrontar la crisis. Pidió a los empresarios que no recortaran la producción y que no despidieran a los trabajadores. Con los representantes de los trabajadores pactó la tranquilidad social. También intentó incrementar el gasto federal para activar la economía. Presentó al Congreso un aumentó de 423 millones de dólares en gasto público y exhortó a los gobiernos locales para financiar obras públicas. Pero las medidas no fueron suficientes. La cantidad propuesta era escasa y además sus previsiones de gasto federal no duraban mucho tiempo. Cuando la crisis se endureció dio un viraje a su política económica. Consideró que era mejor mantener la solvencia de las instituciones federales que incrementar el gasto público. Desde 1929 Hoover ya había instaurado un programa para ayudar a las zonas rurales. La Agricultural Marketing Act establecía un programa gubernamental que ayudara a los agricultores a mantener el precio de sus productos. También intentó proteger a la agricultura americana de la competencia extranjera imponiendo aranceles a los productos extranjeros. La tarifa Hawley-Smooth de 1930 gravaba la entrada de más de 75 productos agrícolas. Pero de nuevo las medidas eran insuficientes. En realidad la Agricultural Marketing Act, era de nuevo una medida voluntaria. Sólo aquellos campesinos que quisieran participarían en la medida. El presidente Hoover no quería intervenir activamente en la economía. Era un liberal convencido y creía, en el fondo, que las leyes del mercado, serían suficientes para restaurar el orden económico. Se podía intervenir pero no violentar la economía transcurrido un tiempo. Se podía persuadir pero no obligar.

Pero los americanos no pensaron de la misma manera. En las elecciones de 1932 los republicanos nominaron de nuevo a Herbert Hoover como candidato presidencial. Los demócratas defendieron la candidatura del gobernador de Nueva York, Franklin Delano Roosevelt (1882-1945). Roosevelt pertenecía a una de las grandes familias del valle del Hudson, era primo lejano del presidente Theodore Roosevelt aunque su parentesco se potenció al casarse con su sobrina Eleonor Roosevelt. Enfermó de poliomelitis en 1921 y fue capaz de continuar con una carrera política ascendente gracias a su mujer Eleonor que le sustituía en aquellos encuentros políticos en los que su estado de salud le impedía participar. En 1928 fue designado gobernador de Nueva York.

Cuando la Crisis del 29 estalló, el gobernador Roosevelt promovió una política intervencionista. Primero movilizó los recursos del estado para aliviar a los ciudadanos que se habían quedado sin empleo y en muchos casos sin hogar. Muchas de sus propuestas adelantaron lo que sería el New Deal.

En las reelecciones para gobernador de Nueva York, en 1930, obtuvo el apoyo de los habitantes del Estado a su política intervencionista obteniendo la victoria por una diferencia superior a los 750.000 votos. Su experiencia política le permitió presentarse como un candidato a la presidencia más enérgico que el presidente Hoover. Aun así actúo con cautela. Quería atraerse a las diferentes tendencias políticas que sólo tenían en común su oposición a la política no intervencionista de Hoover frente a la crisis. Se rodeó de un grupo de excelentes asesores que también le redactaban los discursos, la mayoría provenientes de la Universidad de Columbia. Una de las frases que pronunció en su aceptación de la nominación demócrata, la de dar "una nueva oportunidad –a new deal– al pueblo americano" se convirtió en el lema de su presidencia y denominó a las medidas adoptadas por su administración para salir de la crisis.

En las elecciones de 1932 Roosevelt venció por una mayoría arrolladora. Recibió el 57,4 por ciento del voto popular frente al 39,7 por ciento obtenido por Hoover. Además la victoria del Colegio Electoral fue superior. Herbert Hoover sólo ganó en Pensilvania, Connecticut, Vermont, New Hampshire y Maine. El resto de estados fueron para Franklin Delano Roosevelt. Además los demócratas obtuvieron una holgada mayoría en las dos cámaras. "Esta gran nación perdurará, como ha perdurado, revivirá y prosperará", afirmó en uno de los mejores y más emotivos discursos inaugurales el nuevo presidente Roosevelt. Con su postura estaba elevando la confianza en las instituciones tradicionales de la democracia en un momento en donde los totalitarismos de uno u otro signo triunfaban en toda Europa. "A lo único que hay que temer es al miedo mismo", continuaba Roosevelt. Así alejaba la posibilidad de respuestas irracionales y soluciones mágicas y dictatoriales a los inmensos problemas que inundaban la vida americana.

En los cuatro meses que entonces se tardaba en que un presidente electo iniciase su mandato en la Casa Blanca, se produjo un endurecimiento de la crisis económica. Muchos norteamericanos consideraron que la razón fue el vacío de poder. Una nueva enmienda constitucional, la Vigésima, se aprobó en 1933. "El mandato del presidente y del vicepresidente deben concluir por la tarde el 20 de enero... y el mandato de sus sucesores debe comenzar entonces", afirmaba la enmienda. El tiempo transcurrido entre la elección del presidente y su toma de posesión quedaba reducido a un mes y medio. Pero para muchos otros ciudadanos la razón del incremento de la crisis fue la falta de colaboración entre el presidente saliente y el entrante. En cualquier caso, una serie de quiebras bancarias recorrió el país y la estructura financiera de todo Estados Unidos parecía que iba a romperse.

Las medidas del presidente Roosevelt fueron claras. Se iniciaba el New Deal, una serie de intervenciones gubernamentales para contener la crisis y restaurar la confianza de los norteamericanos en su propio sistema de organización económica, política y social. El propio Roosevelt lo definió como "una nueva concepción de los deberes y responsabilidades del gobierno frente a la economía mundial". A pesar de ser una política intervencionista, en ningún caso fue una política socialista porque siempre pretendió salvar el sistema de beneficio privado y de libre competencia. Fue, efectivamente, una política económica dirigida, pero flexible, realizada escalonadamente, y además consensuada por todos los grupos sociales. El New Deal aspiró a restablecer el equilibrio entre el coste de producción y el precio de mercado; entre el ámbito rural y el urbano; entre los precios y los salarios.

La primera medida de emergencia de Roosevelt frente a la amenaza de bancarrota fue el cierre de todos los bancos. Luego reunió, de forma extraordinaria, al Congreso, presentando un proyecto de ley, el subsidio bancario de emergencia, por el que ponía a todos los bancos bajo la supervisión federal y solo permitía reabrir a aquellos que fueron capaces de mostrar solvencia. El día 12 de marzo, el presidente utilizó la radio como medio para trasmitir tranquilidad a la población americana. Tanta, que afirmó que las inversiones bancarias eran seguras y los norteamericanos le creyeron. Desde entonces las "charlas radiofónicas al calor del hogar" fue un vehículo habitual de comunicación del presidente Roosevelt y sus conciudadanos. Poco después el presidente optó por reducir las pensiones militares y también lo sueldos de los funcionarios públicos. También una vieja promesa del partido demócrata fue promovida. En 1933 se ratificaba la Vigésimo Primera Enmienda constitucional que anulaba la Decimoctava Enmienda. Se terminaba así la prohibición de consumir, fabricar y vender alcohol en Estados Unidos.

Si algo caracterizó la presidencia de Franklin Delano Roosevelt fue su pragmatismo. Fue un presidente muy activo pero sobre todo fue alguien que consideró que si alguna acción no funcionaba no ocurría nada. "Tomemos un método y ensayémoslo. Si fracasa, admitámoslo francamente y probemos otro", decía con franqueza. Esta actitud política le permitía actuar con rapidez y además no le pesaban mucho sus propias decisiones. Siempre eran remediables.

Durante los primeros cien días de su mandato presidencial sorprendió a todos con su actividad. Esta actividad no partía de la nada. En las medidas de esta primera etapa del New Deal se apreciaban ideas progresistas que tanto Roosevelt como sus colaboradores directos habían mantenido desde su juventud. Un descontento hacia el desorden económico; una clara oposición a los monopolios; una defensa de la intervención del Estado en el mundo económico; la certeza de que la pobreza era un problema social y no una incapacidad individual. El New Deal bebió mucho de la experiencia de Gobierno del presidente Wilson durante la Gran Guerra. Es decir de la posibilidad de incrementar el poder presidencial en época de crisis. Y además fue un "programa" ecléctico, pragmático y, siguiendo la filosofía vital, de Franklin Delano Roosevelt, experimental.

Se pueden distinguir tres etapas muy claras en las acciones gubernamentales del New Deal. La primera fue la de 1933 que trajo consigo una catarata de medidas que intentaron paliar de forma urgente los desastres de la Gran Crisis. La segunda etapa iría desde inicios de 1935 y hasta mediados de 1936, cuando el presidente estaba preparando su reelección, se redactaron una serie de medidas que muchos historiadores definen como el Segundo New Deal. El tercer periodo de activismo se produjo a finales de 1937 y continuó hasta 1939, pero no tuvo las simpatías de las anteriores mediadas, en parte porque la nación americana estaba muy afectada por el ascenso de los totalitarismos y de la violencia internacional.

En la primera etapa –los primeros cien días– se tomaron muchas mediadas urgentes. Se crearon organismos y se definieron políticas con la finalidad de frenar la crisis y sus inmensas consecuencias sociales. Como señala Eleanor Roosevelt en su *Autobiografía* uno de los factores más importantes de ese primer periodo fue "el deseo de cooperar unos con otros. Cuando las condiciones mejoraron por supuesto las actitudes cambiaron. Pero fundamentalmente fue ese espíritu de cooperación lo que nos sacó de la Depresión", y continuaba la que por entonces era la primera dama, "El Congreso que normalmente no tiene una "luna de miel", con los nuevos presidentes... fue de la mano con el presidente delegando a veces funciones y aprobando legislación que no habría aprobado de no ser por la crisis". Las primeras medidas fueron de dos clases. Por un lado medidas que pretendían equilibrar la economía y por otro acciones que perseguían ayudar a todos los afectados por los horrores de la crisis. Del primer tipo fue el programa para proteger a los agricultores de las incertidumbres del mercado a través de ayudas y también del control de la producción. El 27 de marzo por decreto se obligó a todas las instituciones que prestaban dinero a los agricultores a reorganizarse en la *Farm Credit Administration* (FCA). El Congreso además permitió refinanciar todas las hipotecas agrarias a menor interés. También se estableció la *Home Owner's Loan Corporation* para ordenar y rebajar las hipotecas que afectaban a las viviendas urbanas. Para asegurar la confianza en las inversiones bancarias se creó *Federal Deposit Insurance Corporation* (FDIC) que garantizaba los depósitos bancarios hasta una determinada cantidad. El presidente y el Congreso afrontaron una regulación de Wall Street. Así se creó una Ley Federal sobre Títulos de Valores insistiendo en que todas las emisiones de acciones y bonos fueran registradas en Comisión del Comercio Federal. También en 1933 Roosevelt afrontó una devaluación de la moneda para elevar los precios de las acciones y de todos los bienes de consumo y lograr mayores ganancias para los productores. Existieron programas todavía más ambiciosos cuya intención era la de equilibrar la economía. La Agricultural Adjustment Act (AAA) instauró un plan para compensar a los agricultores que afrontasen un recorte voluntario de la producción. Para obtener los fondos se gravó a los procesadores de productos: molinos, desmotadoras, secadoras de pescado, fábricas de embutidos. También se promulgó el *National Industry Recovery Act* (NIRA) que dirigió el general Hugo S. Johnson. El programa, por un lado, pretendía revisar los principios que regulaban el mercado. Por otro, su intención era la de generar mayor poder adquisitivo con la creación de empleo público, con una mejor regulación del mundo del trabajo, y con el incremento de salarios. En todas las empresas Comités Conjuntos de trabajadores, empresarios y representantes gubernamentales elaboraron códigos justos. En general se fijaron jornadas de cuarenta horas semanales, se prohibió el trabajo a los menores de dieciséis años, y se fijo un salario mínimo.

El otro gran grupo de medidas de esta primera etapa trataba de paliar el efecto de la crisis entre la población americana. Fueron claramente medidas de auxilio. Así se creó el *Civilian Conservation Corps*, cuya finalidad era ofrecer trabajo a los hombre entre 18 y 25 años y también mejorar la situación del Medio Ambiente en Estados Unidos. Así más de tres millones de hombres se fueron a los bosques y playas para repoblar y para crear áreas recreativas. "Miro hacia atrás para examinar las medidas tomadas durante ese primer año y me doy cuenta que la que más entusiasmó a mi marido", escribía de nuevo Eleanor Roosevelt en su *Autobiografía*, "fue la creación, el 5 de abril de 1933, de los campamentos del Civilian Conservation Corps... tenían una triple virtud: le permitía a los chicos conocer diferentes partes de su propio país y aprender un trabajo al aire libre lo que a su vez les beneficiaba; además les proporcionaba un sueldo, del que una parte se enviaba sus familias. Esto ayudaba moralmente a ambos. A los chicos y a las familias", concluía Eleanor. También se fundó la *Federal Emergency Relief Administration*. Dirigida por el trabajador social Harry L. Hopkins abordó la construcción de obras públicas para dar trabajo; también creó programas de alfabetización de adultos; creó un sistema de guarderías públicas, formó a estudiantes sin recursos para la Universidad. Y además se crearon subsidios para los desempleados. Otro proyecto, la Civil Works Administration fue más allá. Ofrecía empleos y salarios federales a todos los que no encontrasen empleo. Su duración fue efímera porque el número de empleos fue muy alto y el gasto de la agencia inmenso. Fue uno de esos "ensayos" de la política de Roosevelt. En la primavera de 1934 el presidente cerró la CWA.

Muchas de las medidas de esta primera etapa fueron llevadas a los tribunales por los poderosos conservadores y en muchos casos el Tribunal Supremo, con jueces en su mayoría partidarios de una concepción más liberal de la economía, las consideró inconstitucionales. Tanto la NRA –*National Industry Recovery Act*, como la AAA –Agricultural Adjustment Act– fueron declaradas inconstitucionales y revocadas por el Tribunal Supremo en 1935.

Después de las elecciones legislativas de 1934 la presencia demócrata en las dos Cámaras aumentó. También creció el número de gobernadores vinculados al Partido Demócrata. Sólo quedaron siete estados con un gobernador republicano. El presidente consideró que sus medidas políticas habían sido "aprobadas". La segunda etapa del New Deal, desde comienzos de 1935 y 1936, se caracterizó por una serie de medidas relacionadas con el mundo del trabajo. Si los conservadores presionaban y utilizaban al Tribunal Supremo, los sindicatos y también los seguidores del antiguo gobernador de Luisiana y senador Huey Long; del padre –sacerdote de la radio– Charles E. Coughin, de Míchigan y del médico californiano, Francis E. Towsend, exigían todavía un mayor compromiso social de la administración demócrata. También lo pedían algunos asesores presidenciales. La Ley de Relaciones Laborales Nacionales, denominada también la Ley Wagner según el senador neoyorquino, Robert Wagner, porque fue él quien formuló su propuesta, permitió a los trabajadores elegir delegados sindicales para que les representasen en las negociaciones con empresas y gobiernos. La Ley de la Seguridad Social fue también un logro importante. Tenía tres puntos. Por un lado se creaba un fondo de pensiones para personas retiradas de más de 65 años. Se desgravaba de las nóminas y las empresas también cotizaban, aunque estas primeras pensiones se consideraban ayudas por su escasa cuantía. También se creó un seguro de desempleo, y, por último, se instauró un importante programa de asistencia pública. Además se promulgaron otros programas. Se aprobó una Ley Fiscal que aumentaba la contribución de los ingresos superiores a 50.000 dólares. Además aumentaba el impuesto sobre patrimonio y el que gravaba a las donaciones. El Federal Writer's Project, permitió dar trabajo a escritores e intelectuales que se dedicaron a desarrollar proyectos con financiación federal. Guías artísticas nacionales y estatales; catálogos de archivos históricos; archivos orales basados en los recuerdos de los mayores, algunos de ellos nacidos esclavos; inundaron el país. También se crearon el Federal Arts Project y el Federal Music Project.

En las elecciones presidenciales de 1936 los demócratas optaron por Roosevelt y los republicanos presentaron a Alfred M. Landon. Franklin Delano Roosevelt venció con un margen nunca antes visto. Ganó en todos los estados salvo en Maine y Vermont. Otra vez su política del New Deal había logrado la aprobación de la ciudadanía. Sin embargo se abría un periodo muy difícil ya que se tomaron medidas que no fueron del todo populares.

Roosevelt pensando, por su triunfo electoral, que tenía todo el apoyo popular y disgustado por la dura oposición de sus enemigos, tomó decisiones controvertidas. La primera fue la reforma del Tribunal Supremo que estaba claramente destinada a evitar los reveses que la declaración continua de inconstitucionalidad estaba proporcionando a los distintos programas del New Deal. Pidió al Congreso que aumentara el número de jueces y así lograr romper con la mayoría conservadora del Alto Tribunal y de paso con la oposición a su política. Es verdad que el tamaño del tribunal no lo estipulaba la Constitución y que había cambiado a lo largo de la historia de Estados Unidos, pero la maniobra era muy obvia y para muchos claramente inmoral. Además los argumentos utilizados por el presidente fueron ofensivos. El argumento de que algunos jueces actuaban "afectados por la senilidad" le creó muchos enemigos. El mayor en el tribunal era Louis D. Brandeis que además era el más progresista de los jueces del Alto Tribunal y que perdonó mal "la ofensa". La reforma no fue aceptada por el Congreso. Pero el tribunal cambió de actitud. La renuncia de uno de sus jueces le permitió nombrar a un gran defensor del New Deal en su lugar: el senador Hugo Black.

Casi al mismo tiempo el presidente propuso otra medida tremendamente impopular. Pidió reorganizar el ejecutivo para lograr un mayor poder presidencial sobre la burocracia. Pronto surgió una gran campaña de la oposición que denominó a este segundo mandato "la Dictadura de

Roosevelt". La reforma del poder ejecutivo propuesta no fue respaldada por el Congreso. Sin embargo un proyecto remozado y menos ambicioso de reforma del ejecutivo fue aprobado en 1939.

Existieron otras dificultades. En el otoño de 1937 irrumpió un agravamiento de la crisis. De nuevo a finales de año más de dos millones de personas habían sido despedidas. Surgió un duro debate entre los colaboradores de Roosevelt. El grupo dirigido por Henry Morgenthau Jr. se inclinó por reducir el gasto y equilibrar el presupuesto. Los seguidores de Harry Hopkins y de Harold Ickes, querían incrementar el gasto público y que se cumplieran a rajatabla las leyes antimonopolio. Roosevelt se inclinó por estos últimos. Inició una campaña retórica contra el monopolio creando un cuerpo especial: Temporary National Economic Comittee; y también nombrando a Thurman W. Arnold como director de la División Antitrust del Ministerio de Justicia. Además, Roosevelt, en el año 1938 abandonó toda idea de equilibrar el presupuesto público, lanzando un programa de gasto público sin precedentes. Quería incrementar el poder de consumo del americano medio como un antídoto a la recesión. También en 1938 se aprobó la Fair Labor Standards Act, que estableció un salario mínimo, y reguló la jornada laboral. Para finales de 1938 el New Deal había terminado en la práctica.

Roosevelt se presentó por primera y única vez en la historia de Estados Unidos a un tercer y hasta a un cuarto mandato en 1940 y en 1944 respectivamente y lideró a la nación antes y durante la Segunda Guerra Mundial pero sus esfuerzos en materia económica ya no alcanzaron la popularidad de los primeros años de la crisis.

Es verdad que desde el principio del año 1939 estaba mucho más preocupado por los sucesos en política exterior que llevaron al estallido de la Segunda Guerra Mundial que por los problemas internos.

El New Deal no había terminado ni con la crisis ni con el masivo desempleo que le acompañó. Fue el gran esfuerzo requerido para ganar la Segunda Guerra Mundial lo que terminó con los dos problemas pendientes, pero sí fue muy importante para el futuro de Estados Unidos.

El presidente Roosevelt, por un lado, incrementó el número de organismos federales y también el propio poder de las instituciones comunes a los estados. El gobierno debía proteger a los más débiles. También los derechos de los sindicatos y por lo tanto de los trabajadores. Tenía que estabilizar el sistema bancario. Debía proteger la producción agrícola y un sinfín de funciones que nunca antes había desempeñado. Existió, a partir de entonces, un mayor equilibrio en la atención que las instituciones federales prestaban a las demandas de todos los grupos sociales. Además, como señala Alan Brinkley, la administración de Franklin Delano Roosevelt creó un cuerpo de ideas –conocido como el liberalismo del New Deal– que ha sido una constante fuente de inspiración y de debate y que estuvo detrás del siguiente periodo de progresismo: la Gran Sociedad de la década de los sesenta.

El fin del Aislamiento:
la Segunda Guerra Mundial y la Guerra Fría

Si la presidencia de Franklin Delano Roosevelt había traído grandes y profundos cambios internos, su política exterior fue todavía mucho más rompedora. Se aproximó de forma diferente a las repúblicas latinoamericanas; estableció relaciones con la Unión Soviética; y se acercó a las democracias europeas asumiendo Estados Unidos por primera vez compromisos propios de una gran potencia.

Un aislamiento con fisuras

Cuando Roosevelt llegó al poder en 1933, nada hacia predecir un cambio de rumbo en política exterior. Estados Unidos estaba volcado en sus problemas internos y mantenía una posición aislacionista. Sin embargo pronto surgieron fisuras.

Durante los últimos años de la presidencia de Herbert Hoover, la dureza de la política estadounidense frente al resto de las naciones americanas empezó a cuestionarse. La política del *Big Stick* implicó la continua intervención militar de Estados Unidos en las naciones vecinas. Esa crudeza en la defensa de intereses económicos y políticos de Estados Unidos era, a finales de la década de los veinte, difícilmente defendible. En la Sexta Conferencia Panamericana celebrada, en 1928, en La Habana, se criticaron las recientes intervenciones de Estados Unidos en Nicaragua y en Haití. Esas reticencias fueron aplacadas por Hoover con una visita a los países más importantes de América Latina. En el discurso que pronunció en Honduras, Herbert Hoover afirmó que Estados Unidos tenía el deseo de establecer relaciones "de buen vecino" con todas las naciones americanas. Pero Hoover fue más allá y retiró las tropas de Nicaragua con la promesa de hacerlo también en Haití.

Cuando Franklin Delano Roosevelt llegó al poder mantuvo y hasta reforzó la política de buena vecindad. En Montevideo, en 1933, durante la Séptima Conferencia Panamericana, su secretario de Estado, Cordell Hull, apoyó la Resolución de No Intervención. En 1934 la Enmienda Platt de la Constitución cubana, que tan claramente limitaba su soberanía, fue retirada por Estados Unidos. Este acercamiento, esta política de buena vecindad, fue muy útil para los intereses norteamericanos cuando, al estallar la Segunda Guerra Mundial, Alemania buscó aliados en América Latina aprovechando la simpatía que algunos dictadores tenían, en el periodo de entreguerras, por el fascismo y el nazismo. Efectivamente cuando estalló la Segunda Guerra Mundial, las repúblicas americana participaron en un encuentro, la Conferencia Inter-Americana de 1939, firmando la Declaración de Panamá que, entre otras cosas, advirtió a las potencias enfrentadas en el conflicto bélico mundial que debían mantenerse a 300 millas de las costas americanas.

Pero no sólo mejoraron las relaciones con América Latina. Desde la Revolución Bolchevique de 1917, Estados Unidos y Rusia tuvieron unas relaciones difíciles. En 1933, Estados Unidos, todavía no había reconocido al régimen soviético. Muchos estadounidenses exigían una mejora en las relaciones. Consideraban que Rusia podría ser, de la misma forma que lo había sido China, un mercado adecuado para la industria estadounidense. También Rusia buscaba apoyos para contener a Japón en sus ambiciones asiáticas. El mismo año de su toma de posesión, F.D. Roosevelt decidió restaurar las relaciones diplomáticas con la potencia comunista. "Ese mismo día" −17 de noviembre de 1933−, "mi marido y Mr. Litvinov mantuvieron la última de las conversaciones que posibilitaron la apertura de relaciones con Rusia", comentaba Eleanor Roosevelt en su *Autobiografía*, "No hace falta señalar cómo entre los viejos amigos de mi marido existía una gran oposición al reconocimiento (...) su madre le visitó (...) le dijo que había oído rumores (...) y le advirtió que sería un movimiento erróneo (...) La apertura de relaciones diplomáticas con Rusia y nuestras relaciones en este hemisferio fueron las causas de los primeros ataques a nuestra política exterior", concluía Eleanor.

A pesar de estas fisuras en la política exterior de Estados Unidos, los primeros años de la presidencia de Roosevelt fueron de aislamiento. Estados Unidos estaba volcado en sus propios problemas internos y dirigió poco su vista hacia el exterior. Así, cuando la comunidad internacional mostró su preocupación tras la invasión de Etiopía por la Italia de Mussolini, Estados Unidos reafirmó su aislamiento de los problemas internacionales. Además, muy poco antes, en 1935, se aprobó la primera de una serie de Leyes de Neutralidad. En ella se estipulaba la prohibición de vender armas a cualquier país beligerante y se impedía que los ciudadanos norteamericanos viajaran en barcos de las naciones en conflicto. Se quería evitar que los industriales, armadores, y banqueros se beneficiaran de un conflicto internacional e influyeran en la opinión pública para participar en la contienda. A esta primera Ley de Neutralidad le siguieron muchas más. En febrero de 1936 esta ley fue sustituida por otra que, además de ampliar la vigencia de la de 1935 por un año, prohibía los préstamos a las naciones en guerra. Por lo tanto, frente a la grave invasión del fascismo italiano, Estados Unidos debía permanecer neutral.

En 1936 el Frente Popular, una coalición de los diferentes grupos republicanos y socialistas ganaba las elecciones en España. Sólo seis meses después, un golpe de Estado militar apoyado por las fuerzas conservadoras desencadenaba una larga y cruenta guerra civil en la Península. Para muchos, la Guerra Civil española fue el preludio de la Segunda Guerra Mundial. Desde el principio, Italia y Alemania ayudaron al general Franco mientras que Francia e Inglaterra, siguiendo políticas de no intervención, decidieron abstenerse de participar. Estados Unidos oficialmente también observó sus políticas de neutralidad y además mantuvo un claro liderazgo en el Comité de No Intervención creado en septiembre de 1936. Así, en 1937, el Congreso de Estados Unidos aprobaba una tercera Ley de Neutralidad, en donde se prohibía la venta de material bélico a cualquier de los dos bandos implicados en la guerra española. También se prohibió combatir en España. Sin embargo la opinión pública se movilizó y unos y otros participaron a pesar de las prohibiciones en el conflicto.

Algunas empresas, de forma indirecta, ayudaron a los franquistas. Es el caso de la Vacuum Oil Company, asentada en Tánger, que se negó a administrar combustible a los barcos republicanos o de la Texas Oil Company que abasteció a Franco durante toda la guerra. Pero muchos sectores económicos y sociales permanecieron fieles a la España republicana. Éstos, desde muy pronto, comenzaron una incesante movilización para recaudar fondos, crear redes de asistencia y proporcionar apoyo a los republicanos españoles. Muy influidas por la Internacional Comunista se creó la Brigada Lincoln enmarcada en las Brigadas Internacionales en donde participaron más de 2.800 hombres de casi todos los estados norteamericanos. A los brigadistas también les acompañaron mujeres. Así Marion Merriman, mujer del profesor de Economía en la Universidad de Berkeley, Robert Hale Merriman, que se había alistado en la Brigada Lincoln, se trasladó a España, en cuanto supo que su marido había sido herido. Fue la única mujer alistada oficialmente en esta brigada. Pero existieron otras organizaciones que se implicaron directamente en España, donde la presencia femenina fue mayoritaria. Sin violar los Acuerdos de No Intervención, que no afectaban ni a las medicinas ni a los alimentos, se creó la American Medical Bureau to Aid the Spanish Democracy. Esta organización no sólo buscaba apoyo para la republica sino que organizó unidades médicas que viajaron a España en ayuda de todos los enfermos y heridos que la contienda ocasionó. Muchas mujeres se alistaron como enfermeras, auxiliares, secretarias o médicas. La primera unidad del American Medical Bureau zarpó hacia España el 16 de enero de 1937 bajo la dirección del doctor Edward Barsky y la enfermera jefe, Fredericka Martin.

Sin embargo, a pesar de la movilización de parte de la sociedad civil americana, la gran mayoría de la población y las propias instituciones federales que les representaban, mantenían una política de neutralidad buscando el aislamiento de estos conflictos que empezaban a amenazar el orden democrático.

En 1936 Hitler avanzaba por el *Rhineland* violando el tratado de Versalles; Japón en 1937 invadía China. En un famoso discurso en Chicago, Franklin Delano Roosevelt pedía a las democracias imponer "una cuarentena a los agresores". Eran sólo palabras porque la política norteamericana seguía siendo una política de neutralidad.

En 1937, F.D. Roosevelt empezó a preocuparse. Los ascensos y las agresiones de los regímenes totalitarios ensombrecían el orden internacional. El presidente quería que la opinión pública cambiase de rumbo, pero era un deseo difícil. La mayor parte del pueblo americano optaba por una política de aislamiento. Poco a poco Roosevelt obtuvo victorias. Ese mismo año de 1937 logró que el Congreso aprobara una fuerte inversión para mejorar y aumentar el número de barcos de la Marina de Estados Unidos. Las continuas agresiones de las naciones totalitarias ayudaron a que la opinión pública americana se volcase hacia la ruptura de la neutralidad. La petición de Adolf Hitler a Checoslovaquia de entregar los Sudetes o afrontar una guerra total; la respuesta de las potencias europeas, conocida como "política de apaciguamiento", que consistió en evitar el enfrentamiento con Alemania temiendo una Guerra Mundial establecida en el pacto de Múnich; la invasión de lo que quedaba de Checoslovaquia en 1939; el pacto de No Agresión entre la Alemania nazi y la Rusia comunista, también en 1939; y la invasión de Polonia, fueron preocupando a la sociedad y a la opinión pública norteamericana.

Cuando Gran Bretaña y Francia hicieron frente al agresor nazi, y declararon la guerra a Alemania, en 1939, Estados Unidos estaba más cercano a los problemas europeos. Sin embargo tampoco quería participar en el conflicto. A pesar de que existían pocas simpatías hacia la Alemania de Hitler y hacia la Italia fascista, y aunque eran más afines a los aliados, Estados Unidos tomó muy pocas medidas. Franklin Delano Roosevelt reunió al Congreso de forma extraordinaria, a mediados de Septiembre de 1939, logrando pequeñas aperturas en las Leyes de Neutralidad. Así Estados Unidos podría vender armas y otros productos a los beligerantes siempre que éstos los pagasen al contado –*cash and carry*–. Quería evitar lo que había ocurrido con las deudas de futuros aliados en la Gran Guerra.

Estados Unidos entra en la guerra

Pero la violencia y sobre todo la gravedad de la situación aumentaba. A finales de 1939, la Unión Soviética había ocupado Letonia, Estonia, y Lituania y en noviembre establecía un control efectivo sobre Finlandia.

En 1940 Dinamarca, Noruega, Holanda, Bélgica, y Luxemburgo fueron invadidas por el ejército nazi. Tras obligar a retroceder al ejército británico, alemanes e italianos ocuparon con éxito Francia. El siguiente objetivo de las potencias totalitarias fue Gran Bretaña. Inglaterra estaba sufriendo incesantes bombardeos y los submarinos alemanes impedían la llegada de provisiones. Estados Unidos consideró que su propia seguridad estaba en peligro y muchos norteamericanos apoyaron el acercamiento hacia los aliados que propugnaba el presidente Roosevelt. Sin embargo persistieron voces que defendían el aislamiento. La organización mas conocida que todavía defendía la neutralidad fue The America First Committee en la que participaron grandes personalidades del mundo de la empresa, de la política, de los deportes y de la cultura como Henry Ford, Charles Lindbergh, los senadores Gerald Nye y Burton Wheeler. Además contaban con el apoyo de gran parte del Partido Republicano.

En 1940 el Congreso aprobaba la primera ley de reclutamiento en época de paz. Desde la caída de Francia, Winston Churchill sustituyó a Chamberlain como primer ministro británico. En una llamada a Estados Unidos, Churchill afirmó: "Dadnos las instrumentos y nosotros haremos el trabajo". Los "instrumentos" comenzaron a llegar pronto. Como Comandante en jefe de las Fuerzas Armadas estadounidenses, Franklin Delano Roosevelt tomó la decisión de ceder a Gran Bretaña cincuenta destructores de la Primera Guerra Mundial y a cambio Estados Unidos obtuvo la posibilidad de utilizar las bases navales y aéreas británicas durante 99 años.

Las críticas al presidente no se hicieron esperar. Para muchos, Roosevelt, había actuado como un auténtico tirano abusando del poder que le confería la Constitución. En las elecciones presidenciales de 1940 el candidato demócrata fue de nuevo, Franklin Delano Roosevelt rompiendo con la tradición, impuesta desde la presidencia de George Washington, de no presentarse a una tercera reelección. El candidato del Partido Republicano fue Wendell Wilkie, un hombre de negocios de Indiana sin gran experiencia política. Sin embargo logró sorprender a todos. Hizo una campaña entusiasta y consiguió el apoyo de numerosos estadounidenses. Aún así, probablemente por la sensación de crisis en el orden mundial,

Roosevelt obtuvo una victoria airosa. Recibió el 55 por ciento del voto popular, frente al 45 por ciento de Wilkie y logró más de 449 votos del Colegio Electoral frente a los sólo 82 del candidato republicano.

Este inusual tercer mandato de un presidente, le permitió a Roosevelt sentirse seguro y acometer cambios en la política exterior de Estados Unidos. A principios de 1941, el presidente Roosevelt apoyó un plan que permitía a Estados Unidos prestar o arrendar –lend and lease– material bélico a cualquier nación cuya seguridad fuera esencial para la de Estados Unidos. Estaba claro que se refería a Gran Bretaña que, en 1941, se mostraba ya sin fondos para poder afrontar la compra de armamentos. En el Discurso anual sobre el Estado de la Unión, del 6 de enero de 1941, conocido como el "Discurso de las Cuatro Libertades", Roosevelt hacía una valoración política y moral de lo que implicaba esta contienda. "Utilizo las palabras sin precedentes porque nunca antes la seguridad estadounidense ha estado amenazada como hasta ahora (…) En el futuro (…) esperamos un mundo basado en cuatro libertades esenciales: la primera es la libertad de expresión en todas las partes del mundo; la segunda es la libertad de todos de practicar su religión en todas las partes del mundo; La tercera es estar libres de la necesidad (…) y la cuarta estar libres del temor…", concluía su magnífico discurso F.D. Roosevelt.

En el verano de 1941 el presidente de Estados Unidos y Winston Churchill mantuvieron una reunión secreta a bordo de un buque en el Atlántico. En la Carta del Atlántico, los dos expertos mandatarios, Roosevelt y Churchill, establecieron los principios sobre los que las democracias se enfrentarían a los totalitarismos. Prometían "un futuro mejor para el mundo" basado en el gobierno representativo y en la libertad de comercio entre las naciones. También en el punto sexto se afirmaba: "Tras la destrucción final de la tiranía nazi esperamos ver establecida una paz (…) en donde todos los hombres (…) puedan vivir estando libres de la necesidad y del temor…". Pero Estados Unidos, a pesar de esta declaración de intenciones, todavía no se había implicado en la guerra. Parte de la opinión pública mantenía su cautela.

Mientras Hitler imponía un nuevo orden en Europa, Japón buscaba el momento para lograr sus deseos de dominar Asia. Esas ansias expansionistas japonesas llevó a Estados Unidos a tomar medidas.

Primero Roosevelt trasladó la flota del Pacífico desde su base en San Diego hasta Pearl Harbor, en Hawai, en mayo de 1940. En junio el Congreso prohibía la exportación de combustible y de materiales a Japón. En septiembre se enumeraron nuevos productos vetados. Además, Estados Unidos firmaba un préstamo sin precedentes con China. Poco después, el 27 de septiembre, Japón firmaba el pacto tripartito, un tratado defensivo, con Italia y Alemania. El Eje Roma-Berlín-Tokio también beneficiaría las ambiciones japonesas. Alemania debía apoyar la ocupación, por parte de Japón, de las posesiones holandesas, francesas, e inglesas en el Pacífico.

En julio de 1941, el ejército imperial ocupaba la colonia francesa de Indochina. Estados Unidos conocía los movimientos de fuerzas japonesas en el Pacífico pero no supieron interpretarlos. Los asesores del presidente Franklin Delano Roosevelt estaban convencidos de que Japón atacaría Malasia, entonces posesión inglesa. Pero se equivocaron. El domingo 7 de diciembre de 1941, en una de las operaciones estratégicas más memorables del siglo xx, la aviación japonesa atacó, cogiendo de improviso al ejército americano, la base de Pearl Harbor en Hawai. Destruyeron 188 aviones, ocho barcos de guerra; tres cruceros y otras ocho embarcaciones. Pero sobre todo más de 2.400 soldados y marineros murieron y cerca de 1.200 resultaron heridos. Los japoneses no sufrieron casi ninguna baja. Es verdad que la misión japonesa diezmó la armada norteamericana del Pacífico pero también lo es que los estadounidenses cerraron filas junto a su presidente y masivamente apoyaron la entrada de Estados Unidos en la Segunda Guerra Mundial. El día 8 de diciembre de 1941, con sólo un voto del Congreso en contra, la República federal de Estados Unidos declaró la guerra a Japón. El día 11 los aliados japoneses en Europa, Italia y Alemania, expusieron sus motivos de guerra contra Estados Unidos.

Sólo había pasado un día desde el ataque a Pearl Harbor cuando la aviación japonesa atacó las bases aéreas estadounidenses en Manila. Tres días después, Guam, la antigua posesión española en manos de Estados Unidos desde 1898, caía frente a Japón. El general MacArthur evacuó Manila el 17 de diciembre y retiró su ejército a la península de Bataan. Poco después filipinos y americanos se rendían en Bataan. Desde allí, en la "marcha de la muerte", los prisioneros recorrieron caminando más de cien kilómetros hacia los campos de prisioneros japoneses. Sólo 2.000 personas lograron escapar y refugiarse en la fortaleza de la isla de Corregidor. Abandonadas las Filipinas, el Ejército americano liderado por Douglas MacArthur se trasladó a Australia. Pero los fracasos continuaron. El 6 de mayo un ejército de 11.000 norteamericanos capitulaban frente a los japoneses en Corregidor. También los aliados filipinos lo hacían en las Visayas y en Mindanao. Japón había logrado todos sus objetivos en el Pacífico. Singapur, Java, Rangún habían caído. Australia e India estaban francamente preocupadas. Todo indicaba que serían los siguientes objetivos. Pero Japón midió mal sus fuerzas. El almirante Yamamoto insistía en aniquilar a la marina norteamericana antes de que pudiera recuperarse de la debacle de Pearl Harbor. Pero la maquinaria industrial de Estados Unidos se había puesto en marcha y sus resultados comenzaban a vislumbrase. La incorporación de material bélico, eficaz y nuevo, fue la causa de los primeros triunfos. La victoria estadounidense en la batalla del mar de Coral, el 7 y 8 de mayo 1942, garantizó la defensa del puerto de Moresby en Nueva Guinea. Con ello se evitó el acercamiento de Japón a Australia. El siguiente objetivo fue Midway. Cuatro de los mejores portaviones japoneses fueron destruidos por la aviación de Estados Unidos durante los días 3 y 4 de junio del 1942.

Estas primeras victorias norteamericanas les dieron fuerza para tomar la ofensiva. En las islas Salomón, al Este de Nueva Guinea, Estados Unidos invadió las islas de Gavutu, Tulagi, y Guadalcanal. Durante seis meses marines y soldados japoneses y norteamericanos se enfrentaron con enorme dureza en las costas y selvas de Guadalcanal. Sin embargo los japoneses abandonaban las islas en febrero de 1943. Estados Unidos, con ayuda de Australia y de Nueva Zelanda, tomaba la iniciativa en el Pacífico e iniciaba el lento proceso de recuperación de Filipinas y de aproximación al archipiélago japonés.

En Europa, Estados Unidos luchaba con los británicos y los franceses "libres". También se acercaban a la nueva aliada: la Unión Soviética que luchaba contra Hitler. En 1942 los dirigentes aliados se reunían en Casablanca para preparar una operación conjunta contra el Eje. Estados Unidos defendía la organización de un desembarco en las orillas francesas a través del canal de la Mancha. Su idea era crear una cabeza de puente en 1942 y realizar una gran invasión en 1943. Pero sus aliados no estaban de acuerdo.

Mientras que Winston Churchill consideraba que era muy pronto y que mejor sería atacar a los ejércitos italianos, alemanes, y de sus aliados en la periferia, concretamente en el Mediterráneo y en África, Stalin, queriendo aliviar la presión de la ocupación alemana de la Unión Soviética, defendía que el ataque se organizara cuanto antes. Inglaterra negoció mejor y convenció a los norteamericanos, en parte, porque consideraban que también el ejército y la armada británica necesitaban una estrategia de distracción. Cuando Dwight D. Eisenhower llegó al norte de África con las tropas estadounidenses, los franceses de Vichy que combatían como aliados de los alemanes en Argelia y Marruecos efectivamente se sorprendieron y rindieron. En el Este los británicos hacían retroceder a los alemanes en Libia. Atrapados entre norteamericanos y británicos, el 13 de mayo de 1943, se produjo la rendición de 230.000 soldados del Eje.

Poco después y siguiendo la estrategia de Casablanca, en julio de 1943, 250.000 soldados norteamericanos e ingleses invadían Sicilia. El desastre alemán e italiano de Sicilia ocasionó cambios políticos en Italia. El rey anunciaba el fin de la dictadura de Mussolini y la adscripción de Italia a los aliados. Este cambio no fue tan sencillo. Los alemanes habían reforzado su presencia en Italia a lo largo del verano. Con tanta confusión el ejército italiano se desintegró. Algunas unidades se unieron al ejército aliado y otras a grupos de resistentes civiles. En el norte de Italia el destituido Mussolini lideró un gobierno fiel al Eje. Italia se había convertido en un auténtico caos. Conquistado Nápoles los aliados se dirigieron a Roma pero fue un proceso largo y difícil. Sólo conquistaron Roma el 4 de junio de 1944.

También la aviación aliada bombardeaba estratégicamente Europa. La aviación estadounidense y la Royal Air Force británica iniciaron bombardeos sistemáticos a los centros productores alemanes. También se concentraron en combatir a los submarinos enemigos que transitaban el Atlántico.

Durante el otoño de 1943, Roosevelt, Stalin y Churchill se reunieron en Teherán para continuar definiendo estrategias conjuntas. Por un lado los aliados confirmaron la intención de abrir un frente occidental tan necesario para aliviar de la presión alemana a la Unión Soviética.

También Stalin se comprometió a declarar la guerra a Japón una vez que Alemania fuera derrotada.

EL FRENTE EN CASA

La entrada de Estados Unidos en la guerra supuso un esfuerzo productivo de la nación americana sin precedentes. "El arsenal de la democracia" debía hacer un gran esfuerzo si los aliados querían ganar la guerra. Su situación geográfica hacía que Estados Unidos fuera menos vulnerables a los ataques del Eje. Este esfuerzo y el pleno empleo logrado –recordemos que más de quince millones de hombres y mujeres obtuvieron trabajo en las Fuerzas Armadas abandonando el trabajo civil en un momento en el que la demanda de fuerza de trabajo era cada vez mayor– supuso el final de los graves efectos de la Crisis de 1929 y la transformación de Estados Unidos en la gran potencia económica mundial.

Comencemos analizando el esfuerzo en la industria bélica. En 1942 la producción de material bélico de Estados Unidos era similar a los de los tres países del Eje juntos; en 1944 había logrado duplicar su producción. Más de 300.000 aviones, 71.000 barcos y 80.000 tanques fueron construidos antes de que la guerra concluyese. También el empeño en incrementar la producción de materias primas y alimentos fue inmenso. Se crearon nuevas industrias y también se desarrollaron nuevas técnicas de producción. Por primera vez se aplicó la producción en serie para la fabricación de barcos y aviones.

Como había ocurrido durante la guerra civil y durante la Gran Guerra, de nuevo el poder del presidente de Estados Unidos se reforzó mucho. Roosevelt reorganizó las agencias gubernamentales y obligó a los empresarios a reconvertir sus industrias según las necesidades nacionales. A la Junta de Producción en tiempo de Guerra (War Poduction Board) se le encomendó transformar las industrias en industrias bélicas; la Oficina de Investigación y desarrollo científico (Office of Scientific Research and Development) se ocupó de aplicar la investigación científica a la innovación en la fabricación de nuevos armamentos. También se creó una Oficina de Administración de Precios, (Office of Price Administration, OPA) liderada por Leon Handerson. Para prevenir la inflación que el pleno empleo y el aumento del gasto público podía ocasionar, la OPA congeló precios y salarios. También distribuyó cartillas de racionamiento que afectaron al consumo de determinados productos. La carne, la gasolina, los neumáticos, y otros productos, que eran a su vez necesarios para el buen desarrollo de la guerra, fueron limitados. El gasto gubernamental se incrementó. Para afrontarlo el ejecutivo recurrió tanto a un incremento impositivo como a emisiones de deuda pública. Además el gobierno legisló limitando los derechos sindicales. El interés gubernamental era mantener el aparato productivo funcionando sin interrupciones y también contener la inflación. Logró dos concesiones muy importantes de los sindicatos. Por un lado "congeló" el derecho a la huelga y por otro obtuvo la posibilidad de que no se aumentasen los salarios por encima del quince por ciento. A cambio el gobierno legisló obligando a sindicarse a los trabajadores de la industrias bélicas. Pero a pesar de las promesas de los sindicatos, existieron grandes conflictos laborales que ni los propios sindicatos pudieron sofocar. En las más de 15.000 huelgas que estallaron durante la Segunda Guerra Mundial los trabajadores protestaron por sus largas jornadas laborales y por la presión gubernamental para incrementar la producción.

Fue muy importante para el inmenso esfuerzo bélico de la nación americana, el que el enemigo fuera representado en los medios de comunicación, en la expresión artística y cultural, como distante en valores y principios. Las naciones del Eje, para las naciones aliadas, no sólo eran totalitarias sino que sus ciudadanos, sumidos en la pasividad, eran capaces de los máximos horrores. Toda la industria cultural se puso en movimiento. Se crearon también organismos para evitar independencias en la opinión pública. La Office of War Information era la encargada de redactar y promulgar los comunicados oficiales sobre la guerra que la prensa debía publicar. También se creo una oficina de Censura que revisaba libros y películas. Hollywood entró en guerra con la producción de una serie de ellas, muchas de ellas magníficas, que representaban fielmente la crueldad y la ineptitud del Eje así como los diferentes valores culturales de los pueblos lejanos en donde se estaba desarrollando parte del conflicto. Películas como *Casablanca, Behind the Rising Sun, Dragon Seed* y *A Walk in the Sun* son sólo una pequeña muestra.

El impacto de la guerra fue crucial en las minorías y contribuyó enormemente a la lucha por los derechos civiles. Algunos de los grupos integrantes de la sociedad americana sufrieron actitudes tiránicas durante la guerra. Las colonias de emigrantes japoneses americanos se encontraban en su mayoría en la costa del Pacífico de Estados Unidos. Poco después del ataque japonés de Pearl Harbor el ánimo popular y político con esta comunidad fue de sospecha. El presidente F.D. Roosevelt en febrero de 1942 promulgó la Orden Ejecutiva 9.066, permitiendo a las Fuerzas Armadas tomar medidas que garantizasen la seguridad nacional. El teniente general John DeWitt ordenó el traslado de 127.000 japoneses americanos. Tuvieron que abandonar sus hogares de la costa oeste y fueron realojados en los desiertos del Oeste y en los pantanos y planicies de Arkansas. La mayoría eran ciudadanos americanos. En 1944, en plena guerra, en *Korematsu vs. Estados Unidos* el Tribunal Supremo confirmó la legalidad de la medida. Sólo en 1988, Estados Unidos reconocía la inconstitucionalidad del internamiento de los ciudadanos y residentes de origen japonés durante la guerra.

Otros grupos también se resintieron y reflexionaron sobre la falta de derechos sociales y políticos. Mientras que la presión propagandística gubernamental crecía, la comunidad afroamericana sentía más deseos de combatir en el frente. Si la guerra contra el Eje tenía la finalidad de luchar contra la tiranía, el racismo, y salvaguardar la democracia, las comunidades afroamericanas se sintieron especialmente implicadas. Sin embargo las Fuerzas Armadas norteamericanas estaban segregadas y no aceptaron con normalidad a los soldados de origen africano. Normalmente se les adjudicaron los peores trabajos y en las unidades donde servían vivían segregados. No estaban presentes ni en las fuerzas navales ni en las aéreas. Pero las presiones eran cada vez mayores. Y se creó una escuela, en Tuskegee, Alabama, especial para la formación de pilotos de origen africano. También se acometió la desegregación de los centros de formación militares navales y terrestres. Pero los conflictos fueron frecuentes.

A pesar de que algunos afroamericanos fueron ascendidos y que en algunas unidades combatieron junto al resto de los soldados norteamericanos, la segregación se hacía más visible debido al discurso dominante que afirmaba que la finalidad de la guerra era la lucha contra el fascismo y el logro de la igualdad y la libertad de todos los pueblos oprimidos. Esta nueva visión de la desigualdad afroamericana se plasmó en una mayor movilización. Durante la Segunda Guerra Mundial se produjo un incremento sin precedentes de la militancia en la mayor organización que luchaba por los derechos civiles y políticos. La NAACP (National Association for the Advancement of Colored People) pasó de 50.000 a 450.000 miembros y su discurso fue cada vez más claro. "Una armada Jim Crow –segregada– no puede luchar por la consecución de un mundo libre", afirmaba un artículo de *The Crisis*, el periódico de la NAACP. No fue hasta la Guerra de Corea, en 1950 cuando en el ejército de Estados Unidos se terminó con la segregación.

Unos 25.000 indios norteamericanos participaron en las Fuerzas Armadas durante la Segunda Guerra Mundial. Muchos fueron al frente y otros, sobre todo navajos, sirvieron como creadores de códigos secretos en las Fuerzas Armadas. Efectivamente la lengua navaja fue uno de los códigos "secretos" utilizados por los servicios de inteligencia de Estados Unidos durante la guerra. Para muchos de los indios americanos que entraron de una u otra manera en contacto con las Fuerzas Armadas, la guerra supuso un alejamiento de su propia cultura y les ocasionó el deseo de no regresar a las reservas. Existió una presión cada vez mayor para terminar con la política de reservas y luchar por la asimilación. El debate sobre si se debían mantener las culturas indias o reconducirlas para que se adaptasen a las costumbres mayoritarias, fue grande. El gran defensor de las políticas de reservas, John Collier, dimitió en 1945.

Gran número de trabajadores procedentes de México entraron en Estados Unidos atraídos por la existencia de pleno empleo durante la guerra. En 1942 concluía un tratado entre México y Estados Unidos, por el cual los braceros podían trabajar en la república del Norte, desempeñando un trabajo concreto y sólo por un tiempo determinado. Muchos mexicanos que procedían del ámbito rural, trabajaron por primera vez como obreros industriales. Los mexicanos constituyeron el segundo grupo de inmigrantes, siendo el primero el de los afroamericanos, hacia las ciudades industriales en la década de los cuarenta. Así se fundaron barrios mexicanos en muchas ciudades de la costa oeste, pero también se crearon en Chicago, en Detroit, y en otras ciudades industriales. En Los

Ángeles los conflictos entre los mexicanos y los residentes de origen anglo no tardaron en surgir. En 1943 se produjeron cuatro días de duros enfrentamientos entre las dos comunidades.

Muchas mujeres debieron desempeñar durante la guerra una actividad fuera del hogar a la que algunas no estaban acostumbradas. El porcentaje de mujeres en el mundo laboral creció un sesenta por ciento. Como había ocurrido durante la Gran Guerra, trabajaron en áreas que hasta entonces les habían estado vedadas. Se vistieron de manera cómoda y trasgresora, llevando pantalones, monos, gafas de soldador, y cascos industriales. Más de 250.000 mujeres sirvieron en las Fuerzas Armadas, como Cuerpo del Ejército Femenino o en su equivalente en la Armada, el Servicio de Guardacostas, o en el Servicio Voluntario de Urgencias.

La minoría judía en Estados Unidos también fue zarandeada por la guerra. Las razones fueron otras que los cambios laborales o de roles. Desde 1942 llegaban noticias preocupantes de Centro Europa. Noticias del Holocausto –el asesinato de seis millones de judíos durante el dominio del III Reich– llegaron a Estados Unidos desde 1942. Pero para muchos semejante crimen no podía comprenderse ni creerse. A pesar de que el United States War Refugee Board realizó programas sobre el Holocausto, ninguna emisora de radio quería programarlos por "disparatados". Sólo cuando las tropas aliadas penetraron en los "campos del horror" de Auschwitz, Buchenwald, Treblinka, Bergen-Belsen y Majdanek la población americana se percató del horror verdadero del Holocausto.

LAS CONFERENCIAS DE PAZ

Desde la Conferencia de Teherán las noticias del frente eran cada vez mejores en Estados Unidos. El enorme esfuerzo realizado por la población obtenía sus frutos. El general Eisenhower fue nombrado comandante en jefe de las fuerzas aliadas y su Cuartel General se establecía en Londres. Tras una cuidadosa planificación, la operación *Overload* arrancaba. El día D, 6 de junio de 1944, debían desembarcar las tropas aliadas en la costa francesa. Primero la operación *Overload* establecía duros bombardeos a lo largo de la costa. Además 4.000 transbordadores con más de

176.000 hombres cruzarían al canal de la Mancha. También lo harían 11.000 aviones. En total en un plazo de dos semanas más de un millón de hombres desembarcaron a lo largo de más de 96 kilómetros de las playas de Normandía. Se dirigieron hasta Bretaña y desde allí hacia París. Poco después una tropa franco-estadounidense desembarcó en las costas del Mediterráneo francés ocupando primero Marsella, después Tolouse, siguiendo hacia el Norte por el valle del Ródano. En septiembre de 1944 casi toda Francia y también Bélgica fueron liberadas.

Conforme se organizaban las ofensivas finales F.D. Roosevelt, W. Churchil, y J. Stalin se reunían otra vez en el puerto del mar Negro de Yalta, al Sur de Rusia, en febrero de 1945. La intención era la de organizar la ofensiva final contra el Eje y también la de establecer un Nuevo Orden Mundial posbélico. En la Conferencia de Yalta, en primer lugar, se estableció la necesidad de celebrar una nueva reunión para crear un organismo internacional, las futuras Naciones Unidas, que fuera capaz de evitar pacíficamente posibles conflictos entre las naciones. Para Franklin Delano Roosevelt era esencial que la Unión Soviética participase en la organización. También querían lograr el compromiso definitivo de la Unión Soviética de entrar en guerra contra Japón. Estando ya seguros de la previsible y pronta caída de Alemania las potencias aliadas establecieron que Rusia ocuparía el este de Alemania, una vez terminada la contienda, y Estados Unidos, la Francia liberada, y Gran Bretaña la rica zona industrial de Occidente. Berlín, en el corazón de la zona soviética, sufriría una ocupación conjunta. De manera similar se dividiría Austria, y Viena sufriría la misma suerte que Berlín.

Sobre las naciones del este de Europa los aliados tomaron pocas resoluciones. El ejército soviético estaba avanzando hacia Alemania por el Este y aunque Winston Churchill deseaba alcanzar Berlín por el Oeste antes de que las tropas soviéticas para tener mayor poder de decisión, la necesidad que tenía Roosevelt de que la Unión Soviética declarase la guerra a Japón hizo que ni Estados Unidos ni Gran Bretaña insistieran. No querían enfadar al líder comunista. Pero Polonia sí les preocupaba. Francia y Gran Bretaña habían entrado en guerra para defender a Polonia. El destino hacia que ésta fuera ahora "liberada" por la Unión Soviética. Existía un Gobierno polaco en el exilio en Londres que

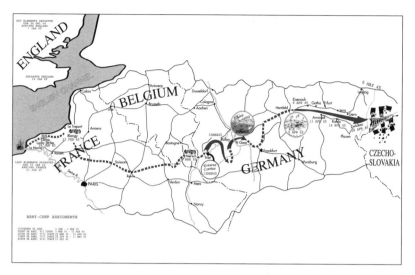

Ruta de la 89 División de Infantería
desde Francia a Alemania, 1945

contaba con el apoyo de grupos de resistentes en Varsovia. El ejército soviético impuso un Gobierno en Polonia que no tenía el apoyo de la resistencia polaca. La tardanza del ejército soviético en liberar a la capital polaca supuso el exterminio, por parte el ejército nazi, de miles de resistentes polacos. Este hecho fue vivido como un gran horror por las potencias democráticas.

Era difícil que las potencias occidentales, conocidos los hechos de Polonia, negociaran con tranquilidad con la Unión Soviética. Muchos asuntos no se resolvieron en Yalta. Los dirigentes preferían dilatar los temas más conflictivos como única forma de avanzar en otros. Se acordó, sin embargo, que en el nuevo Gobierno comunista de Polonia estuvieran representantes del gobierno del exilio. Pero no se fijaron las fronteras.

Los Tres Grandes sí acordaron que se celebrarían elecciones libres en todas las naciones liberadas. Pero pronto muchos de estos gobiernos fueron ocupados por líderes estalinistas. Rusia, que había sido invadida dos veces por Alemania en el siglo xx, haría todo lo posible por impedir que se produjera una tercera vez. Una inmensa zona comunista, y fiel a la

Unión de Repúblicas Socialistas Soviéticas, se implantó en toda Europa Oriental.

Pero fue quizás en Extremo Oriente donde las concesiones de las democracias occidentales fueron mayores. Roosevelt no tenía claro el final de la guerra contra Japón e insistía en que la Unión Soviética entrara en guerra. Aceptó que Joseph Stalin siguiera controlando Mongolia; recuperara de Japón las islas Kurile, y también los territorios perdidos en la guerra Ruso Japonesa de 1905: Port Arthur y las islas Sakhalin.

Cuando Churchill, Stalin, y Roosevelt abandonaron Yalta creían que habían avanzado en la construcción de un futuro orden mundial. Pero en realidad la interpretación de los acuerdos era tan diferente que pronto surgieron las primeras fisuras. Roosevelt pudo ver cómo la Unión Soviética imponía gobiernos comunistas en una nación tras otra del este de Europa. Pero no perdía la esperanza. Estaba convencido de que todo se resolvería a través de la negociación y el diálogo.

Efectivamente por el este de Europa las tropas soviéticas avanzaban de forma inexorable. En enero de 1945 los rusos lanzaron una gran ofensiva sobre el río Oder en el interior de Alemania. A finales de la primavera estaban preparados para la ocupación definitiva de Berlín. Por su parte las potencias occidentales se acercaban por el Oeste. El general Omar Bradley a través del Rin. Y el general británico Montgomery lo hacía por el Norte.

El 30 de abril, con las tropas soviéticas en las afueras de Berlín, Adolf Hitler se suicidaba con un tiro en la sien en el Bunker de la cancillería de Berlín. Lo hizo en compañía de su mujer, Eva Braun. Sus más fieles seguidores se suicidaron también. También lo hicieron, más tarde, una de su más sinceras admiradoras, Magda Goebbels, y su marido, el todo poderoso ministro de propaganda e íntimo amigo de Hitler, Joseph Goebbels. Además estos decidieron quitar la vida a sus seis hijos. También se suicidaron los altos oficiales Hans Krebs, Wilhelm Burgdorf, y el jefe del Cuerpo de Guardia de Hitler: Franz Sachàdle. Todos los demás habitantes del Bunker probaron suerte huyendo entre la muchedumbre.

También en abril de 1945, otro de los protagonistas de la Segunda Guerra Mundial, el presidente Franklin Delano Roosevelt, fallecía. Cansado de las tensiones de las duras negociaciones de paz, se había tomado unas pequeñas vacaciones en su residencia de Warm Springs en

Georgia. Allí murió de un ataque al corazón. Su vicepresidente, el antiguo senador de Missouri, Harry S. Truman le sustituía en la presidencia de Estados Unidos.

Truman fue un presidente muy diferente a F.D. Roosevelt. No provenía, como su antecesor, de una familia poderosa y rica; no había tenido una esmerada educación, no había asistido a Harvard; es más, no tenía estudios universitarios. Nacido en Missouri, en 1884, había crecido en un ambiente profundamente religioso y austero. Antes de dedicarse a la política había emprendido negocios –abrió una pequeña tienda de ropa masculina– y también había participado en la Gran Guerra como artillero. Desde 1934 era senador por su estado y sólo empezó a ser conocido cuando Roosevelt lo eligió como vicepresidente en la carrera presidencial de 1944. "El hombre más normal entre los hombres normales", que es como los medios de comunicación le denominaban, expresó con una gran naturalidad el enorme temor que sintió cuando tuvo que hacerse cargo de la presidencia de Estados Unidos. "Cuando me contaron lo que había ocurrido, sentí como si la luna, las estrellas y todos los planetas se hubieran desplomado sobre mí". El pueblo americano no estaba acostumbrado a esa franqueza presidencial y a Truman le costó trabajo que confiaran en él como presidente.

Harry S. Truman no estaba familiarizado con los problemas internacionales. Sólo unos días después de llegar a la presidencia mantuvo una dura reunión con el ministro de Asuntos Exteriores soviético, Molotov, para increparle por el incumplimiento, por parte de la Unión Soviética, de los acuerdos sobre Polonia establecidos en Yalta. Para él era una cuestión de honor. Pero cuando Stalin aceptó otorgar pequeñas concesiones a los exiliados polacos, Truman reconoció el Gobierno de Polonia con la esperanza de que lentamente se produjera un reajuste de sus miembros.

El 25 de abril de 1945, sólo trece días después del fallecimiento de Roosevelt, se reunieron delegados de cincuenta naciones para suscribir la *Carta de las Naciones Unidas* en San Francisco. Estados Unidos envió una delegación de cinco personas. Entre ellos el secretario de Estado, Edward Stettinius, dos representantes demócratas y otros dos republicanos. La Carta establecía una Asamblea General, en donde estaban representados todos los estados miembros, y un Consejo de Seguridad integrado por los representantes de once naciones. Cinco de ellas compondrían el comité permanente. Estados Unidos, Gran Bretaña, la Unión Soviética, Francia y China formaban parte de este comité. Las otras seis naciones serían elegidas entre las naciones miembros de la Asamblea por un periodo de dos años. Los miembros del comité permanente tendrían derecho de veto. La finalidad de la Organización de las Naciones Unidas era la de buscar soluciones pacíficas para los problemas internacionales y permitir el establecimiento de un Cuerpo de Paz. Las Naciones Unidas iniciaron su andadura el 24 de octubre de 1945. A diferencia de lo que había ocurrido tras la Gran Guerra con la Sociedad de Naciones, el Senado de Estados Unidos ratificó la *Carta de las Naciones Unidas* el 28 de julio de 1945.

La actividad diplomática al final de la guerra era imparable. El 17 de julio se reunían las naciones aliadas en la ciudad alemana de Postdam. Pero eran otros los dirigentes. Participaban Truman y Churchill, que a mitad de la Conferencia, fue sustituido tras perder las elecciones por el laborista Clement Atlee. Y sólo permanecía Stalin. Las diferencias entre los representantes de las democracias occidentales y los dirigentes soviéticos eran cada vez mayores y los acuerdos fueron limitados. Se consensuó la desmilitarización de Alemania y que los dirigentes nazis deberían ser juzgados por el Tribunal Internacional de Crímenes de Guerra. Los demás acuerdos sólo pudieron firmarse por ser tan antiguos que podían interpretarse de diferentes modos según las partes. La desconfianza entre los aliados occidentales y la aliada Unión Soviética era cada vez mayor.

A pesar de que la guerra había concluido en Europa, ésta continuaba en el Pacífico. Tras la dura batalla naval entre Japón y Estados Unidos en el golfo de Leyte, que supuso un gran golpe para la armada japonesa, las tropas imperiales parecía que incrementaban su poder de resistencia. En febrero de 1945 los marines americanos ocuparon la pequeña isla volcánica de Iwo Jima a sólo 750 millas de Tokio. Fue la batalla más costosa en la historia del Cuerpo de Infantes de Marina de la Armada de Estados Unidos. La batalla de Okinawa constituyó una dura muestra de la capacidad de resistencia y de sacrificio del ejército nipón. Día tras día, los aviones pilotados por kamikazes se estrellaban sobre barcos y campamentos de las tropas aliadas. En total más de 3.500 pilotos entregaron su vida por los valores defendidos por la patria japonesa. También el ejército nipón acometía ataques sorpresa. El desconcierto, la desazón frente a la cruenta realidad de esta guerra invadía a unos y a otros. Los bombardeos norteamericanos sobre Japón eran cada vez más duros. En mayo se bombardeó Tokio con napalm causando más de 80.000 muertos. Pero la rendición de Japón no llegaba.

EL PROYECTO MANHATTAN Y LA BOMBA ATÓMICA

Al inicio de la Segunda Guerra Mundial muchas de las naciones occidentales estaban preocupadas por los avances científicos de la Alemania nazi. En Estados Unidos las noticias de que Alemania estaba preparando un arma de gran poder destructivo basada en la fisión del átomo preocupaba a todos. En 1939 un grupo de científicos entre ellos Albert Einstein, Leo Szilard, y Eugene Wigner, escribían una carta al presidente de Estados Unidos mostrando su preocupación por los avances alemanes en las investigaciones sobre el átomo de uranio. Una segunda carta se enviaba en 1940. Desde 1939 el Gobierno de Estados Unidos incrementó las inversiones en la investigación científica adecuada para conseguir energía atómica. Más de dos billones de dólares en sólo tres años se invirtieron en el proyecto conocido como Proyecto Manhattan porque la mayoría de los físicos atómicos eran investigadores y profesores de la neoyorquina Universidad de Columbia. Los laboratorios clandestinos de investigación estaban en Oak Ridge, Tennessee, y en Los Álamos, Nuevo México.

La guerra en Europa terminó aunque continuaba en el Pacífico, y todavía los científicos del proyecto no habían probado sus resultados. Pero pronto lo hicieron. El 16 de julio de 1945 en el desierto de Almogordo en Nuevo México se produjo la primera explosión atómica. Las noticias las recibió el nuevo presidente de Estados Unidos, Harry Truman mientras estaba negociando la paz en Postdam.

El tres de agosto lanzó un ultimátum conjunto con Gran Bretaña exigiendo la rendición de Japón. Esta vez la negativa de Japón fue contestada con el lanzamiento de las nuevas bombas atómicas sobre su territorio.

El 6 de agosto de 1945 el *Enola Gay* lanzaba una primera bomba atómica sobre el centro industrial japonés de Hiroshima. Más de 80.000

japoneses murieron según estimaciones estadounidenses. Muchos más supervivientes sufrieron los dolorosos y temidos efectos secundarios. El Gobierno japonés atónito por el ataque fue incapaz de articular una respuesta. El 8 de agosto una segunda bomba arrasaba Nagasaki. Más de 100.000 muertos y de nuevo cientos de miles de damnificados fueron el resultado. El dos de septiembre de 1945, en el *Missouri*, anclado en la bahía de Tokio, se firmaba la rendición incondicional de Japón. El dolor, el cansancio y la desesperación lo inundaban todo. La Segunda Guerra Mundial había terminado.

La Guerra Fría: la política de contención del comunismo

Tras la Segunda Guerra Mundial parecía que todo había cambiado. Los efectos de la contienda fueron devastadores para la población europea y asiática. Además de la muerte de millones de soldados en los campos de batalla –7,5 millones de la URSS; 3,5 de Alemania; 1,5 de Japón– se produjo una verdadera aniquilación de la población civil. Bombardeos de ciudades, asesinatos, persecuciones y horrores como nunca antes se habían visto. Además, la llamada "solución final" ejecutada en los campos de concentración establecidos por la Alemania de Hitler costó la vida a seis millones de personas la mayoría judíos aunque también había gitanos, homosexuales, y luchadores antifascistas. La utilización de bombas atómicas, por parte de Estados Unidos hizo que las duras secuelas se alargasen durante décadas. En total murieron 45 millones de personas entre militares y civiles.

Estados Unidos no se resintió tanto. Su territorio se mantuvo inviolable. Las pérdidas que sufrieron sus Fuerzas Armadas fueron menores. Aún así murieron en combate casi 300.000 soldados y por las consecuencias unas 114.000 personas más. Pero a pesar del dolor, el fin de la guerra supuso un despegue sin precedentes de Estados Unidos.

La economía mundial estaba deshecha. Los sistemas de producción destrozados, las redes comerciales alteradas, las fuentes de energía sin explotar. Estados Unidos, sin embargo, había incrementado su capacidad productiva durante la guerra y fortalecido sus sistemas de provisión de materias primas y también contó con mercados para sus productos. La

Unión Soviética, a pasar de haber sufrido en su propio territorio la dureza de la guerra, también salió fortalecida de la contienda. Había conseguido nuevos territorios y además importantes zonas de influencia. Se alzaba así como la potencia más importante del bloque euroasiático. La paz y la seguridad, sin embargo fueron frágiles. La Guerra Fría pronto estalló entre el Este y el Oeste.

A comienzos de 1947 las relaciones entre Estados Unidos y la Unión Soviética eran cada vez más difíciles. Joseph Stalin ya había proclamado que la paz sería imposible "en el marco del desarrollo capitalista de la economía mundial". George Kennan, entonces consejero de la embajada de Estados Unidos en Moscú, se mostraba muy preocupado y sobre todo convencido de que la Unión Soviética lucharía activamente para "destruir nuestra forma de vida tradicional, acabar con la autoridad internacional de nuestro estado (...)". Sus informes al gobierno de Washington eran cada vez más preocupantes. En una artículo de Kennan titulado "Las fuentes de la conducta Soviética", publicado en julio de 1947 en *Foreign Affairs*, bajo el seudónimo de Mr. X, se dibujaba nítidamente cual debía ser el rumbo de la política exterior de Estados Unidos en esta primera posguerra. "Sería una exageración afirmar que el comportamiento de Estados Unidos por sí solo pueda ejercer un poder de vida o muerte sobre el movimiento comunista (...) y provocar la caída del régimen soviético, pero Estados Unidos puede incrementar enormemente la tensión a través de la cual la política Soviética pueda operar, forzar al Kremlin a tener un mayor grado de moderación y de cautela (...) porque ningún movimiento místico o mesiánico –y particularmente el del Kremlin– puede afrontar la frustración de forma indefinida sin ajustarse de una u otra forma a la lógica de ese estado de cosas (...)" concluía. Todas estas reflexiones de George F. Kennan, gran especialista por otro lado en asuntos soviéticos, fueron secundadas para diseñar la nueva política exterior de Estados Unidos. Esta política se conoció como de "contención del comunismo". Suponía una aceptación no explícita del control soviético de la Europa del Este. Pero ahí querían mantener la frontera. No se debía perder fuerzas. Estados Unidos debía "aplicar de forma diestra y vigilante la contrafuerza" siempre que la Unión Soviética quisiera ampliar sus zonas de influencia.

En marzo de 1947, Estados Unidos consideró que la independencia de Grecia y de Turquía estaba amenazada por la presión del comunismo soviético. El presidente Harry. S. Truman, buscando ayuda económica para apoyar al Gobierno prooccidental de Grecia, pronunció, el día 12, un discurso frente al Congreso que anticipaba lo que supondría un profundo cambio en la dirección de las relaciones exteriores de Estados Unidos. En el discurso inaugural, que en la actualidad conocemos como la Doctrina Truman, el presidente formulaba, siguiendo muy de cerca las reflexiones sobre "la contención" de G.F. Kennan, la necesidad de contener el avance del comunismo. Estados Unidos debía proteger a las naciones "libres", frente al avance del "totalitarismo". "Uno de los primeros objetivos de la política exterior de Estados Unidos es la de crear condiciones para que nosotros y los habitantes de otras naciones sean capaces de construir una forma de vida libre de toda coerción", afirmaba Truman, "En el momento actual de la historia, casi todas las naciones deben decidirse por formas de vida antagónicas. Y la elección, muy a menudo, no es libre. Una forma de vida se basa en la voluntad de la mayoría (…) la segunda se basa en el deseo de una minoría impuesto por la fuerza a la mayoría. Se sustenta en el terror y la opresión y en control de la prensa y de la radio (…) Creo que debe de ser la política de Estados Unidos apoyar a los pueblos libres que están resistiendo a los intentos de minorías armadas o de presiones exteriores de subyugarlos", continuaba demostrando su voluntad de contener a la Unión Soviética en su política de apoyar y extender los regímenes comunistas. Poco después, en mayo de 1947, el Congreso aprobaba un plan de ayuda económica para Grecia y a Turquía, evitando así que los insurgentes griegos, apoyados sobre todo por la Yugoslavia de Tito, lograsen el poder.

Fue Bernard Baruch, entonces asesor de la Casa Blanca, quién denominó a este viraje en la política exterior de Estados Unidos, la Guerra Fría. Desde entonces esta tensión entre Estados Unidos y la Unión Soviética, con numerosos conflictos bélicos indirectos, se conoció, efectivamente, como Guerra Fría.

Una de las consecuencias lógicas de está política estadounidense de contención del comunismo era la de incrementar su esfuerzo y presencia en Europa occidental. Después de la Segunda Guerra Mundial, los partidos comunistas eran estructuras políticas prestigiosas en toda Europa. Habían organizado muchas veces la resistencia clandestina contra el nazismo, habían sacrificado a sus mejores militantes durante la guerra y los ciudadanos lo sabían. Además, en la Europa de la posguerra el hambre y el desempleo eran habituales. Los partidos comunistas contaban con el apoyo de la Unión Soviética. Los políticos norteamericanos estaban preocupados. Consideraban que el prestigio comunista y el desconcierto posbélico podrían arrastrar a Europa occidental hacía la Unión Soviética.

El Plan Marshall se enunció por primera vez por su creador, Dean Acheson cuando fue secretario de Estado. También él lo hizo público en un discurso pronunciado en Cleveland, Misisipi, en mayo de 1947. Pero sólo fue seguido con interés por todos, tras un nuevo discurso, está vez pronunciado en la Universidad de Harvard, por el secretario de Estado, George C. Marshall. El plan era sencillo. Si Europa se comprometía con su propia recuperación recibiría todo el apoyo político, económico, y cultural de Estados Unidos. La reconstrucción económica de Europa occidental supondría la consecución de grandes aliados políticos y también la configuración de un bloque que defendería los principios de la economía de mercado. "El remedio está en romper el círculo vicioso y reestablecer la confianza de los europeos en el futuro económico de sus países y de Europa como un todo", afirmaba Marshall, "Es lógico que Estados Unidos haga lo imposible para lograr el regreso a una economía saludable porque sin ella no puede haber ni estabilidad política ni tampoco se puede garantizar la paz (...)". También Estados Unidos se esforzó en reconducir y convencer a los intelectuales europeos de las ventajas de los valores y de la cultura sobre la que se sustentaban los principios de la democracia occidental y del liberalismo. Se crearon programas y becas de estudio y de investigación para "conocer mejor" el mundo "libre". Así el programa Fulbright, el Seminario de Salzburgo en Austria, los centros culturales norteamericanos en las principales ciudades europeas, se llenaron poco a poco de estudiantes, profesores, politólogos, y artistas que estudiaban, viajaban y conocían los mejores centros de investigación y docencia norteamericanos. Además se crearon redes intelectuales y también afectivas que consolidaban los lazos intelectuales, políticos, y económicos de ambos lados del Atlántico. La diplomacia cultural fue tan importante como la diplomacia tradicional para potenciar el acercamiento entre Europa occidental y Estados Unidos.

La Unión Soviética denunció el Plan Marshall. Lo consideraba una intromisión inadmisible de Estados Unidos en los asuntos europeos. Pero el plan siguió adelante. En diciembre de 1947, el presidente Truman presentaba el Plan al Congreso de Estados Unidos para su aprobación. Poco después, se produjo un golpe de Estado comunista en Checoslovaquia que puso punto final al último gobierno de coalición en Europa del Este. Fue suficiente para terminar con cualquier duda que tuvieran los congresistas americanos sobre la oportunidad del plan. En abril de 1948 llegaron las primeras ayudas a Europa. Entre 1948 y 1951 se invirtieron más de 13.000 millones de dólares para lograr la pronta recuperación europea.

Cuando en 1948 la inversión de Estados Unidos comenzó a llegar a Europa occidental también alcanzó a la Alemania ocupada por norteamericanos, franceses, y británicos. Joseph Stalin consideró que la ayuda económica y el acercamiento político de las naciones responsables de tres de las zonas de ocupación, podría revitalizar otra vez a la temida Alemania. Para impedir el acercamiento, la Unión Soviética ordenó el bloqueo de Berlín, mejor dicho de las zonas ocupadas por Francia, Estados Unidos y Gran Bretaña de la ciudad que eran una isla en la zona comunista controlada por la URSS. Pero en abril los soviéticos comenzaron a poner trabas al flujo de tráfico hacia Berlín y a partir del día 23 de junio lo prohibieron. Por primera vez desde la Guerra Mundial, la reacción de las potencias occidentales fue drástica y ocasionó una gran tensión y un temor al estallido de un nuevo conflicto bélico. Decidieron paliar las consecuencias del bloqueo utilizando "un puente aéreo" entre los tres aeropuertos de la zona que controlaban de Berlín, y otros aeropuertos de Alemania occidental. En total durante los 323 días de bloqueo continuo aterrizaron más de 235.000 aviones. La tensión era cada vez más alta. Y las negociaciones entre Estados Unidos y la Unión Soviética fueron arduas. El 12 de mayo, la Unión Soviética levantaba el bloqueo. Pero el daño para el futuro alemán estaba hecho. Las dos potencias tenían la certeza de no poder alcanzar muchos acuerdos. El 23 de mayo de 1949, nacía la Republica federal de Alemania. Poco después, el 7 de octubre, en la zona oriental, controlada por la Unión Soviética, surgía otra nación: la República Democrática de Alemania. Se había producido la división de Alemania y había surgido uno de los temas más candentes y más dolorosamente visibles de la Guerra Fría: la cuestión alemana.

También en 1949 el Senado de Estados Unidos aprobaba la creación de un pacto internacional para la defensa. En abril de 1949, representantes diplomáticos de doce naciones occidentales suscribían el Tratado del Atlántico Norte en Washington. La OTAN iniciaba su andadura. Gran Bretaña, Francia, Bélgica, Holanda, Luxemburgo, Estados Unidos, Canadá, Dinamarca, Islandia, Italia, Noruega y Portugal fueron los primeros miembros.

Estaba claro que en ese año de 1949 los acontecimientos internacionales se sucedían. En 1947 las Naciones Unidas habían votado a favor de dividir Palestina en dos estados: uno árabe y otro judío. A pesar de la firme oposición árabe y sobre todo del estallido de la primera guerra árabe-israelí (1948-1949), los dirigentes judíos proclamaron el 14 de mayo de 1949 la independencia del estado de Israel. Estados Unidos fue la primera nación en reconocerlo.

Mucho había cambiado el mundo tras la Segunda Guerra Mundial. Estados Unidos se había alzado como potencia económica y también política. Sin embargo su antigua aliada, la Unión Soviética estaba dibujando de manera firme zonas de influencia enarbolando un discurso económico, político y social diametralmente distinto al de las democracias occidentales.

Hacia una Nueva Frontera

Tras la Segunda Guerra Mundial el mundo occidental sufrió cambios asombrosos. Mientras que se producía un enfrentamiento y una escalada de la tensión en el ámbito internacional, en el interior de Estados Unidos los avances tecnológicos y el incremento del consumo conducían a una verdadera revolución en la forma de vida americana. Sin embargo esta eclosión del bienestar de las clases medias hizo mucho más visible la existencia de la otra América.

El Fair Deal de Truman

Mientras que la política exterior de Truman era cada vez más clara, en Estados Unidos a veces su figura aparecía desdibujada. Para muchos de sus conciudadanos el presidente Truman no reunía ni condiciones humanas ni políticas para ocupar la presidencia de la nación. Además su política social empezaba a incomodar a algunos de sus compañeros demócratas. Por un lado, el presidente apoyó con firmeza la lucha por reducir la segregación. La falta de derechos para el ejercicio de la libertad individual de muchos grupos sociales era una realidad en Estados Unidos a pesar de las Decimotercera y Decimocuarta Enmiendas promulgadas tras la guerra civil. Muchos afroamericanos habían emigrado desde el Sur hacia las ciudades industriales del Norte debido a la demanda de mano de obra industrial durante la Segunda Guerra Mundial. Convivían y trabajaban con emigrantes de otras partes del mundo y su situación discriminada se hacía cada vez más visible. Todos apoyaban una ampliación de sus derechos y el final de la segregación. Entre las medidas propuestas por el presidente Truman y aprobadas por el Congreso se encontraban la prohibición de la discriminación racial en los empleos federales y el final de la segregación en las Fuerzas Armadas. Muchos militantes demócratas sureños no estuvieron de acuerdo ni con las nuevas medidas ni con el procedimiento para imponerlas. Dentro del Partido Demócrata todavía se defendía un mayor protagonismo de las instituciones de cada uno de los estados de la Unión y las medidas que reducían la segregación se habían tomado desde las instituciones federales.

En las elecciones presidenciales de 1948 los demócratas se presentaron divididos. En julio, un grupo de demócratas sureños se reunió en Bírmingham, Alabama, y nominaron a un candidato a la presidencia alternativo, el gobernador de Carolina del Sur, J. Strom Thurmond. A este grupo, que defendía los derechos de los estados y se oponía radicalmente a la política de defensa de los derechos civiles, se les denominó "dixiecrats". Portaban siempre banderas de la Confederación y acusaban al presidente de querer reducirles al estatus de "una raza inferior".

Pero también los progresistas del Partido Demócrata eligieron otro candidato. Henry A. Wallace se presentó apoyado por un grupo de demócratas radicales que tachaban de extremadamente conservador a Truman. Con tantas divisiones internas, en el Partido Demócrata, era lógico que muchos norteamericanos considerasen que el vencedor de las elecciones presidenciales de 1948 sería el candidato republicano Dewey. En unas de las elecciones más extrañas de la historia de Estados Unidos, en las que ni los medios de comunicación, ni las predicciones electorales daban por ganador a Truman, éste obtuvo una ventaja de 114 votos del Colegio Electoral sorprendiendo a todos y causando incluso que los titulares de los periódicos se tuvieran que reimprimir. En una foto memorable, el electo presidente Truman muestra a todos el titular del *Chicago Tribune* que anticipándose daba por ganador al candidato republicano, Dewey.

Truman interpretó el triunfo electoral como una ratificación de su programa político. "Cualquier segmento de la población y cualquier individuo tiene el derecho a esperar del Gobierno un trato justo, un Fair Deal" afirmó. Gran parte de las medidas de Truman procedían del New Deal pero él les dio un nuevo impulso. Incrementó el salario mínimo, amplió las prestaciones de la Seguridad Social, creó un programa amplio de viviendas públicas, y de mejoras en los barrios más empobrecidos.

Algunas de sus medidas las frenó el Congreso pero la mayoría fueron ejecutadas.

La Guerra de Corea y "la cruzada contra la subversión"

A pesar de los esfuerzos de los presidentes norteamericanos de apoyar al nacionalista Chang Kai-Chek en China, la revolución comunista de Mao Zedong avanzaba tras la Segunda Guerra Mundial. En 1945, Truman envió a su antiguo jefe de la Armada, George C. Marshall, a China para intentar conseguir un acuerdo entre Mao y el líder nacionalista Chang. Fue un rotundo fracaso. La guerra civil se impuso. En 1949 los comunistas controlaban casi todo el país y Chang tuvo que huir con sus tropas a Taiwan. La derrota fue un duro golpe para Estados Unidos en plena Guerra Fría.

Pero las cosas fueron todavía más difíciles en el resto de Asia. La Unión Soviética, perdida su influencia en Europa Occidental, centraba su atención en el Este. Sobre todo tras el triunfo de Mao en China. Después de la Segunda Guerra Mundial Corea, ocupada durante la guerra por la Unión Soviética y Estados Unidos, fue dividida por el paralelo 38 entre una zona de influencia soviética y otra norteamericana. En el Norte los soviéticos apoyaron un régimen comunista que rehusaba negociar con sus vecinos del Sur. En Corea del Sur se celebraron elecciones en 1948 y el triunfo fue para Syngman Rhee que inauguró los Gobiernos de la nueva República de Corea. Estados Unidos se alejó y dejó su seguridad encomendada a las Naciones Unidas. Sin embargo, la Guerra de Corea no tardó en estallar y dominó los últimos días del mandato de Truman. El 25 de junio de 1950, la Guerra Fría se transformó en una guerra sin calificativos cuando las tropas de Corea del Norte, entrenadas y bien equipadas por la Unión Soviética, cruzaron el paralelo 38 e invadieron Corea del Sur. Tras una reunión urgente, el Comité de Seguridad de Naciones Unidas exigió al "agresor" Corea del Norte que abandonase la invasión. Estados Unidos envió ayuda militar a Corea del Sur. También, por primera vez en la historia, la Organización de las Naciones Unidas envió "cuerpos de paz". Cuando los "voluntarios" Chinos atravesaron la frontera, parecía que la guerra se podía extender por otras zonas de Asia. Tras largas negociaciones se firmó una tregua entre las dos Coreas en 1953.

Mientras la tensión con la Unión Soviética crecía, en Estados Unidos la opinión pública se hacía eco del "peligro comunista" llegando a producirse una verdadera persecución de todos los izquierdistas americanos que tanta importancia habían tenido durante la guerra contra el fascismo y el nazismo. En 1947 el presidente Truman abrió una investigación sobre "la lealtad" de los funcionarios federales. Algunos fueron acusados de constituir un "riesgo para la seguridad nacional". Al mismo tiempo el Congreso inició su propia investigación. El Comité de la Cámara de Representantes sobre Actividades Antiamericanas logró la confesión de algunos ex comunistas acusándose de haber sido agentes de la Internacional Comunista durante la administración Roosevelt. Uno de ellos, Alger Hiss, había sido un alto funcionario del Departamento de Estado. A pesar de negar que hubiera pasado información secreta a Moscú fue condenado. El caso Hiss levantó una verdadera preocupación y fue el caldo de cultivo ideal para el surgimiento de acciones que atentaron contra las libertades básicas.

El Partido Comunista Americano (PCA) y todos sus militantes, muchos de ellos veteranos de la Brigada Lincoln, que había combatido con el resto de las brigadas internacionales en la Guerra Civil española y, también, la mayoría veteranos de la Segunda Guerra Mundial, fueron duramente perseguidos. En 1948 sus dirigentes fueron considerados culpables de tratar de derribar al Gobierno de Estados Unidos. Muchos otros militantes fueron investigados y apartados de sus trabajos y encarcelados.

En 1950 el senador de Wisconsin Joseph R. McCarthy defendió una política que culminó en una auténtica Caza de Brujas. Un gran demagogo, McCarthy obtuvo notoriedad cuando afirmó, en un discurso frente al Club de Mujeres Republicanas, que el Departamento de Estado estaba "todo infestado de comunistas". "Tengo en mis manos una lista de más de 250 militantes con carné del Partido Comunista que ocupan altos cargos en el Departamento de Estado", sentenció. Nunca pudo probar sus graves acusaciones, pero durante más de cuatro años muchos norteamericanos fueron perseguidos, acusados, y encarcelados siendo inocentes. En 1953 McCarthy asumió la presidencia de la Subcomisión Permanente de

Investigaciones del Senado. Sus acusaciones alcanzaron entonces cotas insospechadas. Acusó al embajador norteamericano en la Unión Soviética; también al Secretario de Marina, Robert T. Stevens, y al Brigadier General, Ralph W. Zwicker. Además consideró que en las bibliotecas norteamericanas, fuera de Estados Unidos, se mostraba una literatura escandalosa al permitir obras de Ernest Hemingway y de John Steinbeck. Y fue excesivo. Numerosos miembros de la clase política americana se revolvieron y pusieron en marcha sus propias investigaciones contra McCarthy. En marzo de 1954, durante la presidencia de Eisenhower, McCarthy fue públicamente desacreditado cuando el Comité de Relaciones Exteriores del Senado afirmó que "sus acusaciones han constituido la peor campaña de verdades a medias y de mentiras de la historia de la república". Pero el daño para muchos ciudadanos de Estados Unidos, como siempre que se difama, estaba ya hecho.

Durante las elecciones de 1952, tanto la Guerra de Corea como la lucha contra el comunismo fueron temas importantes. La Guerra era cada vez más impopular y el miedo lo dominaba todo. Los republicanos, que habían estado alejados del poder durante más de veinte años, empezaban a ser considerados una alternativa plausible. Además acertaron al nominar a Dwight D. Eisenhower, héroe de la Segunda Guerra Mundial, y que además quería terminar con la Guerra de Corea. Curiosamente este general, para muchos americanos que le apoyaron, debía suponer un cambio hacia la paz internacional y hacia el final del duro enfrentamiento interno.

Dwight D. Eisenhower había nacido en Texas en el seno de una familia de clase media en 1890. Recibió su formación en West Point transformándose en militar profesional. Dirigió, durante la Segunda Guerra Mundial, a las tropas norteamericanas en la invasión del Norte de África y fue el jefe supremo de las Fuerzas Aliadas destacadas en Europa. Había abandonado durante un corto tiempo el Ejército y fue presidente de la neoyorquina Universidad de Columbia.

Dwight D. Eisenhower y su candidato a la vicepresidencia Richard Nixon ganaron sin problemas al candidato demócrata Adlai L. Stevenson en las elecciones presidenciales de 1952. Stevenson era tildado por sus enemigos de "intelectual" y además consideraban que continuaría con el discurso y la política de Truman. La Guerra de Corea y el comunismo eran términos que los norteamericanos deseaban alejar de sus vidas cotidianas.

El presidente Eisenhower (1953-1961), si bien consideraba que los asuntos internacionales requerían atención, era partidario de intervenir poco en los asuntos internos. Creía que el Gobierno federal debía retraerse de muchos de los asuntos que desde el New Deal venía ocupándose. La mayoría de sus secretarios y consejeros procedían de la comunidad de empresarios y hombres de negocios republicanos. Sólo su secretario de Estado, el neoyorquino John Foster Dulles, tenía una amplia experiencia política y defendía posiciones concretas en el ámbito internacional. En política interior, la nueva Administración apoyó un recorte del gasto público como única forma de equilibrar el presupuesto y reducir la inflación. Pero algunas políticas sociales lograron sobrevivir. Se incrementó el apoyo a la educación pública, se mantuvo la financiación de viviendas públicas y también continuó la política de mejora en los barrios marginales. Además se introdujeron mejoras en la salud pública. Nada más descubrirse la vacuna contra la polio por el epidemiólogo Salk, se aplicó gratuitamente a todos los que la demandaron. Un nuevo ministerio, el de Salud, Educación y Bienestar, inició su andadura. Al frente, Eisenhower puso a una mujer: a la texana Oveta Culp Hobby. También fue importante su impulso para la construcción de una red de autopistas que imitó el modelo alemán de los años treinta.

La Guerra Fría al límite

Pero este retraimiento en política interior de la Administración Eisenhower, no supuso la no intervención en asuntos internacionales. El nuevo secretario de Estado, John Foster Dulles, formuló una corrección importante a la política de contención del comunismo. Consideraba que ésta debía reemplazarse por acciones que llevasen a la "liberación" de los países controlados por las potencias comunistas. Defensor del efecto "dominó", formulado por Eisenhower, mantenía que si un país, de un área geográfica concreta, caía bajo el poder comunista, sus vecinos, como fichas de una fila de dominó, empujados por su fuerza, sucumbirían ordenadamente tras él. En lugar de reaccionar ante cada uno de los retos soviéticos mediante contrapesos "caros e irresolutos", afirmaba Dulles, Estados Unidos debía asumir la iniciativa y recurrir cada vez que la situación lo requiriera a la "represalia masiva". Para llevar a cabo esta "nueva política" era necesario reducir el presupuesto en armamento tradicional e incrementar la inversión en investigación y en fabricación de armas nucleares. Para Dulles era la forma de "asustar" y frenar al comunismo. Esta política no gustó a todos. Para muchos analistas estadounidenses y extranjeros, la nueva política llegaba en un momento inoportuno. Stalin había fallecido, en 1953 y Nikita Krushev parecía tener un discurso mucho más conciliador.

En 1952, Estados Unidos había probado con éxito una nueva bomba, la de hidrógeno o H-Bomb. Tenía una fuerza destructiva 500 veces mayor que la bomba atómica –A-Bomb– utilizada en Hiroshima. Las inversiones en armas debían multiplicarse.

Esta política que el propio Dulles denominó "política al límite" –*Brinkmanship*–, elevó mucho la tensión entre los dos bloques. "La habilidad de llegar al punto de inflexión máximo sin que estalle la guerra es un arte necesario", afirmaba Dulles en un discurso pronunciado en 1956. La Unión Soviética, no podía ser de otra manera, también incrementó sus inversiones en armas nuevas y además utilizó un discurso dinámico y espectacular que preocupó mucho a sus enemigos. En 1953, la URSS probaba con éxito una bomba de hidrógeno. A pesar de que Estados Unidos alarmados por la escalada en la fabricación de armamentos, empujase la adopción de una resolución de Naciones Unidas en 1953, con la propuesta de impulsar la utilización del "material fisionable" para "fines pacíficos", la escalada era imparable.

En esta carrera sin límites no sólo se experimentaba con armas nucleares. Desde que Alemania durante la Segunda Guerra Mundial lanzase cohetes con toneladas de explosivos sobre las ciudades inglesas, esta nueva posibilidad se investigaba en laboratorios y universidades. El 4 de octubre de 1954 los soviéticos lanzaron el primer satélite a la órbita espacial llamado *Sputnik*. Sólo un mes después lanzaban el *Sputnik II*, provocando un auténtico terror en sus oponentes hacia esta nueva versión de la Guerra Fría basada en lograr llegar al límite de la tensión. Todos interpretaban que estos satélites podrían acarrear bombas de hidrógeno y lanzarlas a objetivos situados en cualquier lugar del planeta. Una vez superada la sorpresa, Estados Unidos reaccionó con celeridad. En febrero de 1958 lanzaba su primer satélite: el *Explorer I*. También el Congreso aprobaba la National Defense Education Act que preveía una inversión de más de un billón de dólares para investigación científica. Además se incrementó el presupuesto destinado a la Defensa en cuatro billones de dólares, y se creó la National Aeronautics and Space Administration, NASA, para llevar a cabo el programa de exploración espacial vinculado a la Defensa Nacional.

De todas formas, para muchos, la nueva y agresiva política exterior republicana, de Eisenhower y Dulles, sólo se diferenciaba de la anterior política exterior, de Truman y Acheson, en el discurso. Los levantamientos ciudadanos contra el dominio sofocante de la Unión Soviética en Berlín, en 1953, y en Hungría, en 1956, para la gran parte de los analistas políticos, estuvieron vinculados a las esperanzas suscitadas por este "nuevo y duro" discurso político de Estados Unidos. Pero cuando la URSS los sofocó, con una inmensa dureza, Estados Unidos sólo condenó las acciones Soviéticas a través de Naciones Unidas pero no intervino. También frente al conflicto de la antigua Indochina, la Administración Eisenhower actúo de forma parecida a la contención de Truman. Aunque Estados Unidos ayudó de forma indirecta, en la presidencia de Esisenhower se evitó el peligro del enfrentamiento directo en Vietnam.

Durante la Segunda Guerra Mundial, las fuerzas nacionalistas –el Viet Minh– lideradas por Ho Chi Minh, habían colaborado con Estados Unidos en la lucha común contra Japón. Es más, la Declaración de Independencia de Vietnam de 1945 siguió el modelo de la de Estados Unidos de 1776. Pero tras la contienda, Estados Unidos desoyó las peticiones de ayuda de su antiguo aliado Ho en su larga guerra de Independencia contra la dominación francesa (1945-1954). El alejamiento fue todavía mayor cuando Ho Chi Minh fundó en 1950, en plena Guerra Fría, el partido comunista del Vietnam. Poco después, Truman, preocupado por la rigidez de posiciones entre comunistas y los seguidores de los principios democráticos, reconoció al régimen "títere" de Francia liderado por Bao Dai en Saigon. Bao fue el último emperador de Vietnam que había sido educado en Francia y se había convertido al catolicismo. El presidente Truman comenzó a enviarle ayuda militar. Esta política de ayuda indirecta la continuó Eisenhower. Sólo se vio alterada cuando las guerrillas comunistas del Viet Minh —más tarde denominadas del Viet Cong— pusieron contra las cuerdas al gobierno de Vietnam del Sur liderado ya por Diem. Entonces envió también asesores militares.

En 1954 los franceses fueron derrotados y abandonaron Vietnam, y los comunistas del Viet Minh mantuvieron su presencia en el Norte de Vietnam y apoyaron con fuerza a las guerrillas en el Sur. Ese mismo año, nada más conocerse la debacle francesa, se reunían en la Conferencia de Ginebra representantes de "los dos Vietnam", de Francia, de Gran Bretaña, de Estados Unidos, de la Unión Soviética y de la República Popular China, llegando a importantes acuerdos. En primer lugar se reconocía la independencia de Laos, de Camboya, y de Vietnam. Todos habían formado parte de la antigua Indochina francesa. También Vietnam quedaba dividido por el paralelo 17 entre Vietnam del Norte, estado comunista liderado por Ho Chi Minh; y Vietnam del Sur que se transformaba en una república dirigida, tras un referéndum, por el primer ministro de Bao Dai, Ngo Dinh Diem. También se decidió que se celebrarían elecciones en 1956 para lograr la reunificación. Cuando llegó la fecha y se iba a convocar el referéndum para la reunificación vietnamita, el Sur no participó. Estaban seguros de que ganarían los comunistas del Norte.

Pero además de pactarse la escisión de Vietnam, la Conferencia de Ginebra tuvo otras consecuencias. Así se creó un nuevo organismo internacional para evitar "más sorpresas" en Asia. Esta búsqueda de soluciones pacíficas de nuevo acercaba la Guerra Fría "al límite" de Eisenhower, a la política exterior de Truman. En 1954, el secretario de Estado, John Foster Dulles, firmaba un nuevo tratado en Manila. La Organización del Tratado del Sudeste de Asia, (SEATO), fue firmada por Australia, Francia, Nueva Zelanda, Paquistán, la República de Filipinas, Gran Bretaña, y Estados Unidos. La SEATO repetía los objetivos que la Organización del Tratado del Atlántico Norte (OTAN) había tenido para Occidente. Era una medida de seguridad colectiva para repeler una presumible agresión comunista.

Este enfrentamiento entre el bloque soviético y Estados Unidos, y sus aliados, se trasladó a otros lugares. Tanto la Segunda Guerra Mundial como la primera etapa de la Guerra Fría habían erosionado las relaciones entre Estados Unidos y el resto de América. La preocupación de la República federal por Asia y por Europa ocasionó que su posición en América Central y del Sur se descuidase. La política de buena vecindad, tejida durante la presidencia de Roosevelt, se estaba desvaneciendo y Estados Unidos, cada vez más claramente, aparecía frente al resto de las naciones americanas como una república imperial. La fuerza de las empresas norteamericanas era cada vez mayor y su influencia sobre determinadas políticas gubernamentales obvia. En 1954 la administración de Eisenhower ordenó a la Central Intelligence Agency (CIA) intervenir para derrocar al régimen de Jacobo Arbenz Guzmán, presidente electo de Guatemala. Un régimen que fue acusado por el secretario de Estado, Dulles, como procomunista. Cuando cuatro años más tarde el vicepresidente, durante los dos mandatos de Eisenhower, Richard Nixon, visitó América del Sur fue recibido en todas las ciudades por muchedumbres claramente disgustadas con "el hermano" del Norte.

De todas las naciones latinoamericanas ninguna había estado tan "unida" a Estados Unidos como Cuba. Desde la guerra hispano norteamericana de 1898, la economía y la política cubana habían estado fuertemente vigiladas por Estados Unidos. En 1952, el Gobierno de un dictador militar, Fulgencio Batista, emprendió medidas en la isla con mano de hierro. Las empresas azucareras norteamericanas controlaban gran parte de la economía de la isla y también otros grupos, cercanos al crimen organizado de Estados Unidos, controlaban la vida nocturna y los lugares de juego en La Habana. Desde 1957 un grupo de resistencia liderado por Fidel Castro se enfrentaba a Batista y sus hombres. En 1959, Fidel se alzaba con el poder y Batista se exiliaba a la España de Franco. Al principio, el nuevo gobernante contó con la simpatía de muchos norteamericanos que lo consideraron como un verdadero libertador de la opresión de Batista. Pero cuando inició una política de reforma agraria y de nacionalización de empresas, las relaciones entre Cuba y Estados Unidos comenzaron a deteriorarse. Peor fue, para Estados Unidos, la posición en política internacional de Castro. Tanto el presidente Eisenhower como su secretario de Estado, Dulles, miraban con resquemor el acercamiento del nuevo mandatario a la Unión Soviética. Cuando Castro comenzó a aceptar ayuda de la Unión Soviética, Estados unidos endureció su política económica con la isla. La "cuota", mediante la cual Cuba podía exportar azúcar a Estados Unidos sin pagar tarifas aduaneras fue suprimida. En 1961 Estados Unidos endureció las relaciones diplomáticas con Cuba y la CIA comenzó a entrenar a exiliados cubanos para "invadir la isla" y lograr derrocar al régimen. Las relaciones entre Fidel Castro y Krushev se hicieron cada vez más estrechas.

La "mística de la feminidad"

En la sociedad americana se experimentaron muchos cambios durante década de los cincuenta y de los sesenta del siglo xx. Durante la Segunda Guerra Mundial terminaron los graves desequilibrios ocasionados por la crisis de 1929. A pesar de los temores de la sociedad americana de que el bienestar económico concluyese cuando regresaran todos los combatientes, eso no ocurrió. La economía y la sociedad de Estados Unidos creció como nunca lo había hecho en las décadas que siguieron a la guerra. El producto nacional bruto (PNB) aumentaba sin parar. Desde el final de la guerra y atravesando toda la guerra del Vietnam se cuadruplicó. Y desde luego superó al de las otras naciones. Casi todas las industrias, incluso algunas de las más antiguas, como la del acero, incrementaron su producción. Las que más crecieron son las que estaban relacionadas con el pequeño consumo, con el llamado consumo "del glamour": la industria química, sobre todo nylon y plásticos; la de electrodomésticos, y la de aparatos eléctricos: radios, tocadiscos y televisiones.

El incremento de la producción fue acompañado de un aumento incesante de la población. La tasa de natalidad aumentó considerablemente durante la posguerra. Si en 1940 la población de Estados Unidos era de 132 millones de habitantes, en 1950 había ascendido hasta los 151, y en 1960 llegó casi a los 180 millones. Es verdad que esta cifra hay que moderarla con la entrada de emigrantes y de refugiados de la Guerra Fría que alcanzó la nada desdeñable cifra de 2,5 millones de personas. De todas formas, en el momento álgido, la media de hijos por familia norteamericana era de 3,8. Este ascenso fue posible por "el regreso" de las mujeres norteamericanas al hogar. La década de los cincuenta fue una década del renacer de valores conservadores. Como muy bien explicaba Betty Friedan en *The Femenine Mystique,* de las mujeres sólo se esperaba el buen desempeño de las funciones maternales y el de "ama de casa". "En 1949 estaba dedicada a criar y a llevar al parque a Danny, mi primer bebé, y a leer al Dr. Spock. Compré una olla a presión y *La felicidad de cocinar* y también un libro de George Nelson, titulado *La casa moderna*", escribía Betty Friedan años más tarde, "y también escribí a mi madre diciéndole que quería la cubertería de plata que me había prometido cuando me casé y que había despreciado por considerarla demasiado burguesa", recordaba. Las mujeres se casaban cada vez antes, la proporción de mujeres universitarias declinó, y a mediados de la década de los cincuenta, el número de mujeres estadounidenses que abandonaban la universidad para casarse ascendía a un sesenta por ciento.

Los tres sectores de la producción que más cambios introdujeron en la forma de vida estadounidense fueron la construcción, el automóvil, y por supuesto la fabricación de pequeños aparatos, sobre todo, televisores.

Conforme los soldados que habían combatido en la Segunda Guerra Mundial retornaban a sus hogares, la carencia de viviendas era una realidad. Muchos, tuvieron que regresar a la casa de sus padres. Las distintas Administraciones federales, en colaboración estrecha con empresas constructoras privadas, hicieron un gran esfuerzo y en la década de los cincuenta se construyó una media de un millón de viviendas al año. También la Administración federal impulsó la construcción de carreteras que comunicasen los nuevos barrios con los centros urbanos o comerciales. Esta expansión trajo un verdadero cambio en el paisaje norteamericano. Los suburbios alejaron a las clases medias de las ciudades e introdujeron una nueva forma de vida menos diversificada y mucho más homogénea. La mayoría de las "urbanizaciones" se levantaban con casas unifamiliares, muy parecidas unas a otras, de tamaño semejante (cuatro habitaciones con jardín) que agrupaban a familias similares alejándolas de la riqueza social y cultural que las ciudades, levantadas durante siglos, suelen proporcionar. Construidas muy rápidamente, estas filas de casas en parcelas previamente deforestadas, sin planificación, alteraron el paisaje estadounidense. William Levitt fue uno de los grandes revolucionarios de la industria de la construcción. Él definía a su empresa como "la General Motors de la contrucción", y tenía razón. El primer *Levyttown* se erigió en Hampstead, Long Island, en 1947. Allí Levitt construyó, en tiempo muy breve, más de 17.000 viviendas para unas 82.000 personas. Los materiales se cortaban y preparaban lejos de las parcelas y las casas se "montaban" como si se tratase de un juego de construcción. Tenían cuatro habitaciones, y un espacio destinado al jardín semejante. Además Levitt las vendía con cocina, nevera, lavadora y una televisión de siete pulgadas. En 1947 estas casas costaban 7.990 dólares. Los norteamericanos de clase media por fin podían acceder a la propiedad de su vivienda.

También los barrios residenciales contribuyeron a introducir cambios en la forma de vida americana. Si las mujeres habían "regresado" tras la guerra a los hogares, la distancia entre estos barrios y cualquiera de los servicios que facilitasen la vida a las amas de casa, sobre todo si eran madres, las recluyeron todavía más en el ámbito privado. También se esperaba que estas mujeres fueran creativas. Cosían, hacían punto, cocinaban. Las mujeres a pesar de las "ayudas" proporcionadas por los electrodomésticos, dedicaban más tiempo a las labores del hogar que sus madres y abuelas. Además la lejanía de estos barrios residenciales distanciaba a las familias. En las urbanizaciones vivían familias nucleares. No solían trasladarse ni los mayores ni tampoco los solteros. Estas mujeres cocinando, planchando, y bordando estaban alejadas de sus afectos familiares. Su única compañía, además de las vecinas, eran sus hijos y maridos las pocas horas que pasaban en casa tras colegios y oficinas. Esta vuelta al hogar fue acompañada de modelos en el cine, en la televisión, en la literatura y también de justificaciones "científicas". Programas de televisión como *Father Knows Best* y *The Donna Reed Show* resumían bien los valores de la vida "ideal" en estas nuevas "afueras".

En la década de los cincuenta se produjo un renacer de la vida religiosa vinculado a estos barrios residenciales. Sí en 1940 menos de la mitad de los norteamericanos pertenecían a iglesias institucionalizadas, a mediados de los cincuenta tres cuartas partes se identificaban a sí mismos como miembros de los diferentes credos. También surgió un ansia por construir iglesias en los suburbios que se levantaban a una velocidad vertiginosa.

Además de la construcción existieron otras industrias punteras. Los automóviles fueron símbolo de esta sociedad de la opulencia. A mediados de la década de los cincuenta casi un 45 por ciento de las familias americanas tenían coche. En 1970 ya constituían un 70 por ciento. La televisión fue otro de los símbolos de la forma de vida americana. Se había creado en los años veinte pero todavía durante la Segunda Guerra Mundial muy pocos la tenían. Sin embargo, en 1960, nueve de cada diez hogares de Estados Unidos poseían al menos un televisor. Se había convertido en uno de los mejores medios para comunicar con las familias americanas.

El consumo creció tanto que en los grandes almacenes se encontraban secciones especializadas. Material de pesca, de caza, de nieve, de baño, de excursión se anunciaban sin parar. Además aparecieron las grandes superficies, centros comerciales dedicados sólo al consumo. No sólo se podía comprar sino que los americanos también podrían divertirse y comer. Pistas de patinaje, cines y restaurantes se repetían en todos estos *malls*.

El lujo no llegó a todos los sectores sociales. Los márgenes existían, la otra América era una realidad a comienzos de los sesenta. Los granjeros habían perdido su poder adquisitivo por el descenso de los precios de los productos agrícolas y difícilmente accedían al consumo de los barrios residenciales. Además, en las ciudades estaban surgiendo verdaderos guetos como consecuencia de la llegada de granjeros afroamericanos del sur que buscaban una forma de vida mejor. En Nueva York, Los Ángeles y otras ciudades la pobreza de los barrios negros era asombrosa. Pero también habían llegado emigrantes puertorriqueños, mexicanos y de otras partes de latinoamerica que incrementaban con sus *barrios* la complejidad de la vida urbana. En las zonas mineras de Pensilvania y de los Apalaches, con el declive de la industria del carbón, también se apreciaba la pobreza. Sin colegios, sin seguros médicos, sin futuro, esta *Otra América*, que describió en su obra Michael Harrington, en 1962, fue evocada por los candidatos a la presidencia en 1961.

El "orden progresista". John Fitzgerald Kennedy

La campaña presidencial de 1960 fue novedosa por muchas razones. El candidato republicano fue el experto político y vicepresidente de

Eisenhower, Richard Nixon. El candidato demócrata, John F. Kennedy, se presentaba lleno de novedades. Era católico, provenía de una acaudalada familia de origen irlandés afincada en Boston, y además, joven. Sólo tenía 42 años durante la campaña presidencial. En la campaña Kennedy acusó de frívola y conformista la satisfacción republicana con el "milagro americano". La utilización del término 'frontera' para denominar a su programa político reclamaba uno de los puntos cruciales de la historia de Estados Unidos. La Nueva Frontera sería como la antigua frontera movible del siglo XIX. El motor de renovación, de impulso, y de cambio que, según el joven senador de Massachusetts, América necesitaba. Había que incluir a todos en la vida económica, social, y cultural de Estados Unidos. No se debían mantener esas tremendas "fronteras" sociales. Los guetos, los pueblos mineros deprimidos, las minorías en los estados fronterizos con México, los mayores, todos debían ser incluidos en los valores y el bienestar de la sociedad estadounidense. Y Norteamérica debía recuperar su espíritu pionero y ser lo suficientemente creativa como para lograr satisfacer este nuevo reto.

Pero no todos los estadounidenses querían participar en la aventura de la Nueva Frontera. Si hacemos caso del resultado electoral de 1961, muchos querían continuar con la tranquilidad y "pasividad" de la que el candidato presidencial Richard Nixon era una garantía.

El resultado electoral de 1961 fue uno de los más reñidos de la historia. Habiendo votado más de 68 millones de personas, Kennedy sólo recibió una ventaja de 118.574 votos. Es verdad que la del Colegio Electoral fue mayor. Obtuvo 303 votos electorales frente a los 219 de Nixon, pero, aún así, fue pequeña.

Para muchos el triunfo de Kennedy se debió a su buen hacer televisivo. En estas elecciones, por primera vez, los debates televisivos movilizaron a toda la opinión pública. Más de sesenta millones de americanos los siguieron. Kennedy y Nixon se enfrentaron en cuatro debates televisados y la juventud, simpatía, y atractivo de este joven historiador, escritor, político, y héroe de guerra jugaron a su favor. La imagen de Nixon, a pesar de su gran experiencia política, no fue tan favorable. Se mostró más nervioso y mucho más tradicional en todas sus intervenciones.

"La antorcha ha pasado a una nueva generación de americanos. Nacidos en este siglo, modelados por la guerra, disciplinados por un periodo difícil y amargo de paz, orgullosos de su gran herencia", afirmaba en su discurso inaugural, pronunciado el 20 de enero de 1961, el joven presidente Kennedy. En sus Mil Días como presidente, si bien no se alteraron muchas cosas sí logró cambiar la imagen de Estados Unidos. En el exterior se vislumbró a la nación americana como un país joven, dinámico, urbano y culto. Sus ciudades se convirtieron en modelos a seguir. Se apreció con tranquilidad su producción cultural y artística por una Europa que, hasta entonces, consideraba que Estados Unidos era un pueblo laborioso, trabajador, y sencillo pero muy alejado de la "sofisticación europea". Kennedy, sus secretarios, su mujer Jacqueline Lee Bouvier, sus hijos, sus costumbres familiares eran seguidas con interés y admiración desde la Europa de los años sesenta.

Para llevar a cabo su política de la Nueva Frontera, Kennedy se rodeó de un grupo de jóvenes licenciados en las mejores universidades norteamericanas que, además, eran amigos. Así Dean Rusk, su secretario de Estado, se había formado en la Universidad de Berkeley. También se licenció en Berkeley Robert McNamara, su secretario de Defensa aunque, igual que el propio John. F. Kennedy, había ampliado estudios en Harvard. Designó como fiscal general a su hermano pequeño Robert Kennedy, que estaba muy comprometido con la lucha por los derechos civiles.

Las primeras medidas de la política de Nueva Frontera se relacionaron con las zonas más deprimidas del país. El Area Redevelopment Act permitía al Gobierno federal ayudar a implantar nuevas industrias y a construir servicios públicos. Se liberalizó la Seguridad Social permitiendo al trabajador retirarse antes, a los 62 años, recibiendo su jubilación. También se incrementó el salario mínimo. Pero se tomaron medidas más vistosas que potenciaban la visibilidad de la política interior de Kennedy. La creación del Peace Corps simbolizaba bien el compromiso de la juventud norteamericana con los menos favorecidos. Movilizando los conocimientos de muchos universitarios americanos, esta organización solidaria, a través de la fundación de escuelas, de trabajo hospitalario, de la construcción de infraestructuras, del trabajo en las prisiones, llevaba el idealismo de la Nueva Frontera más allá de las fronteras de Estados Unidos. En el Peace Corps se aceptó a voluntarios de todas las edades. El servicio debía durar de dos a tres años. Estos voluntarios no recibirían salario tan sólo lo necesario para vivir. Kennedy también retomó la carrera espacial de Estados Unidos. En abril de 1961 los soviéticos habían lanzado la primera nave espacial tripulada. Yuri A. Gagarin se convirtió en el primer astronauta en navegar la órbita terrestre. El presidente Kennedy, a este nuevo triunfo soviético, respondió con premura. Anunció un plan, el Proyecto Apolo, que se comprometía a llevar al hombre a la luna antes de 1970. En 1962 un norteamericano, John H. Glenn Jr., pilotó la primera misión tripulada estadounidense por la órbita terrestre en el *Friendship 7*. Pronto soviéticos y norteamericanos estuvieron preparados para nuevas expediciones.

Este empuje de John F. Kennedy se truncó. El 22 de noviembre de 1963, viajando con su mujer en un coche descapotable, fue tiroteado y asesinado en Dallas, Texas. La muerte de Kennedy no sólo impresionó y entristeció a los norteamericanos. Era como una metáfora. La esperanza, la juventud, el compromiso, habían sido violentamente arrancados. Pero como establecía la Constitución, el mandato de Kennedy continuaría sin interrupción.

Sólo 90 minutos después del asesinato de John F. Kennedy su vicepresidente, Lyndon Baines Johnson, juraba, a bordo del avión presidencial, el cargo de presidente de Estados Unidos de América. Lo hacía flanqueado a su izquierda por la joven viuda, Jacquie Kennedy, y a su derecha por su mujer, Claudia. El nuevo presidente prometía continuar con el programa de la Nueva Frontera.

Una de las primeras medidas de Johnson fue la de nombrar una comisión especial para investigar el asesinato presidencial dirigida por el presidente del Tribunal Supremo, Earl Warren. Sus conclusiones no convencieron a todos. La comisión concluyó que no había habido una conspiración detrás del asesinato del presidente. Y también aseguró que los tiros que causaron la muerte del presidente los disparó Lee Harvey Oswald.

Lyndon B. Johnson. La lucha por los derechos civiles

Lyndon Baines Johnson había nacido en Texas en el seno de una familia humilde. Trabajó y logró ir a la Universidad y se convirtió en - maestro. Vivió y enseñó en pueblos de la frontera con México en donde adquirió su gran compromiso social. Admirador de F.D. Roosevelt y de la política de compromiso del New Deal, militó desde muy joven en el Partido Demócrata. Aunque Kennedy lo había nominado como vicepresidente por razones puntuales −necesitaba los votos de los demócratas del Sur− Johnson y Kennedy siempre trabajaron en estrecha colaboración. En los catorce meses que quedaban del mandato presidencial de Kennedy, Johnson concluyó con éxito muchos de los temas pendientes de la Nueva Frontera. Por un lado redujo los impuestos y por otro se comprometió rotundamente con la política diseñada por J.F. Kennedy y por su hermano Robert para ampliar los derechos civiles de todos los grupos excluidos de ciudadanía.

Uno de los problemas históricos de Estados Unidos fue hacer efectivas las enmiendas constitucionales, aprobadas durante la Reconstrucción, que otorgaban la plena ciudadanía civil y política a la población de origen africano.

Desde finales del siglo XIX, las organizaciones creadas en Estados Unidos para luchar por este acceso a la ciudadanía de los grupos excluidos siempre se encontraron, como ya hemos señalado en este libro, con la misma dificultad. Tanto la Asociación Nacional para el mejoramiento de la Gente de Color (NAACP), como los otros grupos, utilizaron una única estrategia. Elevar recursos a los distintos tribunales de los Estados para intentar alterar la legislación discriminatoria. Pero el camino era arduo. Era imposible lograr los avances necesarios si la lucha debía hacerse estado por estado. Sólo cuando, a mediados de la década de los cincuenta, las luchas de los distintos grupos de excluidos confluyeron y, además, los militantes por lograr una ampliación de los derechos civiles y políticos cambiaron de estrategia e intentaron involucrar a los partidos nacionales, y a las instituciones federales en su lucha, se empezaron a apreciar las mejoras en el duro camino hacia la ciudadanía. Después de las movilizaciones en pro de los derechos civiles, robustecidas durante la

Segunda Guerra Mundial, las instituciones federales comenzaron a intervenir. Hemos visto como el presidente Truman introdujo pequeñas mejoras. Pero durante la presidencia de Eisenhower se involucraron también el Tribunal Supremo y el Congreso.

En 1954, el Tribunal Supremo, presidido por el juez Earl Warren, falló a favor de la inconstitucionalidad de la segregación en los centros educativos. En el caso *Brown vs. Oficina de Educación de Topeeka*, el alto Tribunal afirmó "que las instalaciones educativas separadas son altamente desiguales", invertía así la sentencia del Tribunal en *Plessy vs. Ferguson*, de 1896, y terminaba legalmente con la segregación en escuelas y universidades. En algunos lugares la ley se aplicó con normalidad. Pero en otros fue francamente difícil. En Little Rock, Arkansas, se había intentado admitir en su *Central High School* a ocho niños afroamericanos. La oposición de gran parte de sus vecinos que, apoyados por el propio gobernador del Estado, Orval Fabius, alegaban que la violencia podría estallar impidió que se incorporaran los ocho estudiantes. Eisenhower tras pronunciar un discurso tajante envió al ejército federal para hacer cumplir la sentencia del Alto Tribunal. "En esa ciudad –Little Rock– bajo el liderazgo de extremistas demagogos, la multitud ha impedido la aplicación de las órdenes", afirmaba el presidente, "He promulgado una orden ejecutiva ordenando la utilización de tropas bajo el mando federal...", concluía Eisenhower demostrando una gran firmeza para lograr el fin de la segregación.

A pesar de las dificultades, el camino era ahora claro. La sentencia del Alto Tribunal, poniendo fin a la segregación en la educación, fue una señal para los luchadores a favor de los derechos civiles. En Montgomery, Alabama, el 1 de diciembre de 1955, Rosa Parks, militante de la NAACP, fue detenida al negarse a ceder su asiento a un blanco en un autobús municipal. Desde ese momento esta asociación inició una estrategia para terminar con la segregación en los autobuses públicos. Pidieron a los habitantes negros de Montgomery boicotear los autobuses urbanos y nombraron al joven pastor de la iglesia baptista de la Avenida Dexter, Martin Luther King para que dirigiera las acciones. El boicot, aunque costoso para todos, fue un éxito. Durante el año largo que duró, la comunidad afroamericana demostró una increíble capacidad organizativa y logró el apoyo de distintas asociaciones de todo el país. La presión popular arrancó nuevas medidas de las instituciones federales. El 13 de noviembre de 1956, el Tribunal Supremo reconocía que la segregación en los autobuses era inconstitucional. En 1957, tras un duro debate, el Congreso aprobó la primera Ley de Derechos Civiles desde la Reconstrucción. En ella se permitía tanto a los individuos como al fiscal general del Estado, denunciar judicialmente a cualquiera que obstaculizase el derecho de otra persona a votar.

Martín Luther King había logrado mucho prestigio y lideró acciones por todo el país. En la primavera de 1963 se dirigió a Birmingham, también en Alabama. Era el lugar donde se practicaba la segregación de forma más radical. Organizó una multitudinaria manifestación pacífica en el centro de la localidad. Al principio la policía actuó deteniendo a miles de manifestantes. Pero pronto inició una violenta represión que no fue contestada por los activistas. La táctica de la no violencia obtuvo sus resultados. La dureza de la acción policial, que había podido verse por la televisión nacional, escandalizó a gran parte del pueblo norteamericano. La presión de las críticas vertidas en todos los medios de comunicación así como de las demostraciones populares –sentadas y manifestaciones por todo el país– obligaron a las autoridades locales de Birmingham a terminar con la segregación en los lugares públicos. La gran marcha, 250.000 manifestantes de todos los grupos étnicos liderados por Martin Luther King, sobre Washington D.C., con la finalidad de exigir "justicia para todos" fue un nuevo éxito de los activistas a favor de los derechos civiles. En uno de los discursos más emotivos de la historia de Estados Unidos, *I have a dream,* King manifestaba sus esperanzas de igualdad. Esta gran manifestación, no sólo mostraba la fuerza del movimiento sino que, sobre todo, simbolizaba un cambio de estrategia. Todos los excluidos debían luchar unidos y exigir la intervención de los poderes federales representados en la capital de la nación.

Durante los Mil Días de Kennedy también se produjeron cambios. En 1961 los "pasajeros de la libertad" iniciaron protestas contra la segregación en el transporte público. Muy apoyados por el fiscal general, Robert Kennedy y enfrentándose con mucho valor a la dura oposición de algunos sectores sureños, lograron terminar con al segregación en los trasportes públicos. Todavía en 1962 hubo que enviar tropas federales cuando la muchedumbre se opuso a la entrada en la Universidad de Misisipi del veterano de guerra, James Meredith. El 11 de junio de 1963, tras las masivas manifestaciones en contra de la segregación, el presidente Kennedy, en un discurso televisado, hablaba a la nación de la obligación moral de asegurar la total igualdad de todos los norteamericanos. Suponía un cambio importante en la lucha por los derechos civiles porque implicaba el compromiso del ejecutivo de la nación de liderar el cambio. También la administración Kennedy tuvo "golpes de efecto". El nombramiento de afroamericanos para cargos públicos provocó un profundo debate en la sociedad americana. Thurgood Marshall, activo militante por los derechos civiles y dirigente de la NAACP, fue elegido como juez federal.

Pero, los progresos más importantes en el camino hacia la igualdad política se lograron, tras el asesinato de Kennedy, a lo largo de la presidencia de Lyndon B. Johnson. Por un lado las movilizaciones sociales se multiplicaron y además confluyeron. Luchadores a favor de los derechos civiles; feministas, ahora organizadas en torno a la Organización Nacional de Mujeres (NOW), creada por Betty Friedan; el movimiento en contra de la guerra de Vietnam, liderado por las organizaciones de estudiantes; luchadores contra la pobreza; los indios americanos y los hispanos, protagonizaron multitudinarios actos de protesta y aceleraron las reformas federales necesarias para la consecución de la ciudadanía civil y política de todos. En 1964 se promulgó la Ley de Derechos Civiles. La norma insistía en que era el poder federal el que debía velar por la correcta aplicación de la ley que establecía la igualdad de todos los americanos. Además prohibía la segregación en los trabajos, en los sindicatos, y en los espacios públicos como hoteles, teatros y restaurantes. También protegía el derecho al voto de todos los norteamericanos y declaraba inconstitucionales las pruebas de alfabetización. En 1965, se promulgó la Ley de Derechos Electorales, que eliminaba todos los tecnicismos legales que habían alejado al afroamericano del ejercicio de su derecho al sufragio. En 1966, el Tribunal Supremo consideró inconstitucional el pago de impuestos como condición previa al ejercicio del derecho al voto.

Muchas de las movilizaciones por lograr una ampliación de los derechos fueron duramente contestadas. En 1964 fueron dramáticas las protestas del barrio de Watts en Los Ángeles y, en 1967, las de Newark y Detroit. En 1968 Martin Luther King fue asesinado y se produjo un levantamiento inmediato en Washington D.C. El número de muertes en todos estos conflictos fue tremendo. En Watts murieron 34 personas, en Newark 26, y 43 lo hicieron en Detroit. Los disturbios fueron constantes en las ciudades a finales de los sesenta. El resultado de estas medidas no fue inmediato. Pero podemos afirmar que desde principios de la década de los setenta los ciudadanos norteamericanos podían ejercer sus derechos políticos.

Al concluir el programa de Kennedy de la Nueva Frontera, Lyndon B. Johnson también elaboró su propio programa para la política interior. Su programa de la Gran Sociedad iba más allá del de la Nueva Frontera. Reflejaba el deseo de dotar de valores solidarios a la sociedad americana. Ésta debía constituir un lugar menos material. "Un lugar en donde no sólo se atienda a las necesidades físicas y a las demandas del comercio", afirmaba Johnson , "sino que se atienda al deseo de belleza y de comunidad" concluía.

Para restablecer los valores de solidaridad y de cooperación, la Gran Sociedad de Johnson emprendió multitud de programas. Creó el Volunteers in Service to America, el VISTA, un programa de voluntarios "al servicio de América". Inspirado en el Peace Corps, el VISTA quería llevar la solidaridad de jóvenes comprometidos a los rincones pobres y escondidos de Estados Unidos de la opulencia. También creó el Job Corps, para dotar de formación profesional a los jóvenes desocupados entre 16 y 21 años. Además logró fondos del Congreso para programas educativos en las zonas deprimidas de las ciudades y de las antiguas comunidades mineras.

La continuidad en política exterior y el laberinto de Vietnam

Mientras que la política interna de los presidentes demócratas era rompedora en relación a la presidencia republicana de Eisenhower, no ocurrió lo mismo con la política internacional. Tanto Kennedy como Johnson mantuvieron viva la política de la Guerra Fría.

Aunque consiguió algunos éxitos, las frustraciones de la política exterior de Kennedy fueron constantes. Una de las primeras fue en América Latina. En marzo de 1961 John F. Kennedy anunciaba un viraje en la política exterior americana vinculada con América Latina con la creación de la Alianza para el Progreso. Sin embargo los primeros contactos con las repúblicas hermanas americanas fueron amargos. Con la Alianza, Kennedy quería establecer un plan de ayuda económica, sanitaria, y también educativa, para América Latina. El primer año Kennedy efectivamente hizo un gran desembolso de más de un billón de dólares. Pero el plan creó enemigos en América Latina porque para muchos sólo era la tapadera para contener el avance del comunismo en esos empobrecidos países. Esta visión se reforzó a partir de la fracasada invasión de Cuba por parte de exiliados cubanos apoyados por Estados Unidos.

Sólo tres semanas después de ocupar la presidencia John F. Kennedy, Estados Unidos rompía las relaciones diplomáticas con Cuba. La razón argüida fue la de los continuos insultos de Fidel Castro hacia Estados Unidos, las molestias al personal de la embajada norteamericana en La Habana y, como ya hemos señalado, la aproximación de Cuba a la Unión Soviética. Mientras Castro endurecía su política en la isla muchos cubanos se refugiaban en Estados Unidos. La administración Eisenhower había preparado con la CIA una invasión de exiliados cubanos para derrocar al régimen de Castro antes de la llegada de Kennedy al poder. El desastre de la bahía de Cochinos fue uno de los mayores fracasos de la Administración Kennedy. Si bien es verdad que Kennedy había heredado el tan descabellado plan también lo es que como presidente aceptó continuarlo. Kennedy, al escuchar a sus consejeros sobre la planeada invasión de anticastristas procedentes de Florida y Guatemala a la isla de Cuba, exigió que no estuvieran apoyados directamente por las Fuerzas Armadas norteamericanas. Así 1.400 refugiados cubanos desembarcaban en la costa de la bahía de Cochinos el 17 de abril de 1961. Les esperaban más de 14.000 partidarios de Castro bien armados. La invasión duró solo tres días. Todos los exiliados fueron capturados o muertos en combate. Kennedy admitió, una vez conocida la debacle, que fue un claro error.

Mucho más difícil fue la crisis de los misiles. Después de la abortada invasión, la proximidad entre Cuba y la Unión Soviética fue todavía mayor. Castro pidió a la URSS protección y para ello quería que instalase misiles nucleares en suelo cubano. En agosto de 1962, aviones de reconocimiento de Estados Unidos informaron sobre la construcción de rampas para el lanzamiento de misiles de corto alcance, presumiblemente capaces de alcanzar por el Norte la bahía de Hudson y por el Sur hasta Lima, la capital de Perú. Kennedy actúo con rapidez y dureza. En una serie de reuniones con expertos del Departamento de Estado y de Defensa, miembros de la CIA, y también con sus consejeros más próximos, examinó todas las respuestas posibles a lo que él consideró una gran agresión. La acción decidida fue la de ordenar a los buques de guerra estadounidenses que detuviesen y registrasen a los barcos que se dirigieran a Cuba y fueran sospechosos de transportar armas ofensivas. También, por si esto no fuera suficiente, ordenó que el Ejército se concentrase para una invasión de la isla. Ello supondría un enfrentamiento directo con los soviéticos que preparaban las rampas de misiles. Prometió a su vez a Krushev que si retiraba las instalaciones detendría todos los preparativos para la invasión.

Para muchos historiadores fue el dirigente soviético el que cedió. Ordenó a los navíos que regresasen antes de que se produjera el enfrentamiento directo con los barcos de la armada norteamericana que rodeaban la isla de Cuba. Desde luego la "prudencia" soviética había otorgado una oportunidad a la paz.

El enfrentamiento entre los dos bloques durante la presidencia de Kennedy también fue severo en Alemania. En enero de 1961 Nikita Krushev había pronunciado un discurso amenazador sobre el futuro de la ciudad de Berlín. La ciudad seguía dividida en dos zonas. El mandatario soviético invitó a Kennedy a reunirse en Viena. De nuevo insistía en suprimir el dominio occidental sobre esa isla que, dentro de Alemania oriental, era la parte occidental de Berlín. El presidente Kennedy respondió que cualquier intento de dominar Berlín occidental sería considerado como una dura agresión por todo Occidente y se llegaría a la confrontación nuclear si fuera necesario. Kennedy preparó la defensa de Berlín por si se producía una agresión soviética. A mediados de agosto, Alemania oriental cerraba la frontera y se levantaba el muro de hormigón y alambre entre Alemania oriental y Berlín Oeste. La ciudad, las familias, los amigos quedaron separados. El "muro de la vergüenza" hacía visible el enfrentamiento entre los dos bloques.

Mucho más difícil fue la escalada de la presencia de Estados Unidos en Vietnam. La guerra en Vietnam del Sur cada vez era más cruenta. La guerrilla comunista del Viet Cong, ayudada por Vietnam del Norte, quería derribar al Gobierno y no cejaba en su empeño. El presidente Kennedy que compartía la teoría, enarbolada por Eisenhower, del "dominó" incrementó el número de consejeros militares en Vietnam del Sur. Pero el Gobierno que había apoyado Estados Unidos, liderado por Ngo Dinh Diem, cada vez actuaba con mayor dureza. En mayo de 1963 sofocó, con una gran violencia, una manifestación budista en Hué, que reivindicaba la utilización de banderas y símbolos en las conmemoraciones de su credo. Nueve monjes fueron asesinados por las tropas del gobierno de Diem. Poco después otros siete monjes se prendían fuego y se suicidaban como protesta. Un golpe de Estado militar deponía a Diem como mandatario de Vietnam del Sur. Estados Unidos, aunque dio la bienvenida al golpe militar, negó su implicación en el mismo. Cuando Johnson llegó al poder ya había en Vietnam más de 15.000 soldados norteamericanos. Sólo dos años después el número se incrementó hasta alcanzar los 25.000. Y la escalada fue en aumento.

En 1964, dos destructores de Estados Unidos fueron bombardeados por patrulleras de Vietnam del Norte en el golfo de Tonkin. Aunque estaban cooperando con Vietnam del Sur en sus incursiones hacia el Vietnam comunista, el presidente Johnson definió los incidentes como "ataque no provocado" y ordenó bombardear Vietnam del Norte. Exigió al Congreso de Estados Unidos apoyo y lo logró con la Resolución de Tonkin mediante la cual se otorgaba al presidente Johnson "manos libres" en el Sudeste Asiático. De nuevo Johnson defendía, al igual que Eisenhower y Kennedy, la teoría del dominó. Si Vietnam del Sur caía bajo el poder comunista, las demás naciones vecinas lo harían una tras otra. "¿Por qué estamos nosotros en Vietnam del Sur? (...) estamos también allí para reforzar el orden mundial", afirmaba Johnson en un discurso pronunciado el siete de abril de 1965, "Alrededor del mundo desde Berlín hasta Tailandia hay pueblos cuyo bienestar reside en saber que cuentan con nosotros si son atacados (...) Que nadie piense que si nos retiramos de Vietnam se producirá el final de conflicto (…) la batalla se renovará en un país, y después en otro", concluía el presidente. Con esa certeza era lógica su política en Vietnam.

Los bombardeos de Vietnam del Norte continuaron hasta 1968. Cada vez más tropas norteamericanas eran enviadas a esa dura guerra. En noviembre de 1966 había más de 358.000 soldados estadounidenses en Vietnam. A mediados de 1968 el número había ascendido a más de medio millón.

Pero la guerra era cada vez más impopular. El pueblo americano protestaba en las calles y se unía por muchas causas. Los desórdenes, sentadas, manifestaciones se sucedían y comenzaban a preocupar a las clases medias. Un nuevo orden se impondría buscando la tranquilidad y la imaginada unidad de la nación americana.

| | | | | PRESIDENTES DE ESTADOS UNIDOS | | |

N.º	PRESIDENTE	ENTRÓ EN EL CARGO	CESÓ / FALLECIÓ	PARTIDO	VICEPRESIDENTE
1	George Washington (1732-1799)	1789	1797	No existen partidos políticos	John Adams
2	John Adams (1735-1826)	1797	1801	Federalista	Thomas Jefferson
3	Thomas Jefferson (1743-1826)	1801	1809	Demócrata Republicano	Aaron Burr / George Clinton
4	James Madison (1751-1836)	1809	1817	Demócrata Republicano	George Clinton (fallece). Vacante / Elbridge Gerry (fallece). Vacante
5	James Monroe (1758-1831)	1817	1825	Demócrata Republicano	Daniel D. Tompkins
6	John Quincy Adams (1767-1848)	1825	1829	Demócrata-Republicano Nacional-Republicano	John C. Calhoun
7	Andrew Jackson (1767-1845)	1829	1837	Demócrata	John C. Calhoun (renuncia). Vacante / Martin Van Buren
8	Martin Van Buren (1782-1862)	1837	1841	Demócrata	Richard Mentor Johnson
9	William Henry Harrison (1773-1841)	1841	4.4.1841 (fallece)	Whig	John Tyler
10	John Tyler (1790-1862)	1841	1845	Whig Independiente	Vacante
11	James K. Polk (1795-1849)	1845	1849	Demócrata	George M. Dallas
12	Zachary Taylor (1784-1850)	1849	9.7.1850 (fallece)	Whig	Millard Fillmore
13	Millard Fillmore (1800-1874)	1850	1853	Whig	Vacante
14	Franklin Pierce (1804-1869)	1853	1857	Demócrata	William R. King (fallece). Vacante
15	James Buchanan (1791-1868)	1857	1861	Demócrata	John C. Breckinridge
16	Abraham Lincoln (1809-1865)	1861	15.4.1865 (asesinado)	Partido Republicano	Hannibal Hamlin / Andrew Johnson
17	Andrew Johnson (1808-1875)	1865	1869	Demócrata. Unión Nacional	Vacante
18	Ulysses S. Grant (1822-1885)	1869	1877	Republicano	Schuyler Colfax / Henry Wilson (fallece). Vacante

N.º	Presidente	Entró en el cargo	Cesó / falleció	Partido	Vicepresidente
19	Rutherford B. Hayes (1822-1893)	1877	1881	Republicano	William A. Wheeler
20	James A. Garfield (1831-1881)	1881	19.9.1881 (asesinado)	Republicano	Chester A. Arthur
21	Chester A. Arthur (1829-1886)	1881	1885	Republicano	Vacante
22	Grover Cleveland (1837-1908)	1885	1889	Demócrata	Thomas A. Hendricks (fallece). Vacante
23	Benjamin Harrison (1833-1901)	1889	1893	Republicano	Levi P. Morton
24	Grover Cleveland (Segundo mandato) (1837-1908)	1893	1897	Demócrata	Adlai E. Stevenson I
25	William McKinley (1843-1901)	1897	14.9.1901 (asesinado)	Republicano	Garret Hobart[m.] Vacante / Theodore Roosevelt
26	Theodore Roosevelt (1858-1919)	1901	1909	Republicano	Vacante / Charles W. Fairbanks
27	William Howard Taft (1857-1930)	1909	1913	Republicano	James S. Sherman [m.] Vacante
28	Woodrow Wilson (1856-1924)	1913	1921	Demócrata	Thomas R. Marshall
29	Warren G. Harding (1865-1923)	1921	2.8.1923 (fallece)	Republicano	Calvin Coolidge
30	Calvin Coolidge (1872-1933)	1923	1929	Republicano	Vacante / Charles G. Dawes
31	Herbert Hoover (1874-1964)	1929	1933	Republicano	Charles Curtis
32	Franklin D. Roosevelt (1882-1945)	1933	12.4.1945 (fallece)	Demócrata	John Nance Garner / Henry A. Wallace / Harry S. Truman
33	Harry S. Truman (1884-1972)	1945	1953	Demócrata	Vacante / Alben W. Barkley
34	Dwight D. Eisenhower (1890-1969)	1953	1961	Republicano	Richard Nixon
35	John F. Kennedy (1917-1963)	1961	22.11.1963 (asesinado)	Demócrata	Lyndon B. Johnson
36	Lyndon B. Johnson (1908-1973)	1963	1969	Demócrata	Vacante / Hubert Humphrey

	PRESIDENTES DE ESTADOS UNIDOS				
N.º	PRESIDENTE	ENTRÓ EN EL CARGO	CESÓ / FALLECIÓ	PARTIDO	VICEPRESIDENTE
37	Richard M. Nixon (1913-1994)	1969	9.8.1974 (renuncia)	Republicano	Spiro Agnew
					Vacante
					Gerald Ford
38	Gerald R. Ford (1913-2006)	1974	1977	Republicano	Nelson Rockefeller
39	James Carter (1924)	1977	1981	Demócrata	Walter Mondale
40	Ronald Reagan (1911-2004)	1981	1989	Republicano	George H. W. Bush
41	George H. W. Bush (1924)	1989	1993	Republicano	Dan Quayle
42	William J. Clinton (1946)	1993	2001	Demócrata	Al Gore
43	George W. Bush (1946)	2001	2009	Republicano	Dick Cheney
44	Barack Hussein Obama (1961)	2009		Demócrata	Joe Biden

Fuente: Elaboración propia. Datos procedentes de "The White House", Presidents of the United States, http://www.whitehouse.gov/history/presidents/ y de wikipedia.org

Si bien las políticas sociales de los presidentes demócratas de la década de los sesenta habían supuesto un cambio, la política exterior se movía por los mismos cauces que en la década de los cincuenta. La confrontación con el comunismo se mantuvo y los conflictos bélicos eran cada vez más costosos e impopulares.

La década de los sesenta había concluido con movilizaciones masivas en contra de la guerra y también de la política social histórica en Estados Unidos. En un momento en donde las instituciones federales se habían comprometido con los derechos civiles los ciudadanos exigían cada vez más libertades y no sólo la inclusión de todos sino, en numerosas ocasiones, la propia transformación de todo el sistema de valores y costumbres sobre el que se había sustentado la nación. Las movilizaciones, la guerra, el desconcierto de la lucha contra el comunismo hizo que "la mayoría silenciosa" de Estados Unidos exigiera otros discursos y otros programas políticos que garantizasen la continuidad, el orden, y el regreso a la prosperidad. La hora de los conservadores había llegado.

EN EL CAMINO. La rebelión de la sociedad civil

Al final de la década de 1960, las movilizaciones y los cambios que los habitantes de Estados Unidos propugnaban penetraron en todos los rincones norteamericanos. Además los movimientos sociales eran cada vez más radicales.

Tras el asesinato de Martin Luther King en 1968, la organización que creó el reverendo, la SCLC –Southern Christian Leadership Conference– fue dirigida por el pastor David Abernathy que, a duras penas, pudo contener las oleadas de violencia que se desataron en más de 125 ciudades como protesta por el asesinato de King. Muchos luchadores afroamericanos abandonaron la no violencia y se vincularon al Poder Negro. Para algunos jóvenes, tras el asesinato, era imposible la convivencia. En realidad se debían crear dos naciones separadas. Reivindicaban los valores de la "negritud" y los ensalzaban. Era bueno y un verdadero orgullo ser negro. Para ellos el sueño de la asimilación era sólo eso y además cada vez eran más críticos. Asimilarse, integrarse en la sociedad era lo mismo que terminar con los rasgos culturales distintivos de la negritud.

En torno a este movimiento radical surgieron muchas asociaciones. Los Panteras negras fueron fuertes en muchas ciudades. El movimiento lo habían fundado, en 1966, Huey P. Newton y Elridge Cleaver y utilizaba la violencia contra el poder tradicional. Desde la creación, por Elijah Muhammad, de la Nación del Islam el movimiento fue creciendo en importancia. Rechazando el cristianismo como la religión "de los demonios blancos" pedían a los afroamericanos que abrazaran un islam "renovado", y que lucharan por una total separación racial. Malcom Little que cambió su nombre por el de Malcolm X –X como rechazo de los apellidos que los blancos daban a los esclavos en las plantaciones– fue el militante más seguido. En 1964 Malcolm se distanció de Elijah Muhammad y creó su propia organización. Quería estrechar los lazos con todos los pueblos no blancos de mundo. Poco después de publicar su *Autobiografía*, en 1965, Malcolm fue asesinado en Manhattan, en la Sala Audubon, mientras pronunciaba una conferencia. De nuevo la desolación llego a parte de la comunidad afroamericana.

Pero no sólo se radicalizaron los afroamericanos. Las universidades fueron más activas y comprometidas. En 1960 dos estudiantes, Tom Hayden y Al Haber, de la Universidad de Michigan crearon la Student Democratic Society (SDS). Muy influidos por la generación Beat, sobre todo, por *On the Road* de Jack Kerouac reclamaban mayor libertad individual y reivindicaban la posibilidad de ser diferentes. Querían, además, incrementar la participación democrática y terminar con la compleja burocracia de las universidades públicas. En 1964, en la Universidad de Berkeley, los estudiantes organizaron una sentada exigiendo la posibilidad de firmar todo tipo de peticiones. Tras un duro enfrentamiento, la administración de la Universidad cedió y los estudiantes crearon el Free

Speech Movement. Mario Savio, el dirigente de la nueva organización pronto amplió su cometido. Ya no sólo querían luchar por problemas universitarios sino que la protesta se extendería contra la apatía y el conformismo de toda la sociedad estadounidense. Las movilizaciones estudiantiles de California inundaron el país. Y se centraron en luchar contra la violencia de la guerra del Vietnam. En la primavera de 1967, más de medio millón de manifestantes se reunieron en el neoyorquino Central Park en contra de la política del presidente Johnson en Vietnam. Influidos por la retórica del Poder Negro y por la de otras movilizaciones, algunos de los militantes del SDS se radicalizaron. En 1968 la Universidad de Columbia expandía sus locales del norte de Manhattan y, para construir un gimnasio, compró locales de viviendas afroamericanas. Mark Rudd dirigente de la SDS de la universidad logró, junto a sus seguidores, que la universidad cerrase para evitar los enormes actos violentos de protesta cometidos por los estudiantes por ese acto de arrogancia blanca.

Una oleada de partidarios del alejamiento de la lucha política tradicional, que vestían, se expresaban, y vivían fuera de toda convencionalidad empezaron a llenar los campus universitarios y también las ciudades. El movimiento *hippie* era cada vez más fuerte en Estados Unidos. Muy vinculados a manifestaciones religiosas orientales, básicamente pacifistas, y partidarios de formas de vida alternativas preocupaban mucho a las clases medias. Partidarios de experimentar con toda clase de alucinógenos rompían con los valores históricos tradicionales de la juventud americana. Vivían, muchos de ellos, en comunas y pronto se "apropiaron" de áreas en las grandes ciudades como el East Village neoyorquino o el Haight-Ashbury de San Francisco.

Pero había otros grupos. La segunda ola del feminismo surgió en los años sesenta. Tras la Segunda Guerra Mundial, en la década de los cincuenta, como ya hemos señalado, se había extendido un culto a los valores tradiciones y entre ellos un renacer de la valoración de la vida doméstica. Estas mujeres comenzaron, en muchos casos a reflexionar, y se alzaron contra la desigualdad del reforzamiento de la diferencia de funciones y lugares. Betty Friedan realizó un estudio entre sus antiguas compañeras de Smith College, todas ellas entonces "felizmente" casadas y enseguida apreció el vacío, las dificultades, y la insatisfacción de estas mujeres que habitaban en el "molde" de la felicidad de los nuevos barrios residenciales. Su obra, La *mística de la feminidad*, a la que ya nos referimos, fue muy crítica con esta nueva forma de vida americana y sirvió para despertar a muchas de las "felices" amas de casa americanas de su largo letargo. En 1966, Friedan y sus seguidoras fundaron la National Organization for Women (NOW) centrada en la lucha por los derechos sociales –iguales oportunidades de educación, trabajo y salario, para hombres y mujeres– y civiles –derechos mínimos para el ejercicio de la libertad individual–. Su actividad fue imparable y lograron la intervención de las instituciones federales para ampliar la ciudadanía. En 1972 se exigió a las universidades la inclusión de programas de acción afirmativa para garantizar la igualdad de oportunidades entre varones y mujeres. Mucho más importante fue la aprobación por parte de las dos Cámaras de la Equal Rights Amendement (ERA). Aunque fue aprobada por la Cámara en 1970 y por el Senado en 1972, necesitaba todavía la ratificación de tres cuartas partes de los Estados como establece la Constitución Federal. Esto ha sido mucho más difícil de obtener. Todavía faltan estados que voten afirmativamente para lograr la ratificación de la ERA. También las feministas lucharon por el derecho al aborto. En 1973 se producía una sentencia del Tribunal Supremo –*Roe vs. Wade*– donde el Alto Tribunal reconocía a las mujeres el derecho a abortar durante los tres primeros meses de embarazo y permitía a los estados imponer limitaciones durante el segundo trimestre. El Tribunal consideraba que era un derecho vinculado al derecho constitucional de la privacidad. Aunque fue entendido como un triunfo del feminismo americano pronto fue duramente recortado.

También los hispanos se organizaron. Muchos de los hispanos de Estados Unidos son descendientes de los españoles y mexicanos que habitaban en América del Norte desde el siglo XVII. Recordemos que los límites del Imperio español llegaban hasta Georgia por el Este y California por el Oeste. También, que Estados Unidos crecieron territorialmente a costa de la República de México. California, Nuevo México, Texas y parte de los estados colindantes fueron territorio mexicanos hasta 1848. Algunos hispanos son, como señala Alejandro Portes, parte de uno de los escasos grupos étnicos que no proceden de los movimientos migratorios. Otros hispanos son emigrantes de los diferentes países de América Latina sobre todo de México. También muchos puertorriqueños, que poseen la nacionalidad norteamericana, emigraron a las ciudades industriales de la costa este. Desde la llegada de Fidel Castro al poder más de un millón de cubanos se han refugiado en Estados Unidos.

En 1963, César Chávez surgió como dirigente de los trabajadores mexicanos. Trabajando en el campo en condiciones muy duras, Chávez estableció la United Farm Workers Committee y dirigió a los braceros mexicanos en una huelga para mejorar las condiciones de vida de los trabajadores de los viñedos californianos. Las luchas de los hispanos se centraron en muchos frentes. En 1974 Jerry Apodaca fue elegido gobernador de Nuevo México y también otro hispano, Joseph Montoya, fue elegido senador. Los logros fueron importantes en todos los campos.

Los nativos americanos se movilizaron en la década de los sesenta. Para demostrar su descontento, en 1969, un grupo de nativos americanos ocuparon la antigua cárcel de Alcatraz en la bahía de San Francisco. Fueron desalojados pero después de que la noticia hiciera famosa su causa en todo el mundo. Sus organizaciones no siempre utilizaron métodos pacíficos. En 1972 miembros del American Indian Movement (AIM) ocupaban en Washington la sede del Boureau of Indian Affairs exigiendo que el gobierno federal se hiciera cargo de las promesas efectuadas a las naciones indias a lo largo de la historia de Estados Unidos. Sólo un año después, más de doscientos militantes del AIM tomaron el pueblecito de Wounded Knee en la reserva sioux de Dakota del Sur. Era una ocupación simbólica. Querían recordar la última resistencia india, en Wounded Knee, frente a las tropas federales, en 1890.

Todos estos movimientos fueron muy activos en el año 1968. En muchos casos confluyeron sus luchas y participaron conjuntamente en bastantes acciones. Para las minorías, la falta de derechos y la desigualdad se apreciaba también en uno de los conflictos más impopulares de la historia de Estados Unidos: la larga y difícil guerra de Vietnam. Todos sufrían, pero, sobre todo, los que combatían y muchos eran jóvenes de los grupos minoritarios. Las sentadas en los campus universitarios, las manifestaciones en las calles, los conciertos pacifistas, las ocupaciones de edificios eran habituales. La dureza de la guerra alcanzaba cuotas insospechadas. Las atrocidades contra los civiles vietnamitas eran tremendas. En cuanto se conoció la matanza de los aldeanos de My Lai, en marzo de 1968, las muestras de descontento con una guerra cada vez menos controlada fueron imparables.

Durante la celebración de la convención Demócrata en Chicago, en 1968, se produjeron en el exterior del edificio todo tipo de manifestaciones. La mayoría se oponían a la guerra pero las protagonizaron grupos muy heterogéneos. Grupos radicales de estudiantes, *hippies*, luchadores vinculados de una u otra manera al Poder Negro, mujeres, hispanos. Frente a ellos el acalde de Chicago utilizó una gran violencia que duró más de tres días y que fue muy bien aprovechada por el candidato republicano a las elecciones presidenciales de 1968, Richard Nixon.

Para los conservadores todos los manifestantes eran traidores a los valores patrios y a los soldados que exponían sus vidas en el Sudeste asiático. Para los progresistas hacia falta un cambio en profundidad. Terminar con las guerras injustas y crear un sistema de igualdad para todos. La sociedad americana estaba polarizada. Pero, además, estaba asustada. La sensación de caos, de ser una sociedad al borde de una revolución, de terminar con los valores tradicionales norteamericanos crecía sin parar. Los asesinatos de dirigentes que defendían el cambio y una sociedad más equilibrada contribuyeron a esa sensación de desorden y descontrol. Y fueron muchos. Como ya hemos señalado, Martin Luther King Jr. había sido asesinado en 1968 en el Hotel Lorraine de Memphis. Ese mismo año, después de su victoria en las primarias de California, el antiguo fiscal general durante la presidencia de su hermano John y candidato presidencial, Robert Kennedy, fue asesinado por el nacionalista árabe Sirhan Sirhan. El pueblo estaba preocupado. La sensación de caos y desorden lo inundaba todo.

El giro conservador. Richard Nixon

En las elecciones de 1968 los tres temas dominantes que enfrentaron al candidato demócrata y al republicano fueron la guerra del Vietnam, la violencia y el desorden y, también, la profunda quiebra racial. Para muchos norteamericanos era necesario un cambio. A pesar del miedo y el desconcierto, el triunfo de Richard Milhous Nixon no fue por mucho. Sólo obtuvo 260.000 votos de diferencia frente al demócrata Hubert H. Humphrey.

Richard Nixon (1969-1974) llegó a la presidencia con fama de político experto. Había sido tanto representante en la Cámara como senador. También fue vicepresidente durante los dos mandatos presidenciales de Eisenhower. Y sentía verdadera pasión por los asuntos internacionales. Sin embargo la gestión de Nixon fue muy polémica en política internacional y en los asuntos de política interna.

Durante la presidencia de Richard Nixon no se produjo una salida inmediata de la guerra del Vietnam. Por el contrario, el presidente, estrechamente asesorado por Henry Kissinger –primero consejero de Seguridad Nacional y desde 1973 secretario de Estado–, decidió invadir Camboya en 1970. Quería, por un lado, destruir los refugios del Viet Cong en ese país y también desconcertar a Vietnam del Norte. Ello les impulsaría a negociar la paz en otras condiciones. Pero frente a esta rigurosa medida surgieron protestas de la sociedad civil norteamericana. Los enfrentamientos más duros entre la policía y los estudiantes de la historia de Estados Unidos inundaron las calles de las ciudades y de los "campus" universitarios. Las consecuencias además fueron muy graves. En la Universidad de Kent State murieron cuatro personas y nueve resultaron heridas tras lo que pareció ser una actuación extrema por pánico policial. En la Universidad de Jackson State, la policía disparó y resultaron dos personas muertas y otras nueve heridas. Más de 37 rectores firmaron una carta pidiendo al presidente que concluyera la sangrante guerra del Vietnam. El 3 de noviembre de 1970, el presidente anunció una salida gradual del ejército de tierra de Vietnam. Pero todavía el presidente, apoyado por Henry Kissinger, no quería aceptar la derrota. En febrero de 1971, el ejército de Vietnam del Sur invadía Laos, para cortar los suministros de la guerrilla. Los invasores sufrieron una flagrante derrota. En abril de 1972 el presidente ordenó minar los puertos de Vietnam del Norte y también ordenó bombardear Vietnam del Norte y Camboya. De nuevo era una estrategia para mejorar la situación de Estados Unidos de cara las negociaciones de paz. Nixon, al mismo tiempo de ordenar los bombardeos, envió a París a Henry Kissinger para negociar con Vietnam del Norte. Allí se acordó que Estados Unidos retiraría sus tropas a cambio de la liberación de sus prisioneros de guerra.

Vietnam del Sur no aprobó los acuerdos. Buscando una mayor fortaleza negociadora, Nixon ordenó un último bombardeo masivo de las ciudades de Vietnam del Norte. Era el día de Navidad de 1972. Dos días después las ciudades de Hanoi y Haiphong fueron duramente castigadas. El tratado de París, de 27 de septiembre de 1973, supuso la retirada de las tropas norteamericanas de Vietnam, la liberación de los prisioneros de guerra estadounidenses y, aunque Vietnam del Norte no abandonó el deseo de producir la reunificación del Vietnam, aceptó la amenaza explícita de Estados Unidos de "responder con todas las fuerzas" a cualquier violación del tratado.

La guerra causó un inmenso dolor. Desde luego a Vietnam pero también al Ejército y a la sociedad civil norteamericana. Además provocó una profunda reflexión en la clase política estadounidense. En total más de 58.000 norteamericanos habían fallecido o desaparecido en combate. Pero el impacto de los "horrores de la guerra" fue también muy doloroso. En 1971 un Consejo de Guerra responsabilizó al coronel William L. Calley Jr., de la muerte de población civil vietnamita en lo que posteriormente se conoció como la matanza de My Lai. El helicóptero de Calley había destruido un pueblo y había masacrado a más de 350 personas y además se demostró que muchos habían sido torturados y violados antes de asesinarlos. Esa brutalidad, como en otro lugar señalamos, era nueva en los informes bélicos. Y la mayor parte de la sociedad civil norteamericana y mundial se escandalizó del funcionamiento de las instituciones del llamado "mundo libre".

Sin embargo algunas medidas de la política exterior de Nixon fueron muy valoradas. Nixon ganó otra vez las elecciones iniciando un segundo mandato en 1972. El candidato del Partido Demócrata fue George McGovern que se presentó con un programa atrevido y radical. Nixon logró una victoria muy holgada 520 votos del Colegio Electoral frente a los diecisiete que obtuvo McGovern.

A pesar de que Richard Nixon, durante su larga experiencia en el Congreso, había mostrado una posición radicalmente anticomunista, inició lo que para muchos era una política exterior pragmática que ha caracterizado a otras presidencias conservadoras. El presidente Nixon, defendiendo la necesidad de transitar desde la bipolaridad hacia la multipolaridad, consideraba que, además de impulsar la distensión con la Unión Soviética, había que aproximarse a China, y acercarse de una forma más equilibrada a Japón y a Europa Occidental.

Estados Unidos había roto relaciones diplomáticas con Beijing en 1949, tras el triunfo del dirigente comunista Mao Zedong y por lo tanto de la revolución. Sin embargo mantenía relaciones con el régimen de Taiwan. Era obvio que China era una gran potencia, que además albergaba una quinta parte de la población mundial, y que constituía un mercado inmenso. Primero la gran nación, con el apoyo de Estados Unidos, fue aceptada, en la Organización de Naciones Unidas (ONU) en 1971. Al mismo tiempo y a pesar de las presiones del entonces embajador de Estados Unidos en la ONU, George Bush, Taiwan fue expulsada de la ONU por 76 votos a favor y 36 en contra. Pero la maniobra de acercamiento fue mucho mayor. En 1972, el presidente visitaba la China comunista.

Para evitar resquemores también intentó que las relaciones con la Unión Soviética fueran más fluidas. En 1972, Richard Nixon viajaba también a la URSS y se entrevistaba con Brezhnev. Además firmaba el acuerdo SALT I, que se había negociado desde 1969 entre las dos potencias y que limitaba la proliferación de armas estratégicas. Por primera vez, desde el inicio de la Guerra Fría, parecía que el deshielo era posible. El encuentro fue bien recibido por todos. Los reportajes televisivos y fotográficos alentaban al cambio.

De todas formas la violencia entre los dos bloques continuaba. Lo que se conoció como la Doctrina Nixon fue formulada en 1973. En realidad Estados Unidos quería mantener su influencia en el mundo en desarrollo pero sin involucrarse directamente en los conflictos. La "responsabilidad básica sería de los propios estados", pero los intereses económicos y estratégicos de Estados Unidos se defenderían con ayudas indirectas. En el año 1973 un golpe de Estado en Chile que costó la vida al presidente electo, el socialista Salvador Allende, clarificaba el significado de la Doctrina Nixon. Ayudas económicas, asesoramiento militar y venta de armas por parte de Estados Unidos facilitaron el camino hacia "el éxito" del golpista Augusto Pinochet.

En Oriente Próximo también se aplicó la Doctrina Nixon. Israel, tras la guerra de 1967, había ocupado nuevos territorios incrementándose sobremanera el número de refugiados palestinos que reclamaban sus tierras. Desplazados de sus hogares, entristecidos, y en pésimas condiciones de habitabilidad estos campos de refugiados eran una fuente de inestabilidad en los países que los acogieron: Jordania, Líbano, y otros países limítrofes. La simpatía de las naciones árabes hacia los derechos palestinos era incuestionable. También que Estados Unidos estaba muy próximos a Israel y que la Unión Soviética lo estaba de los países árabes.

El día de *Yom Kippur*, el 6 de octubre de 1973, máxima fiesta del judaísmo, Anwar el Sadatt, presidente de Egipto y Hafiz al Assad de Siria, ordenaron un ataque a Israel. Siria ocuparía los Altos del Golán y Egipto las posiciones israelíes en el canal de Suez. Mientras que el material bélico de egipcios y sirios lo había proporcionado en su mayoría la URSS, Nixon ordenó un rápido puente aéreo enviando aviones y material bélico a Israel.

Esta actitud norteamericana impulsó un primer embargo de petróleo por parte de las naciones árabes a Estados Unidos causando graves problemas a la economía norteamericana y una reflexión sobre la importancia geoestratégica del petróleo. El miedo a un conflicto nuclear y las pérdidas económicas por parte de Estados Unidos llevaron a preparar negociaciones de paz. En 1974, presionados por la URSS y también por Estados Unidos, se firmó una resolución de la ONU de alto el fuego entre las tres naciones. Sin embargo todos sabían que era una tregua y que las hostilidades no tardarían en comenzar. Kissinger realizó en 1974 numerosos viajes a las capitales árabes y a Israel logrando, tras duras negociaciones, que los israelíes procedieran a su retirada parcial del canal de Suez y también del territorio sirio. Fue una gestión diplomática que inició el acercamiento entre Egipto y Estados Unidos.

EL ESTADO RESQUEBRAJADO: WATERGATE

La política interior de Nixon estaba dirigida a reducir la presencia del Estado en el mundo económico, político, y social. Defendiendo una política claramente republicana intentó frenar las medidas contra la segregación escolar de la anterior administración demócrata. Para evitar que las minorías se aislasen, los estudiantes eran trasladados a colegios de diferentes barrios en autobuses públicos. Así se evitaba la concentración de un grupo étnico en la misma escuela. El programa, impulsado por las Administraciones demócratas, había avanzado considerablemente y era difícil desmantelarlo. También redujo el presupuesto a muchos programas sociales impuestos durante los mandatos de Kennedy y de Johnson. Richard Nixon gobernaba para la "mayoría silenciosa" que, según el presidente, estaba integrada por miembros de familias de clase media, preocupados más que por los grandes problemas sociales y políticos, por su propio bienestar y el de su familia y, según ellos, también por el de su nación. Las luchas de los diferentes grupos sociales, según los republicanos, sólo creaban malestar y dividían a la verdadera nación americana.

De todas las instituciones federales la más duramente criticada por la "mayoría silenciosa" fue el Tribunal Supremo. Según los nuevos conservadores americanos muchas de las decisiones del Alto Tribunal durante la presidencia del juez Earl Warren (1953-1969) trajeron desorden e incrementaron la inestabilidad social. Así en la sentencia *Engel v. Vitale* (1962), el Alto Tribunal afirmó que el rezo en la escuela pública era anticonstitucional. Para la mayoría silenciosa esta sentencia atentaba contra uno de los cimientos de Estados Unidos. En *Escobedo vs. Illinois* (1964) el Tribunal Supremo consideró que los detenidos tienen derecho a un abogado antes de ser interrogados por la policía. Y ello, para muchos críticos, entorpecía la labor policial y hasta judicial en un momento de desorden. Quizás la sentencia más contestada por los conservadores fue *Miranda vs. el estado de Arizona* (1966), en la que el Alto Tribunal dio la razón a la American Civil Liberties Union al sentenciar la obligatoriedad de informar de sus derechos a cualquier sospechoso de haber cometido un delito. Ernesto Miranda se había autoinculpado de los de rapto y de violación de una adolescente. Su abogado defensor arguyó que no había sido informado de su derecho a gozar de asistencia legal durante los interrogatorios. Pero fue la American Civil Liberties quién apeló la sentencia de culpabilidad ante el Tribunal Supremo. El Surpremo sentenció, por cuatro votos contra tres, a favor de Miranda. Según la sentencia definitiva, Miranda se había declarado culpable porque no había sido informado de sus derechos. La sentencia del Supremo estuvo acompañada de una investigación exhaustiva de las prácticas policiales en Estados Unidos. "La interrogación bajo custodia exige un respeto minucioso de la libertad individual para contrarrestar la debilidad de los individuos", sentenció el Tribunal Supremo presidido por Warren.

Según el presidente Nixon no todos los norteamericanos estaban de acuerdo con esta serie de sentencias tan respetuosas con los derechos civiles. La "mayoría silenciosa" prefería el orden y la tranquilidad y aunque partidaria de concluir con la segregación y con las injusticias causadas por las diferencias culturales y sociales, creía que el cambio debía producirse de forma gradual. Su deseo era el de introducir, recordemos que es el ejecutivo quién nombra a los jueces del Tribunal Supremo, jueces más afines a esa mayoría, más conservadores y con otros valores. En 1969, nada más llegar a la presidencia, una primera oportunidad, la renuncia del presidente del Tribunal, Earl Warren, le permitió nombrar a Warren Earl Burger, hasta entonces juez del Tribunal Federal de Apelaciones, que era considerablemente más conservador, como presidente del Tribunal Supremo. El surgimiento de otra vacante, tras la renuncia de Abe Fortas, le permitió nombrar al conservador Clement F. Haynsworth. El nombramiento fue muy contestado por organizaciones a favor de los derechos civiles. Haynsworth no obtuvo la necesaria ratificación del Senado. A partir de ese momento, Nixon mantuvo la larga tradición de los presidentes estadounidenses de buscar un equilibrio entre partidos y minorías en sus nombramientos para el Tribunal Supremo.

En 1973, el experto presidente Nixon dimitía creando una sensación profunda de crisis. Los valores históricos americanos habían sido socavados. El miedo invadía otra vez a la nación. La figura del poder ejecutivo sufrió rápidos cambios en la presidencia de Franklin Delano Roosevelt. El presidente, como en otro lugar señalamos, incrementó mucho su poder durante el New Deal y la Segunda Guerra Mundial. Esa tendencia la habían continuado otros presidentes. Pero, además, la Guerra Fría contribuyó a introducir nuevas y peligrosas tácticas de espionaje y control, que dependían del poder ejecutivo y que a veces rayaban en lo ilegal. Las mismas tácticas se habían utilizado contra las organizaciones vinculadas a la lucha por los derechos civiles en los años sesenta. Los nuevos y revolucionarios medios de comunicación y el incremento del consumo hacía que el presidente estuviera mucho más presente en los hogares americanos que en los anteriores mandatos presidenciales.

El 17 de junio de 1972 la policía arrestaba a cinco empleados de la campaña por la reelección de Nixon mientras entraban, de forma clandestina, en el edificio Watergate de Washington que era el cuartel general del Partido Demócrata. Este arresto condujo al mayor escándalo político de la historia de Estados Unidos. Los cinco detenidos trataban de "pinchar" los teléfonos de los dirigentes demócratas para conocer la estrategia de su campaña presidencial. También habían sustraído otros documentos. Los detenidos formaban parte de "los fontaneros", un grupo especial creado durante la presidencia de Nixon por la Casa Blanca, para "reparar" las filtraciones o fugas políticas de forma rápida y eficaz, y vigilar a los opositores "antipatriotas" a la presidencia. Era un grupo muy heterogéneo integrado por veteranos anticastristas, que habían participado en el fallido desembarco de bahía de Cochinos, y por antiguos agentes de la CIA y del FBI. El grupo detenido estaba dirigido por G. Gordon Liddy que, además de miembro de la extrema derecha norteamericana, era conocido por escribir novelas de espionaje de dudosa calidad, y por el antiguo agente de la CIA, E. Howard Hunt. Los dos trabajaban para la campaña electoral de Nixon y recibían un sueldo de la Casa Blanca. Sólo cinco días después de la detención, el presidente Nixon afirmó que el asunto "estaba bajo investigación (…) por las autoridades adecuadas", y que la Casa Blanca era ajena a este "incidente particular". La mayoría del pueblo estadounidense creyó al presidente. En las elecciones de 1972 el presidente fue reelegido, como hemos señalado, por una amplia mayoría. Sin embargo las investigaciones continuaron. Dos reporteros del *Washington Post*, Robert Woodward y Carl Bernstein, perseveraron en la investigación e insistieron en publicar artículos en su periódico sobre la implicación de la Casa Blanca en el asunto Watergate.

Presionado para ahondar en las indagaiones, el Senado de Estados Unidos nombró un Comité para investigar "las actividades de las Campañas electorales presidenciales" que estaba dirigido por el senador J. Ervin. En mayo de 1973 se iniciaron los interrogatorios televisados a testigos. Nixon atendió al clamor popular y nombró a un fiscal especial: Archibald Cox, jurista de gran prestigio y profesor de la Universidad de Harvard, para investigar en profundidad el caso.

Pero el círculo se estrechaba. Tanto el jefe de personal de Nixon, H.R. Haldeman, como John D. Ehrlichman, asistente jefe para asuntos internos, dimitieron en 1973 por estar relacionados con el Watergate. También Nixon despidió a su consejero John Dean. Pero todavía el presidente insistía en su inocencia. "Está claro que actividades (…) ilegales ocurrieron en la Campaña (…) pero ninguna (…) bajo mi conocimiento o aprobación", afirmaba Nixon el 22 de mayo de 1973. Las investigaciones revelaron muchas otras irregularidades. El presidente Nixon, según las declaraciones de testigos citados, había ordenado al Servicio Secreto la instalación de cintas en el despacho Oval de la Casa Blanca y también en otros lugares. Todas las conversaciones presenciales y telefónicas se grababan y se archivaban. Eran, según Nixon, fuentes "históricas". Las cintas fueron reclamadas, primero, por el presidente del Comité del Senado, el senador Ervin. También las reclamó el fiscal especial Archibald Cox y el juez J. de Chirica del juzgado del Distrito Federal. Nixon se negó a proporcionarlas aludiendo a su inmunidad presidencial. Pero las presiones aumentaban y Nixon se ofreció a presentar un resumen del contenido de las cintas. Ahora los que rechazaban la propuesta eran los investigadores.

En octubre de 1973, el presidente ordenó al fiscal general, Elliott Richardson, que cesase a Archibald Cox. La actitud del fiscal fue implacable con el presidente: presentó su propia dimisión. William Ruckelshaus también dimitió. Pero era obvio que el presidente estaba solo y desconcertado. Cuando Nixon por fin accedió a entregar las cintas faltaban algunas y además había muchas lagunas en otras. Aún así su culpabilidad era patente.

El Comité Judicial de la Cámara de Representantes envió a la Casa Blanca, el 30 de junio de 1974, una triple acusación que permitía la apertura del proceso del *Impeachment* presidencial siguiendo lo establecido en la Constitución de Estados Unidos. Recordemos que la Constitución afirma: "El presidente, vicepresidente y todos los altos funcionarios de los Estados Unidos serán expulsados de sus cargos por (…) traición, soborno, y otros altos delitos o faltas…". Al presidente Nixon se le acusaba de obstrucción de la justicia; de abuso de poder; de violentar el juramento presidencial; y de pervertir el sentido de la Constitución de Estados Unidos al no comparecer en ocho ocasiones ante la justicia, con la intención de bloquear el posible *Impeachment*. Demostrando que sí conocía la Constitución, Nixon presentó su dimisión el día 8 de agosto de 1974. Era la primera vez en la historia de Estados Unidos que dimitía un presidente. Había evitado el *Impeachment*. Ya no estaba al servicio de la nación. Sin embargo Nixon estaba, como ciudadano estadounidense, sometido a la jurisdicción ordinaria.

El interludio Carter

También el vicepresidente de Nixon había dimitido. Antes del escándalo de Watergate, el 11 de octubre de 1973, Spiro Agnew dimitió. Agnew fue acusado de aceptar sobornos de constructores no sólo como gobernador de Maryland sino también como vicepresidente de Estados Unidos. Su sucesor, Gerald Ford, fue elegido siguiendo lo establecido en la Vigésimo Quinta Enmienda de la Constitución. "Si existiese una vacante en la (…) vicepresidencia (…) el presidente nominará a un vicepresidente que ocupará el cargo tras la confirmación de una mayoría de votos de las dos cámaras del Congreso". Ford era un veterano representante en la Cámara Baja por el Estado de Míchigan y tenía fama de conciliador. Y fue esa la razón de su ascenso a la vicepresidencia.

Tras la dimisión de Richard Nixon y la llegada a la presidencia del vicepresidente Gerald Ford (1974-1977), éste designó como nuevo vicepresidente a Nelson A. Rockefeller que había sido gobernador de Nueva York. Era la primera vez en la historia de la nación que ni el presidente, ni el vicepresidente habían sido elegidos por el pueblo americano. Y fueron muy conscientes de ello.

En principio, los estadounidenses parecían satisfechos con el nuevo presidente que, sin grandes ambiciones, daba la imagen de honestidad. Sin embargo una de sus primeras medidas, el perdón a Nixon, no fue del todo comprendida. "En virtud de los poderes que la Constitución me otorga (…) garantizo a Richard Nixon un completo, absoluto, y libre perdón por todas las ofensas cometidas (…) contra Estados Unidos", afirmaba el decreto de Gerald Ford. Esta actitud fue justificada como un intento de frenar rencores y de alejarse de la sensación de crisis institucional. Al perdón presidencial le siguió la clemencia, que no la amnistía, con determinadas condiciones, para los desertores de la guerra de Vietnam. Gerald Ford quería agradar a todos. Pero sus medidas fueron polémicas. Muchos americanos comenzaron a dudar. Pensaron que de nuevo había existido algún contacto previo y relaciones poco claras entre Nixon y Ford.

Tampoco fue muy exitosa la política exterior del presidente. Dejando como secretario de Estado a Henry Kissinger, las líneas generales de Nixon se mantuvieron. Quería avanzar en la distensión con la Unión Soviética e impulsar el acercamiento a China, a Japón, y a Europa Occidental para lograr la multipolaridad. Sin embargo las cosas se complicaron. El presidente Ford viajó mucho. A la Unión Soviética, a Japón, a Corea del Sur. A pesar de sus buenas intenciones los asuntos eran difíciles.

Angola, colonia africana portuguesa, logró su independencia con apoyo de la Unión Soviética incrementando el área de influencia soviético en África. En 1975 Camboya apresó a un barco mercante norteamericano, el *Mayagüez*, que navegaba cerca de sus costas. Como la respuesta del gobierno camboyano a las protestas norteamericanas fue lenta, Ford ordenó el envió de 350 marines a la isla de Koh Tang creyendo que la tripulación norteamericana estaba recluida allí. También Estados Unidos bombardeó Camboya. El resultado de estas acciones, para muchos desmedidas, no fue bueno. Sufrieron los camboyanos y también los marines. Unos quince muertos, tres desaparecidos y más de cincuenta heridos entre los asaltantes fue un balance que tanto la opinión pública norteamericana como la occidental consideraron desproporcionada. También en 1975 el Gobierno de Vietnam del Sur de Nguyen Van Thieu cayó y todo el territorio fue ocupado por el régimen comunista de Vietnam del Norte. El dolor vietnamita y norteamericano de nada había servido. A Estados Unidos sólo le quedaba la ayuda humanitaria. El presidente Ford admitió a 140.000 refugiados del Vietnam del Sur. Muchos se han transformado en ciudadanos estadounidenses. Pero un sentimiento de desolación recorría Estados Unidos.

En las elecciones de 1976 la ciudadanía estadounidense sabía que era el momento de un cambio de rumbo. Gerald Ford logró vencer en las primarias al otro gran candidato republicano, el gobernador de California Ronald Reagan, y fue nominado candidato a la presidencia por su partido. Sin embargo estaba claro que había llegado la hora de los demócratas.

James Earl Carter, "Jimmy" Carter, un antiguo oficial de la armada y entonces un brillante hombre de negocios y propietario de granjas dedicadas al cultivo de cacahuetes, se presentó a sí mismo como una buena alternativa. Aunque había sido gobernador del Estado de Georgia, entre 1971 y 1975, se definió como alguien que no provenía del mundo enrevesado de la política norteamericana. Y convenció a todos de que sólo alguien como él "limpiaría" la vida pública de Estados Unidos. "Nunca os mentiré" fue su frase favorita separándose así de Nixon y de su "clemente" sucesor Gerald Ford. De todas formas el triunfo de Jimmy Carter (1977-1981) en las elecciones presidenciales no fue apabullante. Además sólo acudió a las urnas un 53 por ciento de ciudadanos norteamericanos.

La política interna de Carter pronto se dibujó de forma nítida. Una de sus primeras medidas fue la creación de dos nuevos ministerios. El de Energía, en 1977, y el de Educación, en 1979. Estos dos asuntos eran prioritarios para el nuevo presidente. También para aliviar el "trauma" vietnamita el presidente amplió el perdón que había concedido Ford a otros 100.000 desertores de la guerra del Vietnam. Pero los problemas económicos de Estados Unidos eran cada vez mayores. En 1979 en Irán, el gran aliado de Estados Unidos, el sha de Persia, debía huir y en su lugar un régimen fundamentalista islámico liderado por el ayatolá Jomeini, imponía con mano de hierro los principios literales del Corán. Una de sus primeras medidas fue la nacionalización de la explotación petrolífera. Mientras los nuevos gobernantes de Irán aplicaban su política, el petróleo iraní dejó de cotizar.en los mercados mundiales. La escasez hizo que todos los precios relacionados con el petróleo subieran rápidamente. Frente a la crisis, Jimmy Carter formuló una serie de propuestas al Congreso de Estados Unidos. La primera era la de independizar a Estados Unidos de la Organización de Países Exportadores de Petróleo (OPEP). Después el presidente propuso un programa de desarrollo de la energía solar, hidráulica, y nuclear. Muchas de estas iniciativas no recibieron el apoyo necesario del Congreso. Tampoco entendieron bien los congresistas conservadores la transformación de una superficie inmensa, superior a la del Estado de California, en Alaska en zona protegida. A través de la Alaska National Interest Lands Conservation Act, que sí fue aprobada por el Congreso, Carter demostró su gran preocupación por el medio ambiente. En su mandato se produjeron nombramientos de mujeres y representantes de otras minorías para diferentes cargos judiciales.

La misma preocupación por el equilibrio y la armonía caracterizaron sus intervenciones en política internacional pero muchas fracasaron. Tuvo éxito al lograr que el Senado ratificase los Tratados de Panamá de 1978, en donde se establecía que en 1999 el canal y su administración serían devueltas a la república de Panamá. Las razones para esta postura de Estados Unidos eran sencillas. Desde que en 1903 la provincia colombiana de Panamá se transformó en una república independiente cuya primera acción fue permitir la construcción del canal, todas las intervenciones norteamericanas en Panamá fueron poco populares. Carter consideraba que era una medida importante devolverle a Panamá toda su soberanía. Y no se equivocaba. La presencia norteamericana en el canal no sólo ofendía a los panameños. Para muchos centroamericanos era la muestra palpable del imperialismo estadounidense. Pero había otros problemas.

En 1977 ya se habían librado tres guerras entre Israel y sus vecinos árabes. Ese mismo año el presidente de Egipto Anwar el-Sadat aceptaba una invitación para visitar Israel. En un memorable discurso frente al Parlamento israelí, Sadat reflexionó sobre la necesidad de buscar la paz. Carter consideró que el momento de la negociación había llegado e invitó a Anwar el Sadat y al presidente de Israel, Menachen Begin, a su retiro de Camp David en las montañas de Maryland. En los Acuerdos de Camp David, Egipto reconoció a Israel y ésta prometió la devolución de la península del Sinaí antes de que finalizase el año 1982. Aunque la violencia y el asesinato de Anwar el Sadat, en 1981, ensombrecieron los acuerdos, el esfuerzo del presidente norteamericano por encontrar la paz siempre ha sido reconocido. Pero no toda la política exterior de Jimmy Carter fue aplaudida.

La política pragmática de Nixon, Ford, y del secretario de Estado Henry Kissinger fue reemplazada por una política, que, para muchos historiadores, fue moralista y contradictoria. La defensa de los derechos fundamentales, que quedó clara en su discurso inaugural, sería el hilo conductor de toda la actividad de Jimmy Carter. Así condenó a la Unión Soviética por la dureza con los disidentes. Pero intentó, a su vez, distendir las relaciones con la URSS. Presentó ante el Senado para su ratificación el tratado SALT II, negociado entre Leonidas Brezhnev y el propio Carter, que limitaba el desarrollo de las armas nucleares. No lo consiguió. La invasión de Afganistán, por parte de la Unión Soviética en 1979, paralizó los debates en el Senado y dificultó mucho las relaciones entre las dos grandes potencias.

Las razones esgrimidas por la URSS para invadir Afganistán fueron su presumible temor a una intervención de Pakistán y de China para derrumbar al gobierno pro soviético de Kabul. La guerrilla se oponía con fuerza al Gobierno y sólo la ocupación soviética garantizaba su continuidad. El interés estratégico y económico de Afganistán era obvio. Estados Unidos vio el control soviético como una amenaza para el golfo Pérsico y sus recursos petrolíferos. Carter actuó con rapidez. Primero envió fuerzas navales al golfo Pérsico y declaró que era un área vital para Estados Unidos. Después ordenó un embargo al cereal soviético, el cierre de sus oficinas consulares, y limitó la presencia de barcos pesqueros soviéticos en aguas norteamericanas. Además inició una ayuda secreta a la guerrilla insurgente de los "muyaidines".

Todavía fueron más difíciles las relaciones con el Irán del ayatolá Jomeini. El 4 de noviembre de 1979, poco después de que el shah entrase en Estados Unidos para ser tratado de cáncer, un grupo muy numeroso de manifestantes ocupaba la embajada de Estados Unidos en Teherán y convertía en rehenes a más de 52 personas. Las protestas del presidente Carter, frente a esta violación del derecho internacional, fueron claras pero Jomeini sólo respondió que se sentía incapaz de controlar a los ocupantes. Todos los esfuerzos del presidente Carter y de Naciones Unidas para garantizar la seguridad de los rehenes fueron ineficaces. Los rehenes estuvieron casi un año encerrados en la embajada con el temor de ser asesinados. La popularidad de Carter tanto dentro de Estados Unidos como en el escenario internacional era cada vez menor.

Para muchos norteamericanos el político de Georgia había fracasado. Su índice de popularidad al final de su mandato fue el más bajo de la historia presidencial de Estados Unidos hasta la segunda presidencia de George W. Bush. En las primarias demócratas de 1980 Carter tuvo un rival difícil, el senador Edward Kennedy. Sin embargo Jimmy Carter logró imponerse. El candidato por el Partido Republicano fue Roland Reagan que siempre había sido considerado por la mayoría del pueblo americano como un reaccionario temible. Pero las cosas habían cambiado y los discursos también. Reagan ganó las elecciones con un 51 por ciento de los votos frente al 41 por ciento de Carter. El día en que Reagan pronunció su discurso inaugural se produjo, tras arduas negociaciones lideradas por Carter, la liberación de los rehenes de Irán. El ayatolá Jomeini aceptó varios billones de dólares. Irán necesitaba fondos para su guerra contra Irak.

La formulación del neoconservadurismo: la era Reagan

Historiadores como Sean Wilentz resaltaban en el año 2008 que los últimos 38 años de la historia de Estados Unidos habían estado marcados por una era de conservadurismo. Si bien Carter y Clinton llevaron aires demócratas a la Casa Blanca sólo fueron pequeñas interrupciones en un avance sin precedentes de la llamada nueva derecha americana.

Muchos analistas consideran que el movimiento conservador no habría alcanzado tanta fuerza e importancia en Estados Unidos si no llega a ser por la emblemática figura de Ronald Reagan.

Ronald Reagan había nacido en 1911 en Tampico, Illinois. Era hijo de un padre alcohólico que muchas veces perdía el trabajo, Jack Reagan, y de un ama de casa cristiana fundamentalista, Nelle, que hizo un esfuerzo ingente por mantener a la familia unida. Todos sus hijos fueron miembros de la Iglesia cristiana de los Discípulos de Cristo, creada por Thomas y Alexander Campbell en la región de los Apalaches a finales del siglo XIX. Los traslados de la familia fueron continuos por los despidos laborales del padre. Sin embargo la familia logró encontrar alguna tranquilidad en Dixon bajo el paraguas del New Deal de Roosevelt. Jack Reagan encontró un empleo estable en el programa Works Progress Administration. Para muchos fue la dureza de estos primeros años de su niñez lo que marcó la fortaleza y tranquilidad política de Reagan.

Reagan fue el hombre de mayor edad en la historia de Estados Unidos en alcanzar la presidencia, tenía 70 años al iniciar su primer mandato y 74 el segundo. Tenía además una personalidad muy cálida y era un poderoso comunicador. Hizo un gran esfuerzo por transformarse a sí mismo de un estudiante de una pequeña universidad del Medio Oeste, Eureka College, a actor conocido de Hollywood. De ser un militante muy activo en el sindicalismo de izquierdas a transformarse en un conocido defensor de los valores de la derecha más conservadora y, como tal, en exitoso gobernador de California. Muchos pensaron que su calidad de actor le hacía vulnerable y que en realidad era una marioneta en manos de los grandes intereses del Partido Republicano. Pero no fue así. Ronald Reagan estaba acostumbrado a reinventarse a sí mismo y en esta nueva etapa de presidente conservador lo haría con un gran éxito popular.

En la década de los sesenta, durante las grandes movilizaciones sociales para ampliar los derechos civiles, parecía que la influencia religiosa en la vida pública norteamericana había concluido. Pero sólo en apariencia. En los años setenta, Estados Unidos vivió un renacer de la religiosidad parecido al que se produjo durante el Gran Despertar del siglo XVIII que tan duramente reaccionó contra el deísmo ilustrado. También fue similar al Segundo Gran Despertar que acompañó al romanticismo americano a mediados del siglo XIX. Fueron los cristianos evangélicos los que demostraron un mayor vigor y popularidad en este renacer del siglo XX. Los evangélicos habían demostrado su fuerza a finales de los cincuenta cuando fundamentalistas como Billy Graham comenzaron a atraer a verdaderas masas. En 1980, según el historiador Alan Brinkley, más de la tercera parte de los norteamericanos se declaraban cristianos "renacidos" –personas que habían establecido una "relación directa y personal con Jesús"–. Uno de los nuevos cristianos ya había ocupado la Casa Blanca, el demócrata Jimmy Carter. Si bien para Carter su nueva fe le había llevado a su política de búsqueda de un mayor equilibrio dentro de la sociedad americana, otros tuvieron una lectura muy diferente de lo que su nuevo ardor religioso implicaba. Coincidían, unos y otros, en que era necesario comprometerse y ser activos políticos. Pero la finalidad era discrepante. Gran parte de los votantes y muchos de los políticos de la Nueva Derecha americana formaban parte de estos "nuevos cristianos".

Sus principios morales les llevaron a una lectura política que defendía el alejamiento del estado de la vida pública y esto les hacía coincidir con los conservadores históricos. Uno de los primeros debates de esta Nueva Derecha, que tanto esgrimía los valores éticos, estuvo relacionado con el mundo del arte. Una exposición del fotógrafo neoyorquino Robert Mapplethorpe ofendió los valores morales evangélicos y católicos. Sus fotografías, con motivos homoeróticos, expuestas en la Corcoran Gallery de Washington, levantaron una enorme polémica entre la Nueva Derecha y los antiguos luchadores por la ampliación de derechos civiles.

El debate, al principio, se centró en el contenido de las exposiciones artísticas pero después afectó a las subvenciones públicas destinadas al mundo del arte y la cultura. Los nuevos conservadores no querían que el dinero público sufragase exposiciones que, según ellos, contribuían a "relajar" las costumbres del pueblo americano. Además trascendió los medios de comunicación y gracias a la acción de senadores republicanos conservadores, como Jesse Helms, se logró que el Senado prohibiese en septiembre de 1991 la subvención pública de las exposiciones de contenido "obsceno".

Pero la controversia fue mucho más allá. La Nueva Derecha era compleja. Además de los representantes de los grandes intereses económicos que defendían a ultranza la no intervención del estado en el mundo económico, se unieron ciudadanos de la clase media urbana y rural y también trabajadores menos favorecidos. Estos nuevos integrantes de la Nueva Derecha insistían sobre todo en los valores morales que, según ellos, siempre habían existido en Estados Unidos. Una de sus primeras manifestaciones fue la crítica del programa del feminismo histórico norteamericano. La Nueva Derecha se organizó activamente para abolir el derecho al aborto. La decisión del Tribunal Supremo en 1973, *Roe vs. Wade*, como ya hemos señalado, posibilitaba el aborto a las mujeres que lo desearan. Pero la oposición al aborto unió a numerosas personas. A los cristianos renacidos de la nueva derecha; a la Iglesia católica; a los mormones y a otros. El movimiento Derecho a la Vida cada vez cobraba más fuerza en Estados Unidos. Para ellos el aborto era sólo una faceta de los desastres del feminismo. La mujer había abandonado su "ser natural" y se había alejado de los valores tradicionales de madre y esposa. Las americanas cada vez tenían menos hijos y éstos además estaban solos. El Congreso nacional y también las legislaturas de muchos estados del Medio Oeste y del Sur comenzaron a limitar el derecho al aborto al prohibir las subvenciones públicas y otras ayudas. Muchas mujeres pobres no podían acceder al derecho regulado por el Alto Tribunal.

Reagan se presentó a sí mismo como un hombre que restauraría los valores americanos dentro y fuera de Estados Unidos. Apelando a los viejos valores de la religión, del patriotismo y de la familia, el primer presidente divorciado de la historia de Estados Unidos atrajo hacia sí todos los votos de la Nueva Derecha y de otros conservadores norteamericanos. Según su discurso, los valores americanos se habían visto amenazados por una permisividad extrema. Unas tasas de divorcio cada vez más altas, una escuela "humanista" y no religiosa, y una enorme permisividad moral hacía peligrar a Estados Unidos. La "mayoría moral" era cada vez más fuerte. "Es un magnífico sentimiento ser conservador estos días", afirmaba el senador Barry Goldwater en 1981, "Cuando participé en la carrera presidencial hace ahora diecisiete años me dijeron que yo estaba anticuado. Ahora todo el mundo me recuerda que yo me había anticipado a mi época". Y tenía razón. Se abría una larga etapa en Estados Unidos en la que los republicanos y sus presidentes defenderán el dominio de una política económica liberal, y por lo tanto caracterizada por el retraimiento del Estado de la vida económica, y a la vez propondrán una intervención estatal sin precedentes para apoyar y regular lo que para ellos eran "valores morales básicos" e inherentes al "ser" americano.

Su política económica fue clara. Un recorte en el gasto público, salvo el destinado a defensa que creció mucho durante su mandato. Ronald Reagan, además, era partidario de lo que él denominó "Nuevo Federalismo", que consistía en recortar las competencias del estado federal a favor de cada uno de los estados.

El primer presupuesto de Reagan contempló un recorte sin precedentes en los gastos destinados a los programas sociales. Una reducción de 1,1 billones de dólares en educación y la no inclusión de fondos para la educación especial fueron llamativos y muy contestados. También se recortó el apoyo a las grandes instituciones científicas y culturales. Así la National Science Foundation y la National Endowment for the Humanities vieron reducidos al máximo sus presupuestos. Además redujo el gasto en Sanidad Pública, y en las ayudas federales para los menos favorecidos. Reagan, en su lugar, otorgó ayudas a los Gobiernos estatales para que afrontaran programas educativos y sociales. Pero fueron ayudas mínimas.

Su programa "moral" fue el de la Nueva Derecha. Facilitó la introducción del rezo en las escuelas, favoreció a la enseñanza privada frente a la pública y no se interesó por los derechos civiles. Se opuso a la enmienda por la Igualdad de Derechos, a la educación sexual en las escuelas, y disminuyó el apoyo a organizaciones ciudadanas de larga tradición como la American Civil Liberties Union o la National Organization of Women. La insistencia del nuevo conservadurismo en la responsabilidad individual y en la retroacción del Estado afectó a todas la áreas. Si bien se recortaron los programas de reinserción social, la delicuencia, considerada como un problema individual, fue perseguida con enorme dureza. De todas las batallas, la más dura fue la guerra contra la droga. La imposición de penas bastante más tajantes disuadió a consumidores de clase media pero también reforzó la criminalización de traficantes y adictos. Se persiguieron con dureza otros delitos. Entre 1980 y 1995 el número de internos en las prisiones se triplicó a pesar de que los delitos con violencia no habían aumentado. Estados Unidos alcanzó una tasa de presos siete veces superior a la media europea.

La fuerza de los discursos y las políticas conservadores eran una realidad en la década de los ochenta. Algunos de los nuevos problemas fueron invadidos por valoraciones morales. El Síndrome de Inmunodeficiencia Adquirida, el SIDA, tardó mucho tiempo en ser definido con parámetros médicos. Cuando en 1982 se nombró a la enfermedad en Estados Unidos ya había habido fallecidos en África y también en California. Pero a partir de ese momento la enfermedad fue virulenta. Entre 1981 y 1986 unos 16.000 norteamericanos morían de SIDA. Pero la enfermedad se extendía con rapidez. En 1993 más de un un millón de norteamericanos estaban infectados por el virus. A la preocupación sanitaria se unieron otras. El SIDA aparecía con fuerza en los debates entre la Nueva Derecha y los demócratas. Aunque estaba claro que la enfermedad era un problema de todos y que todos podían contagiarse al haber atacado, sobre todo al principio, a la comunidad homosexual y a los drogadictos se produjo una visión apocalíptica de la misma por parte de los extremistas de la derecha.

Hacia el final de la Guerra Fría

De la misma forma que Reagan abogó por restaurar los valores "americanos" en el seno de Estados Unidos, también quiso devolver a Estados Unidos su liderazgo en el escenario mundial. Revivió el discurso patriótico de la Guerra Fría e insistió en intervenir militarmente allí donde la "democracia" peligrara. En 1983 en un discurso frente a la National Association of Evangelicals definió a la Unión Soviética como "un imperio demoniaco (…) el centro del demonio en el mundo moderno".

Pero no fueron sólo palabras. Para materializar su programa en política exterior aumentó el presupuesto militar de Estados Unidos e insistió en la necesidad de instalar armas nucleares en Europa. Uno de sus programas más queridos fue el llamado Strategic Defense Inciative (SDI), que proponía la creación de un sistema defensivo espacial utilizando misiles nucleares. Popularmente conocido como la "Guerra de las Galaxias", el programa fue criticado por su coste y también para muchos por su desmesura. Reagan insistía en que a través de un complejo sistema de láseres y satélites se podría crear un escudo para proteger a Estados Unidos de presumibles ataques nucleares.

También retomó la idea del apoyo a los anticomunistas en cualquier parte del mundo al margen de que los regímenes contra los que luchasen fueran o no aliados de la Unión Soviética. La Doctrina Reagan supuso un nuevo activismo norteamericano en América Latina. La primera acción fue en la pequeña isla de Granada en 1983. Los marines norteamericanos intervinieron en la isla caribeña, seis días después del asesinato del presidente prosoviético y amigo de Fidel Castro, Maurice Bishop. Los 7.000 soldados americanos no encontraron resistencia en esta pequeña nación de 244 kilómetros cuadrados y lograron imponer un régimen afín a Estados Unidos.

Estas acciones unilaterales fueron más difíciles en naciones de mayor tamaño y más complejas como El Salvador y Guatemala. En El Salvador Estados Unidos apoyó un régimen corrupto y represivo para evitar la llegada al poder de la izquierda revolucionaria. La ayuda norteamericana a El Salvador pasó de seis millones de dólares en 1980 a 82 en 1982. Pero la violencia en El Salvador aumentaba. Los Escuadrones de la Muerte, con apoyo de militares afines al régimen, asesinaron y torturaron a miles de ciudadanos entre ellos al arzobispo católico Óscar Romero mientras oficiaba misa en la capilla del Hospital de la Divina Providencia. El surgimiento del Frente Farabundo Martí para la Liberación Nacional (FMLN) de ideología revolucionaria hizo estallar una auténtica guerra civil entre 1980 y 1992.

Ronald Reagan declaró, nada más alcanzar la presidencia, que el Frente Sandinista, en el poder en Nicaragua desde 1979, "constituía una inusual y extraordinaria amenaza a la Seguridad Nacional". En 1981 Ronald Reagan daba vía libre al plan de la CIA de invertir más de diecinueve millones de dólares para reforzar a la Contra. Para Reagan, los sandinistas estaban ayudando a los grupos prosoviéticos que actuaban en toda Centroamérica. La CIA comenzó a suministrar armas y también a entrenar a los Contras. En 1984 se destapó un gran escándalo al hacerse público que la CIA había minado muchos puertos nicaragüenses y además mantenía su apoyo a las acciones de extrema violencia de los Contras. Los debates en el Congreso eran cada vez más frecuentes y para muchos esta política agravaba el problema de la violencia en lugar de solucionarla. En 1982 el presidente Reagan aceptó una enmienda del Congreso en el Proyecto de Ley de Defensa, auspiciada por el representante demócrata Edward Boland, prohibiendo que la tanto CIA como el Pentágono suministrasen ayuda militar o armamento a cualquier grupo cuya finalidad fuera la de derrocar al gobierno nicaragüense. El debate siguió abierto en el Congreso hasta el final de la presidencia de Reagan.

Pero Ronald Reagan fue ante todo un político pragmático y su anticomunismo se moderó en su segundo mandato.

En las elecciones de 1984 Reagan se presentó con George H.W. Bush como vicepresidente. La Convención demócrata denominó al vicepresidente de Jimmy Carter, Walter Mondale, y a la congresista por Nueva York Geraldine Ferraro. Era la primera vez que una mujer era candidata a la vicepresidencia de Estados Unidos por uno de los dos grandes partidos. Sin embargo los demócratas estaban muy divididos. La carrera hacia la candidatura demócrata había sido muy dura y algunos votantes preferían a candidatos que habían quedado en el camino. El reverendo Jesse Jackson tenía el apoyo de la comunidad afroamericana. Otros se mantenían fieles al implacable Gary Hart. La victoria, de nuevo, fue para el candidato republicano Ronald Reagan que a pesar de sus 74 años mostraba una gran vitalidad y fuerza. Logró un 59 por ciento del voto popular.

Pero su política exterior fue mucho más moderada en este segundo mandato. El primer cambio se produjo en las relaciones entre Estados Unidos y la Unión Soviética. En 1985 Mijail Gorbachov llegó al poder en la Unión Soviética e introdujo una serie de cambios tanto en el interior como en la política exterior de la URSS. En política interna proclamó el *glasnot* o apertura, y la perestroika o reestructuración. En política exterior apostó por la distensión. También fue importante el nombramiento de George Shultz como secretario de Estado de Estados Unidos en lugar del general Alexander Haig. Y para muchos la calidez y el pragmatismo de Reagan también facilitaron el acercamiento entre las potencias. Los dos altos dirigentes, Reagan y Gorbachov, celebraron varias reuniones.

La primera fue en Ginebra en 1986. La segunda en Islandia, en Reikiavic, en 1986. Aunque estas dos primeras reuniones concluyeron sin acuerdos significativos era cierto que existió un compromiso de reducción de las armas nucleares en Europa. Más significativo, por el mensaje de normalidad de las relaciones entre las dos potencias, fueron las reuniones de Washington, en diciembre de 1987, y la de Moscú en 1988. La llegada de Gorbachov a Washington fue seguida con gran expectación por la sociedad civil americana. En el encuentro se firmó el Tratado de Washington entre los dos mandatarios prohibiendo los misiles nucleares de alcance corto e intermedio. En total se retiraron 2.611. En Moscú Gorbachov y Reagan confirmaron el tratado.

Otras actitudes de Reagan fueron más polémicas. En 1986 la escalada de violencia en Oriente Próximo parecía imparable. La utilización de terrorismo islámico y la violencia del ejército israelí, hacía la vida más difícil a la población civil. Para muchos el terrorismo tenía un gran apoyo en Muammar al-Gaddafi que gobernaba, desde 1969, Libia. Gadaffi pronto fue objetivo de la Doctrina Reagan. El presidente ordenó un ataque aéreo sobre Libia para derrocar al mandatario. La hija adoptiva de Gaddafi, Jana, murió en el bombardeo pero Gaddafi salió ileso. La opinión pública internacional y también parte de la clase política de Estados Unidos criticaron con fuerza esa nueva acción presidencial.

El final del mandato de Ronald Reagan se vio enturbiado por un asunto que recordó a los americanos el difícil periodo de Watergate.

El Irangate estalló al publicar un periódico libanés, *Al Shiraz*, en 1986 que Estados Unidos estaba vendiendo armas a Irán, entonces en guerra con Irak, a cambio de la liberación de rehenes. Era cierto que un día antes de la visita secreta del consejero de Seguridad Nacional Robert McFarlane, un rehén estadounidense en manos iraníes, David P. Jacobsen, secuestrado en 1985, había sido liberado pero todavía quedaban en Beirut seis rehenes más. Todo hacia presagiar que existía un trato de "armas por rehenes". El problema era que Reagan afirmó públicamente que nunca negociaría con los terroristas. Pero este primer escollo pronto se complicó. Parecía que el dinero obtenido por la venta de armas al "enemigo" iraní servía para financiar el apoyo de la CIA a los Contras nicaragüenses. Esta secreta e ilegal desviación de fondos las llevó a cabo, con conocimiento de sus superiores, el teniente coronel Oliver North. Pero todavía había más. Parecía que los cárteles de la droga estaban también implicados en estas operaciones secretas.

Las dos cámaras del Congreso crearon comités de investigación y como primera decisión resolvieron actuar conjuntamente y que las sesiones fueran televisadas. Sus conclusiones fueron muy graves. Según el Congreso, el Gobierno de Estados Unidos proporcionó financiación a la Contra nicaragüense. Al actuar de forma secreta e ilegal, puesto que estaban violando el acuerdo del Congreso de no financiar a la Contra, buscaron fondos de forma también poco ortodoxa. No sólo desviaron partidas y vendieron armas sino que también pidieron "préstamos" a Arabia Saudita, a Brunei y a otros "amigos". El Congreso además consideró que "fue la política del presidente y no una acción aislada de North (…) vender armas secretamente a Irán y mantener a los Contras", afirmaba el informe involucrando a Reagan.

La popularidad de Reagan había caído con rapidez. Su calidez y cercanía aparecían a ojos de muchos como incompetencia y hasta inmoralidad. A finales de 1986 sólo un 46 por ciento de los norteamericanos apoyaba de alguna manera la gestión del presidente republicano.

EPÍLOGO

Uno de los hechos más sorprendentes de los discursos de los candidatos a la presidencia de Estados Unidos en las elecciones de 2008 es la discrepancia sobre lo que es y ha sido América. Y esas diferencias se apreciaron con mayor nitidez en el enfrentamiento de los dos candidatos a la vicepresidencia. La republicana Sarah Palin y el demócrata Joe Biden representaron a la perfección estas dos visiones antagónicas. Mientras que la candidata republicana recuperaba los valores de los mandatos conservadores como el del excepcionalismo de Estados Unidos, y el modelo que para el mundo suponía la forma de vida americana, Biden evocaba a la razón, al sentido común, y al equilibrio para alejarse de la inmensa crisis que atravesaba Estados Unidos en los últimos días de la presidencia de George Bush. Emoción, sentimiento, y reconstrucción del pasado frente a razón, argumentos, y autocrítica. Además, mientras que Sarah Palin utilizaba expresiones comunes a las clases medias bajas y trabajadoras, Biden se expresaba en una lengua precisa y culta. Palin, con un lenguaje llano, buscaba el voto de los trabajadores que se sentían ignorados por la reciente política de Washington. Fueron dos formas muy diferentes de afrontar una de las mayores crisis de la historia de Estados Unidos.

Sólo el camino recorrido por Estados Unidos durante las dos últimas décadas del siglo XX explican las profundas diferencias entre los republicanos y los demócratas en la campaña presidencial del año 2008.

Las elecciones de 1988 fueron anodinas. Estados Unidos había sufrido con un escándalo político de envergadura y la clase política permanecía en silencio. Los republicanos nominaron como candidato presidencial al vicepresidente de Reagan, George H.W. Bush (1924) y los demócratas a Michael Dukakis. El triunfo fue para el republicano Bush que había nominado como vicepresidente a J. Danforth Quayle, un senador conservador que para muchos era más conocido por su afición al golf que por su trabajo en la Cámara Alta, agradando así a los conservadores de su partido. De todas formas la participación de la ciudadanía fue muy baja. La menor en unas elecciones presidenciales desde 1924.

George H.W. Bush era un político experto. Nacido en Nueva Inglaterra, en el seno de una familia de larga tradición política, su padre fue el senador Prescott Bush, comenzó su carrera muy pronto. Tras combatir en la Segunda Guerra Mundial estudió en la Universidad de Yale. Antes de llegar a la vicepresidencia había sido embajador de Estados Unidos ante la Organización de Naciones Unidas y director de la Central Intelligence Agency –CIA—. Todos lo consideraban un gran conocedor de la política exterior estadounidense.

Bush es "Reagan con agua", afirmaban muchos republicanos conservadores del nuevo presidente y tenían razón. Más experto y menos carismático que Ronald Reagan, el discurso político de Bush tenía más matices. Con un claro acento de Nueva Inglaterra y prometiendo una nación "más amable y educada" no vetó la Ley de Derechos Civiles de 1991 y apoyó un incremento del salario mínimo. Aunque Bush había acercado posiciones con los republicanos más derechistas, criticando el control de armas y el aborto, y apoyando firmemente la pena de muerte nunca fue reconocido como uno de ellos. Quizá lo que más le enfrentó a algunos sectores republicanos fue el aumento de los impuestos violando uno de los lemas más queridos por los conservadores: "No a los nuevos impuestos". La dureza de los ataques de su propio partido a su política económica fue, para algunos historiadores, el motivo de que Bush no tomase medidas en política interior que para muchos eran necesarias. Efectivamente Bush se preocupó sobre todo de la política exterior. Fue durante su presidencia cuando se produjo la caída del bloque comunista causando en el marco de las relaciones internacionales un cambio sin precedentes desde la Segunda Guerra Mundial.

Las reformas de Gorbachov en la Unión Soviética, como señalamos en el capítulo anterior, desataron cambios en la Europa del Este. En Polonia, en 1988, el gobierno del general Jaruzelski se vio forzado a negociar con el sindicato Solidaridad lo que implicó un proceso de transición hacia la democracia que concluyó con la llegada del dirigente de

Solidaridad, Lech Walesa, a la presidencia en 1990. En Hungría la reforma se hizo desde el comunismo. En 1988 János Kádár fue expulsado y en 1989 los partidos políticos fueron legalizados. Ese mismo año se aprobó una Constitución democrática. Además, la decisión de abrir la frontera entre Hungría y Austria posibilitó a muchos, sobre todo alemanes de la Alemania Democrática, huir hacia la República Federal de Alemania. En Checoslovaquia, Rumanía, y Bulgaria una eclosión de manifestaciones obligaban a dimitir a los gobiernos comunistas. Frente a este proceso, algunos dirigentes comunistas como Erich Honecker, presidente de la República Democrática de Alemania, se plantearon la solución represiva pero enseguida vieron que la actitud del dirigente soviético Gorbachov era la de no intervenir militarmente.

Gorbachov consideraba que los países del bloque comunista debían iniciar las reformas que había impuesto en la Unión Soviética. La posición soviética ayudó a acelerar el proceso. El gobierno pro soviético de Honecker caía en 1989 y también lo hacía el muro de Berlín. Alemania iniciaba el camino hacia la reunificación. Yugoslavia se desintegraba resurgiendo graves problemas étnicos en los Balcanes. Estonia, Letonia, y Lituania abandonaban la Unión Soviética. También lo hicieron otras repúblicas soviéticas. El presidente del nuevo estado de Rusia, Boris Yeltsin, logró sofocar un golpe de estado comunista contra Gorbachov que pretendía desandar el camino emprendido. Gorbachov fue detenido por los golpistas y trasladado a Crimea mientras que Yeltsin se dirigió al parlamento de Moscú desafiando a los golpistas. Las manifestaciones demostraron la gran popularidad de Yeltsin. Estaba eclipsando a Gorbachov. En 1991 Yeltsin se reunió con los presidentes de Ucrania y de Bielorrusia. Juntos proclamaron la disolución de la Unión de Repúblicas Socialistas Soviéticas y el establecimiento de la Comunidad de Estados Independientes. Ese mismo año la Federación Rusa ocupó el asiento de la URSS en la ONU.

Gorbachov dimitió como presidente de URSS. El nuevo interlocutor para la comunidad internacional fue Boris Yeltsin.

La caída del bloque soviético y también de la URSS sorprendió a todos. El mundo estaba perplejo. Conforme cambiaba el mapa de Europa las naciones debían reconocer a los nuevos estados y establecer relaciones diplomáticas, económicas, y culturales con una realidad cambiante. El final de la Guerra Fría suponía la necesidad de redefinir la política exterior de Estados Unidos. Ya no existía el enemigo que, desde la Segunda Guerra Mundial, había posibilitado una reformulación sencilla de los valores democráticos. Había que reflexionar sobre un nuevo concepto de Seguridad Nacional. Y el Pentágono comenzó pronto a instaurar cambios. Las acciones futuras, predecían los estrategas, adoptarían otra forma. Serían rápidas y "efectivas" incursiones en lugar de campañas militares masivas. Y además los objetivos serían distintos.

El presidente Bush implicó al ejército de Estados Unidos en la "Guerra contra las drogas". El Ejército realizó bombardeos en Latinoamérica de plantaciones de coca pero estas misiones sirvieron de poco. Una actuación mucho más drástica fue la de Panamá.

Estados Unidos consideró que el general Manuel Noriega, jefe de gobierno de Panamá, estaba implicado en el tráfico de drogas. Además Estados Unidos, durante la presidencia de Ronald Reagan, había promulgado un edicto contra Noriega acusándole de narcotráfico e intentando que dejase el poder a través de una serie de medidas económicas. En diciembre de 1989, Bush ordenaba la Operación Causa Justa e invadía militarmente Panamá. Los marines lograron la rendición de Noriega que fue juzgado y condenado por tráfico de cocaína en Estados Unidos. La medida costó la vida a centenares de panameños, la mayoría población civil, y a veintiocho marines. Esta nueva forma de actuar fue muy contestada internacionalmente. Para muchos países violaba los principios del Derecho Internacional. No se había respetado la soberanía panameña. Para otros ésta era cuestionable bajo el poder de Noriega.

En Estados Unidos la popularidad de Bush creció y además la rápida incursión en Panamá se consideró como un modelo para las acciones bélicas posteriores a la Guerra Fría. Este nuevo modelo llevó al Pentágono a reflexionar sobre la utilidad de los efectivos militares tradicionales. Muchas bases militares fueron desmanteladas mientras que se instalaron bases más flexibles para facilitar las rápidas y novedosas acciones bélicas.

En el verano de 1990 Sadam Hussein, presidente de Irak, ordenaba la invasión de Kuwait y declaraba que el país se había convertido en una provincia más de Iraq. Estados Unidos actuó con rapidez. Primero consiguió una respuesta internacional y negoció con Arabia Saudíta para que le permitiera apostar tropas en su territorio. La "Operación Tormenta en el Desierto" supuso el envió a Arabia Saudíta de más de 230.000 soldados. La Organización de Naciones Unidas condenó la acción iraquí e impuso sanciones económicas. Estados Unidos desplegó a otros 200.000 soldados en la zona. Tras un duro debate en el Congreso, el presidente Bush obtuvo la autorización para atacar. La acción fue inmediata. El 16 de enero la aviación de Estados Unidos, con una cobertura mediática sin precedentes, inició los bombardeos. Siguiendo la estética de los videojuegos, las cadenas televisivas mostraban la espectacular tecnología bélica. Estados Unidos controlaba el espacio aéreo y casi no tuvo bajas. Sin embargo el espectáculo fue real y las bajas iraquíes estimadas rondaron entre los 25.000 y los 100.000 fallecidos. Gran parte era población civil. Cuando las tropas americanas y de la Coalición entraron en Kuwait, Iraq incendió los pozos petrolíferos. La guerra fue muy desigual. Duró sólo seis semanas pero la población y también las infraestructuras iraquíes quedaron destrozadas.

El prestigio del presidente Bush dentro de Estados Unidos alcanzó cotas muy altas. Parecía haber encontrado el nuevo y eficaz camino para los enfrentamientos tras la Guerra Fría. Sin embargo la popularidad de Bush fue efímera. Para muchos estadounidenses las razones de este declive en su popularidad estaban en la percepción de que a Bush no le preocupaban los problemas del americano medio. Nunca logró ser percibido como uno más. Parecía un caballero frío y pragmático de Nueva Inglaterra. La presidencia de Bush sucumbió por no casar el éxito de la política exterior con medidas populares en política interna. Además el partido republicano estaba dividido. Bush no acababa de convencer a la derecha de su partido. Mientras que la popularidad de la Administración de Geroge H.W. Bush sufría altibajos, nuevos políticos y nuevos discursos surgían entre los demócratas.

Las elecciones de 1992 demostraron que George Bush era percibido de forma ambigua por el electorado americano. Se le acusaba de falta de claridad en su política interna. Muchos republicanos apoyaron la candidatura de Patrick Buchanan que afirmó que Bush había traicionado los valores conservadores. Aunque Bush logró ser nominado el partido estaba muy dividido. Los discursos de los republicanos se centraron en los valores, en el patriotismo, pero no tenían propuestas concretas para salvar una economía cada vez menos activa.

El candidato demócrata, el gobernador William J. Clinton, Bill Clinton, de Arkansas, sí presentó un programa económico. Por un lado defendió el incremento del gasto público con la finalidad de crear empleo. También enarboló la necesidad de instaurar una red de comunicaciones efectiva y respetuosa con el medio ambiente. Además se definió como "un nuevo demócrata" que reduciría los impuestos de las clases medias y también el tamaño de la burocracia gubernamental atrayendo así a republicanos indecisos. La insistencia de Bill Clinton en su programa económico evitó recuperar el tradicional y patriota debate sobre los valores americanos. Clinton se había manifestado contra la Guerra del Vietnam, había declarado que fue un estudiante pacifista mientras disfrutaba de una prestigiosa beca Rhodes, en Óxford, y eso le alejaba del presidente George H.W. Bush. El presidente como veterano de la Segunda Guerra Mundial evocaba, en su campaña por la reelección, los valores del patriotismo. La elección de Bill Clinton de nominar para la vicepresidencia a Al Gore fue un acierto por parte del candidato demócrata. Gore sí había luchado en Vietnam y tenía un pasado "patriótico" impecable.

Pero la novedad de la campaña presidencial de 1992 fue la candidatura independiente de Ross Perot. Su programa criticaba a los políticos "profesionales". Les acusó de llevar a Estados Unidos al desastre. Pero no logró muchos votos. La victoria de Bill Clinton fue holgada. Un 43 por ciento del voto electoral. Y lo más sorprendente es que participó un 55 por ciento de la ciudadanía estadounidense rompiendo la tendencia descendente en la participación política. Además, por primera vez desde 1980, coincidían en la presidencia y en las Cámaras el mismo partido: el Partido Demócrata. Pero su mandato no fue sencillo.

El programa político de Bill Clinton había sido muy ambicioso. Disminuir la burocracia y el déficit pero también incluía un minucioso programa social centrado en mejoras sanitarias y educativas. A pesar de sus éxitos iniciales, su política fue contestada de forma radical. La profunda reforma del sistema sanitario público no pudo llevarse a cabo por la falta de apoyo del Congreso.

En 1994 se celebraron elecciones legislativas que demostraron que la derecha norteamericana era cada vez más fuerte. Los republicanos lograron vencer en las dos Cámaras y enarbolaron un programa político atractivo: "El Contrato con América". Recogiendo parte del Discurso sobre el Estado de la Unión, de 1985, pronunciado por Ronald Reagan, Larry Hunter ayudado por Newt Gingrich y Robert Walker entre otros, estableció una serie de puntos que los republicanos se comprometían a cumplir si ganaban la mayoría en la Cámara de Representantes. Pero más importante fue que consideraban que el "Contrato" era una forma de "purificar" la vida política de Estados Unidos. "Queremos restaurar los vínculos de confianza entre el pueblo y sus representantes electos", afirmaba el documento. De nuevo valores y principios éticos en el discurso conservador. Si bien el Partido Republicano había logrado victorias en las elecciones presidenciales no ocurría lo mismo con las legislativas. En los últimos cuarenta años nunca habían tenido la mayoría en las Cámaras. El Contrato significaba un compromiso con los electores. La mayoría de los puntos estaban muy relacionados con el programa conservador. Entre ellos destacaban la disminución del papel del estado federal, la bajada de impuestos y el impulso de la iniciativa privada, la reforma del sistema de asistencia social, y la defensa de la familia tradicional y también "del sueño americano". Insistiendo en la responsabilidad individual de las diferencias sociales, consideraba que el sistema de ayudas públicas, en la cobertura del desempleo y en la sanidad, debían reducirse. La victoria republicana en las dos Cámaras fue interpretada como un gran acierto del proyecto republicano del "Contrato con América".

El triunfo electoral en las legislativas del partido republicano causó dificultades al programa social y económico de Bill Clinton. No logró los fondos necesarios para la reforma de la sanidad pública ni tampoco para los cambios educativos. En uno de los tiras y aflojas más duros entre el Congreso y la presidencia de Estados Unidos la figura de Bill Clinton se fue ensombreciendo. A pesar de lograr la reelección a la Casa Blanca en 1996 su enorme carisma había disminuido.

En 1998, como resultado de sus relaciones con la becaria Monica Lewinsky y también de sus declaraciones, se procedió al segundo

Impeachment presidencial de la historia de Estados Unidos. Recordemos que el primero fue durante la Reconstrucción, al presidente Andrew Jhonson, en 1868. El de Richard Nixon no procedió al dimitir el presidente.

Siguiendo el procedimiento establecido en la Constitución de 1789 la Cámara de Representantes abrió una investigación y consideró que había motivos para proceder. Acusó al presidente Bill Clinton ante el Senado de perjurio, obstrucción a la justicia, y abuso de poder. El Senado, convertido en Tribunal y presidido, al ser un *Impeachment* presidencial, por el presidente del Tribunal Supremo, procedió. La Constitución establecía una mayoría de dos tercios para que el *Impeachment* triunfase. En el caso de Clinton se necesitaban sesenta y siete votos para ser declarado culpable y expulsado de la presidencia. En el cargo de perjurio cuarenta y cinco senadores lo encontraron culpable y cincuenta y cinco inocente. En el de obstrucción de la justicia cincuenta votaron a favor y cincuenta en contra. El *Impeachment* no prosperó. El presidente Bill Clinton pidió disculpas a la nación por su comportamiento.

Estaba claro que el enfrentamiento entre republicanos y demócratas era cada vez mayor y que su forma de vislumbrar la historia de Estados Unidos y el futuro de la nación era diferente.

El segundo hijo de un presidente en llegar a la presidencia, George W. Bush, —el primero fue el hijo de John Adams, John Quincy Adams— alcanzó el poder en el año 2000 en una de las elecciones más controvertidas de la historia electoral americana. Tras derrotar en las primarias republicanas a John McCain, se enfrentó al candidato demócrata, el vicepresidente de Bill Clinton, Al Gore. El triunfo de George W. Bush fue tan debatido que acabó en el Tribunal Supremo.

En el estado de Florida se encontraron irregularidades en algunas papeletas pero el Alto Tribunal falló a favor del candidato republicano. Aún así su victoria había sido muy estrecha. Bush ganó por 271 votos electorales frente a 266 que alcanzó Al Gore. Pero en voto popular Gore triunfó. Alcanzó 50.999.979 votos frente a los 50.456.002 de Bush. Recordemos que en las elecciones presidenciales de Estados Unidos el sufragio es universal pero indirecto. Los electores votan a los miembros del Colegio Electoral por estados y estos designan al presidente. Y además también debemos insistir en que el candidato que triunfa en un Estado se lleva todos los votos electorales de ese estado. De ahí el debate sobre Florida. El candidato más votado ganaba todos los votos electorales. Al estar tan igualados el vencedor de Florida ganaría las elecciones presidenciales. Y eran unas elecciones muy importantes. El programa de George W. Bush recogía los principios del republicanismo más conservador. El programa de Al Gore los del progresismo americano. Y el abismo entre unos y otros había crecido mucho.

George W. Bush ha sido uno de los presidentes más polémicos de la historia de Estados Unidos. Con un programa político que recurría con insistencia a los valores "históricos" de los Estados Unidos compartió con su nación momentos muy difíciles. Su familia, como afirmamos al hablar de su padre, pertenece al grupo de familias con larga tradición política e inmenso poder económico. En el caso de los Bush con profundos intereses en la industria petrolífera. Estudiante de Historia en la Universidad de Yale y del "Master in Business Administration", MBA, en la Universidad de Harvard, Bush entró en política al presentarse como gobernador republicano de Texas, estado en donde había crecido, en 1994. Un hito en la vida personal de Bush, su alejamiento del consumo de alcohol en 1986, lo acercó a los movimientos más conservadores de su partido. Declarándose un cristiano renacido su posición frente a los derechos civiles es similar a la de muchos de sus compatriotas. Insistiendo en los valores cristianos y en la primacía del orden sobre las libertades individuales, su visión del conflicto histórico entre libertades y poder se ha inclinado siempre hacia el poder como fuente del orden.

Durante su primer mandato presidencial, Bush se rodeó de un equipo con gran experiencia política. El vicepresidente Dick Cheney, trabajó estrechamente con Nixon y con Gerald Ford y fue secretario de Defensa de George H.W. Bush. El secretario de Estado, el general Colin L. Powell fue presidente del Estado General Conjunto durante la Guerra del Golfo; Donald Rumsfeld, secretario de Defensa, fue también secretario de Gerald Ford y estrecho colaborador de Reagan; la secretaria del Interior Gale Norton tenía menos experiencia política.

Con un impecable programa neo conservador su "conservadurismo compasivo" se tradujo en una política a favor de la empresa privada, con grandes recortes fiscales. Tras los atentados del 11 de septiembre, su política militar fue agresiva en Afganistán y en Iraq y para muchos su política interna supuso un recorte de derechos civiles básicos en la tradición política de Estados Unidos.

La demoledora acción terrorista de la red yihadista Al-Qaeda impactó no sólo a los Estados Unidos sino a todo el mundo occidental. Además fue contemplada a través de las televisiones por millones de ciudadanos de todo el planeta. El dolor y el desconcierto frente a ataques desconocidos lo invadió todo.

El presidente Bush, la mañana del once septiembre de 2001, visitaba una clase de niños de siete años en Sarasota, Florida y su rostro reflejaba preocupación. Le habían informado que un avión se había estrellado contra una de las torres del World Trade Center neoyorquino, pero su cara se paralizó cuando, a las nueve y cinco de la mañana, le dijeron que un segundo avión había impactado en la otra torre. Poco después, en la Casa Blanca, se informaba al vicepresidente Dick Cheney que otro avión secuestrado estaba cayendo sobre Washington y que temían que la Casa Blanca fuera su objetivo. No fue así. El dañado fue el edificio del Pentágono. Un cuarto avión no alcanzó ningún objetivo al recuperar sus tripulantes y pasajeros el control del aparato pero se estrelló en Shanksville, Pensilvania. Muchos de los pasajeros y de los tripulantes de los aviones se habían comunicado telefónicamente con sus familias. Trabajadores de las Torres Gemelas habían hecho lo mismo. Las televisiones filmaban el sufrimiento de todos los damnificados. Fue un impacto terrible sobre todo para la ciudadanía neoyorquina. Y nada sería como antes.

El vicepresidente Dick Cheney, al enterarse de la gravedad de la situación, bajó al refugio presidencial. Desde allí en comunicación directa con Bush, que ya volaba con sus colaboradores en el Air Force One, le pidió al presidente que se dirigiera, por motivos de seguridad, a la base de Offut. "La libertad misma ha sido atacada esta mañana por un cobarde sin rostro", afirmaba el presidente, en una escala de su vuelo. En un bunker de Offut mantuvo la primera reunión por videoconferencia con el Consejo de Seguridad de Estados Unidos. El presidente insistió en que el atentado –"el ataque"– había que definirlo como un ataque "contra la libertad". "Ninguno olvidaremos este día" –afirmaba ya el presidente desde el Despacho Oval de la Casa Blanca, el día 12 por la noche en su intervención televisada– "Sin embargo avanzamos hacia la defensa de la libertad y de todo lo bueno y justo de nuestro mundo", concluía. Esa misma noche se reunía con la CIA y el FBI. Durante la madrugada del miércoles el presidente Bush, el vicepresidente Cheney, y el secretario de Estado Colin L. Powell definieron las acciones terroristas como "actos de guerra" y declararon su deseo de unir al mundo "libre" frente a ellos. Enseguida celebraron distintas reuniones con mandatarios de todo el mundo. También la Casa Blanca designó un día "para la memoria" y un acto en la Catedral Nacional de Washington al que acudieron todos los antiguos presidentes. En su discurso Bush relacionó el momento histórico con el de la Segunda Guerra Mundial e igual que Franklin Delano Roosevelt en el Discurso de las Cuatro Libertades, antes de la entrada en guerra de Estados Unidos en el año 1941, recordó que de nuevo las libertades de los países democráticos estaban amenazadas y que había que unirse para salvarlas. Sólo en Nueva York habían fallecido 2.751 personas.

Desde los atentados, la política exterior de Estados Unido se militarizó y para muchos la política interior –bajo la presión y el ambiente bélico– rozó la inconstitucionalidad. El discurso neoconservador adquiría fuerza y, para algunos, justificación. El 26 de octubre de 2001 se promulgó la *Uniting and strengthening America by providing appropriate tools required to intercept and obstruct terrorism*, conocida como la Patriot Act. Con el propósito de combatir el terrorismo en Estados Unidos y en el extranjero, la ley permitía a las autoridades competentes investigar conversaciones telefónicas, correos electrónicos, archivos médicos y otros siempre que fuera necesario para dilucidar acciones y capturar a los miembros de organizaciones terroristas. También se podía detener y deportar a inmigrantes cuando se sospechase que estaban involucrados en actos de terrorismo. Para muchos norteamericanos la ley limitaba los derechos fundamentales incrementando el poder del Estado. Se ha llevado muchas veces a los tribunales y muchos tribunales federales ya han sentenciado encontrando algunas de sus cláusulas inconstitucionales. Una de las reflexiones más llamativas sobre la legislación impulsada por Bush es que los conservadores, que tanto evocan el retraimiento del Estado en la economía y en lo que denominan privacidad individual, reclaman una mayor presencia del estado en los asuntos policiales y militares. El movimiento neoconservador que nacía acusando duramente al Estado de bienestar por intervencionista exigía la presencia de un Estado fuerte, rígido, y para muchos militarizado, con tácticas de enorme dureza, capaz de impulsar y dirigir la Guerra contra el Terrorismo.

Las primeras acciones militares de Estados Unido tras el 11S se perpetraron en Afganistán. El secretario de Defensa Donald Rumsfeld insistió en la necesidad de la guerra como única forma de defensa contra futuros ataques terroristas. En el año 2001, Estados Unidos reclamó al gobierno de Afganistán a Osama bin Laden, dirigente de la red terrorista Al Qaeda responsable de los atentados en Estados Unidos y en otros muchos lugares. El régimen talibán se negó a entregar al dirigente terrorista y Estados Unidos inició una serie de bombardeos en octubre de 2001. La Organización de Naciones Unidas apoyó la medida. También en Afganistán los grupos opositores al régimen talibán –el Frente Unido– avanzaba por tierra. El triunfo de la oposición afgana y de Estados Unidos implicó un cambio de régimen político en Afganistán pero Bin Laden no fue capturado. Muchos de los prisioneros fueron trasladados a la base americana en la isla de Cuba de Guantánamo. La existencia de este campo de detención se ha convertido en uno de los hechos más contestados de la historia reciente de Estados Unidos.

Estados Unidos había ganado prestigio tras la intervención en Afganistán y se preparaba, siguiendo la estrategia del secretario de Defensa Donald Rumsfeld, para invadir Iraq. Pero esta actuación no contó con el apoyo internacional. La estrategia de Rumsfeld era novedosa. Era una nueva forma de luchar basada en los grandes avances tecnológicos y con pocos contingentes. Ello resaltaba las diferencias entre Estados Unidos e Iraq y quizás hacía que la guerra se sintiese como una guerra desigual e injusta. Las ciudades se destruían con facilidad y el sufrimiento de la población civil se percibía y se sufría. Es verdad que en tres semanas el ejército de Estados Unidos entraba en Bagdad y el régimen dictatorial de Sadam Hussein caía. Pero Rumsfeld no contaba con la envergadura de la resistencia de la población ni con los efectos que sobre los países de mayoría musulmana y también sobre muchas otras naciones causaría la ahora tachada de "arrogancia" occidental. La tecnología y la "limpieza" de las nuevas tácticas militares no ocultaban el sufrimiento de millones de personas. Para muchos la guerra de Iraq ha sido un punto de inflexión del prestigio de Estados Unidos en la comunidad internacional. También lo ha sido en el seno de Estados Unidos. Inmensas medidas de seguridad, informaciones llamativas sobre "la guerra contra el terrorismo" en las cadenas populistas, han ocultado profundos problemas estructurales de la economía y de la sociedad americana.

Los nuevos candidatos a la presidencia de Estados Unidos en las elecciones del año 2008, el senador Barack Obama por el Partido Demócrata y el también senador, John McCain, por el Republicano, se enfrentaban a un panorama difícil. Una profunda crisis económica y también una crisis del prestigio internacional de Estados Unidos que estaba calando en una sociedad preocupada. Obama y el Partido Demócrata proponían una vuelta de timón, un profundo cambio para contener la crisis. McCain y el Partido Republicano insistían en recrear los valores "históricos" de los Estados Unidos que, según ellos, eran los que en otra hora les hicieron ser una de las naciones con más prestigio y con más poder de la historia reciente. Pero en un momento dado Barack Obama también recurrió a la historia. Pero era otra historia diferente a la enarbolada por los republicanos. No era la historia de la unidad y del progreso sin fisuras. El momento invitaba a otros recuerdos. La historia de Obama era la historia de los momentos de crisis. La historia vivida por los norteamericanos en el periodo fundacional de Estados Unidos en donde supieron hacer virtud de una guerra difícil y crear un sistema político, económico y social cuya finalidad era la de respetar los derechos fundamentales. La historia del segundo gran momento crítico de Estados Unidos, el de la guerra civil en donde Lincoln, arriesgando sobremanera, fue capaz de preservar la Unión y de terminar con la esclavitud. El programa de Obama no caía así en el vacío. Otras veces, en otros momentos, Estados Unidos había sabido enmendar el camino, con profundas reformas, sin alejarse de la propia tradición política norteamericana. "En ocasiones, este juramento se ha prestado en medio de nubes y tormentas", reconocía Barack Obama en su Discurso Inaugural el 20 de enero de 2009, "En esos momentos, Estados Unidos ha seguido adelante, no sólo gracias a la pericia o la visión de quienes ocupaban el cargo, sino porque

Nosotros, el Pueblo, hemos permanecido fieles a los ideales de nuestros antepasados y a nuestros documentos fundacionales. Así ha sido. Y así debe ser con esta generación de estadounidenses" afirmaba el 44º presidente de Estados Unidos evocando su historia y cimentando un programa político que supone uno de los cambios más profundos de la historia reciente de Estados Unidos.

Nota bibliográfica

Obras generales

Existen muchas historias generales sobre Estados Unidos aunque son muy pocas las que han sido escritas por historiadores no estadounidenses. En España, en el año 2005, la profesora Aurora Bosch publicó un excelente libro titulado *Historia de Estados Unidos 1776-1945* (Cátedra, Madrid). También son obras generales las de Mario Hernández Sánchez Barba, *Historia de Estados Unidos de América. De la República burguesa al poder presidencial* (Marcial Pons, Madrid, 1997); y la de Juan José Hernández Alonso, *Los Estados Unidos de América: Historia y Cultura* (Ediciones Colegio de España, Salamanca, 2002). Entre las historias generales escritas por especialistas europeos, traducidas al español, destacan la compilada por el historiador alemán Willi Paul Adams, *Los Estados Unidos de América* (Siglo XXI, Madrid, 1979), y la del historiador británico Maldwyn Jones, *Historia de Estados Unidos 1607-1992* (Cátedra, Madrid, 1996). Recientemente se han traducido obras de historiadores estadounidenses. Así el libro de Philip Jenkins, *Breve Historia de Estados Unidos* (Alianza, Madrid, 2002) es una buena síntesis. *Sipnosis de la Historia de los Estados Unidos*, de Charles Sellers, Henry May y Neil R. McMillen (Fraterna, Buenos Aires, 1988) es una obra bien articulada que contiene pequeños ensayos historiográficos. Los manuales en inglés son muchos y además tienen planteamientos muy diversos. Una aproximación novedosa, al dedicar espacio a los "márgenes" tanto territoriales como sociales, en los libros de John Faragher, Mary Jo Buhle, Daniel Czitrom, Susan H. Armitage, *Out of Many. A History of the American People* (Prentice Hall, Englewood Cliffs, 1994), y de John M. Murrin, Paul E. Johnson, James M. McPherson, Gary Gerstle, Emily S. Rosemberg, Norman L. Rosemberg. *Liberty, Equality, Power. A History of American People* (Harcourt Brace, Orlando, Nueva York, 1996). Constituye un acercamiento original, al hacer hincapié en las manifestaciones artísticas y culturales, la obra de George B. Tindall, *America. A*

Narrative History (2 vols., W.W. Norton and Company, Nueva York, 1988). Una síntesis de la Historia de los Estados Unidos en los dos volúmenes de la obra de Alan Brinkley, *The Unfinished Nation. A Concise History of the American People* (McGraw-Hill, Nueva York, 1993). Una aproximación plural a la *Historia de los Estados Unidos* en Bernard Bailyn, Robert Dallek, David B. Davis, David Herbert Donald, John L. Thomas, y Gordon S. Wood, *The Great Republic. A History of the American People* (2 vols., D.C. Heath, Lexington, 1992); y en la editada por Eric Foner, *The New American History* (Temple University Press, Filadelfia, 1997). Para el siglo xx el libro de James T. Patterson, *America in the Twentieth Century. A History* (Wadsworth/Thomson Learning, Belmont, 2000). *The Reader's Companion to American History*, Eric Foner y John A. Garraty editores (Houghton and Mufflin, Boston, 1991), es una "enciclopedia" histórica integrada por más de doscientas voces escritas por grandes especialistas.

Las obra de Frank Lambert *Religion in American Politics. A Short History* (Princeton University Press, Princeton, 2008) y la ya clásica de Sacvan Bercovitch, *The Puritan Origins of the American Self* (Yale University Press, New Haven, 1975) se aproximan a la influencia de los diferentes credos en la historia de Estados Unidos. El texto de Ashby LeRoy, *With Amusement for All. A History of American Popular Culture since 1830* (Universtity Press of Kentucky, Lexington, 2006), implica un acercamiento a uno de los componentes básicos del "sueño americano": la cultura popular y la industria del entretenimiento. Atravesando toda la Historia de los Estados Unidos y centradas en diferentes grupos étnicos las obras de Angie Debo, *The History of the Indians in the United States* (University of Oklahoma Press, Norman, 1984); John Hope Franklin, *From Slavery to Freedom. The History of African Americans (1947)* (Alfred Moss, McGraw Hill, Nueva York, 2001); Abraham J. Karp, *Haven and Home: a History of the Jews in America* (Schocken Books, Nueva York, 1985); Peter Skerry, *Mexican Americans: the Ambivalent Minority* (Harvard University Press, Cámbridge, 1993); la de Roger Daniels, *Asian America: Chinese and Japanese in the United States since 1850* (Prentice Hall, Upper Saddle River, 1988), y la de Matthew F. Jacobson, *Whiteness of a Different Color: European Immigrants and the Alchemy of Race*

(Harvard University Press, Cámbridge, 1999). Para documentos básicos de la Historia de los Estados Unidos traducidos véase la obra de Daniel J. Boorstin, *Compendio Histórico de los Estados Unidos un recorrido por sus documentos fundamentales* (Fondo de Cultura Económica, México, 1997).

PERIODO COLONIAL, REVOLUCIONARIO Y LA SOCIEDAD REPUBLICANA (CAPÍTULOS 1, 2, 3, 4)

Sobre los límites españoles en América del Norte es básica la obra de David Weber, *La frontera española en América del Norte* (Fondo de Cultura Económica, México, 2000). Centrándose específicamente en el Misisipi, el trabajo de José A. Armillas Vicente, *El Mississippi frontera de España* (CSIC, Departamento de Historia Moderna de la Facultad de Filosofía y Letras, Zaragoza, 1977). Luisiana española ha sido estudiada por Gilbert G. Din en numerosos trabajos véase por ejemplo *Spaniards Planters and Slaves: The Spanish Regulation of Slavery in Louisiana 1763-1803* (Louisiana State University Press, Baton Rouge, 1999). Sobre Florida Paul Hoffman, *Florida's Frontier* (Indiana University Press, Bloomington, 2000). Se ha publicado recientemente en Madrid un volumen centrado en las tempranas relaciones entre España y las colonias inglesas, primero, y los Estados Unidos, después, titulado *Norteamérica a finales del siglo XVIII: España y los Estados Unidos* (Eduardo Garrigues López Chicharri [coord.], Emma Sánchez Montañés, Sylvia L. Hilton, Almudena Hernández Ruigómez e Isabel García Montón [eds.], Fundación Consejo España-EEUU y Marcial Pons, 2008). Centrado en la embajada del conde de Aranda en París Joaquín Oltra y María Ángeles Pérez Samper, *El conde de Aranda y los Estados Unidos* (PPU, Barcelona, 1987). También sobre los primeros contactos entre colonos angloamericanos y españoles el trabajo de Sylvia L. Hilton, "Movilidad y expansión en la construcción política de los Estados Unidos: "estos errantes colonos en las fronteras españolas de Misisipí (1776-1803)", *Revista complutense de Historia de América* 28 (2002): 63-96. Sobre las trece colonias inglesas siguen siendo imprescindibles los trabajos de Perry Miller, *The New England Mind in the Seventeenth Century* (Harvard University Press, Cámbridge, 1939). También son clásicos los trabajos de Edmund S.

Morgan, *American Slavery, American Freedom: The Ordeal of Colonial Virginia* (Norton, Nueva York, 1975); de D.W. Meining, *Atlantic America 1492-1800*, vol. I, *The Shaping of America*. (Yale University Press, New Haven, 1986), y de David Armitage, *The Ideological Origins of the British Empire* (Cambridge University Press, Cámbridge, 2000). Una síntesis en Pilar Pérez Cantó y Tersa García Giráldez, *De colonias a Repúblicas. Los orígenes de los Estados Unidos de América* (Síntesis, Madrid, 1995). Un excelente trabajo sobre España y Gran Bretaña en las Américas es el libro de John H. Elliott, *Imperios del mundo atlántico. España y Gran Bretaña en América. 1492-1830* (Taurus, Madrid, 2006).

Las obras sobre la revolución de las trece colonias son innumerables pero algunas de ellas además de aclarar aspectos confusos supusieron un punto de inflexión en la historiografía estadounidense. Así los trabajos de Bernard Bailyn, *The Ideological Origins of the American Revolution* (Harvard University Press, Cámbridge, 1967), y el de Gordon S. Wood, *The Radicalism of the American Revolution: How a Revolution Transformed a Monarchial Society into a Democratic One* (Alfred and Knopf, Nueva York, 1992) iniciaron los estudios sobre el republicanismo y rompieron con la idea de excepcionalismo estadounidense tan querido durante los años de la Guerra Fría. Wood ha publicado recientemente una síntesis del periodo revolucionario véase *La revolución norteamericana* (Mondadori, Barcelona, 2003). Las biografías de la generación revolucionaria se han multiplicado en los últimos años. Una buena muestra es el trabajo de Gordon S. Wood, *Revolutionary Characters* (The Penguin Press, Nueva York, 2006). El "periodo obscuro" en Merrill Jensen, *The Articles of Confederation: An Interpretation of the Socio-Constitucional History of the American Revolution, 1774-1781* (University of Wisconsin Press, Madison, 1940). Para la Constitución americana la obra de Forrest McDonald, *Novus Ordo Seclorum: the Intellectual Origins of the Constitution* (University Press of Kansas, Lawrence, 1985). Sobre el último gran texto promulgado por el congreso de la Confederación, la Ordenanza del Noroeste, Peter S. Onuf, *Statehood and Union. A History of the Northwest Ordinance* (Indiana University Press, Bloomington, 1987). Los debates entre federalistas y antifederalistas están recopilados en Ignacio Sánchez Cuenca, *Artículos federalistas y antifederalistas. El debate sobre la Constitución americana* (Alianza editorial, Madrid, 2002). Las presidencias federalistas, Stanley Elkins y Eric McKitrick, *The Age of Federalism. The Early American Republic* (Oxford University Press, Nueva York y Óxford, 1993). Un acercamiento a las diferentes posiciones sobre Jefferson en Thomas Jefferson: *A Reference Biography*, Merrill D. Peterson editor, Nueva York, 1986. Para la primera expansión territorial véase Sanford Levison, *The Louisiana Purchase and American Expansion, 1803-1898* (Rowan and Littlefield Publishers, Lanham, 2005).

Reforma, utopía y Destino Manifiesto (capítulos 5, 6, 7)

Los cambios económicos y sociales previos a la guerra civil en Charles Sellers, *The Market Revolution: Jacksonian America, 1815-1846* (Oxford University Presss, Nueva York, 1992). Más reciente el trabajo de David S. Reynolds, *Waking Giant: America in the Age of Jackson* (Harper Collins, Nueva York, 2008). Sobre la ampliación de la ciudadanía política véase Carmen de la Guardia, *Proceso político* y elecciones en Estados Unidos (Eudema, Madrid, 1992) y "La conquista de la ciudadanía política en Estados Unidos" en *Ciudadanía y Democracia*, Manuel Pérez Ledesma comp. (Pablo Iglesias, Madrid, 2000, pp. 75-100). El renacer de la religiosidad y su vinculación con el reformismo en Timothy L. Smith, *Revivalism and Social Reform. America Protestantism on the Eve of the Civil War* (Wipf and Stock, Eugene, 2004). El movimiento abolicionista en James Brewer Stewart, *Holy Warriors: the Abolitionist and American Slavery* (Hill and Wang, Nueva York 1997). El movimiento a favor de la templanza en Jack S. Blocker Jr, *American Temperance Movements. Cycles of Reform* (Twayne Publishers, Boston, 1989). El primer feminismo en Nancy F. Cott, *The Grounding of Modern Feminism* (Yale University Press, New Haven y Londres, 1987), y en Ellen Carol DuBois, *Feminism and Suffrage: the Emergence of an Independent Women's Movement in America* (Cornell Universty Press, Ithaca, 1978). Las experiencias utópicas en Carl J. Guarneri, *The Utopian Alternative: Fourierism in Nineteenth Century America* (Cornell University Press, Ithaca).

El Destino Manifiesto en Albert K. Weinberg, *Destino manifiesto y expansionismo nacionalista en la historia norteamericana* (Paidós, Buenos

Aires, 1968). También Reginald Horsman, *La raza y el Destino Manifiesto. Origenes del anglosajonismo racial norteamericano* (Fondo de Cultura Económica, México, 1986), y Frederck Merk, *Manifest Destiny and Mission in American History* (Harvard University Press, Cámbridge, 1995). Una excelente aproximación a la Guerra con México en Robert W. Johannsen, *To the Halls of the Montezumas: The Mexican War in the American Imagination* (Oxford University Press, Nueva York, 1988). También centrado en las culturas que justifican la expansión hacia el Oeste y en las características de este movimiento los trabajos del John Mack Faragher sobre todo *Frontiers: A Short History of the American West*, escrito con Robert V. Hine (Yale University Press, New Haven, 2007).

GUERRA, RECONSTRUCCIÓN, INDUSTRIALIZACIÓN Y DESARROLLO URBANO (CAPÍTULOS 8, 9 Y 10)

La bibliografía sobre la Guerra Civil es abrumadora y también lo es la centrada en la presidencia de Lincoln. En las elecciones del 2008 el presidente Obama evocó la figura de Abraham Lincoln y en el año 2009 se conmemoró su segundo centenario. Entre los trabajos clásicos resaltan el de James M. McPherson, *Batlle Cry of Freedom: the Civil War Era* (Oxford History of the United States) (Óxford, Nueva York, 1988), así como el de D. P. Crook, *Diplomacy During the American Civil War* (John Wiley and Sons, Nueva York, 1975). Entre las obras recientes sobre Lincoln destacan la biografía de Fred Kaplan, *Lincoln. The Biography of a Writer* (Harper Collins, Nueva York, 2008); la de James Oakes, *The Radical and the Republican: Frederick Douglass, Abraham Lincoln and the Triumph of Antislavery Politics* (Norton, Nueva York, 2008); y el estudio editado por Eric Foner, *Our Lincoln: New Perspectives on Lincoln and His World* (Norton, Nueva York, 2008).

En la década de los setenta del siglo veinte un grupo de historiadores retomaron el interés por los conflictos que había caracterizado a los historiadores progresistas ocupándose de los grupos sociales privados de ciudadanía civil, política o social; y de los periodos caracterizados por grandes enfrentamientos. Así los trabajos de Eugene Genovese, *Roll, Jordan, Roll. The World the Slaves Made* (Vintage Books, Nueva York, 1976); de

Eric Foner, *Free Soil, Free Labor, Free Men: The Ideology of the Republican Party Before the Civil War* (Oxford University Press, Nueva York, 1970), y *Forever Free: The Story of Emancipation and Reconstruction* (Knopf, Nueva York, 2005). Sobre la esclavitud Ira Berlin, *Generations of Captivity: A History of African American Slaves* (Belknap Press, Cámbridge, 2004). Una obra clásica sobre la implantación de la segregación la de C. Vann Woodward, *The Strange Career of Jim Crow* (Oxford University Press, Nueva York, 1974). Para el análisis del movimiento obrero son importantes las obras de los historiadores fundadores de la "Nueva Historia del Trabajo". Así veánse David Montgomery, *Citizen Worker: The Experience of Workers in the United States with Democracy and the Free Market during the Nineteenth Century* (University Press, Cámbridge, Nueva York, 1994); David Brody, *Labor Embattled: History, Power, Rights* (University of Illinois Press, Urbana, 2005); y Herbert Gutman editor, *Power and Culture: Essays on the American Working Class* (Pantheon, Nueva York, 1992). También las síntesis de Melvyn Dubofsky, *Industrialism and the American Worker, 1865-1920* (Crowell, Nueva York, 1975) y de Robert H. Zieger, *American Workers, American Union* (John Hopkins Universtity Press, Baltimore, 1986).

El proceso de industrialización está bien estudiando en Harold G. Vatter, *The Drive to Industrial Maturity. The United States Economy, 1860-1914* (Greenwood Press, Westport, 1976). Para la influencia de la innovación en la vida americana la obra de David Nye, *Electrifying America: Social Meaning of a New Technology: 1890-1940* (MIT Press, Cámbridge, 1990). El crecimiento urbano en Sam Bass Warner, Jr., *The Urban Wilderness. A History of the American City* (Harper and Row, Nueva York, 1972). Un acercamiento a los cambios sociales ocasionados por el proceso de urbanización en Eric H. Monkkonen, *America Becames Urban. The development of US Cities and Towns, 1780-1980* (University of California Press, Berkeley, 1990). Sobre la inmigración véase John Bodnar, *The Transplanted. A History of Immigrants in Urban America* (Indiana University Press, Bloomington, 1985). El sentimiento nativista que impulsó la persecución y la política de cuotas en John Higham, *Strangers in the Land: Patterns of American Nativism, 1860-1925* (Rutgers University Press, New Brunswick, 1955). El Sur tras la Reconstrucción en

Edward L. Ayers, *Southern Crossing. A History of the American South, 1877-1906* (Oxford University Press, Nueva York, 1995). Una historia del populismo en Robert C. McMath, *American Populism. A Social History 1877-1898* (Hill and Wang, Nueva York, 1990). También Lawrence Goodwyn, *The Populist Moment: A Short History of the Agrarian Revolt in America* (Oxford University Press, Nueva York, 1978). El movimiento progresista es analizado por Robert M. Crunden, *Ministers of Reform: The Progressives' Achievement in American Civilization, 1889-1920* (University of Illinois Press, Champaign, 1984).

GUERRA Y PAZ: IMPERIALISMO, LA GRAN GUERRA, LA CRISIS DEL 29, LA SEGUNDA GUERRA MUNDIAL Y LA GUERRA FRÍA (CAPÍTULOS 11, 12 Y 13)

La expansión hacia el Pacífico de Estados Unidos en Tom Coffman, *The Island Edge of America. A Political History of Hawaii* (University of Hawaii Press, 2003). La guerra hispano norteamericana en Philip S. Foner, *La Guerra hispano/cubano/Americana y el nacimiento del imperialismo norteamericano 1895-1902* (2 vols, Akal, Madrid, 1975). El duro enfrentamiento entre Estados Unidos y Filipinas en Brian McAllister Linn, *The Philippinne War, 1899-1902* (Kansas University Press, Lawrence, 2000). Las complejas relaciones con China en Warren Cohen, *America Responses to China: A History of Sino –American Relations* (Columbia University Press, Nueva York, 2000). El movimiento anti imperilista en Jim Zwick, *Confronting Imperialism. Essays on Mark Twain and the Anti-Imperialist League* (Infinity Publishing, W. Conshohocken, 2007). Sobre Cuba el trabajo de Manuel Moreno Fraginals, *Cuba/España. España/Cuba. Historia común* (Crítica, Barcelona, 1996). La Primera Guerra Mundial en David M. Kennedy, *Over Here: The First World War and the American Society* (Oxford University Press, Oxford, 1980) y el texto de Robert Ferrel, *Woodrow Wilson and World War I, 1917-1921* (Harper and Row, Nueva York, 1985). Los felices años veinte en la obra de William E. Leuchtenberg, *The Perils of Prosperity 1914-1925* (University of Chicago Press, Chicago, 1958). Las obras centradas en la Crisis del 29 son muy numerosos. Una buena síntesis en Maury Klein, *Rainbow's End: The Crash of 1929* (Oxford University Press, Oxford , 2001) y en el texto clásico de John K. Galbraith, *El Crac del 29* (Ariel, Barcelona, 1985). La figura de Franklin Delano Roosevelt y el New Deal han sido objeto de muchos estudios. Véanse William E. Leuchtenberg, *Franklin Delano Roosevelt and the New Deal* (Harper and Row, Nueva York, 1963); y Alan Brinkley, *The End of Reform: New Deal Liberalism in Recession and War* (Alfred and A. Knopf, Nueva York, 1995), y *Voices of Protest: Huey Long, Father Coughlin, and the Great Depression* (: Alfred A. Knopf, Nueva York, 1982). *The Autobiography de Eleanor Roosevelt* (Da Capo Press, Nueva York, 1992) constituye una fuente excelente para la Historia de Estados Unidos desde finales del siglo XIX hasta la década de los sesenta del siglo XX.

Para el estudio de la Segunda Guerra Mundial la obra de John M. Blum, *V Was for Victory: Politics and American Culture During World War II* (Harcourt Brace Javanovich, Nueva York, 1976); John Keegan, *The Second World War* (Penguin, Nueva York, 2005). Truman es uno de los muchos presidentes que escribió sus memorias. Véase Harry. S Truman, *Memorias* (Argos Vergara, Cerdanyola del Vallés, 1956-1957, 4 vols.), también Alonzo L. Hamby, *Man of the People: a Life of Harry S. Truman* (Oxford Unversity Press, Nueva York, 1995). Una excelente biografía de Eisenhower es la escrita por Stephen E. Ambrose, *Eisenhower* (Simon and Schuster, Nueva York, 1983). La Guerra Fría y sus consecuencias en el interior de los Estados Unidos en Albert Fried, *McCarthyism the Great American Red Scare: A Documentary History* (Oxford University Press, Nueva York, 1997); y Elaine Tyler May, *Homeward Bound: American Families in the Cold War* (Basic Books, Nueva York, 1988). También J. Whitfield, *The Culture of the Cold War (The American Moment)* (John Hopkins University Press, Baltimore, 1991). Para la política exterior de la Guerra Fría Thomas John L. Gaddis, *The Cold War: A New History* (Penguin, Nueva York, 2006), y Melvyn Leffler, *La guerra después de la guerra. Estados Unidos, La Unión Soviética y la Guerra Fría* (Crítica, Barcelona, 2008). Stephen E. Ambrose, *Rise to Globalism: American Foreign Policy since 1938* (Penguin, Nueva York, 1993). La diplomacia cultural, tan importante durante la Guerra Fría, en Robert Dallek, *The American Style of Foreign Policy. Cultural Politics and Foreign Affairs* (Alfred and Knopf, Nueva York, 1983).

DE KENNEDY A BUSH. UN NUEVO VIRAJE: EL PRESIDENTE
OBAMA (CAPÍTULOS 14, 15 Y ÉPILOGO)

Sobre la política exterior de las presidencias de Kennedy y de Johnson
véase Michael Beschloss, *The Crisis Years: Kennedy and Krushchev, 1960-
1963* (Edward Burlingame, Nueva York, 1991). La guerra del Vietnam en
George C. Herring, *America Longest War: The United States and Vietnam,
1950-1975* (Temple University Press, Filadelfia, 1986). Una colección de
ensayos sobre aspectos importantes de la presidencia de Johnson en
Robert A. Divine (ed.) *Exploring the Johnson Years*, (University of Texas
Press, Austin, 1980). La figura de Johnson y su política en Robert Dallek,
Flawed Giant: Lyndon Johnson and His Times (Oxford University Press,
Nueva York, 1998). También Dallek se ha aproximado a la figura de
Kennedy en *J.F. Kennedy: una vida inacabada* (Península, Barcelona,
2004). Sobre los movimientos de los años sesenta una aproximación ori-
ginal, narrada en primera persona y bien documentada históricamente,
en Judith Nies, *The Girl I Left Behind. A Narrative History of the Sixties*
(Nueva York: Harper and Collins, 2008). También Taylor Branch,
Parting the Waters. America in the King Years, 1954-1963 (Simon and
Shulter, Nueva York, 1988); Terry Anderson, *The Movement of the Sixties*
(Oxford University Press, Nueva York, 1995); y Tod Gitlin, *The Sixties:
Years of Hope, Days of Rage* (Bantam, Nueva York, 1987). Para la luchas
por los derechos civiles véase las memorias de Rosa Parks escritas con Jim
Haskins, *My Story* (Pufin Books, Nueva York, 1992). También Harvard
Sitkoff, *The Struggle for Black Equality, 1954-1992* (Hill and Wang, Nueva
York, 1993). La evolución de la política federal en relación a los derechos
civiles en Hugh D. Graham, *The Civil Rights Era: Origins and
Development of National Policy* (Oxford University Press, Nueva York,
1990), y James T. Patterson, *Brown vs. Board of Education: A Civil Rights
Milestone and its Troubled Legacy* (Oxford University Press, Nueva York,
2001). Exiliada en Nueva York, la filosofa alemana Hannah Arendt mantuvo una estrecha amistad con la escritora norteamericana Mary
McCarthy. *Entre amigas. Correspondencia entre Hannah Arendt y Mary
McCarthy* (Lumen, Barcelona, 1995) es una historia viva de la vida cultural y política en Estados Unidos durante la Guerra Fría.

La presidencia de Nixon ha sido muy revisada. Véase, por ejemplo, Rick Perlstein, *Nixonland: The Rise of a President and the Fracturing of America* (Scribner, Nueva York, 2008) y Joan Hoff, *Nixon Reconsidered* (Basic Books, Nueva York, 1994). Sobre el interludio Carter es importante el trabajo de Peter Bourne, *Jimmy Carter: A Comprehensive Biography from Plains to Post presidency* (Scribner, Nueva York, 1997). Carter ha escrito tres libros de memorias. Su valoración de su paso por la Casa Blanca en Jimmy Carter, *Keeping Faith: Memoirs of a President* (Collins, Londres, 1982). Una excelente síntesis de las presidencias conservadoras de Reagan a George W. Bush en Sean Wilentz, *The Age of Reagan. A History 1974-2008* (Harper Collins, Nueva York, 2008). Sobre la política exterior, George H. W. Bush junto con su colaborador Brent Scowcroft escribieron *A World Transformed* (Vintage, Nueva York, 1999). Son unas memorias centradas en la política exterior y contienen una selección de documentos oficiales. Un análisis de la política exterior de Bush en Steven Hurst, *The Foreign Policy of the Bush Administration: in Search of a New World Order* (Nueva York, 1999). Para el estudio de la presidencia demócrata de Clinton es muy recomendable comenzar por sus memorias tituladas *My Life. The Presidential Years* (Random House, Nueva York, 2004). Una aproximación general a su mandato en John F. Harris, *The Survivor. Bill Clinton in the White House* (Random House, Nueva York, 2005). Un análisis de la srelaciones entre la Casa Blanca, el Departamento de Estado y las Fuerzas Armadas durante la década de los noventa en David Halberstam, *War in Time of Peace. Bush, Clinton and the Generals* (Touchstone, Nueva York, 2001).

Las presidencias de George W. Bush en Steven E. Schier (ed.), *High Risk and Big Ambition: The Presidency of George W. Bush* (University of Pittsburgh Press, Pittsburgh, 2004). Sobre el once se septiembre y la construcción de la política exterior de Bush véanse Lawrence Wright, *The Looming Tower: Al Qaeda and the Road to 9/11* (Vintage, Nueva York, 2006). También la del periodista Thomas E. Ricks, *Fiasco: The American Military Adventure in Iraq* (Penguin, Nueva York, 2006). Barack Obama ha escrito dos obras autobiográficas *Los sueños de mi padre. Una historia de raza y herencia* (Almed ediciones, Granada, 2008) y *La audacia de la esperanza: Como restaurar el sueño americano*

(Península, Barcelona, 2007). Una reflexión sobre el inicio de su mandato en Elizabeth Drew, "The First Thirty Days of Barack Obama", *The New York Review of Books* LVI/5 (2009), pp. 10-14.

ÍNDICE ONOMÁSTICO Y TEMÁTICO

ESTA EDICIÓN REVISADA Y CORREGIDA SE TERMINÓ DE IMPRIMIR
EN EL MES DE ABRIL DE 2012